방송문화총서 228

96세 미키마우스가 현역인 비밀

―문화콘텐츠 지식재산권 비즈니스―

지은이 **권호영**

한국방송영상산업진흥원과 한국콘텐츠진흥원에서 오랫동안 방송을 포함한 문화콘텐츠산업을 연구하였다. KT 연구원으로 통신산업을 연구한 경험이 있고, 순천향대학교 석좌 교수, 한양대학교 강사 등 여러 대학교에서 방송과 문화콘텐츠를 소재로 강의한 경험이 많다. 경북대학교 무역학과 학사, 서울대학교 국제경제학과 석사와 박사 학위를 받았다. 문화콘텐츠산업을 연구하면서, 어우러져 더불어 사는 사회에 관심이 많다. 저서로는 『한국미디어경제학』(2020), 『드라마 제작과 유통』(2015), 『디지털 미디어 경영론』(공저, 2015), 『방송의 미래와 전략』(공저, 2008) 등이 있고, 논문으로 「문화콘텐츠산업 지원정책 개선방안 연구」(공저, 2018), 「콘텐츠 산업의 일자리 동학 분석」(공저, 2016), 「광고 수요의 매체간 대체성에 관한 분석」(공저, 2006), 「TV 프로그램에 대한 투입과 성과간의 관계 연구」(공저, 2005) 등이 있다.

방송문화총서 228

96세 미키마우스가 현역인 비밀
—문화콘텐츠 지식재산권 비즈니스—

©권호영, 2023

1판 1쇄 인쇄__2023년 04월 20일
1판 1쇄 발행__2023년 04월 30일

지은이__권호영
펴낸이__양정섭

펴낸곳__경진출판
　　　　등록__제2010-000004호
　　　　이메일__mykyungjin@daum.net
　　　　사업장주소__서울특별시 금천구 시흥대로 57길(시흥동) 영광빌딩 203호
　　　　전화__070-7550-7776　팩스__02-806-7282

값 22,000원
ISBN 979-11-92542-34-8 93300

방송문화총서 228

96세 미키마우스가 현역인 비밀

—문화콘텐츠 지식재산권 비즈니스—

권호영 지음

경진출판

1928년에 탄생한 〈미키마우스〉는 현재에도 현역으로 활동하면서 연
간 6조 원을 벌고 있다. 1973년에 등장한 〈포켓 몬스터〉는 2021년까지
137조 원을 벌어서 세계에서 가장 많은 돈을 벌어들인 지식재산권이다.
인기 있는 책, 동영상, 게임의 주인공이나 이야기가 오랜 기간에 걸쳐
상품이나 문화콘텐츠로 활용되면서 어마어마한 수익을 만들고 있다.
2000년대 이후 〈해리포터〉, 〈반지의 제왕〉, 〈스파이드 맨〉, 〈슈퍼맨〉
등의 영화 시리즈가 흥행에 성공하면서 저작권의 중요성이 강조되고
있다.

이들 영화는 만화나 소설을 영화화한 것이고, 영화를 한 편만 제작한
것이 아니라 새로운 이야기를 추가하여 시리즈로 제작하였다. 할리우드
의 영웅물은 전체 영화 편수의 약 10%이지만, 영웅물의 수익은 전체
영화산업의 80%를 차지할 정도로 원천 콘텐츠로 영웅물의 영향력은 막
강하다. 한편 2000년대 이후 문화콘텐츠 시장에서 플랫폼 간의 경쟁이
치열해지면서, 플랫폼 간에 경쟁력의 핵심 요소인 콘텐츠를 확보하려는
경쟁이 심해졌다. 그래서 콘텐츠 지식재산권을 확보하여 활용하려는 움
직임이 활발해졌다.

1990년대 한류가 조명받은 이후 대한민국의 문화콘텐츠는 지속해서
성장해 놀라운 성취를 이뤄왔다. 특히 〈오징어 게임〉은 넷플릭스로

2011년 가을에 개봉되어 모든 국가에서 조회 수 1위를 기록하였고, 1년 여가 지난 현재에도 넷플릭스 누적 조회 수 1위를 기록하였다. 이러한 인기에도 불구하고 이 드라마의 제작사는 넷플릭스에 저작권을 양도함에 따라 상품 판매 등의 부가적인 수익을 올릴 수 없었고, 많은 한국인이 이를 아쉬워했다.

만약에 한국의 제작사나 관련 기업이 〈오징어 게임〉의 저작권을 보유하고 있다면, 〈미키마우스〉나 〈포켓 몬스터〉와 유사한 수준의 추가 수익을 거둘 수 있도록 지식재산권을 활용할 수 있을지는 의문이다. 왜냐하면 지식재산권을 활용하여 수익을 창출하려면 오랜 시간에 걸쳐 지속해서 투자하고 마케팅하는 등의 노력과 함께 지식재산권을 활용하는 노하우가 필요하다.

문화콘텐츠에 대한 투자는 성공 여부가 사전에 불투명하여 매우 위험하고, 특히 한국과 같이 내수시장이 작은 경우에 더욱 위험하다. 할리우드 메이저와 같은 대기업도 위험을 줄이기 위해 콘텐츠 지식재산권을 적극적으로 활용하고 있다. 콘텐츠의 지식재산권을 이용하면 콘텐츠 투자의 실패 위험을 줄일 수 있고, 독점 권리의 보유자는 다양하게 활용하여 가치를 극대화할 수 있다. 콘텐츠 산업에서 원천 지식재산권을 개발하고 이를 체계적으로 활용해야 한국 콘텐츠가 지속해서 발전할 수 있다. 문화콘텐츠 지식재산권의 활용에 대해서 체계적이고 창의적인 접근이 필요하다.

예전에는 콘텐츠 지식재산권의 확장은 저작권을 보유하고 있거나 저작권을 이용하려는 라이선싱 사업자만이 관심을 가지는 주제였다. 그러나 미디어가 융합된 현재의 시점에서 미디어나 콘텐츠 종사자는 물론이고 지식재산권의 활용하는 분야가 대부분의 소비재 산업으로 확대됨에 따라 지식재산권을 활용하는 노하우를 알아야 하는 교양인의 범위가 넓어질 수밖에 없게 되었다. 이 책을 브랜드, 캐릭터 그리고 이야기를 이용하여 이윤을 창출하거나, 문화콘텐츠의 지식재산권을 발전시켜서 지속할 수 있는 수익원으로 만들려는 데 관심이 있는 분에게 권한다.

구체적으로, 인기 있는 캐릭터나 브랜드 등을 이용하여 상품(생활용품, 식료품, 문구, 장난감, 캐쥬얼 의류 등)을 제작하거나 유통하려는 분, 인기 있는 캐릭터, 브랜드, 스토리 등을 이용하여 자사의 상품이나 기업을 홍보하려는 분, 정부나 공공기관에서 브랜드나 캐릭터를 이용하여 기관이나 행사를 홍보하려는 분, 물론 문화콘텐츠의 제작이나 유통에 종사하면서 부가적인 수익 창출에 관심 있는 분에게 이 책이 유용할 것이다. 브랜드나 캐릭터를 디자인하거나 이야기를 창작하는 작가도 이 책에서 도움을 받을 수 있다. 또한 미디어, 문화콘텐츠, 디자인, 광고·홍보, 마케팅 등을 공부하는 학생에게도 이 책을 권유한다.

이 책에서는 문화콘텐츠의 지식재산권을 활용하는 노하우를 정리하였다. 최근에 문화콘텐츠의 재활용을 다룬 논문과 보고서가 많이 발표되고 있지만, 이 책은 몇 가지 측면에서 기존의 저술과 차별된다. 첫째로, 콘텐츠를 재활용하는 전략을 체계적으로 제시하였다. 콘텐츠의 지식재산권을 재활용하는 전략에는 브랜드 전략, 장르 전환 전략과 트랜스미디어 전략, 상품화와 캐릭터 전략이 있고, 이 각각의 전략을 설명하면서 풍부한 사례를 제시하였다.

둘째로, 캐릭터와 이야기를 상품화하는 방법과 사례를 제시하였다. 애니메이션, 만화, 웹툰, 영화, 드라마, 게임의 지식재산권과 인기 가수를 포함한 유명인의 지식재산권을 이용하여 장난감, 문구, 식료품, 캐쥬얼 의류와 같은 상품을 제작한다. 또한 기업이나 공공기관은 이들 지식재산권을 조직의 홍보나 조직이 개최하는 행사의 홍보에 이용하기도 한다.

셋째로, 원천 콘텐츠를 이용하여 새로운 콘텐츠를 제작하는 다양한 방법을 제시하였다. 과거에는 원작을 각색하여 다른 장르의 콘텐츠로 제작하는 경우가 많았지만, 2010년 이후에는 원작에 새로운 내용을 추가하거나 변형하여 새로운 콘텐츠를 제작하는 경우가 많아졌다. 새로운 내용을 추가하거나 변형할 때 성공 가능성을 높이기 위해서는 세계관과 브랜드 아이덴티티를 잘 설정하는 게 중요하다.

넷째로, 이야기 장르별로 콘텐츠 지식재산권을 활용하는 방법과 사례를 풍부하게 다루었다. 소설, 만화, 웹툰, 웹소설을 확장하는 방법과 사례, 방송 프로그램, 영화, 애니메이션과 같이 동영상을 확장하는 방법과 사례, 그리고 게임과 아이돌 음악을 확장하는 방법과 사례를 제시하였다. 콘텐츠 장르별로 지식재산권을 활용 사례를 전체적으로 조망하고, 대표적으로 성공한 사례를 심층적으로 분석하였다.

다섯째로, 오락기업의 본질은 스토리를 만들어서 이용자의 사랑을 끌어내고, 이 사랑을 수익화하는 것이라는 점을 강조하였다. 따라서 오락기업은 이용자의 사랑을 받는 스토리를 만들어야 한다. 그리고 대표적인 오락기업인 디즈니가 오락기업의 본질을 가장 적절히 구현하고 있음을 보여주었다. 또한 유료 OTT(인터넷 동영상 서비스) 시장을 석권하고 있는 넷플릭스의 콘텐츠 전략을 정리하였고, 콘텐츠 사업의 비중을 높이고 있는 네이버와 카카오의 콘텐츠와 IP 확장전략을 설명하였다.

이 책은 다음과 같이 구성되어 있다. 먼저 1장에서는 콘텐츠 지식재산권의 가치와 의미 그리고 수요를 설명하고, 콘텐츠 지식재산권을 이용하는 비즈니스를 설명하였다. 2장에서는 콘텐츠 지식재산권을 확장하는 방안인 창구전략, 장르 전환 전략, 상품화 전략, 브랜드 전략을 설명하였다. 그리고 IP 확장에서 성공하는 데 필요한 네 가지 요건을 제시한 다음에, 브랜드 전략을 소개하였다. 3장에서는 이야기의 장르를 전환하는 방법과 최근에 많이 이용되고 있는 이야기를 연계하고 확장하는 방법을 다루었다. 4장에서 라이선싱을 통해 주로 이루어지는 상품화와 캐릭터 전략을 심도 있게 다루었다. 5장에서는 오락업의 본질이 무엇인지를 설명하였고, 오락업의 본질에 가장 충실한 기업인 디즈니의 경영을 소개하였다. 그리고 2010년 이후에 콘텐츠 IP를 모으거나 확장하려고 노력하는 기업(넷플릭스, 네이버, 카카오 등)의 움직임을 담았다.

6장, 7장, 8장에서는 문화콘텐츠 IP를 확장한 사례를 콘텐츠 장르별로 정리하였다. 6장에서는 소설, 만화, 웹소설, 웹툰 IP의 확장 사례를 담았고, 7장에서는 방송, 영화, 애니메이션 IP의 확장 사례를 포함하였고, 8장에서는 게임과 아이돌 음악의 확장 사례를 정리하였다.

한국콘텐츠진흥원을 퇴직하면서 문화콘텐츠 업계에 도움이 되는 책을 내려고 생각하였다. 떠올린 여러 개의 주제 가운데 지식재산권의 확장이 가장 흥미로웠다. 문화콘텐츠 산업을 분석하고 정책 방안을 제안하는 일을 오랫동안 하였기에, 이 주제로 책을 집필하는 일이 어렵지 않을 것이라 지레 짐작하였다. 하지만 이는 큰 착오였고, 문화콘텐츠 IP의 확장을 종합적이고 체계적으로 엮는 작업은 도전적인 일이었다. 이 책을 쓴다고 분주해하는 남편을 묵묵히 쳐다봐준 아내가 무척 고맙다. 많은 출판사가 거절한 원고를 흔쾌히 책으로 만들어주신 경진출판 양정섭 대표님에게 감사를 표한다. 그리고 이 책의 저술을 지원해준 방송문화진흥회에게도 감사의 말을 전한다.

2023년 3월
권호영

제 1 부

문화콘텐츠 지식재산권(IP)을 확장하는 방법

제1장 콘텐츠 지식재산권은 많은 장점을 보유

1. 엄청난 수익을 낳는 지식재산권

문화콘텐츠산업에서 오래전부터 인기 콘텐츠의 지식재산권(IP)은 지속해서 활용되었다. 예를 들면 1927년에 월트 디즈니와 '어브 아이웍스'가 토끼를 의인화하여 만든 캐릭터인 '오스왈드 토끼'를 이용하여 유니버설 스튜디오는 오스왈드가 출연한 애니메이션을 1943년까지 제작하였다.[1] 원천 콘텐츠를 확보하게 되면 이들 콘텐츠의 저작권을 활용하여 다양한 파생 수익을 거둘 수 있다. 콘텐츠의 이야기, 캐릭터, 세계관을 활용하면 내수시장을 넘어 세계 시장에서도 수익을 올릴 수 있다. 지식재산권(IP)에 대해서 3절에서 설명하겠지만, 문화콘텐츠의 지시재산권을 해당 '콘텐츠에 담긴 이야기나 캐릭터에 대한 권리'로 이해하면 된다.

1) 슈퍼 IP란

인기를 끈 문화콘텐츠의 스토리나 캐릭터를 이용하여 새로운 콘텐츠를 제작하거나 상품을 만든다고 해서 모두 성공하는 것은 아니다. 반면에 누구나 아는 IP로 성장하여 어떤 형태로 변형되어도 엄청난 성과를 가져오는 IP를 '슈퍼 IP'라고 할 수 있다. 슈퍼 IP는 안정적인 세계관속에서 개별 캐릭터의 서사가 다른 캐릭터들의 서사와 융합하여 다채로운 트랜스미디어 전략을 통해 지속적이고 안정적인 가치 확장을 추진할수 있는 구조를 갖춘 있는 IP를 말한다.[2] 이러한 슈퍼 IP는 IP 보유자가오랜 시간에 노력한 끝에 만들어진 결과물이다. 슈퍼 IP는 수십 년간이 IP와 관련한 매출이 지속해서 발생했고, IP를 활용한 콘텐츠나 상품이수십 개가 넘는다.

슈퍼 IP의 대표적인 예로 '미키마우스', '헬로키티', '스타워즈', '해리포터', '포켓 몬스터' 등을 들 수 있다. 1928년에 탄생한 〈미키마우스〉가90년 이상 지난 현재에도 IP로 활용되면서 수익을 창출하고 있고, 1977년대 개봉된 조지 루커스의 영화 〈스타워즈〉가 40년 이상 IP로 활용되고있다. 슈퍼 IP의 장점은 이처럼 사람들에게 계속해서 소구될 수 있는확장성이다. 콘텐츠 기업은 하나의 콘텐츠로 영화, 드라마, 애니메이션,게임, 웹툰, 웹소설, 캐릭터로 확산할 수 있는 슈퍼 IP를 만들고 싶어한다. 과거에 한국의 애니메이션 제작자는 애니메이션을 성공하게 해서캐릭터 상품에서 수익을 거두려는 소박한 꿈을 꾸었다. 슈퍼 IP는 만든다는 것은 큰 프로젝터로 소박함과는 거리가 멀다.

2) 슈퍼 IP의 사례

동영상(영화, 게임 등)이 포함된 미디어 계열의 슈퍼 IP를 살펴보자. 〈표 1〉을 보면, 누적 매출액 상위 20위에 포함된 슈퍼 IP에는 할리우드 기반의 IP가 반을 차지하고 있고, 다음으로 일본 IP가 1/3을 차지하고 있다. 그리고 만화책과 애니메이션이 원작인 IP가 절반을 차지하고 있다. 한편 누적 매출액 1위는 〈포켓몬〉이고, 2위는 〈헬로키티〉, 3위는 〈미키마우스〉와 〈곰돌이 푸〉가 차지하였는데, 〈미키마우스〉가 1위가 아닌 사실이 생경하다.

〈포켓몬〉은 일본의 포켓몬 컴퍼니가 발매한 게임 시리즈로, 이를 원작으로 TV 애니메이션, 영화, 만화, 트레이딩 카드 등의 상품과 이 시리즈에 등장하는 가상의 생물들을 통칭하는 말이다. 〈포켓몬〉은 1996년에 닌텐도의 콘솔용 디지털 게임으로[3] 처음 출시되었고, 이후 27년간 대중의 사랑받고 있다. 포켓몬에는 귀여운 몬스터 캐릭터가 등장한다. 지금까지 시리즈에 등장한 몬스터는 700종이 넘는다. 포켓몬의 매출액 구성을 보면, 게임 매출은 19%에 불과하고 MD 상품(인형이나 완구 등)의 매출액이 66%나 차지한다. 한국에서는 삼립 SPC가 2006년 이후 16년만인 2022년 2월에 띠부씰(뗐다 붙였다 할 수 있는 스티커)이 들어 있는 포켓몬빵을 출시하여 폭발적인 인기를 얻은 바 있다.

〈헬로키티〉는 일본의 캐릭터 회사 산리오에서 1974년에 출시한 캐릭터로, 현재까지 전 세계 사람들의 사람을 받고 있다. 누적 미디어 믹스 총수입에서 2위로, 여러 상품과 엔터테인먼트 사업, 콜라보레이션 등의 라이선스 사업으로 매년 약 4조 원 이상을 벌고 있다. 〈헬로키티〉에는 주인공인 〈헬로키티〉 이외에도 가족과 친구들 수십 개의 하위 캐릭터가 활동하고 있다.

〈곰돌이 푸〉의 원작은 영국 아동문학가 알렉산더 밀른(Alan Alexander Milne)이 1922년에 발표한 동화책 〈위니 더 푸〉이다. 동화 〈곰돌이 푸〉를 좋아한 월트 디즈니가 1996년 단편 애니메이션을 제작한 이후 디즈니는 다수의 단편과 장편 애니메이션, TV 시리즈, 실사 영화, 책 등을 제작하였다. 〈곰돌이 푸〉 IP를 이용한 많은 문화콘텐츠가 제작되었지만, 〈곰돌이 푸〉 매출액의 99%는 MD 상품이다. 〈미키마우스〉는 미키마우스 계열 작품들의 주인공이자 월트 디즈니 컴퍼니의 상징이자 마스코트이다. 전 세계 대표 캐릭터로 1928년에 세상에 나온 이후 현재까지 세계인의 사랑을 받고 있다. 〈미키마우스〉 IP를 이용한 단편 애니메이션, TV 시리즈, 영화, 게임이 제작되었지만, 〈미키마우스〉 매출의 98%는 MD 상품이다.

〈스타워즈〉는 조지 루커스가 감독하여 1977년에 개봉된 SF 액션 어드벤처 영화다. 이 영화는 20세기 영화계의 상징이라고 불릴 정도의 걸작이다. 〈스타워즈〉 IP는 이후 40여 년간 활용되어 영화 시리즈, TV 시리즈, 애니메이션 시리즈로 제작되고 있고, 게임으로도 제작된 바 있다. 영화 〈스타워즈〉는 1977~2022년까지 제작되었고, 향후 2027년까지 제작될 계획이 세워져 있다. 50년 동안 총 14편의 이야기를 통해 우주의 가상 역사가 우리와 함께 진행되고 있음을 믿게 하고, 그러한 작품들의 이야기를 매번 확인하지 않으면 마치 중요한 세계관에 포함되지 못하는 불안감을 증폭시키는 수용자 고착화 효과를 만든다. 〈스타워즈〉의 영화는 오리지널 시리즈, 프리퀄 시리즈, 시퀄 시리즈로 구성되었고, 이러한 이야기 구조는 마블을 자회사로 인수한 월트 디즈니가 시도한 〈어벤져스〉 유니버스의 기초가 되었다.[4]

〈표 1〉 슈퍼 IP(미디어 계열) 누적 매출 순위(2021년 8월 기준)

	IP 명	원천 IP의 시작	누적 확장 매출	IP 소유자
1위	포켓몬 Pokemon	1996년 디지털 게임(모바일)	1,050억 달러(120.2조 원) MD상품 66%, 비디오게임 19%, 카드 게임, 극장, 만화잡지 등	닌텐도/포켓몬 컴퍼니
2위	헬로키티 Hello Kitty	1974년 캐릭터	845억 달러(96.7조 원) MD상품 99%, 만화잡지, CD 등	산리오
3위	곰돌이 푸 Winne the Pooh	1924년 동화책	803억 달러(91.9조 원) MD상품 99%, DVD, 극장 등	월트디즈니컴퍼니
3위	미키마우스와 친구들 Mickey Mouse & Friends	1928년 애니메이션	803억 달러(91.9억 원) MD상품 98%, DVD, 극장 등	월트디즈니컴퍼니
5위	스타워즈 Star Was	1977년 영화	687억 달러(78.6조 원) MD상품 %, 만화잡지, CD 등	루카스 필름
6위	디즈니 공주	2000년 TV애니메이션	464억 달러(53.1조 원) MD상품 99%, DVD 등	월트디즈니컴퍼니
7위	호빵맨 Anpanman	1973년 동화책	449억 달러(51.4조 원) MD상품 99%, 극장, 전시 등	프뢰벨관
8위	마블 시리즈	2008년 영화	353억 달러(40.4조 원) 극장 64%, MD상품 20%, DVD 등	월트디즈니컴퍼니, 소니(스파이더맨 영화), 유니버설
9위	마리오	1981년 비디오게임	338억 달러(39.8조 원) 비디오게임 85%, MD상품 40%, 만화잡지	닌텐도
10위	헤리포터 시리즈	1997년 소설	322억 달러(36.9조 원) 극장 28%, MD상품 25%, 책 22%, TV, 디지털 게임 등	J.K. 롤링, 워너브러더스(AT &T)
11위	트랜스포머 시리즈	1984년 애니메이션	296억 달러(33.9조 원) MD상품 40%, 극장 16% 등	타카라토미, 하스브로
12위	스파이더맨	1924년 만화책	279억 달러(31.7조 원) MD상품 54%, 극장 25%, DVD, 비디오게임, 파칭코 게임장, 만화책, 뮤지컬 등	마블엔터테인먼트, 소니
13위	배트맨	1928년 만화책	277억 달러(31.7조 원) MD상품 75%, 극장 21%, DVD 등	DC 엔터테인먼트 (AT&T)
13위	드래곤볼	1977년 만화책	277억 달러(31.7조 원) MD상품 28%, 만화잡지 26%, 만화책, 비디오게임, 트레이딩카드, 뮤지컬	아키라 토리야마, 슈에이샤, 토에이애니메이션, 반다이남코
15위	Call of Duty	2003년 게임	277억 달러(30.9조 원) 다양한 장르의 게임	액티비전 블리자드

	IP 명	원천 IP의 시작	누적 확장 매출	IP 소유자
16위	바비	2000년 애니메이션	249억 달러(28.5조 원) MD상품 92%, DVD 8% 등	마텔
17위	건담	1973년 애니메이션	237억 달러(27.1조 원) MD상품 97%, 파칭코 게임장, 극장	선라이즈(반다이 남코 홀딩스)
18위	토이스토리	1981년 애니메이션	220억 달러(25.2조 원) MD상품 80%, 극장 9%, DVD 등	월트디즈니컴퍼니
10위	카 Car	2008년 애니메이션	218억 달러(25.0조 원) MD상품 86%, 극장 9%, DVD 등	월트디즈니컴퍼니
20위	반지의 제왕	1954년 소설	199억 달러(22.8조 원) 영화, 드라마, 애니메이션, 게임	영화 판권: 사울 자엔츠 영화외 판권: 톨킨 에스테이트

출처: 매출액은 Statista, 매출 구성은 노가용, 김정현, 이정훈(2021)
주: 달러 환율은 1144.61원(2021년 연평균 환율) 적용

〈호빵맨〉은 일본 어린이가 가장 좋아하는 캐릭터이다. 〈호빵맨〉은 어린이 그림책이 원전이고, 이후 애니메이션으로 발전하였다. 〈호빵맨〉 매출액 대부분은 MD에서 나온다. 〈마리오〉는 닌텐도가 1985년에 출시한 디지털 게임 〈슈퍼 마리오 브라더스〉의 주인공으로, 닌텐도의 대표 캐릭터이다. 〈슈퍼 마리오 브라더스〉는 세계에서 가장 많이 팔린 게임으로 기네스북에 올랐다. 이후에 〈슈퍼 마리오〉 게임은 수백여 종이 출시되었고, 애니메이션, 영화, 완구 등이 출시되었다. 〈헬로키티〉, 〈호빵맨〉, 〈마리오〉 등 일본에서 만들어진 캐릭터는 2010년 이후 인기가 감소하고 있다. 2010년 이후 스마트폰을 전 계층이 이용하게 됨에 따라서 캐릭터의 소비가 모바일에서 주로 이루어지는 현상에 적절하게 대응하지 못하였기 때문이다. 반면에 〈포켓몬〉의 경우 2016년에 출시된 AR을 이용한 모바일 게임 〈포켓몬 고〉이 세계 곳곳에서 인기를 끌면서 캐릭터의 인기는 유지되고 있다.

〈건담〉은 1979년에 방영된 로봇 애니메이션 〈기동전사 건담〉에서 원작이고, 이후 TV용과 극장용 애니메이션이 지속하여 제작되고 있고,

게임도 만들어졌다. 〈건담〉의 주된 매출은 MD이고 특히 건담 프라모델 (건프라)이 유명하다. 이 IP를 일본 최대 완구 업체 반다이와 유명 게임사 남코가 2005년에 합병해 탄생한 회사인 반다이남코가 보유하고 있다.

2. 콘텐츠 지식재산권이 중요한 이유

1) 콘텐츠 IP가 중요한 이유

콘텐츠 IP 비즈니스의 본질은 잘 알려진 콘텐츠 IP를 이용하여 소비자를 쉽게 확보하고, 이야기를 창작하는 비용을 절감하여 이윤을 증가시키는 것이다. 콘텐츠 IP를 이용하면 콘텐츠를 여러 장르로 확장하고, 다수의 플랫폼으로 콘텐츠를 제공하는 데 유리하다. 콘텐츠 IP를 이용하게 되면 작품을 기획할 시간을 절약하여 전체 제작 시간을 절약할 수 있다. 예를 들면 소설, 웹소설, 웹툰 등의 '이야기'를 이용하여 드라마나 영화로 제작하면 많이 시간이 절약된다. 웹툰의 이미지를 이용하게 되면 영상화 작업 시간이 불필요하므로 드라마나 영화를 재적하는 시간이 절감된다. 그리고 2차적 저작물이 인기를 얻게 되면 원작의 판매가 증가하기도 한다. 콘텐츠 IP를 이용하여 수익을 다각화하는 전략이 바로 'OSMU(One Source Multi Use) 전략'이고, 이를 최근에는 'IP 확장전략'이라고 부른다.

IP를 활용한 콘텐츠를 확장한 대표적인 사례를 보자. 〈스타워즈〉나 〈해리포터〉 시리즈는 영화, 연극, 게임, 테마파크 등으로 확장되었고, 마블 시네마틱 유니버스는 출판 만화, 영화, 드라마, 게임으로 확장되었다. 할리우드 역대 흥행 TOP 50중 20편이 넘는 작품이 원작 콘텐츠를 이용하여 IP 확장을 시도한 것이다.[5] 국내의 경우 애니메이션인 〈뽀롱뽀롱 뽀로로〉는 뮤지컬, 영화, 테마파크, 생활 건강 상품으로 확장되었다. 〈신과 함께〉, 〈미생〉 등 만화/웹툰이 드라마, 영화, 게임 등으로 확장되었다.

한편 콘텐츠 IP를 이용하는 또 다른 중요한 이유는 위험을 관리하기 위함이다. 콘텐츠 비즈니스가 타 산업에 비해서 투자비용과 수익의 상관관계가 낮아 흥행에 의존하는 산업이라고 불린다. 콘텐츠 비즈니스에서 불확실성을 낮추는 방안으로 콘텐츠 IP를 활용한다. 문화콘텐츠산업으로 위험을 관리하기 위해서 전통적으로 스타시스템과 장르 시스템을 이용하였고, 장르 시스템을 확장한 것이 바로 IP를 활용하는 것이다.

한편, 2000년대 중반 이후에 콘텐츠 기업들이 콘텐츠 IP를 확보하려는 노력을 강화하고 있다. 그 이유를 네 가지로 설명할 수 있다. 첫째로, 디지털화가 심화하면서 콘텐츠 플랫폼 간에 경쟁이 심화하였고, 플랫폼들은 차별화 요소로 원작 콘텐츠를 확보하려고 노력하기 때문이다. 둘째로, 문화콘텐츠 장르 간의 벽이 허물어지거나 약화하면서 콘텐츠 IP의 장르 간 이용이 쉬워지면서, 콘텐츠 IP를 활용하여 상업적으로 성공을 거둔 사례들이 많아지고 있기 때문이다. 해외에서는 〈해리포터〉, 〈반지의 제왕〉, 〈스파이드 맨〉, 〈슈퍼맨〉 등의 영화 시리즈가 크게 성공하였고, 한국에서는 웹툰과 웹소설 원작의 드라마와 영화가 많이 제작되고 있으며 성공한 사례가 이어지고 있다.

셋째로, 2000년대에 접어들어 소비자들은 과거보다 자신이 좋아하는 이야기를 더 많이 이용하기를 원한다. 이러한 현상은 스마트폰을 보편적으로 소지하게 된 2010년대에 들어서 심화하고 있다. 넷째로, 수익의 다각화와 위험을 관리하는 수단으로 트랜스미디어 스토리텔링과 팬덤(열성 팬 조직)의 형성이 강조되고 있다. 팬덤이 형성되어 있는 원천 IP는 팬덤의 지지와 함께 IP의 확장에 팬덤이 참여하기도 한다. 수용자인 팬덤은 콘텐츠를 소비만 하는 것이 아니라, 이야기의 확산에 개입하거나 새로운 이야기를 창작하기도 한다. 이러한 수용자의 개입으로 원천 IP에서 파생한 콘텐츠나 이야기가 생산되기도 한다. 아래에서는 위에서 설명한 콘텐츠 IP의 수요 요인 중에서 세 가지만을 추가로 설명한다.

2) 콘텐츠 IP의 수요

(1) 문화콘텐츠의 흥행이 불확실

대중의 문화 소비 기호에 초점을 맞춰 생산되는 문화상품은 성공 여부가 매우 불투명하다. 특정한 문화상품을 이용한 소비자의 만족도에 영향을 미치는 요인이 매우 많고, 그리고 소비자의 만족도는 소비하는 시점의 시대적 상황이나 문화적 배경의 영향도 받는다. 소비자는 문화상품을 직접 경험한 이후에야 비로소 그 가치의 크기를 부여할 수 있다(이를 경험재(experience good)라고 한다). 콘텐츠 IP가 중요한 이유는 제작사나 유통사들의 수요에도 불구하고 특정 문화콘텐츠의 흥행 수준을 예측할 수 있는 신뢰성 높은 지표가 아직 개발되지 않고 있기 때문이다. 할리우드 블록버스터 영화나 트리플 A급 게임에는 1년 이상 동안에 수천억 원 이상의 제작비와 홍보비를 투입한다. 그런데도 투자비용의 절반조차 보전하지 못하는 사례가 빈번하다.

이미 성공을 거둔 원작 콘텐츠 IP를 활용하여 콘텐츠를 제작할 때 원천 콘텐츠의 인지도와 완성도, 성공 요소들을 기반으로 제작되기 때문에 시장에서의 실패 위험(risk)을 줄일 수 있다. 또한 원천 콘텐츠 결과물을 통해 2차 콘텐츠의 결과물을 예상하기 쉽고, 스토리와 캐릭터 등이 높은 완성도를 갖추고 있어 콘텐츠 제작이 상대적으로 쉽다. 시장에서도 원천 콘텐츠를 통해 상대적으로 이미 높은 인지도가 형성되어 홍보에 유리하며 원천 콘텐츠를 좋아하는 충성도 높은 팬덤이 강하게 형성되어 콘텐츠 구매에 대한 진입 장벽이 매우 낮다. 또 다른 효과로는 후속 콘텐츠 또는 파생 콘텐츠가 성공을 거두게 되면 앞서 시장에 출시된 원천 콘텐츠의 가치를 동반 상승시키는 것이다. 원천 콘텐츠 자원을 활용한 2차 콘텐츠가 흥행하면 자연스럽게 원작에 관한 관심이 증대되어 새로운 수익을 창출하게 된다(〈그림 1〉 참조).[6]

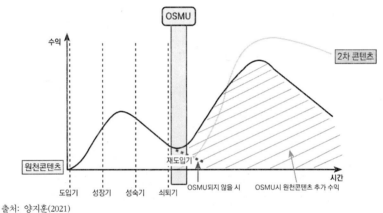

출처: 양지훈(2021)

〈그림 1〉 IP 활용에 따른 원천 콘텐츠 동반 상승효과

① 할리우드에서 전통적인 위험성 회피 방식: 장르 시스템과 스타시스템
영화 제작에는 상대적으로 많은 제작비용이 투입되면서도 그 성패를 예측하기 어려운 산업적 속성 탓에 가능하면 수요 예측성을 높이려고 노력한다. 미국 할리우드의 영화 제작자들은 흥행에서 이전에 성공한 적이 있는 장르와 스타를 선택하여 수요 예측성을 높이려고 노력하였다. 영화 제작의 위험을 줄이기 위해서 스타시스템과 장르 시스템을 활용하였다.[7]

현재 대중들에게 많은 사랑을 받는 대부분 영화, 드라마, 버라이어티 프로그램들은 스타에 많이 의존한다. 특정 스타를 중심으로 기획하고 제작하여 흥행의 안전성을 도모하는 전형적인 스타시스템이다. 스타시스템은 상품에 대한 수요를 늘리려는 목적으로 상품의 시장성공에 이바지할 수 있는 능력, 즉 스타 영향력을 보유한 스타를 생산과정에 집중적으로 투입하는 하나의 마케팅 기법이자 사업전략이다.[8]

장르 시스템은 할리우드에서 대중이 좋아하는 장르(서부극, 로맨틱코미디, 슈퍼 히어로 등)의 영화를 반복적으로 제작하는 것을 말한다. 이때 장르별로 대중에 소구력이 있는 서사 공식을 이용한다. 예를 들어 서부극에서 고독하고 무뚝뚝한 총잡이가 악당의 괴롭힘에 빠져 있는 마을을 정의롭게 구해내고 다시 서부로 돌아간다는 내용이나 로맨틱코미디의 경우 상반된 성격과 신분의 두 남녀가 티격태격하다 서로의 사랑을 확인하고 행복한 결말을 맞는다는 것 등이 동일한 장르에서 반복되는 전형적인 서사 공식이다.[9]

② 콘텐츠 IP 이용

위험을 회피한다는 측면에서 보면 콘텐츠 IP를 이용하는 것은 장르시스템을 이용하는 것과 같다. 콘텐츠 IP를 이용한다는 의미는 다만 위험의 회피뿐만이 아니라 IP가 가진 인기나 탄탄한 스토리를 다양한 방식으로 이용한다는 것이다. 불확실한 투자를 회피하기 위해서 콘텐츠 사업자는 유명 콘텐츠 IP를 이용하여 콘텐츠를 제작하기를 원한다. 루카스 필름, 21세기 폭스사, 마블 스튜디오, 픽사, MGM 등 대형 콘텐츠 IP를 보유한 기업들이 인수·합병되는 이유 중 하나가 위험의 회피이다. 이들 기업이 보유한 콘텐츠 IP를 활용하게 되면, 콘텐츠 IP의 인지도와 콘텐츠 IP의 팬덤으로 인해서 성공 가능성이 커진다. 성공한 원천 IP를 통해서 콘텐츠 제작사와 유통사는 지속적이고 안정적인 수익을 확보할 가능성을 높이고자 한다.

불확실성이 매우 높은 콘텐츠 시장에서 기대효용(expected utility)이 큰 콘텐츠 IP를 확보하게 되면 해당 사업자는 잠재적 경쟁자와 비교하면 우위를 가지고 한시적으로 독점적 지위를 누림으로써 시장의 선도자(first mover)가 될 수 있다. 콘텐츠 산업에서 IP를 소유하게 되면 한계비용이 거의 없이 추가적인 경제적 가치를 창출할 수 있다. 특히 웹소설이나 웹툰과 같은 웹콘텐츠는 영화나 드라마, 게임과 같은 기존 콘텐츠에 비해 상대적으로 투입 비용이 적으면서도 콘텐츠의 활용도가 높아 주목받고 있다.[10]

(2) 콘텐츠 플랫폼 경쟁의 심화

디지털화로 인해서 하나의 콘텐츠가 모든 플랫폼과 모든 디바이스로 제공되고 있다. 역으로 보면 하나의 플랫폼에서 신문, 책, 만화를 포함한 출판물, 음악이나 라디오를 포함하는 오디오 콘텐츠, 방송 프로그램·영화·UCC를 포함한 동영상 서비스, 그리고 대부분 장르의 게임이 서비스되고 있다. 또한 핸드폰이나 PC와 같은 디바이스를 이용하면 앞에서 언급한 모든 종류의 콘텐츠를 이용할 수 있다. 그 결과 플랫폼으로 기능하는 미디어의 범주와 역할이 확대되었고, 플랫폼 간의 경쟁이 복잡하고 동시에 심해지고 있다.

대부분 서비스가 인터넷으로 제공되면서 플랫폼 사업자의 수가 증가하였다. 과거에는 유통 사업자가 되려면 서점, 음반 가게, 방송사, 극장 등과 같은 하드웨어를 갖추고, 이를 체인으로 연결해야 하였다. 그러나 인터넷 기반의 플랫폼을 구축하는 데에는 이러한 하드웨어가 필요하지 않고, 하드웨어 구축에 따르는 허가 등 정부의 규제를 받지 않게 되었다. 과거에 비해서 상대적으로 플랫폼의 구축이 쉬워지면서 많은 사업자가 등장하게 되었다.

플랫폼 사업자는 문화콘텐츠를 소비자에게 제공하는 통로를 활용하여 사업을 영위하였지만, 이러한 통로가 많아지면서 통로를 지키는 것만으로는 수익을 내기 어렵게 되었다. 플랫폼 사업자는 소비자에게 가치 있는 서비스를 제공해야 하며, 제공하는 서비스가 타 플랫폼과 차별화되어야 사업을 지속할 수 있게 되었다. 게임, SNS, OTT 서비스가 처음 제공되던 시점에는 플랫폼 사업자들이 추천 시스템, 빠른 속도, n 스크린 서비스, 이용자의 규모 등과 같은 측면에서 차별화가 되었지만, 후발주자들이 모방하면서 차별성이 약화하였다. 플랫폼 사업자들은 기술이나 서비스에서 차이를 두지 못하면서 콘텐츠의 차별화를 추구하게 되었다. 각 플랫폼은 '원작 콘텐츠'를 확보하거나 배타적인 콘텐츠를 확보하려고 노력하고 있다. 플랫폼의 경쟁력에서 차별화된 양질의 콘텐츠를 확보하는 것이 가장 중요해졌다.

콘텐츠 중요해진 이유로 미디어와 콘텐츠 산업의 핵심적인 가치가 변하였다는 측면에서도 볼 수 있다. 미디어 산업에서 아날로그 시대와 디지털 시대 초기에는 네트워크가 가장 중요했고, 디지털화가 진전됨에 따라서 플랫폼이 가장 중요하였으나, 디지털 기술이 성숙하면서 네트워크와 플랫폼이 이용자에게 차별화된 요소를 제공하기 어려워졌다. 그 결과 미디어 산업에서 서비스의 차별화 요인으로 콘텐츠가 부각되었다.

그리고 디지털화로 인하여 변화된 제작과 유통 구조의 변화도 콘텐츠의 부각에 일조하였다. 아날로그 시대에는 소설, 만화, 영화, TV 프로그램의 각 콘텐츠 장르별로 제작과 유통 시스템이 형성되었지만, 이제는 인터넷을 기반으로 한 플랫폼이 모든 장르의 콘텐츠를 유통하는 구조로 바뀌고 있다. 이에 따라 가치나 수익의 중심이 초기에는 플랫폼으로 이전하였다가, 다수의 플랫폼이 등장하면서 가치의 중심이 콘텐츠로 이동한 것이다. 현재 콘텐츠의 제작 유통 구조는 크게 IP 보유, 제작 능력, 유통 능력, 자본으로 나눌 수 있는데 이중 가장 지배적인 능력을 갖춘 쪽이 더 큰 수익배분을 요구할 수 있다. 지금은 IP를 보유하거나 제작 능력이 지배적인 능력으로 부상하고 있다. 콘텐츠 IP를 가지고 콘텐츠의 장르나 플랫폼을 넘나들면서 사업을 할 때 큰 수익을 만들 수 있는 환경이 만들어졌다. 아래에서 게임산업과 OTT 산업에서 플랫폼 간 경쟁이 심화하면서 플랫폼 회사들이 콘텐츠 IP를 개발했거나 확보한 사례를 보자.

① 가정용 콘솔 게임기 경쟁[11]

1990년 중반까지 가정용 콘솔 게임기는 닌텐도의 독주 체제였다. 닌텐도는 〈슈퍼 마리오 시리즈〉로 대표되는 자체 제작 콘텐츠의 개발 역량을 앞세워 가정용 콘솔 하드웨어어시장에서 점유율 1위를 유지했다. 그리고 외부의 콘솔 게임 소프트웨어 개발사도 닌텐도의 표준 저장 매체(롬 카트리지)를 사용하여 닌텐도의 콘솔에서 다양한 게임을 이용할 수 있었다. 한편 아케이드 게임기에서 독보적인 위치를 차지하던 세가(SEGA)가 가정용 콘솔 하드웨어 시장에 진입했다. 그러나 세가는 닌텐도를 능가하지 못해서 2위에 머물렀다.

이러한 배경에서 가전 및 음향기기의 선도자인 소니가 1994년 12월에 32비트 콘솔 하드웨어인 '플레이스테이션(Play Station)'을 출시했다. 소니가 콘솔 시장에서 실패할 것이라는 의견이 팽배했다. 왜냐하면 콘솔의 경쟁력은 게임 소프트웨어에 의해서 좌우되는데, 소니는 게임 콘텐츠를 제작할 수 있는 역량이 없었기 때문이다. 1994년 11월에는 세가가 32비트 콘솔 하드웨어인 '세가 새턴'을 출시했고, 1996년에는 1위인 닌텐도가 64비트 콘솔인 '닌텐도64'를 발표했다. 3종의 콘솔 하드웨어 간의 경쟁에서 최종 승자는 예상과 달리 소니였다. 게임 소프트를 자체적으로 개발할 역량이 부족했던 소니는 외부에서 게임 소프트를 확보하여 경쟁에서 승리했다.

반면에 닌텐도와 세가는 게임 소프트를 자체적으로 제작할 역량이 뛰어났기 때문에 외부에서 게임을 조달하는 데 소홀했다. 소니는 외부 게임 제작사의 개발 역량을 제한하는 닌텐도의 롬 카트리지 규격 대신 CD롬 저장 매체를 사용하여 범용성을 확보했고 제작사에 유리한 계약 조건을 제시했다. 소니는 결정적으로 킬러 콘텐츠 IP로 통했던 대작 롤플레잉 게임 〈파이널 판타지 7〉을 플레이스테이션에서 독점 출시함으로써 신규 플랫폼의 약점을 극복할 수 있었다. 〈파이널 판타지 7〉의 흥행을 지켜본 외부 게임 제작사들이 차례로 플레이스테이션 진영에 합류하였고, 소니의 플레이스테이션은 콘텐츠 다양성에서도 앞서 나가게 되며 점유율의 선두를 공고히 했다.

가정용 콘솔 하드웨어 경쟁에서 패배한 과거의 1위 닌텐도는 이후 콘솔 게임 대신에 휴대용 게임으로 주력산업을 전환하였고, 2위였던 세가는 콘솔 하드웨어 사업을 포기하고 게임 소프트웨어 개발에 집중하였다. 가정용 콘솔 게임 플랫폼 경쟁의 성패를 가른 결정적 요인은 플랫폼 자체의 경쟁력보다는 플랫폼이 제공하는 게임의 우수성, 게임의 다양성, 제삼자[12) 정책이다.

② 유료 OTT 경쟁

유료 OTT 사업자인 넷플릭스는 전 세계에서 2022년 9월 말 기준 2억 2,300만 명의 가입자를 확보하였다. 넷플릭스가 유료 OTT 시장을 석권하게 경쟁력으로 뛰어난 전송 기술과 모든 기기에서 서비스되도록 하는 기술을 들기도 하였다. 그런데 2016년에 디즈니와 워너브러더스 등이 콘텐츠 제공 계약을 연장하지 않겠다고 넷플릭스에게 통지하였고, 2019년부터는 넷플릭스에 제공하지 않고 각자의 플랫폼에서만 공개하기 시작하였다. 그리고 2019년에는 안정적인 전송 기술과 모든 기기에 서비스하는 기술이 더 이상 핵심적인 경쟁력이 되지 않게 되었다.

유료 OTT 시장에 새로운 사업자들이 진입하면서 콘텐츠의 수요가 확대되고, 진입한 OTT 사업자들이 경쟁력을 강화하기 위하여 차별화된 콘텐츠를 공급해야 하는 상황에 직면하였다. 차별화되고 새로운 콘텐츠를 공급하려는 과정에서 콘텐츠 IP를 확보하려는 경쟁이 심화하였다. 그 결과 콘텐츠 IP의 가치가 높아졌고, 콘텐츠 IP를 확장하려는 노력도 동시에 전개되고 있다(〈그림 2〉 참조).

출처: 키움증권리서치 센터(2019.3.16, 8쪽)

〈그림 2〉 OTT에서 IP 가치의 증가

넷플릭스는 2010년대 초반부터 콘텐츠의 자체 제작을 늘리고 있었지만, 2010년대 말에 더 이상 많은 할리우드 메이저로부터 콘텐츠를 조달하지 못하게 되면서, 서비스의 신규 가입이나 구독의 연장을 위해서 자체 제작 콘텐츠를 획기적으로 늘려야만 했다. 넷플릭스의 콘텐츠 투자액은 2015년의 46억 달러에서 2022년에는 170억 달러로 증가하였다. 2019년에 OTT 서비스를 시작한 디즈니는 가입자 수가 예상보다 더디게 증가하자 콘텐츠 투자액을 크게 늘리고 있다. 디즈니는 2020년부터 매년 영화와 TV 프로그램의 제작비용을 30% 이상 증가시키고 있는데, 2022년에는 230억을 투자한다고 알려졌다. 넷플릭스와 디즈니뿐만 아니라 유료 OTT 사업에 뛰어든 바이어컴, 애플, 폭스 등이 모두 콘텐츠에 대한 투자 늘리고 있다. 2022년 3월에 OTT 서비스를 제공하는 아마존이 영화 〈007〉 등을 제작하는 MGM을 85억 달러에 인수한 것도 콘텐츠를 강화하는 전략이다.

③ 소비자들이 스토리텔링 경험을 열렬히 수용[13]

20세기와 21세기 초반에 새로운 기술과 비즈니스 모델이 등장하면서 소비자들은 자신이 좋아하는 이야기를 과거보다 자주, 여러 장소에서, 많은 미디어를 통해서 이용하기를 원한다. 이에 따라서 마블 시네마틱 유니버스(Marvel Cinematic Universe, MCU)가 연간 1.2편의 영화를 개봉하다가 2017년 이후 연간 3편(2021년은 4편)을 개봉하여도 편당 영화의 수익을 늘릴 수 있었다. 또한 수요의 증가로 MCU는 이제 TV(예 〈스타워즈〉)로 확장하고, TV는 영화(〈워킹 데드〉, 〈다운튼 애비〉, 〈브레이킹 배드〉)로 확장하며, 비디오게임과 만화에서 다양한 시도를 할 수 있다.

큰 규모의 수용자들이 서사적으로 중복되는 스토리텔링 경험을 열렬히 수용한다. 소설가이자 프로듀서인 마틴(Martin)의 〈얼음과 불의 노래〉(〈왕좌의 게임〉 원작) 시리즈는 처음 15년 동안 대략 1,500만 부 판매되었지만, TV 시리즈 〈왕좌의 게임〉이 방영된 이후 8년 동안 약 8,500만 부 판매되었다. 비디오게임 〈위쳐 3〉가 히트한 다음에 25년 전에 출간된 소설책 〈위쳐〉 시리즈가 처음으로 뉴욕타임스의 베스트셀러 목록에 올랐다. 넷플릭스에서 드라마 〈위쳐〉가 스트리밍되자 비디오게임 〈위쳐〉의 사용자 수가 3~4배 증가했고 수십 년 된 책 시리즈가 다시 타임스의 베스트 셀러 목록에 들어갔다(50만 부 재인쇄). 대부분 사람은 새로운 우주를 찾기보다 우리가 사랑하는 우주에서 더 많은 시간을 보내고 싶어 한다.

IP 사업에서 매우 중요한 것은 끝없는 것처럼 보이는 소비자의 더 많은 것에 대한 욕구를 충분히 해결할 수 있는 능력을 갖추어야 한다는 것이다. 팬이 (한 프랜차이즈에 대한) 사랑을 키울 수 있는 기회를 제공해 야만(한 프랜차이즈가 팬에게 자주 노출되는 것을 포함하여) 새로운 팬을 확 보할 수 있고 다른 프랜차이즈로 팬이 이탈하는 것을 방지할 수 있다. 1990년에는 〈마리오(Mario)〉가 〈미키마우스〉보다 더 유명했을지 모르 지만, 지금은 그렇지 않다. 〈미키마우스〉가 영화와 TV로 제작되어서 더 유명해진 것이다.

과거에는 하나의 프랜차이즈가 가지는 고객의 범위는 지금과 같이 크지 않았다. 과거에는 만화책, 디지털 게임 또는 영화에서 각각 인기를 얻어 프랜차이즈가 되려고 경쟁하였다. 과거에는 매체별로 다수가 승자 가 될 수 있었고, 승자의 도달 범위가 제한되었다. 그러나 디지털화로 인한 미디어 융합으로 모든 매체에서 모든 프랜차이즈가 우위를 점하기 위해서 다투는 시대가 되었다. 모든 이야기는 더 많은 매체로 확산하여 야 하고, 이용자의 시간을 확보해야 한다.

3. 법으로 보호받는 콘텐츠 지식재산권

1) 지식재산의 정의

지식재산(Intellectual Property, IP)은 지식재산기본법에서 다음과 같이 정의하고 있다. 지식재산은 "인간의 창조적 활동 또는 경험 등에 의하여 창출되거나 발견된 지식·정보·기술·사상이나 감정의 표현, 영업이나 물건의 표시, 생물의 품종이나 유전자원, 그 밖에 무형적인 것으로서 재산적 가치가 실현될 수 있는 것"으로서 "법령 또는 조약 등에 따라 인정되거나 보호되는 지식재산에 관한 권리"이다. 지식재산기본법에서는 지식재산의 핵심을 '재산적 가치 실현'에 두고 있다.

IP에 관한 국제조약을 제정하는 '세계지적재산권기구(WIPO, World Intellectual Property Organization)'는 IP를 "문학, 예술 및 과학작품, 연출, 예술가의 공연·음반 및 방송, 발명, 과학적 발견, 공업의장·등록상표·상호 등에 대한 보호 권리와 공업·과학·문학 또는 예술 분야의 지식 활동에서 발생하는 기타 모든 권리를 포함하는 것"이라고 정의하고 있다. 한국은 WIPO에 1979년 가입했으며 WIPO 저작권조약(WIPO Copyright Treaty)에는 2004년에 가입하였다.

지식재산이란 말 그대로 인간의 지적 능력으로 만들어낸 창작물에 대해 법이 부여한 권리다. 지식재산권은 산업재산권, 저작권, 신지식재산권으로 구분된다. 통상적으로 경제 분야에 해당하는 상표, 디자인, 특허권, 상표권 등은 '산업재산권'으로 분류되고, 음악, 미술, 영화, 드라마, 소설, 시, 게임, 소프트웨어 등 문화예술 분야의 창작물에 부여되는 것을 '저작권'으로 분류된다. 그리고 경제적 가치를 지니는 지적창작물로서 법적 보호가 필요하지만, 저작권이나 산업재산권 중 어느 하나로 쉽게 구분하기 어려운 새로운 지식재산을 총칭하여 신지식재산권이라 부른다. 지식재산권의 권리는 특허법, 실용신안법, 상표법, 디자인보호법, 저작권법, 부정경쟁방지 및 영업비밀보호에 관한 법률, 민법, 상법 등에 의하여 규율되고 보호된다. 지식재산권을 분류하면 〈그림 3〉과 같고, 주요 지식재산권의 정의, 발생 시기, 존속 기간은 〈표 2〉와 같다.

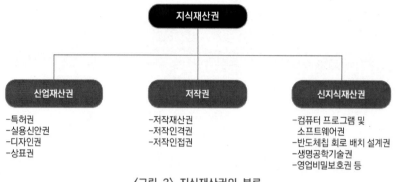

〈그림 3〉 지식재산권의 분류

〈표 2〉 주요 지식재산권의 정의, 발생 시기, 존속 기간

권리 유형	정의	발생 시기	존속 기간
저작권	예술 범위에 속하는 창작성이 있는 표현에 관한 권리	저작물 완성시	저작자 사망 후 70년까지
특허권 (실용신안권)	아이디어, 기술적인 사상에 관한 권리	특허 등록시	출원일부터 20년까지 (출원일부터 10년까지)
디자인권	제품의 외형 장식에 관한 권리	디자인 등록시	출원일부터 20년까지
상표권	업무 주체 간 출처를 식별하기 위한 표장에 관한 권리	상표 등록시	등록일부터 10년까지 (단, 종료 후에도 10년씩 갱신 가능)

2) 콘텐츠 지식재산

한번 만들어진 문화콘텐츠(이하에서는 줄여서 '콘텐츠'라 부른다)는 다수의 미디어에 유통될 수 있고, 이야기를 활용하여 다른 장르의 콘텐츠로 제작될 수도 있으며, 이야기를 변형하거나 확장하여 콘텐츠를 제작하는 등의 다양한 용도로 사용할 수 있으며, 캐릭터를 상품 판매나 이미지를 높이는 데 활용할 수 있다. 콘텐츠가 보유한 이러한 미래 가치를 콘텐츠 지식재산이라고 부른다, 콘텐츠는 세상에 공포되는 순간에 지식재산권

을 가지게 된다.

콘텐츠 지식재산(Content Intellectual Property)[14]은 "원천 콘텐츠(Source contents)를 기반으로 다양한 콘텐츠 장르 및 산업 간 확장·연계 및 파생 사업을 가능하게 하는 일련의 관련 지식재산권 묶음(Portfolio)"으로 정의될 수 있다.[15] 콘텐츠 IP는 고유성을 지닌 이야기나, 특정한 시간과 공간 그리고 캐릭터 기반의 세계관 등을 포함한다. 콘텐츠 IP는 OSMU 될 수 있으며, 트랜스미디어나 크로스미디어 될 수 있는 잠재적 가능성이 큰 '원천 콘텐츠'를 지칭한다.[16]

여기서 원천 콘텐츠는 "독립된 콘텐츠로서 대중성을 검증받아 이미 브랜드 가치를 확보한 콘텐츠"이고, 다음의 3가지 속성을 가지고 있다; 원천 콘텐츠는 ① 장르 전환을 활성화할 수 있는 요소들을 콘텐츠 내부에 포함하고 있어야 하고, ② 일반적으로 원천 콘텐츠로서 활용되는 만화, 소설, 신화 등의 경우에서 확인할 수 있듯이 상대적으로 적은 비용으로 대중성 검증이 가능해야 하며, ③ 그 자체만으로도 독립적인 콘텐츠로서의 완성도를 확보하고 있어야만 한다.[17]

산업적 맥락에서 콘텐츠 개별 작품보다 연계 사업의 원천으로 IP를 보는 것이 중요하다. 콘텐츠 하나를 잘 만들어 소위 대박을 나게 하는 것보다 연결을 통해 권리를 팔아 연계 수익을 강화하는 것이 '콘텐츠 IP 비즈니스'의 핵심이다.[18] 콘텐츠 IP의 핵심 구성요소는 원형성(Originality), 확장성(Expandability), 연계성(Connectivity)으로 볼 수 있다.[19] 원형성은 저작권에 의해 보호되는 독창성을 가진 원본(시작점)이어야 함을 의미한다. 확장성은 하나의 콘텐츠가 다양한 경로로 확산하는 것을 넘어 콘텐츠 자체가 변형·수정·재가공 등을 거쳐 내용, 장르, 서비스 형태, 플랫폼 등 양적·질적 차원에서 모두 확장될 수 있어야 함을 뜻한다. 연계성은 하나의 단위 콘텐츠로 종결되는 것이 아니라, 콘텐츠와 다른 콘텐츠(다른 장르들), 콘텐츠와 미디어·플랫폼(다른 조합들), 콘텐츠와 다른 산업의 서비스 또는 생산물들이 다양한 방식으로 유기적으로 결합하거나 연결되고 상호작용할 수 있어야 함을 지칭한다.

원천 콘텐츠와 대비되는 개념으로 '거점 콘텐츠'가 있다. 원천 콘텐츠는 적은 시간과 경제적 비용을 들여 대중들의 선호 여부를 파악할 수 있는 소설, 웹소설, 만화, 웹툰 등의 콘텐츠를 말하고, 거점 콘텐츠는 원천 콘텐츠의 후광효과를 기대하고 대규모 자본을 투자하여 대중매체 기반으로 큰 부가가치 창출을 기대하는 영화, 게임, 드라마 등의 콘텐츠를 말한다. 원천 콘텐츠와 거점 콘텐츠는 대부분 순차적으로 발생하지만, 때에 따라서는 동시다발적인 형태의 미디어 믹스(media mix)를 꾀하기도 한다.[20]

콘텐츠의 제작에 드는 고정 비용의 크기가 한계 수입에 비해서 매우 크다. 생산자에게 일정 기간의 독점권을 보장해주지 않는다면 새로운 콘텐츠를 생산할 유인이 없다. 그래서 생산비용과 이윤을 보전해 주기 위해 콘텐츠에 일시적 독점권인 저작권을 준다. 콘텐츠 분야에서 지식재산권에 관한 관심은 주로 저작인격권과 저작재산권을 보호하고 저작물을 공정하게 이용하는 것에 집중되어 있었다. 그러나 콘텐츠를 활용한 다양한 연계 콘텐츠와 상품들이 활발하게 생산되어 유통되면서, 기존의 저작권 권리를 넘어 산업재산권의 관리와 활용도 중요한 고려 사항이 되었다.

콘텐츠 IP의 법적 근거는 주로 저작권법과 상표법에 기반을 두고, 이를 바탕으로 저작권의 보호를 받고 원작 콘텐츠를 활용한 이차적 저작물을 창작한다. 또한 캐릭터나 표제(타이틀)를 활용한 상표 등록을 통해 상표법 보호받고, 해당 콘텐츠의 상표를 활용한 다양한 연계 상품(식음료, 의류, 완구 등)을 제작·유통한다. 최근 콘텐츠를 활용한 IP의 범주가 넓어지면서 지식재산권과 관련된 모든 법이 근거로 이용되고 있다. 특히 K-POP 영역에서는 신지식재산권에 해당하는 다양한 권리가 비즈니스 모델로 구현되고 있다.[21] 콘텐츠 IP의 법적 기반과 핵심 구성요소는 〈그림 4〉와 같다.[22]

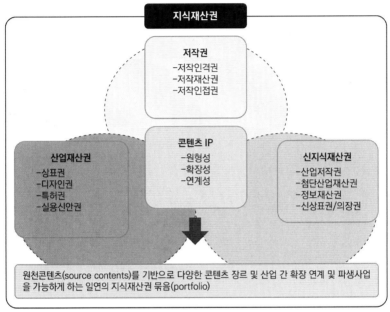

출처: 김규찬 외(2021, 18쪽)

〈그림 4〉 콘텐츠 IP의 법적 기반 및 정의

3) 저작권이 산업구조에 미치는 영향[23]

특허와 저작권과 같은 배타적 권리가 독점이나 완전경쟁시장과 같은 산업구조에 영향을 미친다. 배타적 권리가 직접적으로 시장 진입과 시장 배제에 영향을 주기도 하고, 산업의 분화나 집중을 촉진하는 데 있어서 배타적 권리가 민감한 영향을 미친다. 배타적 권리의 효과는 두 가지 측면에 따라서 달라진다. 첫째로, 배타적 권리의 효과는 시간에 따라서 달라진다. 특허(patents)와 저작권(copyrights)은 신생 분야에서 신규 기업의 진입을 촉진하지만, 시간이 지나면서 독점권으로 작동하여 진입 장벽을 높여 기업 결합을 촉진해 산업의 집중도를 높인다. 특허와 저작권이 기존 기업에는 인수 합병을 통해 축적할 수 있는 자산으로 기능한다. 둘째로, 특정 산업 내에서 배타적 권리의 영향은 가치 사슬(the value chain)에서 위치에 따라 달라진다. 신약의 합성에서 영화 제작에 이르기까지 상류 부문에서 배타적 권리는 창의적인 기능을 통해서 진입을 확실히 쉽게 한다. 반면에 약품과 영화를 마케팅하고 배급하는 하류 부문은 상업화에 보다 초점에 맞추어져 있어 배타적 권리로 인해서 산업이 집중화되는 경향이 있다.

영화, 음악, 출판 산업에서 저작권은 제작 부문에 신규로 쉽게 진입할 수 있도록 영향을 주고, 동시에 하류 부문(도소매 부분)에서 집중화(독점이나 과점 구조)되도록 영향을 미친다. 콘텐츠 산업에서 각 장르는 매우 다른 역사와 성장 궤적을 가지고 있고 저작권 이외에도 여러 요인의 영향을 받았다. 예를 들면 음악 산업의 경우 디지털 배급으로 인해서 음악의 유통 부문은 집중화되어 과점 구조가 형성되었다. 이러한 차이점에도 불구하고 각 산업에서 저작권으로 인해서 시나리오 작가, 작곡가, 예술가 그리고 작가와 같은 상류 창작자의 진입이 쉬워졌다. 그러나 가치 사슬에서 하류 부문에 속하는 영화 스튜디오와 배급사, 음반사 그리고 출판사는 저작권이 있는 콘텐츠를 상업화하여 수익을 창출한다. 이들 기업은 저작권의 일부 권한을 가지고, 동시에 다수의 저작권을 집중적으로 보유하면서 산업의 집중이 심화하고 있다.

산업구조의 측면에서 저작권은 특허와는 다른 역할을 하고 있다. 이는 일부 산업의 변화 과정을 통해서 알 수 있다. 예를 들어, 특허의 경우 농생명과 소프트웨어 산업에서 특허는 잠재적인 신규 진입자가 새로운 발명을 하는 것을 직접적으로 차단한다. 그러나 저작권의 경우에 제작된 콘텐츠가 많아도 새로운 저작물을 창작하는 것을 직접 차단하지 않는다. 기존 기업이 저작권을 많이 보유하게 되면 상당한 비용 우위를 가지게 되어 신규 진입을 억제하는 역할을 한다. 저작권은 영화산업이 처음에 형성되도록 도왔으며, 음악이 쉽게 창작될 수 있는 환경을 만들었으며, 출판 기업이 시장에 쉽게 진입할 수 있도록 이바지하였다. 동시에 저작권으로 인해서 영화, 음악, 출판의 유통업은 집중화되어 독과점 구조가 형성되었다.

4. 콘텐츠 지식재산권을 활용한 사업

1) 콘텐츠 IP 사업의 유형[24]

콘텐츠 IP를 활용한 사업은 콘텐츠 관련 사업과 연계 상품 관련 사업으로 구분된다. 콘텐츠 사업은 자체 제작의 방식과 외부로의 권리 임대(저작권)를 통한 2차 저작물의 제작 형태로 구분할 수 있다. 연계 상품 관련 사업은 상표권에 기반하여 다양한 연계 상품을 제작/유통하거나, 광고 모델로 활용하는 것과 같은 제휴 사업을 의미한다. 이때 연계 상품은 완구, 문구, 의류, 식음료를 포함한 다양한 형태로 확장될 수 있다. 지식 재산을 그것이 탄생한 장르나 매체에 국한하여 사용하지 않고 라이선싱을 통해 계약된 범위 안에서 다양한 방식으로 공유하는 것이다(〈그림 5〉 참조).[25]

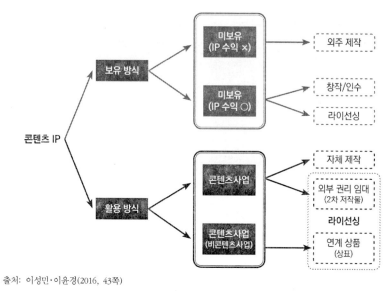

출처: 이성민·이윤경(2016, 43쪽)

〈그림 5〉 콘텐츠 IP 보유와 활용 방식

지식재산권을 소유한 개인이나 기업이 이러한 권리를 이용하는 행위는 크게 다섯 가지로 구분할 수 있다(Fisher & Oberholzer-Gee, 2013).

첫째, 지식재산권을 일종의 시장장벽으로 이용하여 새로운 경쟁자의 시장 진입을 어렵게 하는 것이다. 한편 이렇게 얻어진 독점적 지위를 전략적으로 이용해 제공하는 서비스의 가격을 올리고 수익을 극대화할 수도 있다. 둘째, 지식재산권 자체의 매매를 통해 수익을 내는 것이다. 이것은 라이선스가 매매과정을 통해 자신이 가진 지식재산권을 시장에서 더 가치 있게 사용할 것으로 기대되는 제삼자에게 완전히 양도하는 것이다. 셋째, 지식재산권 보유자가 사용할 권리를 제한적으로 이용자에게 양도하고, 이를 이용한 사업 활동을 통해 이용자가 이익을 얻고, 권리의 소유자도 계약에 따라 일정 정도로 확보하여 수익을 공유할 수 있다. 여기에 방송이나 영화의 저작권자가 포맷을 판매하는 행위도 포함된다.

넷째, 지식재산권을 이용해 시장참여자들과 함께 사업역량의 확대와 함께 수익을 강화하는 전략적 협력을 하는 것이다. 마지막으로 다섯째, 지식재산에 대한 권리를 포기하는 것이다. 지식재산소송과 같은 법적인 절차에 따라 권리를 포기당하는 경우도 있고 사업적으로 더 이상 소유하고 있는 것이 의미가 없거나 공익적 차원에서 독점적 권리를 지속하는 대신 누구나 제한 없이 사용할 수 있도록 하는 것이다.[26]

2) 이야기 IP의 거래 방식

콘텐츠 IP를 활용하는 방식은 위에서 본 바와 같이 매우 다양하지만, 콘텐츠 IP의 거래를 조사한 자료는 별로 없다. 한국콘텐츠진흥원(2021)에는 2021년에 이야기 IP 관련 사업자를 대상으로 설문 조사한 결과가 수록되어 있다. 이 조사 결과의 일부를 보자. 이야기 IP 계약하게 된 과정을 보면, '창작자가 제작사에게 이야기 IP의 판매를 제안'한 사례가 47.7%로 가장 많았고, 다음으로 '이야기 IP 활용 공모전을 통한 계약'이 27.3%, '에이전시나 제작사가 제작자에게 이야기 IP의 구매를 제안'한

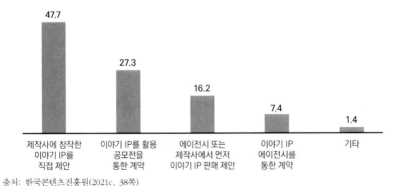

출처: 한국콘텐츠진흥원(2021c, 38쪽)

〈그림 6〉 이야기 IP 계약 과정(%)

사례가 16.2% 등의 순이었다. 창작자가 20대인 경우에 '이야기 IP 활용 공모전을 통해서 계약'을 한 경우가 45.2%로 가장 많았으며, 창작자가 공연연극/뮤지컬에서 활동하는 경우에 '이야기 IP 활용 공모전을 통해 계약'한 비율이 57.9%로 가장 많았다.[27)

설문에 참여한 이야기 IP 창작자가 거래한 이야기 IP 형식은 '초고 이상의 원고'가 34.3%로 가장 높았으며, 다음으로 '완성본' 28.2%, '초고 및 시놉시스' 21.8%, '기획안' 6.4% 등의 순으로 나타났다.

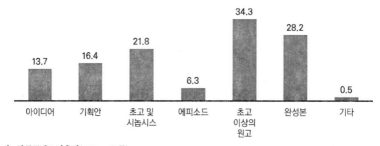

출처: 한국콘텐츠진흥원(2021c, 40쪽)
〈그림 7〉 계약 및 거래한 이야기 IP 형식(%, 복수 응답)

에이전시가 이야기 IP를 계약할 때 가장 중요하게 고려하는 사항은 45개(45.0%) 업체가 '작품의 완성도'이고, 뒤이어 '작품의 대중성 및 사업성' 19개(19.0%) 업체, '작품의 독창성' 15개(15.0%) 업체, '작가의 과거 흥행 여부' 12개(12.0%) 업체 등의 순으로 나타났다. 에이전시 중에서 개인사업체의 경우에는 '작품의 대중성 및 사업성'은 고려하지 않는 것으로 나타났다. 에이전시의 사업 분야별로 보면 모든 사업 분야별 업체가 '작품의 완성도'를 중요하게 고려하지만, '이야기IP 창작/제작스튜디오'의 경우 두 번째로 많은 업체가 '작품의 대중성 및 사업성'이 아니라 '작품의 독창성'을 중요시하는 것으로 나타났고, '이야기 IP 매니지먼트'

의 경우는 두 번째로 많은 업체가 '작가의 과거 흥행 여부'를 중요시하는 것으로 나타났다.[28)29)]

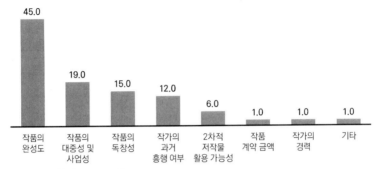

출처: 한국콘텐츠진흥원(2021c, 92쪽)

〈그림 8〉 이야기 IP 계약 시 중요 고려 사항(1순위, %)

3) OSMU와 IP 확장은 어떻게 다른가?

OSMU의 어원은 1980년대 초 일본의 전자공학계에서 '하나의 소스를 디지털화하고 이를 다양한 종류의 매체 및 매체에 걸맞은 가장 적합한 형태의 결과물로 아날로그화하여 이용하는 경우보다 값싸고 간단하게 만들어낼 수 있는 것'이라는 의미한다. 콘텐츠 분야에서 OSMU란 원천 콘텐츠를 바탕으로 하여 다양한 장르와 미디어에서 활용하는 것을 뜻한다. 이 용어가 주목하는 부분은 하나의 소스가 '얼마나 다양하게 사용되는가'와 관련된다.

미국에서 OSMU의 효시는 1932년 신문 만화로 시작한 〈아담스 패밀리〉이다. 아담스 시리즈는 1964년에서 1966년까지 2년에 걸쳐 총 64부작의 TV 시리즈로 제작·방영되었고, 1973년부터 1975년까지 애니메이션으로 제작·방영되었다. 그뿐만 아니라 1977년에는 TV용 영화로, 1992

년에는 극장 영화로 제작되었으며 캐릭터 상품도 다수 출시되었다. 출판 만화로부터 시작되어 각종 미디어 매체를 통한 장르의 확대와 부가 산업을 통한 가치 창출은 OSMU의 가장 기본적인 전략이며 형태라고 볼 수 있다.[30)

OSMU를 지칭하는 용어는 시기별로 변해 왔다. 1980년대 이후 'OSMU'나 '콘텐츠 프랜차이즈'로 표현되다가, 2010년대에 들어서 미디어 믹스(Media mix), 크로스미디어(cross-media), 트랜스미디어(trans-media) 등의 용어가 등장하였다. 2015년 이후에는 'IP(지식재산) 활용 콘텐츠'라는 용어가 많이 사용되고 있다.

콘텐츠 프랜차이즈는 원천 콘텐츠를 여러 형태의 콘텐츠나 상품으로 제작하여, 직접적으로 또는 계약을 맺은 미디어와 플랫폼으로 유통하는 것을 의미한다. 프랜차이즈(franchise)란 본사가 가맹점에게 자기의 상표, 상호, 서비스표, 휘장 등을 사용하여 자기와 동일한 이미지로 상품이나 용역을 판매하는 등의 영업 활동을 하도록 허용하고, 이러한 지원의 대가로 일정한 경제적 이익을 계속 받는 거래 관계를 의미한다. 콘텐츠 프랜차이즈 확장이란 하나의 이야기 세계로부터 다양한 이야기를 다양한 미디어에 노출하는 것이다.[31) 이러한 콘텐츠 프랜차이즈 전략은 디즈니에서 가장 많이 활용했던 방식으로, 디즈니는 '미키마우스'라는 캐릭터를 테마파크(공간), 애니메이션, TV 프로그램, 영화, 상품(MD)으로 IP를 확장하였다.

미디어 믹스(Media Mix)는 광고를 효율적으로 집행하기 위해서 두 개이상의 미디어를 이용하는 것을 의미한다. 그런데 주로 일본에서 미디어 믹스가 콘텐츠 프랜차이즈나 OSMU와 동일한 의미로 사용되기도 한다. 크로스미디어(Cross-media)는 동일한 콘텐츠가 여러 플랫폼에 걸쳐 유통되는 현상을 지칭하고, 트랜스미디어(Trans-media)는 통일된 배경 하에서 하나의 콘텐츠가 다양하게 변용되는 것을 의미한다. 마지막 두 용어의 함의와 사례를 3장에서 구체적으로 다룬다.

OSMU 전략과 콘텐츠 IP 확장전략의 의미는 같다. 2015년 이후에 '콘텐츠 IP 확장'이라는 용어가 많이 사용되면서 플랫폼을 넘나드는 장르전환과 원작 IP의 스토리를 변경하거나 원작 IP에서 이야기, 배경, 캐릭터 중 일부나 가져와서 새로운 작품을 만드는 트랜스미디어 스토리텔링이 강조되고 있다. OSMU에는 트랜스미디어 스토리텔링이 포함되지 않고, IP 확장에는 트랜스미디어 스토리텔링을 포함하여 콘텐츠 IP 확장을 OSMU보다 더 넓은 개념으로 파악하는 논자나 경우도 있지만, 필자는 트랜스미디어 스토리텔링이 장르 확장에 포함된다고 파악하여 OSMU와 IP 확장을 같은 개념으로 본다.

콘텐츠 IP와 관련된 한국에서 논의는 2000년대 중반까지 주로 FTA 협정과 관련해서 저작권 보호가 대부분이었고, 2010년대 이후에는 주로 '활용'과 관련된 논의가 많아졌다. 2010년대 이후 지식재산의 산업적 가치가 강조되면서 콘텐츠 분야에서 '지식재산' 개념은 해외 권리자의 저작물 보호 요구에 대한 방어적 대응의 차원에서 시작해서 국내 권리자의 재산권 행사를 포함하는 적극적인 활용의 관점으로 점차 변해 왔다.[32] 콘텐츠 IP 개념은 점차 OSMU, 트랜스미디어 콘텐츠, 미디어 믹스 등의 유사 개념을 대체하며 점차 그 사용이 확대되는 추세다. 위 용어들은 모두 콘텐츠의 다양한 활용을 통한 사업 다각화 현상을 설명하는 것이란 점에서 공통점을 갖고 있으나, 각각 주목하는 부분에 차이가 있다.

하나의 원천(Source) 콘텐츠를 토대로 다양한 장르 및 미디어에서 활용하는 것을 지칭하는 용어로 OSMU가 가장 보편적으로 사용되어 왔다. 콘텐츠 IP는 사실상 기존의 OSMU 개념 중 'One Source', 즉 활용의 원천을 지칭하는 개념으로도 볼 수 있다. 따라서 콘텐츠 IP란 개념이

지칭하는 현상 자체는 완전히 새로운 것이 아니다. 다만 콘텐츠 IP 개념
은 콘텐츠의 다양한 구성요소를 재산권(Property)에 주목한다는 점에서
OSMU와 차이가 난다. 예를 들어 IP의 관점에서 콘텐츠 산업에 접근할
때 스토리텔링 기획 등 기존의 창작 역량뿐 아니라 자산으로 간주하는
지식재산 요소들의 확보와 관리 역량에도 주목한다.

요약

애니메이션의 주인공인 〈미키마우스〉, 게임 〈포켓몬〉, 캐릭터 〈헬로키티〉, 동화책 〈곰돌이 푸〉, 영화 〈스타워즈〉는 세상에 나온 지 40년 이상이 지났지만, 이에 대한 지식재산권을 보유한 기업은 지금도 엄청난 수익을 거두고 있다. 인기 있는 문화콘텐츠의 스토리나 캐릭터를 이용하여 또 다른 문화콘텐츠나 상품을 제작하여 판매하는 이유는 소비자를 쉽게 확보할 수 있고 비용을 절감할 수 있어서 이윤을 증가시킬 수 있기 때문이다. 또한 문화콘텐츠의 IP를 이용하게 되면 신작의 제작에 따르는 위험을 줄일 수 있다. 또한 2001년대에 들어서 온라인 플랫폼 서비스 간의 경쟁이 치열해졌고, 서비스의 차별화를 위해서 콘텐츠를 활용하였다. 플랫폼 기업들은 콘텐츠를 경쟁적으로 확보하였고, 동시에 확보한 인기 콘텐츠를 확장하려는 움직임도 활발해졌다.

한편 소비자들은 2000년대에 이후에 자신이 좋아하는 이야기를 더 많이 이용하기를 원하고 있다. 많은 대중이 서사적으로 중복되는 스토리텔링 경험을 원하고 있다. 그 결과 특정한 문화콘텐츠를 열성적으로 지지하는 팬덤이 형성되는 사례가 많아지고 있다. 소비자들이 하나의 스토리에서 더 많이 경험하고 싶은 욕구를 충족시키는 것이 IP 사업에서 중요하다. 팬이 사랑을 키울 수 있는 기회를 제공해야만 새로운 팬을 확보할 수 있고 다른 프랜차이즈로 팬이 이탈하는 것을 방지할 수 있다.

지식재산이란 인간의 지적 능력으로 만들어낸 창작물에 대해 법이 부여한 권리다. 지식재산권에는 산업재산권, 저작권, 신지식재산권이 있다. 콘텐츠 IP는 OSMU될 수 있으며, 트랜스미디어나 크로스미디어 될 수 있다. OSMU는 원천 콘텐츠를 바탕으로 하여 다양한 장르와 미디어에서 활용하는 것을 뜻한다. 크로스미디어는 동일한 콘텐츠가 여러 플랫폼에 걸쳐 유통되는 현상을 지칭하고, 트랜스미디어는 통일된 배경 하에서 하나의 콘텐츠가 다양하게 변용되는 것을 의미한다. 한편, 지식재산권은 산업구조에 영향을 미친다. 영화, 음악, 출판 산업에서 저작권은 제작 부문에 신규로 쉽게 진입할 수 있도록 영향을 주고, 동시에 하류 부문(도소매 부분)에서 집중화(독점이나 과점 구조)되도록 영향을 미친다.

註

1) '오스왈드 토끼'는 디즈니 최초의 애니메이션 마스코트 캐릭터이자 그 후에 나올 미키마우스의 뼈대가 되는 캐릭터이다. 월트 디즈니는 '오스왈드 토끼'의 저작권을 유니버설 스튜디오에 빼앗긴 것을 계기로 저작권의 관리에 엄격해졌다는 이야기가 회자하고 있다.

2) 한국콘텐츠진흥원(2022, 76쪽)

3) 콘솔 게임은 조이스틱이나 조이패드 등의 전용 게임기(콘솔, console)를 사용하는 게임이다. 전용 게임기에는 닌텐도의 위(Wii), 마이크로소프트(MS)의 엑스박스 360, 소니 엔터테인먼트의 플레이스테이션3 등이 있고, 이들이 콘솔 게임기의 대부분을 차지한다. 이 게임기를 TV나 PC에 연결해서 즐기는 경우가 많아서 한국에서는 비디오게임이라고도 부른다.

4) 한창완(2021, 426~427쪽)

5) boxofficemojo(2017)

6) 김규찬·이상규 외(2021)

7) 김정호(2008)

8) 김휴종(1998)

9) 신강호(2013)

10) 김숙·장민지(2017)

11) 이용설·김공숙(2020) 정리함

12) 제삼자는 외부 제작사가 계약한 플랫폼에 자신이 제작한 외부 콘텐츠를 제공하는 경우를 말한다.

13) Ball, Matthew(2020.2)

14) 콘텐츠 지식재산 개념은 명확한 개념 정의 이전에 이미 업계와 언론을 중심으로 'IP'란 용어가 폭넓게 사용되고 있다. 여기에서 '콘텐츠 지식재산'을 '콘텐츠 IP' 또는 줄여서 'IP'라는 용어와 혼용하여 사용한다.

15) 김규찬 외(2021, 17쪽)

16) 김숙·장민지(2017, 7쪽)

17) 박기수(2020.7)

18) 박인하(2019, 4쪽)

19) 김규찬 외(2021, 17쪽)

20) 박기수(2015, 86쪽)

21) 김규찬 외(2021, 17쪽)

22) 김규찬 외(2021, 18쪽)

23) Lee, P.(2019)를 정리함

24) 이성민·이윤경(2016, 42~44쪽)을 인용하면서 보완함

25) 라이선싱산업에서 콘텐츠 IP가 활용되는 분야(상품화)는 일반적으로 8개 분야로 다음과 같이 나누어 볼 수 있다(Washington & Miller, 2013). 의류/액세서리(Apparel/Accessories), 음식/음료(Food/Beverage), 건강/뷰티(Health/Beauty/Cosmetics) 집기류(Home), 파티/행사(Party/Events), 출판/문구류(Publishing/Stationery), 장난감, 게임, 장식품 또는 장신구(Toys, Games and novelties), 비디오게임/가전(Video games/Electronics)

26) 2011년 아메리칸 대학에서(American University Washington College of Law) 열린 지식재산과 공익에 관한 세계학술대회에서 관련법과 정책 입안에 있어 공익적 측면을 강조하는 '워싱턴 선언(The Washington Declaration on Intellectual Property and the Public Interest)'을 발표하였다. 세계적으로 문화산업의 성장과 함께 강화 일변도의 지식재산권 법과 정책들이 만들어져 왔는데 이에 대해 정보재에 대한 공익적 측면을 더욱 고려할 필요성도 제기되었다.

27) 한국콘텐츠진흥원(2021c, 39쪽)

28) 이 설문에서 사업 분야를 '이야기 IP 계약 대행', '이야기 IP 창작/제작 스튜디오', '이야기 IP 매니지먼트', '기타'로 분류하였다.

29) 한국콘텐츠진흥원(2021c, 92쪽)

30) 고영리(2009, 12쪽)

31) 헨리 젠킨스(Jenkins, 2006, 97~98쪽)

32) 이성민·이윤경(2016, 13쪽)

제2장 지식재산권과 브랜드를 활용하는 방법

1. 지식재산권을 확장하여 성공하는 방법

전통적인 콘텐츠 강국인 미국이나 일본의 기업은 오래전부터 OSMU 전략을 수행하고 있다. 디즈니, 워너브라더스, 반다이남코 등 다량의 IP를 확보한 기업들이 끊임없이 새 버전으로 제작하는 만화, 애니메이션, 영화, 게임이 바로 OSMU 전략의 결과물이다. 최근에 콘텐츠 IP의 발굴 및 확장 시도는 매우 공격적이고 개방적인 형태로 전개되고 있다. 많은 콘텐츠 기업이 웹소설과 웹툰에 주목하고, 상호연계를 통한 시너지 효과를 창출하기 위해 노력하고 있다. 영상물 제작사와 게임회사는 과거 IP와 이에 대한 기억을 되살리는 '뉴트로' 감성에 호소하는 작품을 만들고, 연예기획사들은 아이돌의 세계관을 중심으로 IP를 확장하고 있다. 게임회사는 자사를 대표하는 IP를 모든 오락 상품으로 확장하려고 시도

한다.

콘텐츠 IP 간의 경쟁에서 기업이 승리하려면, 콘텐츠와 플랫폼의 진화 방향을 입체적으로 기획하는 능력, 즉, 시간과 공간의 종적, 횡적 확장을 신속하게 진행하는 기획력, 네트워크 장악력, 스타 배우와 제작 스태프 등의 자원 조달 능력, 연관회사의 인수 합병을 통한 IP의 선점 능력 그리고 비즈니스 모델 개발 노하우가 필요하다.[1] IP에 창의적 발상과 융합적 상상력이 더해져야 IP의 경쟁력과 생명력이 만들어진다. 아래에서는 IP를 확장하는 전략의 네 가지 유형을 소개하고, 2절에서는 IP를 활용하는 비즈니스에서 성공하는 데 필요한 네 가지 요건을 설명한다. 그리고 3절에서는 IP 확장전략의 하나인 브랜드 전략을 제시한다.

1) IP 확장전략(OSMU 전략)의 유형

OSMU(One Source Multi Use)는 하나의 원천 콘텐츠를 다양한 시장과 미디어에 활용함으로써 부가가치를 극대화하기 위한 전략 수단이다. OSMU를 실행하는 방안으로 창구화(windowing), 장르 전환(adaptation), 관련 상품 판매(merchandising), 브랜드 창출 등이 있다. 시각화되지 않은 문학작품을 원천소스로 이용할 때 OSMU를 하려면 시각화와 영상화의 과정을 거쳐야 하지만, 영상이나 그림이 있는 드라마, 영화, 만화, 웹툰 등을 원천소스로 이용할 때 그 자체를 활용하여 OSMU를 할 수 있다(〈그림 1〉 참조).

창구화는 콘텐츠를 시간상으로 계열화함으로써 수익을 창출하는 방식이다. 하나의 콘텐츠를 창구별(매체별)로 노출하는 시점을 달리하여 수익을 극대화하는 방식으로, 장르 전환에 비해 변환 비용이 적게 들어 위험도(risk)를 줄일 수 있지만, 신규시장 창출 효과가 없으므로 기대할 수

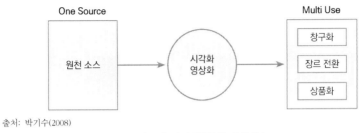

출처: 박기수(2008)

〈그림 1〉 콘텐츠의 OSMU

있는 수익은 크지 않은 수익 창출 방식이다. 이와 같은 창구화의 결과를 창구효과(Window Effects)라고 하며, 이것은 시간적, 지리적 노출의 차별화를 통하여 배급 효과를 높이고, 개별 창구 간의 충돌을 전략적으로 피하면서 수익을 극대화하는 방식으로 콘텐츠의 수익 창출 기간을 연장하는 효과가 있다.[2][3]

장르 전환은 원천 콘텐츠를 다른 장르의 콘텐츠로 제작하는 것을 말한다. 예를 들면 소설을 드라마나 영화 또는 게임으로 제작하거나, 웹툰을 드라마나 영화로 제작하는 것을 말한다. 장르 전환은 동일한 정체성을 전제로는 하지만 독립적인 콘텐츠를 제작하는 것이다. 따라서, 비용이 많이 들고, 선행 콘텐츠의 성공이 전환하는 콘텐츠의 성공을 반드시 보장하지 않으므로 창구화에 비해 위험도가 높지만, 신규시장을 창출하는 효과가 크다.

기술의 발전으로 변용이 쉬워졌지만, 원작 장르만이 가진 장점을 다른 콘텐츠에 적절히 이용하여 인기를 유지하기가 쉽지 않다. 소설을 영상매체로 옮기면 많은 원작 팬은 원작의 가치가 훼손됐다는 혹평을 내릴 때가 많다. 상호작용하는 요소가 강하고 서사가 긴 게임을 상대적으로 짧은 영화나 드라마로 옮기게 되면 원작의 감동이 제대로 구현되지 못할 경우가 있다.

장르 전환을 하는 데 있어서 전략적으로 두 가지 요인을 고려해야한다. 첫째로, 원작을 어느 장르로 전환해야 하는가? 만화나 웹툰의 원작의 경우 드라마, 영화, 애니메이션, 뮤지컬, 게임, 캐릭터 상품 등으로전환이 이루어지는데, 먼저 어떤 장르로 전환되어야 하는지를 판단해야한다. 두 번째로, 장르를 전환할 때 원작의 어떤 요소를 유지하고, 강화되어야 하는가에 관한 판단이 필요하다. 전환되는 매체의 특성에 따라서서사 구조, 캐릭터의 변용, 영상이나 음악 등을 활용한다. 그리고 원작을상징하는 시각적, 청각적 요소, 제작사/원작자, 사용자, 원산지 국가 이미지 등의 요소도 장르 전환할 때 고려해야 한다.[4)]

콘텐츠의 장르를 전환할 때 원작의 내용을 유지하면서 매체의 특성에맞게 수정하는 크로스미디어 전략을 사용하기도 하지만, 2015년 이후에는 트랜스미디어 전략을 사용하는 경우도 많다. 트랜스미디어 전략을사용할 경우에는 세계관을 설정하여 콘텐츠 IP를 확장하게 된다. 따라서콘텐츠 IP를 확장할 경우에 세계관을 구축하여 활용하고, 이용자가 적극적으로 참여할 수 있는 공간과 유인을 제공하며, 팬덤을 구축하고 활용하는 등 보다 입체적인 노력이 필요해졌다.

상품화는 콘텐츠의 내용이나 소재를 상품으로 기획·개발해 관련 상품과 부가 상품 등으로 다양하게 활용하는 것이다. 한국에서 TV용 애니메이션의 경우에는 상품화를 전제로 하지 않고서는 수익을 맞추기 어려운산업구조 상품화가 필수적이다. 콘텐츠의 모든 내용, 소재, 캐릭터, 소품,배경이 상품화에 활용되는 것은 아니고, 콘텐츠의 브랜드 아이덴터티에적합한 요소만을 활용하여야 관련 상품의 매출과 콘텐츠의 장기적 부가가치를 증대시킬 수 있다.

브랜드화는 콘텐츠의 성공을 통해 확보한 브랜드 가치를 국가나 지자체 혹은 기업 등이 자신들의 이해에 적합하도록 활용하는 것을 말한다.

특히 브랜드화는 국가 인지도 및 이미지 제고는 물론 문화에 대한 이해를 촉진하며, 문화적 향기(cultural odor)[5]의 효과를 발휘함으로써 경제적 부가가치를 극대화하기도 한다. 드라마나 대중가요를 중심으로 한 한류 열풍으로 인하여 한국의 이미지가 높아지고 한국 문화에 대한 이해와 학습이 촉진되었고, 특히 한국 관련 상품에 대한 판매가 증진되는 것도 바로 이와 같은 브랜드화의 결과로 보아야 할 것이다. 브랜드화는 브랜드의 지향점을 확보하고 철저한 관리를 전제한다면, 문화콘텐츠의 수명과 상관없이 장기간 지속적인 효과를 기대할 수 있다.[6]

한국에서 2000년대 이후 이루어진 대표적인 OSMU 사례를 보자. 드라마 〈대장금〉은 드라마에서 인기를 이용하여 소설(한국, 일본), TV 애니메이션, OST, 비디오/DVD/VOD, 상품화, 뮤지컬 등으로 확장되었다. TV 애니메이션 〈뽀롱뽀롱 뽀로로〉는 캐릭터 상품, 만화/서적, 홈비디오, 가족뮤지컬, 체험전, 극장용 애니메이션 등으로 확장되었다. 웹툰 원작의 〈미생〉과 〈신과 함께〉는 각각 드라마와 영화로 제작되었다. 웹툰 〈와라! 편의점〉은 웹툰이 연재되던 기간(2008~2014년)에 일본어와 중국어로 웹툰을 서비스하였고(창구화), 출판만화, 어린이용 출판만화, 웹투니메이션, TV애니메이션, 웹게임과 모바일 게임(이상 장르 전환)과 우유, 음료, 아이스크림 등 편의점 자체상표 상품, OST 상품(이상 상품화)을 출시하였다. 〈와라! 편의점〉은 배경 공간인 '편의점'의 특성을 캐릭터와 결합해 OSMU를 진행하였다.[7]

OTT가 활성화되면서 영화와 드라마의 경계가 느슨해졌고, 이들 영상물과 애니메이션, 만화·웹툰, 게임 등의 장르와의 교류도 활발하다. 콘텐츠 IP가 여러 장르로 확장되면서 스토리와 캐릭터가 심화하고 확장되고 있다. 콘텐츠와 미디어 기업들이 강력한 IP를 활용하여 매우 다양하고 전방위적인 OSMU를 기획하는 추세다. 콘텐츠 IP는 웹툰, 애니메이션,

드라마, 게임, 영화, 소설 등 가능한 모든 장르로 확장되고 있다.

콘텐츠 IP를 개발하거나 확보하면 다양한 효과를 기대할 수 있다. ① 연계할 수 있는 산업과의 연결과 융합을 바탕으로 수익을 다각화하고 기대 수익을 극대화할 수 있다. ② 콘텐츠 향유의 시간적 공간적 확장을 전제로 세계관을 구현할 수 있으며, 콘텐츠의 수명을 연장할 수 있다. ③ 콘텐츠 IP의 가치를 누적하여 확장하고 증대할 수 있다. ④ 국내뿐만 아니라 해외로 IP를 확장하여 시너지 효과를 누릴 수 있다. 따라서 기존의 콘텐츠 기업은 물론이고 오락 이외의 분야에 속하는 기업도 콘텐츠 IP 확보를 위해 노력하고 있다.[8]

2) IP 비즈니스의 성공 요건

(1) 좋은 원천 콘텐츠 확보

원천 콘텐츠의 흥행이 이차적 저작물의 성공을 보장하지는 않지만, 확장하기 좋은 원천 콘텐츠를 확보하는 것이 IP 비즈니스의 시발점이다. 이문주(2004.8)에 의하면, OSMU를 하기 좋은 캐릭터는 컨셉이 정확해야 하고, 비주얼이 차별화되어야 하며, 스토리가 있어야 하며, 상품화가 쉬워야 한다(〈표 1〉 참조).

여기서는 확장하기 좋은 IP가 갖추어야 할 특성을 세 가지를 제시한다. 첫째로, 추억으로 기억되는 콘텐츠라야 한다. 독자와 관객은 문화콘텐츠가 주는 감동이 추억으로 남아야 다시 찾아보게 된다. 독자와 관객은 콘텐츠를 경험하고 나서, 추억과 기억이라는 공간으로 재배치시키는 습관이 있다. 독자와 관객은 추억처럼 되새길 때마다 여운이 있어서 재소비를 흔쾌히 시도하는 콘텐츠 IP도 있지만, 소비한 이후에 재소비를 고려

〈표 1〉 OSMU하기 좋은 캐릭터의 조건

정확한 컨셉 있는 캐릭터	• 메인 타겟의 설정의 용이성 • 전략적 목표 설정 뚜렷 • 타 콘텐츠로 확장성
차별화된 비주얼의 캐릭터	• 2D에서 3D로 전환 가능 • 변신, 진화, 아이템 보유 등 캐릭터 표현의 다양화
스토리가 있는 캐릭터	• 다양한 아이디어와 트렌드의 존재 • 탄탄한 스토리, 메시지 기반
상품화가 용이한 캐릭터	• 캐릭터를 활용해 실질적인 제품을 만들 수 있는 가능성 • 캐릭터 수출시 해당 국가의 문화적 코드를 충분히 검토

출처: 이문주(2004.8)

하지 않는 일회성 콘텐츠로 묻히는 사례도 많다. 결국 IP의 감동은 추억으로 잔상을 남겨야 매년 다시 찾아보는 기회를 얻게 된다.[9]

tvN에서 2012년에 방영된 드라마 〈응답하라 1997〉이 인기를 끌었고, 이후 두 편의 시리즈가 더 제작되어 히트하였다. 두 번째 시리즈인 〈응답하라 1994〉는 당시 케이블 TV 최고 시청률을 기록하였다. JTBC에서 2019년 말과 2020년 초에 방영되었던 〈슈가맨〉은 매회 추억의 가수들을 소환했다. 시청자의 추억과 기억에 소구하는 드라마와 예능 프로그램이 자주 제작되는데, 추억, 복고, 레트로는 TV 프로그램의 단골 소재이다. 엔씨소프트가 발매한 〈리니지M〉의 성공 배경에도 추억이 있다. 1998년에 출시된 〈리니지1〉을 즐기던 현재의 30~40대 소비자들은 〈리니지M〉을 통해 자신들이 10대와 20대에 리니지와 함께했던 추억을 떠올린다.[10]

문화콘텐츠를 다시 보게 하는 힘은 추억에서도 나오지만, 그것보다 중요한 것은 이용자에게 가치 있는 경험을 제공해야 한다. 문화콘텐츠뿐만이 아니라 모든 제품과 서비스의 성공에는 확실한 가치가 포함되어야 한다. 화려한 영상을 제공하는 영화나 드라마, 좋은 품질의 그래픽과 편리한 인터페이스를 제공하는 게임이라도 영화, 드라마 그리고 게임이 주는 가치가 없으면 성공할 수 없다. 문화콘텐츠는 이용자에게 재미,

행복함, 신나게 함, 신기함, 성취감, 상쾌함 등과 같은 차별화된 가치를 주어야 한다.

둘째로, OSMU를 하려는 콘텐츠가 확장성을 가지고 있어야 한다. 콘텐츠 IP가 오랫동안 그리고 다양하게 확장할 가능성을 보유해야 한다. 원천 콘텐츠를 지속해서 확장하면 원작의 수명이 연장되고 IP의 활용 기회도 증가한다. 원천 콘텐츠를 확장하는 경우에 새로운 인물이 등장하거나 새로운 사건이 전개되며, 이는 장르를 전환할 때 매개체의 역할을 하게 된다. 확장성이 좋은 콘텐츠의 예로 1887년부터 출판된 추리소설 〈셜록 홈스 시리즈〉와 1963년에 연재를 시작한 만화 〈어벤져스〉를 들 수 있다. 〈셜록 홈스 시리즈〉는 40년간 4편의 장편과 56편의 단편 소설이 출간되었고, 만화 〈어벤져스〉는 현재까지도 연재되고 있다.

'슈퍼 IP'가 되기 위해서는 IP가 시간, 배경, 캐릭터의 확장성이 필요하다. 그러나 세 요소 중 가장 확장성에서 한계가 명확하면서 불확실성이 높은 부분이 스타 캐릭터로 규정되는 실제 인간 배우 캐릭터다. 출연료 위험부터 스캔들 위험까지 수시로 등장하는 위험변수가 항상 내재하기 때문에 슈퍼 IP의 기획과 확장에는 가상 캐릭터, 로봇, 식물, 외계인, 동물 등의 변형 캐릭터 그룹 설정이 필수적으로 전제되고 있다. 또한 후에 시간의 확장에서 배우 캐릭터의 실제 모습이 나이와 시간의 한계로 문제시될 수 있기 때문에, 사전에 모션 캡처 등을 이용한 디지털 데이터로 배우의 개인정보를 클라우딩이라는 전략까지 제시되고 있다.[11]

셋째로, 누구나 알지만 '잘'은 모르는 콘텐츠 IP를 선택한다. 가장 훌륭한 IP는 '누구나 알고 잘 아는 IP'이지만, 이러한 IP의 가격은 너무나 비싸다. 따라서 콘텐츠 IP를 활용하려는 경우 누구나 알지만 '잘'은 모르는 IP를 발굴하는 것이 효과적이다(〈그림 2〉 참조). 사례로 2014년 관객 수 1,800만 명을 달성하고 아직도 그 기록이 깨지지 않는 영화 〈명량〉이

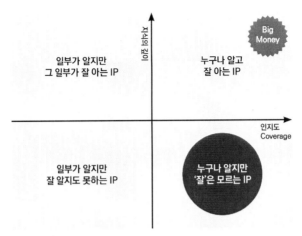

〈그림 2〉 확장하기 좋은 IP

있다. 대한민국에 이순신과 거북선을 모르는 사람은 없다. 하지만 거북선이 출동한 대첩 이름이나 배우 류승용 씨가 연기한 '구루지마'라는 왜군 용병에 대해서는 대부분 깊이 알지 못했다. '누구나 알지만 잘은 모르는 IP', 즉 익숙하지만 새로운 IP가 좋은 IP이다.[12] 2006년 개봉해 제작비의 5배 이상을 벌어들인 영화 〈다빈치 코드〉도 마찬가지다. 개봉 전에 이미 2,500만 부 이상이 팔린 소설이 원작이다. 베스트셀러 소설로 알고는 있지만 현란한 지적 유희들로 온전한 이해는 어려웠던 IP가 영화의 대흥행으로 이어졌다.[13]

　이상에서 언급한 좋은 조건을 갖춘 콘텐츠 IP를 기업 내부에서 창작하여 육성할 수도 있다. 콘텐츠를 제작하는 경우에도 외부에서 이야기를 가져오는 경우가 많다. 많은 미디어/콘텐츠 기업은 장기적으로 안정적인 독점 콘텐츠를 확보하기 위해 콘텐츠 IP을 보유하고 있거나, 신규 콘텐츠를 창작할 수 있는 능력이 있는 기업과 지분을 교환하는 등 제휴를 추진하기도 한다. IP를 확보하기 위해 가장 움직인 기업은 워너브라더스이다. 워너브러더스는 1969년에 DC코믹스를 인수하였다. DC코믹스는 〈슈퍼맨〉, 〈배트맨〉, 〈원더우먼〉 등의 IP를 보유하고 있고, 미국 만화시장의 약 70%를 점유하고 있다. 또한 워너브러더스는 〈해리포터〉의 영화화 판권을 구매하여 흥행에 크게 성공하였다. 디즈니, 네이버, 카카오, CJ ENM 등이 콘텐츠 IP를 확보하기 위해서 기업을 인수하거나 제휴한 사례가 5장(오락기업의 IP확장 전략)에 제시되어 있다.

(2) IP의 지속적인 활용14)

아무리 인기 있는 콘텐츠 IP라도 가만두면 사라진다. 언제, 누가, 어떻게 시작했는지도 모호해진다. IP를 계속 활용하고 개발하고 변환시켜야 IP의 생명력이 끊기지 않고 지속된다. IP를 관리한다고 함은 IP를 수정하고, 교정하며, 보완하고, 리모델링하는 것이다. 디즈니의 〈미키마우스〉는 1928년에 최초로 〈증기선 윌리〉에서 등장한 이후 캐릭터 디자인이 4회 이상 업그레이드되었다. 시간이 지나면서 사회 환경이 변하고 시대별로 소비 트렌드가 변하는데, 이러한 변화에 맞추어 캐릭터의 디자인을 리모델링하거나 리메이크한 것이다. 소비자는 처음 보았을 때의 캐릭터 첫인상을 간직하므로, 소비자가 연상하는 캐릭터의 인상을 유지하면서 수정하고, 교정하며, 보완하여 IP의 생명력을 손상하지 않고 유지해야 한다.

또한 IP가 시간이 지나면서 자산 가치가 축적되려면 새로운 이슈가 연속적으로 나타나야 한다. 발전적인 제작 후기, IP에 대한 투자 소식, 스핀오프(spin-off)한다는 정보, IP와 관련된 다양한 이벤트 개최 등과 같은 뉴스와 의제가 소비자에게 전달되어야 한다. 그럼으로써 IP에 대한 소비자의 관심을 장기적으로 유지할 수 있고, 잊지 않게 하며 팬덤이 지속될 수 있다.

미국이나 일본의 대기업은 방대한 양의 콘텐츠를 제작하여 콘텐츠의
지속가능성을 높이고 있다. 디즈니는 마블 IP를 이용하여, 워너브라더스
는 DC코믹스 IP를 이용하여 그리고 반다이남코는 건담 IP를 이용하여
많은 수의 콘텐츠를 만들었다. 원천 콘텐츠 IP 자체가 방대하게 만들어짐
으로써 다양하게 변주하고 활용하며, 스토리와 시리즈를 확대할 수 있었
다. 디즈니는 자사의 인기 애니메이션 17편을 실사 영화로 제작하였는
데, 애니메이션을 실사 영화로 제작한 투자는 다음 세대로 콘텐츠 IP의
가치를 연장하려는 디즈니의 시도라고도 볼 수 있다.

애니메이션이 원작인 〈뽀롱뽀롱 뽀로로〉의 사례를 보자. 이 IP를 오콘
이 초기에 개발하여 제작하였고, '아이코닉스'가 투자하고, 관리하며, 공
동제작사로 참여하여 현재는 IP를 관리하는 주체가 되었다. 두 회사는
이 IP의 권리를 양분하고 있으나, 추가적인 프로젝트의 연관성과 확장성
을 보면 IP의 확장에 성공한 사례가 많은 회사로 프로젝트가 집중된다.
IP는 확장 경험과 가능성이 큰 관리자에게로 투자와 신뢰도가 집중되면
서, 더욱 그 사례가 다양하게 기획 개발된다.

(3) 세계관과 팬덤의 구축

① 세계관의 의미와 사례

2000년 중반 이후에는 원천 이야기의 배경과 캐릭터를 활용하면서
스토리를 추가하거나 변화시키면서 다수의 콘텐츠가 제작되는 사례가
빈번하게 이루어지고 있다. 문화콘텐츠산업에서 세계관(universe)은 하
나의 이야기가 전개되는 배경을 의미하기도 하고, 소설이나 게임 영화
속에서 캐릭터가 세계를 바라보는 법을 뜻하기도 한다. 세계관의 구축은

처음 이를 디자인한 창작자가 아니라도, 그 안에서 다양한 주체(예: 작가, 감독)들이 각기 다른 이야기를 창조할 수 있다는 점에서 콘텐츠 IP 확장에 효과적이다. 세계관의 대표적인 사례로 MCU를 들 수 있다. 미국의 마블 스튜디오는 2008년 개봉한 영화 〈아이언맨〉 이후에 이 영화의 프리퀄과 시퀄, 스핀오프 등의 스토리를 개발하여 2022년 현재까지 약 40개의 영화와 드라마를 제작하였다. 이들 콘텐츠가 공유하는 배경과 캐릭터 등의 세계관이 MCU이다.

세계관이 잘 설정되면 최초 창작자가 아니더라도 그 속에서 다양한 콘텐츠 생산자들이 각기 다른 이야기를 만들어낼 수 있는 토대가 된다는 점에서 원천 콘텐츠의 확장에 효과적이다. 콘텐츠 세계관의 확대와 연장은 리부트(Reboot)나 실사화 전략 등으로 나타난다. 사례로 〈스타워즈〉 시리즈의 2000년대 이후 리부트와 애니메이션 원작의 실사 영화화 등을 들 수 있다. 최근 콘텐츠 세계관은 만화나 웹툰, 영화, 드라마, 게임뿐만 아니라 K팝 대중음악 분야의 아이돌 그룹들이나 예능 프로그램까지도 적용되고 있다.[15]

웹툰 작가 강풀의 세계관을 보자. 강풀은 자기 작품을 여러 가지 콘텐츠 장르로 연재하였다. 로맨스, 드라마, 연예 등의 판타지 장르와 미스터리, 액션, 공포, SF, 좀비, 히어로들이 등장하는 일명 '미스터리 심리 썰렁물' 장르도 있다. 초능력을 가진 히어로 주인공들의 이야기는 대부분이 강동구 길동에서 시작되는데, 작가 본인도 그 지역에서 산다. 강풀은 2005년 〈아파트〉 이후 초능력 시리즈의 웹툰을 공개하는데, 〈타이밍〉, 〈어게인〉, 〈무빙〉을 거쳐 2017년 〈브릿지〉까지 이어진다. '강풀 유니버스'로 명명된 세계에 초능력 히어로가 연속하여 등장하여, 한국판 〈어벤져스〉를 연상하게 한다. 이렇듯 연관 작품의 세계관이 동일한 관점, 배경, 목적에서 연계되어 장기적으로 흥행하게 되면, 엄청난 수익이 창출되고 〈인디아나 존스〉나 〈스타워즈〉처럼 슈퍼 아이피로 인정받게 될 것이다. 강풀의 웹툰 중에서 〈무빙〉은 500억 원대를 들여서 드라마로 제작되어 디즈니＋에서 2023년에 공개될 예정이다.[16]

② 세계관 구축시 고려 사항

IP를 오랫동안 지속하고 다양하게 확장하기 위해서는 다양한 능력이 요구된다. 콘텐츠를 시간을 축으로 종적으로 또한 공간을 축으로 횡적으로 확장하는 능력이 필요하고, 확장된 콘텐츠를 배급할 적절한 플랫폼을 적시에 확보하는 능력도 필요하다. 콘텐츠의 확장에 필요한 제작 요소 특히 스타 배우와 제작 스태프들을 조달하는 능력도 필요하다. 또한 IP를 라이선싱하거나 협업할 대상을 찾고 이를 수익화하는 노하우 또한 필요하다.

콘텐츠 IP를 시간 축과 공간 축으로 확대하는 할 때 세계관을 만들게 된다. 세계관을 구성할 때 특정한 IP를 열성적으로 좋아하는 집단의 형성이 염두에 두어야 한다. 팬덤이 일반 고객과 가장 다른 점은, 특정 IP에 대해 가지고 있는 자부심과 열정이다. 그리고 그 자부심과 열정을 가지고 있는 사람들은 서로 연결할 수 있는 공통의 언어를 만들고, 연대하고, 즐거움을 나눈다. 세계관을 확장할 때 기존의 스타가 새로운 배경에서 활동하게 만들거나, 새로운 스타를 만들 때 기존의 팬덤을 유지하면서 새로운 팬덤이 유입되도록 구성하여야 한다. 스타덤과 팬덤 간의 연관성을 자세히 검토하여야 한다. IP의 라이프 사이클을 연장하기 위해서 '리부트(reboot)'하여 새로운 세계관을 구축하기도 한다. 그리고 특정한 세계관 하에서 유지되거나 확장된 IP를 적절히 변형하고, 새롭게 배치하여 새로운 콘텐츠를 기획하거나 발굴하여 수익 기회를 발굴하여야 한다. 이때 팬덤과 이용자의 행태를 분석하여 편집과 리메이킹을 전략적으로

수행해야 할 필요가 있다(〈그림 3〉 참조).[17]

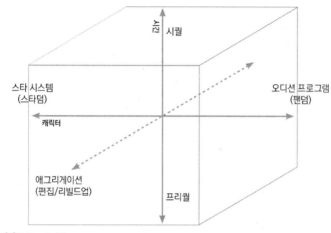

출처: 한창완(2021, 428쪽)
〈그림 3〉 유니버스의 확장

③ 세계관을 통한 팬덤의 구축

세계관을 설정하는 이유 중의 하나는 견고한 팬덤을 구축하는 것이다. 팬덤을 견고하게 구축하게 되면 팬덤들이 2차 창작물을 만들 수 있고, 팬들의 참여가 활성화되며, IP를 쉽게 확장할 수 있다. 하나의 세계관에서 콘텐츠를 지속하여 늘려나가면 콘텐츠의 양이 늘어나면서 위험이 감소하고 생존율이 높아진다. 이를 통해서 슈퍼 IP가 만들어지면 흥행이 지속될 가능성이 커지면서 캐시카우 역할을 하여 수익 구조가 안정된다.

콘텐츠 이용자들은 자신이 좋아하는 콘텐츠 IP에 대한 경험이 축적되면서 팬심이 깊어지면서 스스로 팬덤에 속하게 된다. 젊은 콘텐츠 이용자들은 특정 오리지널 콘텐츠나 셀러브리티에 대한 팬덤을 형성하며 그 세계관과 캐릭터, 스토리, 메시지 등에 공감하면서 적극적으로 논평하거나, 반응하며, 2차 파생 콘텐츠를 생산하기도 한다. 이와 같은 콘텐츠 IP에 대한 팬덤과 경험을 축적하게 되면 해당 콘텐츠의 문화적 코드, 문화 정체성, 정서 구조 등을 보다 오랫동안 지속할 수 있게 하며, 어린 시절의 추억이나 향수를 불러일으키기도 한다.

〈드래곤볼〉, 〈토토로〉, 〈슈퍼 마리오〉 등의 만화, 애니메이션, 게임 캐릭터들은 그 자체만으로 특정 세대의 축적된 문화적 감수성을 자극하기 충분하다. 2021년에 출시된 게임 〈디아블로2 레저렉션〉은 30~40대 아저씨의 덕분에 PC방에서 높은 점유율을 기록하여 (이를 제작한) 블리자드의 매출을 증가시켰다. 〈디아블로2 레저렉션〉이 2000년에 출시되어 PC방 중흥기를 이끈 〈디아블로2〉에 대한 추억과 향수를 불러왔다. 그리고 이러한 팬덤은 문화콘텐츠를 제작하거나 여기에 투자하는 처지에서는 위험을 감소시키는 요인이 된다.[18]

콘텐츠 팬들은 창작과 제작자의 관점을 스스로 가지고 온라인·모바일 메신저, SNS, 유튜브, 크라우드 펀딩 등 다양한 플랫폼과 미디어 도구들을 활용하여 적극적으로 투자, 재생산, 공유, 평가 등을 실천함으로써 참여문화를 형성한다. 팬덤은 해당 집단 내에서 인정되는 지식과 취향을 토대로 하는 문화적 자산(하위문화 자본)을 축적하고, 적극적으로 해석하거나 공유하거나 제작하여 새로운 문화를 생산한다. 팬덤의 역동적 에너지와 영향력은 그들이 열광하는 원천 콘텐츠 IP의 가치를 계속해서 증폭시킨다. 예컨대 오래되어 잊힌 IP를 되살리기도 하고, 일시적으로 지나갈 수 있는 트렌드를 포착하여 다양한 콜라보 상품, 이벤트 등으로 현실화하기도 하며, 팬덤 내에서만 누릴 수 있는 특화된 경험과 가치들을 공동체 차원에서 공유하기도 한다. 팬들의 이러한 활동을 더 적극적으로 매개하고 수익화하는 팬덤 플랫폼들은 최근 급격히 성장하는 비즈니스 영역이다.[19] 팬덤은 게임, 방송, 공연, 애니메이션, 만화(웹툰), 영화, 유

튜브 콘텐츠, OTT 콘텐츠 등 광범위한 영역에서 파급력과 영향력을 보여주고 있다.[20]

(4) 플랫폼 활용과 IP의 세계화

디지털화로 인해서 온라인 플랫폼이 발전하면서 상품의 유통에서 온라인 플랫폼이 역할이 중요해졌다. 문화콘텐츠의 유통에서도 온라인 플랫폼의 역할이 증대하였기 때문에, 콘텐츠 IP의 유통과 확산에 있어서 온라인 플랫폼을 적절하게 이용하는 전략이 중요해졌다. 플랫폼은 IP를 강화할 수 있는 좋은 수단이 된다. IP를 플랫폼을 통해 확장하는 과정에서 세계관이 확대되는 등의 내재적 가치가 커질 수 있고, 그 영향력이 다른 플랫폼으로 확대할 수 있다

한국에서 만들어진 장르인 웹툰이나 웹소설이 네이버와 다음(카카오)으로 유통되었기 때문에 젊은 이용자들이 쉽게 접근하면서 지금과 같이 성장할 수 있었다. 그리고 한국의 웹툰이 해외의 많은 국가로 유통되는 경로도 인터넷 플랫폼이다. 싸이가 2012년 7월에 발표한 〈강남스타일〉이 세계적인 인기를 얻을 수 있는 결정적 이유도 세계적인 플랫폼인 유튜브에 동영상을 올렸기 때문이다.

웹툰이나 웹소설보다 영상 콘텐츠의 파급력이 크다는 점을 고려하면 다른 장르의 플랫폼보다 OTT 플랫폼의 파급력이 크다. 넷플릭스나 디즈니+와 같이 글로벌 OTT로 배급하면, 전 세계 100여 개 국가로 콘텐츠 IP를 확장할 수 있다. 최근 K-콘텐츠가 세계적으로 주목받게 된 데에는 유튜브나 넷플릭스와 같은 OTT가 크게 기여하였다. 2019년부터 한국에서 제작한 넷플릭스 오리지널은 꾸준히 증가하고 있으며 다수의 작품이 세계적으로 좋은 성과를 얻었다.

글로벌 플랫폼을 통하여 콘텐츠를 유통하면서 해외에서도 한국 콘텐츠를 좋아하는 팬이 생기고 있다. 특히 BTS의 팬클럽인 'ARMY'중에서 한국인은 3.7%에 불과하고, 인도네시아, 멕시코, 미국, 페루, 러시아, 인도에 거주하는 팬이 더 많다. 웹툰과 웹소설 IP를 보유한 네이버와 카카오가 각각 왓패드와 래디시라는 북미 지역 중심의 웹소설 서비스를 인수하였다. 왓패드와 래디시는 현지 작가들이 자신의 웹소설을 업로드할 수 있는 창작 플랫폼이다. 두 회사는 미국 등 해외에서 스토리 IP를 확보하였고, 스토리 IP를 영상 콘텐츠 등으로 확장할 수 있는 기반을 마련하였다.

IP를 세계화하는 데에 글로벌 플랫폼이 큰 역할을 하지만, 글로벌 플랫폼을 통한 유통 이외에도 추가적인 노력을 기울일 경우 콘텐츠 IP는 보다 체계적이고 지속해서 세계속으로 들어갈 수 있을 것이다. IP의 세계화를 위해서 가장 많이 거론되는 전략이 현지화 전략이다. 현지에 적합한 콘텐츠를 제작하고, 현지 기업과 협력하고, 현지에서 팬덤을 만들어 유지하는 등의 노력이 필요하다. 이성민(2017, a)은 미국, 일본, 중국이 콘텐츠 IP를 해외에서 어떻게 활용하는 지를 분석한 다음에 시사점을 세 가지로 정리하였다.

첫째로, 축적된 콘텐츠 산업의 역량과 구조에 따라, 세부적인 전개에 있어 국가별로 차이가 있다. 미국과 일본은 각각 영화와 애니메이션, 그리고 게임에서 이미 세계 시장에서 지배력을 확보한 대표적인 나라들이다. 이들은 이미 확보된 팬덤을 존중하면서도, 새로운 팬덤의 유입을 위한 노력에 주력하고 있다. 반면 중국은 미국, 일본, 핀란드 등의 우수한 IP를 가져다가 자국에서 활용하는 것에 대해 거리낌이 없다. 그런데도 웹소설과 모바일 게임 등 상대적으로 경쟁력을 확보한 영역을 중심으로 오리지널 IP를 창출하기 위한 노력도 활발히 전개하고 있다.

둘째로, 글로벌 IP 비즈니스를 위해선 현지 기업과의 과감한 협력이 필요하다. 특히 일본의 경우, 중국과 수요와 공급의 측면에서 이해관계가 잘 맞았던 부분도 있지만 자신의 부족함을 채워줄 수 있는 파트너와의 협력은 적극적으로 전개하고, 대신 IP 가치 방어를 위한 검수 등의 작업을 철저히 진행한다. 현지에서 IP의 가치를 키우는 작업은 그 자체로 상당한 공을 들여야 하는 일이기 때문에, 이를 가능하게 할 좋은 파트너와의 협력은 필수적이다. 셋째로, IP란 결국 콘텐츠의 '팬덤'에게서 힘이 나온다. 팬덤의 성격은 나라마다 차이가 있다. 미국과 일본의 IP 활용 방식은 결국 긱(geek)과 오타쿠의 차이와 관계되어 있을 수 있다. 과거의 글로벌 진출은 콘텐츠 내용에서의 문화적 코드의 차이에 주목했다면, 지금은 그 수용 방식의 다양성에 대해서도 주목해야 할 필요가 있다.

2. 브랜드를 활용하는 방법

재화(형태를 갖춘 상품)를 선택할 때 보다 문화콘텐츠를 선택하는 경우에 검증된 브랜드를 찾는 경우가 더 많다. 문화콘텐츠 상품은 재화와는 달리 균일한 품질을 유지하기 어렵다. 또한 영화, 드라마, 게임을 포함한 문화콘텐츠는 소비자 자신이 직접 경험하기 전에 그 상품의 품질을 알 수 없다. 또한 문화콘텐츠의 공급량이 증가하면서 소비자는 특정 콘텐츠를 선택하기가 더욱 어려워졌다. 문화콘텐츠 상품은 공산품에 비해 라이프 사이클이 짧아서 공급자가 부담하는 마케팅 비용이 늘어나고 있다. 문화콘텐츠 사업자는 브랜드를 활용해야 할 필요성이 예전보다 커졌다.[21]

1) 브랜드와 브랜드 마케팅

(1) 브랜드와 브랜드 마케팅의 의미

브랜드란 기업이 자기 기업이나 상품의 정체성을 만들고 경쟁자의 기업, 제품, 서비스와 차별화하기 위하여 활용하는 이름, 용어, 숫자, 상징, 캐릭터, 표어, 디자인, 패키지 또는 이들의 결합체를 의미한다. 브랜드는 상품에만 적용되는 것이 아니고 지역, 나라, 유명한 사람도 브랜드가 될 수 있다. 소비자는 과거에 자신이 경험했던 만족스러운 브랜드라면 일단 믿을 수 있다고 생각한다.

광고와 상품이 넘쳐나고, 인터넷이나 스마트폰 등을 통해서 엄청난 정보를 받는 소비자에게 브랜드는 상품을 구매할 때 의사결정을 단순화시켜준다. 또한 브랜드는 제품의 책임 소재를 명확히 인식하게 해 줌으로써 상품구매 시 위험을 회피하려는 소비자의 심리를 안정시켜주고 정보탐색 비용을 줄여 준다. 브랜드와 소비자의 관계는 일종의 보장이나 계약 관계로 볼 수 있다. 소비자는 자신이 선택한 브랜드가 자신이 원하는 가치와 만족을 제공해줄 것이라고 기대하고, 그 기대가 충족되었을 때 브랜드를 신뢰하게 된다. 이런 과정을 통해 브랜드에 충성하는 고객을 만들어냄으로써 기업은 안정적인 이익을 추구할 수 있다.[22]

영화 〈007시리즈〉, 〈스타워즈〉, 〈마블〉, 〈해리포터〉, 〈트랜스포머〉, 〈배트맨〉, 〈반지의 제왕〉, 〈스파이더맨〉 등은 전 세계적으로 사랑받는 영화 시리즈 이름이자 동시에 문화콘텐츠 브랜드가 되었다. 이들 영화는 전작의 흥행으로 브랜드가 만들어지고, 소비자들은 이처럼 알려진 브랜드의 영화를 선택한다. 엔씨소프트가 모바일 게임에서는 후발주자였지만 〈리니지〉라는 오래된 PC게임의 브랜드를 적극적으로 활용하여 성공하였다. 흥행에 성공한 작품뿐만이 아니라 인기 소설가, 인기 웹툰 작가, 흥행작을 많이 만든 감독, 흥행작에 출연한 배우 등이 브랜드 역할을 하기도 한다.[23] 대중이 콘텐츠 IP의 세계관과 매력들을 직관적으로 인지하고 충성하게 되면 지속하여 이익을 만들어낼 수 있다. 콘텐츠 IP의 브랜드 가치를 높일 수 있는 다채로운 커뮤니케이션이 시도되어야 하고 종합적인 브랜드 전략이 정립되어야 한다.[24]

브랜드 마케팅은 전체 브랜드를 강조하는 방식으로 제품이나 서비스를 홍보하는 것이다. 브랜드 마케팅의 가장 중요한 목표는 바로 사람들이 우리 기업을 더 친근하게 느끼고 더 선호하게 하는 것이다. 일반적인 마케팅은 소비자에게 효율적으로 자사 상품을 알려서 단지에 매출액과 이익을 증가시키는 것을 목표로 한다. 반면에 브랜드 마케팅은 소비자들이 기억하기 쉽고 제품에 어울리는 적합한 브랜드 이름을 부여해서, 그 브랜드 자체를 소비자들에게 효과적으로 인식시켜 궁극적으로 그 브랜드를 선택하게 하는 마케팅 활동이다. 이를 통해서 자사 브랜드에 대한 인지도를 높여 장기에 걸쳐서 매출액과 이익의 증가를 목표로 한다. 따라서 브랜드를 마케팅으로 시장에서 선도적 지위를 확보하면 기업의 영속성을 유지하고 장기적으로 안정된 이익을 창출할 수 있다.

(2) 〈해리포터〉의 브랜드 마케팅[25]

소설 〈해리포터〉는 엄청난 인기를 얻었고, 2001년 이후 11편의 영화가 제작되어 흥행에 성공했다. 한순호(2015)는 영화 〈해리포터〉 시리즈에서 행해진 브랜드 마케팅을 분석하여 다음과 같은 네 가지 결론을 제시하였다. 첫째로, 소설 속에 있는 다양한 상징을 로고, 색채, 표어, 상징을 통해 브랜드 상징을 성공적인 구축을 하였으며, 둘째로, 영화와 원작의 일관성 유지로 충성도 있는 고객의 형성하였고, 셋째로, 인터넷을 활용한 소비자와의 성공적인 커뮤니케이션으로 입소문을 적극적으로 활용할 수 있었다, 넷째로, 타임워너사의 전체 조직을 이용한 통합적인 마케팅 전략을 수행하였다. 이 네 가지 브랜드 마케팅의 내용을 하나씩 구체적으로 살펴보자.

① 브랜드 상징체계 구축

강력한 브랜드는 반드시 명확하고 개성적인 상징 구조를 갖추고 있다. 문화콘텐츠 상품에서는 문화콘텐츠 상품을 이루는 이야기의 주제를 살리고 소비자들에게 시각적으로 구별할 수 있도록 하는 독특한 문양이나 특정 사물을 문화콘텐츠 브랜드의 상징으로 한다. 그런 점에서 〈해리포터〉는 이야기의 핵심이 되는 단서를 가지고 있고 주제를 담을 수 있는 사물과 문양이 풍부하여서 브랜드 상징 설계 측면에서 장점이 있다.

〈해리포터〉로고는 번개 모양의 독특한 문양을 지니고 있는데 이는 중세 마법사들이 사용했을 법한 독특한 서체일 뿐 아니라, 주인공 해리의 이마에 있는 번개무늬의 흉터를 연상케 함으로써 관객에게 강렬한 인상을 심어준다(〈그림 4〉 참조). 영화 〈해리포터〉 포스터의 전체적인 채색

〈그림 4〉 해리포터 타이틀 로고

톤을 보면 푸른색을 유지하고 있다. 푸른색은 해리포터 시리즈 전체에 흐르는 선과 악의 대결의 긴장감을 잘 나타내며 일관된 빛깔의 유지는 관객에게 다른 영화로부터 〈해리포터〉를 구별하는 효과를 주고 있다.

소설 〈해리포터〉에는 다양한 상징들이 내재하여 있다. 영화에서는 이 상징을 시각화함으로써 이야기의 주제를 살리고 관객들에게 시각적으로 구별할 수 있도록 하는 독특한 표식이나 특정 사물들을 통해 해리포터에 대한 강한 연상작용이나 감상을 불러일으킨다. 〈표 2〉에서 〈해리포터〉에 등장하는 상징과 브랜드 가치를 볼 수 있다.

〈표 2〉 해리포터 상징에 나타난 브랜드 가치

브랜드 가치	상징
마법(판타지)	해리포터 로고, 호그와트 마법학교, 마법 지팡이, 9 3/4 승강장, 크리처 (유니콘, 삼두견, 켄타우루스 등)
용기	번개 모양의 흉터, 그리핀도르, 퀴디치 경기
자기희생(헌신)	퀴디치 경기, 도비

출처: 한순호(2015, 84쪽)

② 영화와 원작의 일관성 유지

소설 『해리포터』가 지나치게 '영국적'이라는 약점에도 불구하고 영화화 과정에서 원작과의 일관성을 지키려 하였다. 영화의 주요 캐릭터와 부캐릭터에 모두 영국 배우를 기용했다. 한 영화 시리즈가 지속되었던 10년 동안 덤블도어 교수를 제외한 모든 배우가 교체 없이 진행되었다. 브랜드 마케팅에서 '일관성'은 고객에게 '안정성'을 제공함으로써 제품에 관한 감정이입이 일어나고 결국 고객으로부터 충성심을 이끌어낸다. 일관성은 〈해리포터〉에서 소설의 독자를 영화의 관객으로 전환하는 데 중요한 역할을 했다. 그리고 영화 〈해리포터〉 포스터의 전체적인 채색

톤을 보면 푸른색을 유지하고 있다.

③ 인터넷을 통한 커뮤니케이션

워너브러더스사와 조앤 롤링은 저작권 침해를 우려하여 처음에는 팬 사이트 출현에 반대하면서 팬 사이트들을 상대로 소송에 나섰다. 온라인 상에서 엄청난 반발에 직면한 워너브러더스사와 조앤 롤링은 소송을 취하하고, 팬 사이트들을 인정하는 것을 넘어 마케팅 도구로서 적극적으로 활용하였다. 이러한 전략 수정은 해리포터 브랜드에 대한 팬들의 감정이입과 충성심을 더욱 커지게 하였을 뿐 아니라, 워너브러더스사는 별도로 노력하지 않고도 해리포터에 대한 입소문(word-of-mouth)이 인터넷을 통해 전 세계로 퍼져 나가게 되었다, 이 전략은 입소문 마케팅이 영화 〈해리포터〉의 성공에 있어 가장 중요한 요소 중 하나가 되면서 뛰어난 효과를 발휘했다.

④ 통합 마케팅 전략

타임워너는 방송, 잡지, 영화사, 케이블, 음반사, 인터넷 등 온/오프라인상 거의 모든 매체를 아우르고 있는 거대 미디어 그룹이다. 영화 〈해리포터〉 마케팅의 총지휘는 타임워너 그룹 본부가 하고, 전 회사를 통해 수직적 통합 마케팅 전략을 수행했다. CNN, TBS, TNT 등의 텔레비전 네트워크와, HBO와 카툰 네트워크 등의 케이블 채널 그리고 피플, 포춘, 머니 등의 잡지를 보유함으로써 미국 내 1억 가구 이상의 시청자와 구독자를 확보하고 있다는 점을 충분히 활용하였다. 타임워너는 거대 미디어 조직을 총동원하여 마케팅 시스템과 장기적인 수익 확보를 위한 OSMU의 상품화 전략, 기존 해리포터 구독자들이 텍스트로만 상상했던 신비로운 마법의 세계를 온라인으로 충분히 경험할 수 있는 통합 마케팅 커뮤니케이션 전략을 전개하였다.

2) 기대 불일치 이론

소비자가 특정 브랜드의 상품을 선택하였을 때 가지는 기대감을 공급자가 만족시켜야 한다. 기대감을 만족시키지 못했을 때 브랜드를 활용한 상품의 흥행이 실패할 수도 있다. 이를 잘 설명하는 이론이 기대불일치 이론(Expectation Disconfirmation Theory)인데, 이 이론은 다음과 같다; 소비자가 어떤 브랜드를 선택하면 그 상품에 대해 사전에 기대하게 되고, 실제로 자신이 상품을 이용하게 되면 성과를 확인할 수 있다. 예측했던 기대와 인지한 성과를 비교해 성과가 기대보다 높으면 만족하고 그 반대로 성과가 기대에 미치지 못하면 불만족하게 된다.

이유석·김상훈(2013)은 국내에서 개봉한 61편의 영화를 이용하여 기대 불일치가 흥행에 미치는 영향을 분석하였는데, 결과는 다음과 같다; 개봉 전 기대 수준이 최종 흥행 성적에 긍정적인 영향을 미치지만, 개봉 후 기대 불일치는 최종 흥행 성적에 부정적인 영향을 미친다. 한편 개봉 전 기대 수준이 높을수록 개봉 후 기대 불일치가 크다. 그리고 개봉 전 기대 수준이 최종 흥행에 미치는 영향보다 개봉 후 기대 불일치가 최종 흥행 성적에 미치는 영향이 더 크다. 이들의 연구 결과에 의하면 브랜드에 대한 기대 수준을 높이는 것보다는 기대 불일치가 발생하지 않도록 하는 것이 더욱 중요하다.

트랜스미디어의 IP 확장 프로젝트가 흥행에 실패하면, 기존 원천 IP가 받는 상처는 무시할 수 없을 정도의 타격을 받게 된다. 모든 IP의 가치가 하락하고 재기할 수 없는 가치로 평가되기도 한다. 후방효과의 패러독스는 항상 잠복하고 있으므로, 스타 IP의 트랜스미디어 프로젝트를 진행할 때마다. 캐스팅되는 스타와 선정되는 제작 스태프, 투자 주체 및 환경에 대한 철저한 사전 조사와 분석이 수반되어야 한다.[26]

IP를 확장할 때 스타 연예인을 이용하는 경우에 기대 불일치가 발생할 수 있다. IP의 가치를 각색과 트랜스미디어에서 극대화하기 위해 캐스팅 단계에 스타 연예인을 이용하는 경우가 많다. 그런데 스타 연예인의 판타지 기능은 드라마에서 이미지로 가동될 수 있지만, 그 해당 스타 연예인이 갖는 스캔들 위험(최근 등장하는 미투, 학폭, 빚투, 가족관계 등)에 의해 IP가 손상되면, 기존 IP의 스타성까지도 희석화되는 사례가 증가하고 있다. 스타 연예인의 이미지는 드라마에서 극대화되지만, 뉴스와 다큐멘터리의 소재로 바뀌면 오히려 IP를 훼손시킨다.[27]

3) 브랜드와 팬덤

팬덤을 구축하고 확대하면 브랜드에 긍정적인 효과를 가져온다. 이 효과를 세 가지로 구분할 수 있다. ① 팬은 단순히 재화를 소비하는 사람이 아니라 브랜드에 사랑과 관심을 주면서 동시에 강력한 지지자 역할을 한다. ② 팬이 된 소비자들은 다양한 채널을 통해 자발적으로 참여하고 입소문을 내면서 활동성이 높은 옹호자이자 지지자가 된다. 특히 팬들이 생성한 다양한 2차 콘텐츠나 새로운 콘텐츠는 잠재소비자(팬)를 팬덤에 유입하는 데 큰 영향을 미칠 수 있다. ③ 팬덤의 적극적 옹호와 지지를 통해 시장 위기에 서도 흔들리지 않고, 경쟁 브랜드 마케팅의 영향을 덜 받게 된다. 결과적으로 팬덤 효과를 통해 브랜드 충성심이 증대될 수 있다. 브랜드는 상호간에 연결된 소비자인 팬덤의 힘을 인지하여 기존과 다른 혁신적 접근을 시도하고, 팬덤 확보와 장기적 확산과 유지에 관심을 가지면 시장에서 새로운 비즈니스 기회를 가질 수 있을 것이다.

브랜드를 활성화하기 위해서 팬덤을 어떻게 유치할 수 있을까? 먼저 기업은 소비자들에 대한 관점을 바꾸어야 한다. 소비자들을 팬으로 생각하고 대우해야 한다. 판매를 종결로 보지 않고 새로운 관계 형성의 시작으로 보아야 한다. 왜냐하면 판매 이후가 팬을 확보하는 데 가장 중요한 순간이다. 소비자는 소비 이후 사용 경험을 통해 만족감과 친밀감을 느끼면서 지지자가 될 가능성이 커지기 때문이다. 브랜드를 소비하는 팬을 장기적으로 유지하기 위한 다양한 콘텐츠를 제공하고 지속해서 커뮤니케이션할 수 있는 시스템을 구축해야 한다. 이를 통해 팬들은 브랜드에 대한 만족이 높아지며, 장기적으로 팬 활동에 긍정적인 영향을 미친다.[28]

4) 브랜드 아이덴티티에 기반한 IP 확장전략[29]

브랜드 이론에 따르면, 기업의 마케팅 활동의 목적은 '브랜드 자산의 극대화'에 있다. 브랜드 자산(brand equity)이란 '특정 브랜드가 제품에 부여하는 부가가치'로, 브랜드 자산의 관리란 특정 브랜드가 창출하는 부가가치를 극대화하기 위해 다양한 브랜드 구성 요소들을 전략적으로 관리하는 것을 의미한다. OSMU 전략이 콘텐츠의 콘텐츠 부가가치를 극대화하기 위한 전략이라는 사실을 상기하면, 브랜드 자산관리의 전략적 틀을 문화콘텐츠에 적용하면 효과적인 OSMU 전략이 도출될 수 있다.

높은 브랜드 자산 가치(high brand equity)란 소비자가 특정 브랜드에 대해 떠올리는 '강력하고 호의적인 브랜드 연상(brand association)'을 의미한다. 브랜드 자산관리의 핵심적인 요소는 브랜드 아이덴티티(brand identity)이다. 브랜드 아이덴티티란 '기업의 입장에서 설계하고 미래지향적으로 소비자들에게 전달하고자 하는 브랜드 구성요소의 집합체'이며,

소비자 입장에서는 '브랜드와 관련된 독특한 브랜드 연상의 집합체'로 나타나는 것이라고 이해할 수 있다.

문화콘텐츠를 하나의 브랜드로 이해하고 부가가치 극대화라는 목적 달성을 위해 브랜드 자산 관리 개념을 적용했을 경우, 수단과 목적 관계를 〈그림 5〉에 도식화하였다. 이 그림에 제시된 바와 같이 이 문화콘텐츠의 부가가치 극대화는 콘텐츠에 대한 강력하고 호의적인 소비자의 연상과 이미지를 만들어냄으로써 달성할 수 있다. 이는 문화콘텐츠 OSMU의 효과적 집행을 통해 이루어지며, 이를 위한 OSMU 전략은 문화콘텐츠의 브랜드 아이덴티티에 근거하여 수립되고 집행되어야 한다.

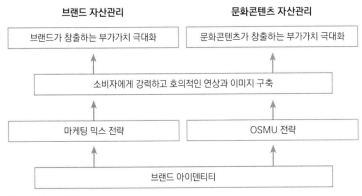

출처: 김영재(2012, 163쪽)

〈그림 5〉 브랜드 자산관리와 문화콘텐츠 자산관리

김영재(2012)는 모든 OSMU 관련 의사결정은 특정 콘텐츠의 브랜드 아이덴티티를 중심으로 이루어져야 한다는 '브랜드 아이덴티티 기반 문화콘텐츠 OSMU 전략 모델'은 〈그림 6〉과 같다. 효과적인 OSMU 전략의 수립과 집행을 위해 가장 우선하여 필요한 것은 특정 문화콘텐츠가 일관되게 전달하고자 하는 브랜드 아이덴티티를 결정하는 작업이다. 이는 해당 콘텐츠를 경쟁 콘텐츠와 뚜렷이 차별화시키며, 콘텐츠에 관한 강력하고 호의적인 연상을 창출하기 위해서 소비자와 잠재 고객들에게 전달하고자 하는 콘텐츠의 구성요소를 결정하는 작업이다.

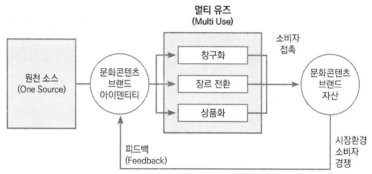

출처: 김영재(2012)

〈그림 6〉 문화콘텐츠 브랜드 아이덴티티 기반 OSMU 전략 모델

〈해리포터〉 소설, 영화, 게임의 비교 분석을 통해 장효진(2011)은 ① 마법 세계 속의 판타지, ② 선과 악의 대립구조 속에서 풀어가는 미스터리 서사구조, ③ 용기를 통해 죽음과 맞서는 주인공의 성장 이야기, ④ 다양한 마법 소재, ⑤ 시각적 상징물로서의 안경과 이마의 상처, ⑥ 마법 세계를 구현하는 컴퓨터 그래픽, ⑦ 영국적 이미지, ⑧ 영화의 주인공들과 작가 조앤 롤링 등 8가지 요소를 〈해리포터〉가 일관되게 추구하고 있는 브랜드 아이덴티티로 파악한 바 있다.

이처럼 문화콘텐츠의 브랜드 아이덴티티는 작품의 주인공, 주제, 가치관, 소재, 서사 구조, 소품, 원작자일 수도 있고, 콘텐츠를 상징하는 로고, 디자인, 색, 배경음악, 징글(jingle, 짧은 곡)과 같은 시각적, 청각적 요소일 수도 있다. 브랜드 아이덴티티는 브랜드의 기능적, 감성적, 자아 표현적 편익을 소비자에게 제공함으로써 소비자-브랜드 관계를 구축하므로, 콘텐츠의 브랜드 아이덴티티가 효과적으로 전달될 경우, 해당 문화콘텐츠와 소비자와의 밀접한 관계 설정을 통해 소비자의 충성도를 제고시킬 수 있다.

콘텐츠 브랜드 아이덴티티는 ① 다양한 창구를 통해 콘텐츠를 드러냄에 있어서 필요한 창구화 의사결정, ② 원천 콘텐츠를 어떤 장르로 전환하는 것이 바람직하며, 장르 전환에 있어서 어떤 요소가 유지, 강화되어야 하는가 등에 관한 장르 전환 의사결정, ③ 상품화 대상 선정, 상품화 활용 요소 및 상품화 디자인과 관련한 상품화 의사결정 등 다양한 OSMU 의사결정의 기준을 제공한다. 또한, 다양한 경로의 소비자 접촉을 브랜드 아이덴티티를 중심으로 조율하고 통합하며, 브랜드 자산의 지속적인 평가를 통해 콘텐츠의 장기적인 부가가치 극대화에 이바지한다.

김영재(2013)는 자신이 주장한 '브랜드 아이덴티티 기반 문화콘텐츠 OSMU 전략 모델'의 타당성을 〈해리포터〉를 대상으로 검증하였다. 브랜드 아이덴티티를 반영한 캐릭터 상품과 그렇지 않은 상품에 대한 소비자 태도 및 브랜드 자산의 차이를 설문조사를 통해 측정하였다. 조사 결과, 소비자들은 〈해리포터〉의 브랜드 아이덴티티인 '마법, 선악 대결, 용기'가 반영된 상품에 대해서 더욱 호감을 느끼며, 품질이 좋은 것으로 인식한다는 것을 확인하였다. 이는 브랜드 아이덴티티의 효과적인 전달에 초점을 맞춘 OSMU 전략이 문화콘텐츠의 부가가치 극대화에 이바지한다는 브랜드 아이덴티티 기반 OSMU 전략 모델의 주장과 일치하는 결과이다. 하지만, 브랜드 아이덴티티를 반영한 캐릭터 상품이 브랜드 자산에 미치는 영향을 측정한 결과, 〈해리포터〉에 대한 소비자 인지도, 충성도, 지각된 품질은 상대적으로 높았으나, 그 차이가 통계적으로 유의미하지는 않았고, 그에 따라 브랜드 아이덴티티 기반 OSMU가 콘텐츠의 브랜드 자산에 영향을 미친다는 피드백 효과는 확인되지 않았다.

5) 트랜스 브랜딩 이론과 적용

(1) 트랜스 브랜딩 이론

브랜딩(Branding)의 가장 기본적인 의미는 '이름을 붙이는 것', '브랜드를 만드는 것'이다. 그러나 오늘날에는 브랜드가 단순히 식별을 돕는 것을 넘어서 소비자에게 제품의 차별화된 가치를 인지시키는 역할을 한다. 기업은 소비자와 관계를 구축하기 위한 수단으로 브랜드를 활용한다.[30] 콘텐츠 기업은 인기 콘텐츠나 오랜 기간의 투자를 통해 구축한 브랜드로 인하여 형성된 고객의 충성도를 다른 플랫폼이나 시장으로 확장하기를 원한다. 그리고 사용자가 원하는 다차원적인 경험을 충족시키기 위한 전략으로서 트랜스 브랜딩 개념이 등장하였다. 트랜스미디어 환경에서 하나의 브랜드로 다수의 콘텐츠가 시너지를 내는 브랜딩 방식이 필요하다.[31]

트랜스 브랜딩(Transbranding)은 장대련·장동련(2012)의 하버드 비즈니스 리뷰(HBR) 블로그를 통해 처음 소개된 용어이다. 트랜스 브랜딩은 "브랜드를 통하여 상이한 시장을 연결하고, 다른 시장으로 효과적으로 이동할 수 있게 관리하는 것"을 의미한다. 트랜스 브랜딩에서 접두어 트랜스(Trans-)는 초월이나 변형의 의미를 갖는다. 하나의 콘텐츠는 하나 이상의 아이덴티티를 품고 있으며, 상황에 따라 다른 모습으로 변환될 수 있어 그 형태가 유동적이고 다양성을 띠고 있다.[32] 즉 다변화하는 뉴미디어 환경에서 콘텐츠는 트랜스의 성격을 지니고 다양한 미디어를 횡단하고 변형된 모습으로 나타난다. 이를 '프리즘'에 빗대어 이해하면

〈그림 7〉과 같다. 뉴미디어 기술은 촉매제로서 작용하고 기존의 단일적인 콘텐츠 패턴은 촉매제를 통과함으로 인해 다양한 모습으로 변환·분산된다.

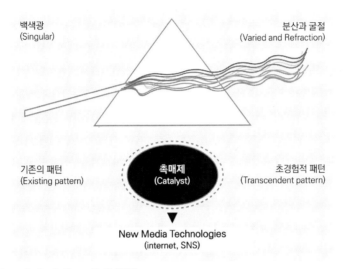

출처: Chang, D. R., & Chang, D. R.(2011)

〈그림 7〉 트랜스 브랜딩 개념

트랜스 브랜딩은 콘텐츠, 미디어의 경험, 브랜드 가치를 모두 합쳐서 하나의 총체적 브랜드를 구성하는 것으로, 소비자를 중심으로 구성하여야 한다.[33] 즉, 소비자의 필요를 '왜'의 관점에서 바라보고 소비자가 요구하는 다차원적인 경험을 할 수 있도록 브랜드를 구성하여야 한다.

트랜스미디어 스토리텔링은 개별 콘텐츠의 전환과정에서 창작에 대한 관점을 가지고 접근하지만, 트랜스미디어 브랜딩은 창작이나 소비자의 필요 등을 통합하는 관점을 가지고 브랜드를 관리한다. 트랜스미디어 스토리텔링 연구들은 각 미디어 플랫폼에 따른 스토리의 변용 과정에 관심을 두고 있었다. 그러나 트랜스미디어 브랜딩은 스토리와 그것을 재현하는 방식으로의 스토리텔링 외에 커뮤니티, 패러디 등 향유자들이 가지는 이미지, 기술 그리고 시장에 관심을 가지며 개별 콘텐츠를 아우르는 하나의 통합체를 구성하여 브랜드 자산을 구축하는 것을 목표로 한다.[34]

텐더리치(Tenderich, 2013)는 트랜스미디어 브랜딩의 요소로 내러티브, 참여 그리고 브랜드를 제시하였으며 각각 밈과 미디어, 문화와 커뮤니티 그리고 시장을 세부 사항으로 제시하였다(〈표 3〉 참조). 내러티브는 각기 다른 미디어 채널을 오가면서 다른 콘텐츠가 만들어내는 스토리의 총체를 의미한다. 하나의 콘텐츠는 조각으로서 전체를 구성하지만, 그 하나로도 독립적인 콘텐츠이다. 밈은 트랜스미디어 내러티브에 적당한데, 그것은 확산 가능성이 크기 때문이라고 밝히고 있다. 트랜스미디어가 독자들의 주체적인 재생산과 참여를 특성으로 하는 것과 관련 있는 것으로 보인다. 그리고 미디어는 밈의 확산과 향유자들의 체험을 위해 중요하게 다뤄져야 한다.[35]

〈표 3〉 트랜스미디어 브랜딩 디자인 요소

브랜딩 요소	세부 요소
내러티브	밈
	미디어
참여	문화
	커뮤니티
브랜드	시장

출처: 장효진·김영재(2015, 158쪽)

참여는 전통적인 마케팅의 일방적인 커뮤니케이션과 구별되는 점이다. 소비자들에게 브랜드 이미지가 성공적으로 만들어지기 위해 공감할 수 있는 문화 트렌드를 읽을 수 있어야 한다. 또한 대상이 될 만한 커뮤니티의 활동, 라이프 스타일에 대한 이해가 있어야 할 것이다. 그리고 상품으로써 콘텐츠 시장에 대한 이해가 필요로 한다.[36]

트랜스 브랜딩을 위한 전략의 체계는 트랜스미디어와 브랜드 디자인을 중심으로 구성할 수 있다(〈표 4〉 참조).[37] 트랜스미디어는 다음의 네 가지 활동으로 구성된다. 진화하는 상호작용(E.I), 소비자와의 협력적 창조 활동(C.C), 체계적이고 다차원적 경험(S.M), 지속할 수 있는 아이덴티티(S.I). 트랜스미디어 믹스를 위해서는 단순히 다양한 매체를 활용하는 것이 아닌 최적화된 통합을 위한 방향으로, 각 브랜드의 상황에 따라 어떤 미디어 믹스가 큰 시너지를 낼 수 있을 지를 파악하는 것이 중요하다.

〈표 4〉 트랜스 브랜딩 전략 체계(트랜스미디어 믹스와 2F 전략)

		특징	내용	초점
트랜스 브랜딩 전략	트랜스 미디어	진화하는 상호작용 (E.I)	소비자와의 상호작용이 미디어의 진화에 따라 새롭고 몰입할 수 있는 경험을 제공	소비자의 몰입
		협력하는 창조 (C.C)	소비자들의 역할을 창조적으로 직접 생산해내는 능동적인 방향으로 유도	소비자의 창조
		체계적이고 다차원적 경험(S.M)	소비자들의 오감과 신체를 이용하여 직접 체험에 가까운 다원적인 경험을 제공	소비자의 경험
		지속 가능한 아이덴티티(S.I)	기존의 아이덴티티를 지속하지만 적절한 혁신성을 가짐	소비자의 인지
	브랜드 디자인	2F 전략 (Flexible Fit)	브랜드만의 이미지를 유지해나가면서도 시대에 맞게 유연한 변화를 추구하는 이미지 관리 전략	이미지 관리 전략

출처: 장동련·장대련·권승경(2013, 450쪽)와 이민경·김재범(2015, 65쪽)을 종합

브랜드 디자인에는 스타일 매니지먼트가 중요하다. 브랜드의 스타일 매니지먼트는 새롭고 적절하며 식별이 쉬운 브랜드 아이덴티티의 표현을 통해, 엄격하고 획일적인 규제가 아닌 상황에 적합한 적절한 응용(통

제와 창조 사이에 균형)이 이루어져야 한다. 2F(Flexible Fit) 전략은 브랜드의 스타일 매니지먼트를 효과적 수행하는 방안으로, 2F 전략에서는 이미지를 구성할 때 유연성이 강조되고 있다. 2F는 스타일을 결정하는 두 가지 요소로, 하나는 디자인 전략 차원에서 브랜드 의미와 부합하는 디자인을 구성하는 것을 의미하고, 다른 하나는 전체적으로 감각을 유연하게 적용하여야 함을 의미한다.[38]

(2) 트랜스 브랜딩 이론을 통한 〈겨울왕국〉 분석[39]

〈겨울왕국〉은 디즈니 애니메이션의 고유한 아이덴티티를 유지하면서도 기술과 미디어의 진화에 따라 유연성 있는 브랜드 전략을 실행하였다. 이민경·김재범(2015)이 트랜스 브랜딩 전략을 〈겨울왕국〉에 적용하여 분석한 결과를 보자. 진화하는 상호작용(E.I)적 측면에서는 캐릭터들의 연기 코칭과 애니메이션 기술을 개발하여 관객들이 더욱 잘 몰입할 수 있는 환경을 제공하였다. 아울러, 이례적으로 애니메이션에서 나오는 노래의 전체 영상을 유튜브에 공개함으로써 소비자들의 협력적인 창조(C.C)를 끌어냈다. 그리고 극장 내에서 소리 내어 노래를 따라 부를 수 있는 싱얼롱 상영관을 개봉하여 관객들이 다양한 체험(S.M)을 할 수 있게 하였다. 그뿐만 아니라, 〈겨울왕국〉은 디즈니 프린세스 시리즈와 음악적 경험이라는 디즈니의 지속가능한 아이덴티티(S.I)를 대표적으로 보여주는 작품이었고, 두 명의 공주를 주인공으로 하는 혁신성을 시도하였다.

2F 전략으로는 스토리 측면에서 통상의 애니메이션에서 볼 수 있는 공주와 왕자의 해피엔딩이 아니라, 이례적으로 여왕 엘사(Queen Elsa)와 동생 안나(Princess Anna)의 자매애를 강조하는 결말을 보여주었다. 그뿐만 아니라 왕자가 악역으로 변신하는 반전을 보여주었다. 여왕 엘사와

안나 공주를 좋아하는 얼음 장수 크리스토프는 첫눈에 반해 결혼하는 것에 매우 부정적인 견해를 드러내면서 기존 디즈니 애니메이션과 상반된 모습을 보여주었다.

하지만 겨울왕국은 디즈니 애니메이션만의 아이덴티티를 유지한 측면도 상당하였다. 동화 원작, 공주 시리즈, 뮤지컬적 요소, 10대 여자 주인공, 여주인공의 귀여운 조력자 역할(올라프)의 등장 등 기존의 디즈니 애니메이션의 특징들을 유지하였다. 아울러, 애니메이션의 제목을 중성적으로 지어 보다 많은 관객층의 관심을 끌 수 있는 마케팅 전략을 전개하였다. 그리고 기존의 디즈니가 정의해 왔던 '진짜 사랑에 대한 정의'를 바꿈으로써 새로운 디즈니의 세계관을 제시하였다.

위와 같은 유연성 있는 시도를 통하여, 디즈니는 디즈니 애니메이션의 기존 아이덴티티를 유지하면서도 현대적인 감각의 새로운 이미지를 구축하였다. 디즈니는 픽사나 드림웍스 같은 후발 애니메이션 스튜디오들과의 경쟁에서 여러 차례 실패를 경험하였다. 그러나 디즈니는 그동안 고집하던 2D 애니메이션에서 3D 애니메이션으로 변신한 지 세 번째 작품인 〈겨울왕국〉으로 큰 성공을 거두었다. 관객이 원하는, 시대에 맞는 적절한 브랜드 전략이 통했다. 관객과의 상호작용, 관객의 협력적 창조, 관객의 다원적인 경험을 제공함으로써 〈겨울왕국〉은 관객의 만족도와 파급 효과를 높였고, 2F 전략을 통하여 새롭고, 현대적인 디즈니의 이미지를 만들 수 있었다.

(3) '라인프렌즈' 캐릭터의 트랜스미디어 브랜딩 사례 연구[40]

2011년에 탄생한 '라인프렌즈' 캐릭터는 일상적으로 사용되는 모바일 메신저에서 감정과 정보를 표현하는 이모티콘 캐릭터이다. 이후 TV 애니메이션, 게임 등의 디지털 콘텐츠로 만들어졌다. 2013년 이후 캐릭터 상품을 판매하는 온오프라인 매장을 열어 높은 인지도에 기반하여 큰 수익을 거두고 있다. '라인프렌즈'의 트랜스미디어 브랜딩 과정은 다음과 같다. 먼저 모바일 메신저의 캐릭터로 인지도와 친밀도를 확보하고, 애니메이션을 통해 완성된 서사를 구축하였으며, 게임과 모바일 SNS에서 상호작용을 통한 개별적 서사를 구축하여 참여형 소비자로서 향유자를 끌어들였다(〈표 5〉 참조). 이 과정을 통해서 모바일 메신저 캐릭터가 게임, 애니메이션 그리고 머천다이징 상품으로 단계적 브랜드 확장을 통해 '라인프렌즈'라는 통합 브랜드를 구축하게 되었다. 마지막으로 다른 플랫폼과 연계되어 캐릭터 개성, 관계, 상징 및 우정과 소통이라는 철학을 지속해서 전달하여 통합된 브랜드 자산을 형성하게 되었다.

〈표 5〉 '라인프렌즈' 브랜드 플랫폼별 출시 현황

상품명	라인프렌즈	〈라인 타운〉	〈라인 레이저스〉	라인프렌즈 ○○○
상품 내용/ 플랫폼	모바일 메신저	애니메이션/ TV, 웹 유튜브, 네이버 캐스트	모바일 아케이드 게임	캐릭터 상품/ 직영 가게, 팝업 스토어
출시 연.월	2011.10	2013.4 일본 2014.6 국내	2013.3	2015.2

출처: 장효진·김영재(2015, 163쪽) 수정

이처럼 IP를 확장하는 가운데 '라인프렌즈'의 트랜스미디어 스토리텔링 과정과 소비자, 시장 환경에서 드러난 트랜스미디어 브랜딩을 텐더리치(Tenderich, 2013)와 장동련·장대련·권승경(2013)의 분석 방법을 적용한 결과는 〈표 6〉과 같다.

〈표 6〉 '라인프렌즈' 트랜스미디어 브랜딩 분석

트랜스미디어 브랜딩 디자인 요소		
스토리, 밈, 미디어	문화, 커뮤니티	기술 및 문화적 환경
라인프렌즈의 우정, 소통, 주제곡, 게임 튜토리얼, 모바일, TV, 웹, 오프라인 매장	SNS를 활용한 일상적 접촉, SNS 이모티콘을 활용하는 청년층	IT모바일 기술 발달, 개성을 표현하고 위트와 재미로 개성을 어필하려는 욕구

▼

트랜스미디어 브랜딩 분석		
이미지, 다차원적 경험	상호작용, 협력적 창조	지속적 아이덴티티
친구를 아끼는 따뜻한 이미지, 상호 연결된 플랫폼(모바일 메신저, 영상, 게임, 오프라인 상품 연계)	게임 공략법, 제품 사진 자발적 SNS 공유, 관련 이모티콘 제작	재미/우정/소통 캐릭터 상품 자체 제작, 주 소비자층 라이프스타일 제품 콜라보레이션, 지속적인 디지털 서비스 업데이트

출처: 장효진·김영재(2015, 164쪽)

'라인프렌즈'의 트랜스미디어 브랜딩의 시사점은 다음과 같다. 첫째로, 기존 모바일 IT 기반의 특성을 적극적으로 활용하였다. 무료로 제공되는 이미지를 통해 인지도와 친밀감을 높이고 모바일 기기 기반의 콘텐츠(모바일 게임, SNS, 짧은 영상 콘텐츠)로 모바일 사용자에게 지속해서 노출되도록 하였다. 둘째로, 모바일 메신저의 속성인 '소통'과 친구 간의 '우정(관계 맺기)'을 콘텐츠에 일관성 있게 담아냈다. 애니메이션의 주제곡과 각 에피소드에서 확인할 수 있는 메시지는 각 캐릭터 간의 우정과 애정을 확인하는 것이며, 글자 하나로 마음을 전한다는 내용으로 기존 메신저를 연상하도록 한 것이다. 게임에서도 라인 메신저의 친구들과의 연결을 통해 아케이드 게임을 함께 할 수 있도록 설계하였다. 셋째로, 각 플랫폼의 콘텐츠가 지속해서 다른 플랫폼과 연계하면서 창구효과 안에 위치시켰다. 친밀감이 증가하여 호감도 및 신뢰도가 상승하는 것은 창구효과를 만들어내어 브랜드 확장을 가능하게 하였다. 이는 개별 플랫폼으로 그 스토리만 빌려주는 것이 아니라 브랜드를 발전시켜 다시 쓰게 함으로써 기존 플랫폼으로 소비자를 연결하는 연결고리 역할을 하도록 하였다. 이것은 메신저를 통해 게임을 홍보하고 게임을 통해 캐릭터 제품을 상품으로 건 이벤트를 진행하면서 관련 상품구매, 유료 서비스 결제 등과 같은 수익 확보로 이어지도록 하였다.

요약

OSMU를 실행하는 방안으로 창구화, 장르 전환, 관련 상품 판매, 브랜드 창출등이 있다. 창구화는 하나의 콘텐츠를 창구별(매체별)로 노출하는 시점을 달리하여 수익을 창출하는 방안이다. 장르 전환은 원천 콘텐츠를 다른 장르의 콘텐츠로 제작하는 것을 말한다. 콘텐츠의 장르를 전환할 때 원작의 내용을 유지하면서 매체의 특성에 맞게 수정하는 크로스미디어 전략을 사용하기도 하지만, 2015년 이후에는 트랜스미디어 전략을 사용하는 경우도 많다. 트랜스미디어 전략을 사용할 경우에는 세계관을 설정하여 콘텐츠 IP를 확장하게 된다. 상품화는 콘텐츠의 내용이나 소재를 상품으로 기획·개발해 관련 상품과 부가 상품 등으로 다양하게 활용하는 것이다. 브랜드화는 콘텐츠의 성공을 통해 확보한 브랜드 가치를 국가나 지자체 혹은 기업 등이 자신들의 이해에 적합하도록 활용하는 것을 말한다.

IP를 활용하는 비즈니스에서 성공하기 위한 요건은 다음과 같다. 첫째로, 확장하기 좋은 원천 콘텐츠를 확보해야 한다. 확장하기 좋은 콘텐츠는 추억으로 기억되고, 확장성을 보유해야 하며, 누구나 알지만 '잘'은 모르는 콘텐츠를 들 수 있다. 둘째로, IP를 계속 활용하고, 수정하고, 보완하고, 리모델링해야 한다. 우리가 아는 슈퍼 IP는 40여 년 이상 활용되고 있다. 시간이 지나면서 사회 환경이 변하고 시대별로 소비 트렌드가 변하는데, 이러한 변화에 맞추어 이야기에 변화를 주어야 하고 캐릭터의 디자인을 수정해야 한다. 셋째로, IP를 다양하기 활용하는 과정에서 트랜스미디어 스토리텔링이 이루어지고, 이때 세계관을 잘 설정하면 원천 콘텐츠를 효과적으로 확장할 수 있다. 그리고 세계관을 잘 설정하게 되면 견고한 팬덤이 구축된다. 넷째로, 콘텐츠 IP를 유통하고 확산하기 위해서 온라인 플랫폼을 적절하게 이용해야 한다. 전 세계로 확장하기 위해서는 글로벌 플랫폼을 활용하는 동시에, 현지에 적합한 콘텐츠를 제작하고, 현지 기업과 협력하고, 현지에서 팬덤을 만들어 유지하는 등의 현지화 전략을 구사해야 한다.

영화 〈007시리즈〉, 〈스타워즈〉, 〈마블〉, 〈해리포터〉, 〈트랜스포머〉, 〈배트맨〉, 〈반지의 제왕〉, 〈스파이더맨〉 등은 전 세계적으로 사랑받는 영화 시리즈 이름이자 동시에 문화콘텐츠 브랜드가 되었다. 이들 영화는 전작의 흥행으로 브랜드가 만들어지고, 소비자들은 이처럼 알려진 브랜드의 영화를 선택한다. 문화콘텐츠의 공급량이 증가하는 환경에서 소비자의 선택을 받기 위해서 문화콘텐츠 사업자는 브랜드를 잘 활용해야 한다.

IP를 활용 전략을 결정할 경우에 브랜드에 대한 강력하고 호의적인 소비자의 연상과 이미지를 만들 수 있는지를 우선하여 고려해야 한다. 문화콘텐츠의 브랜드를 형성하는 요소는 작품의 주인공, 주제, 가치관, 소재, 서사 구조, 소품, 원작자일 수도 있고, 콘텐츠를 상징하는 로고, 디자인, 색, 배경음악, 징글(jingle, 짧은 곡)과 같은 시각적, 청각적 요소일 수도 있다. 이러한 브랜드를 상징하는 요소는 브랜드의 기능적, 감성적, 자아 표현적 편익을 소비자에게 제공함으로써 소비자와 브랜드 간의 관계를 구축하게 된다. 문화콘텐츠와 소비자와의 밀접한 관계를 설정하여야 소비자의 충성도가 높아진다. 충성도 높은 고객인 팬덤이 구축되고 확대되면, 팬덤은 브랜드에 긍정적으로 이바지한다.

註

1) 한창완(2021, 428쪽)

2) 박기수(2008, 7쪽)

3) 이 책에서는 창구화 전략을 다루지 않는다. 창구화 전략을 추가로 공부하고 싶은 분은 권호영(2020, 212~222쪽)을 참고하기를 바란다.

4) 김영재(2012, 16쪽) 정리

5) 문화적 향기(cultural odor)란 특정 상품의 소비과정에서 그 상품이 어떤 국가의 문화적 모습 그리고 그 국가의 삶의 방식에 대한 이미지나 개념이 국가의 삶의 방식에 대한 이미지나 개념이 긍정적으로 연상되는 방식을 말한다. 생산 국가의 라이프 스타일에 대한 이미지가 그 상품의 소구력으로서 강하게 소구될 때, 그 상품의 문화적 향기가 있다고 설명하는 것이다. 이 말은 문화적 무취(cultural odorless)와 상대 개념으로 쓰인다.

6) 박기수(2008, 10쪽)

7) 〈와라! 편의점〉의 내용은 한혜경(2015, 6~12쪽)을 정리함

8) 박기수(2021a, 42쪽)를 다시 씀

9) 한창완(2021, 410쪽)

10) 김주완(2022.02.07)에서 천성용의 논평

11) 한창완(2021)

12) 노가영(2022.05.11)의 표현을 일부 수정함

13) 노가영(2022)

14) 한창완(2021, 406~412쪽)을 재구성하여 다시 씀

15) 김규찬(2021, 23쪽)

16) 한창완(2021, 409쪽)을 다시 씀

17) 한창완(2021, 428~429쪽)을 풀어서 다시 작성함

18) 김규찬 외(2021, 28쪽)

19) 김규찬 외(2021)

20) 김정경(2021, 159쪽)

21) 한순호(2015)를 풀어서 작성함

22) 한순호(2015)를 인용하면 문장을 수정함

23) 김주완(2022.02.07)에서 최현자의 논평

24) 한국콘텐츠진흥원(2022, 82쪽)

25) 한순호(2015)의 요약

26) 한창완(2021, 412쪽)

27) 한창완(2021, 412쪽)을 인용하면서 일부 수정함

28) 여수경·정미선(2019, 306쪽)

29) 이 소절에서는 김영재(2012)의 이론을 정리하였고, 김영재(2013)의 실증분석 결과도 담았다.

30) 박수연·이재균(2017), 위의전·김성훈(2019, 310쪽)에서 재인용

31) 장효진·김영재(2015, 154쪽)

32) 상영영(2018), 위의 전·김성훈(2019, 310쪽)에서 재인용

33) 장동련·장대련·권승경(2013, 448쪽)을 재구성

34) 장효진·김영재(2015, 157쪽)

35) 장효진·김영재(2015, 158쪽)

36) 장효진·김영재(2015, 158쪽)

37) 장동련·장대련·권승경(2013, 450쪽)

38) 장동련·장대련·권승경(2013, 451쪽)

39) 이민경·김재범(2015, 71~72쪽)

40) 장효진·김영재(2015)를 정리함

제3장 이야기를 활용하고 변형하는 방법

1. 이야기를 활용하는 몇 가지 방법

IP 비즈니스의 핵심은 하나의 IP를 다양한 분야에서 활용하여 지속하여 부가가치를 창출하는 것이며 특히 원천 콘텐츠 장르보다 파급력이 큰 장르로 전환해 IP의 부가가치를 극대화할 수 있다. 원천 콘텐츠 장르에 따라 IP 활용 전략은 차이를 보인다. 예를 들면, 원천 콘텐츠가 만화(출판 만화+웹툰)인 작품은 대부분 영상 콘텐츠 장르로 이차적 저작물이 제작되었다. 반면, 드라마나 원작 콘텐츠는 시리즈, 리메이크 등의 형태로 이차적 저작물이 만들어진다. 캐릭터와 애니메이션 IP는 애니메이션화를 기반으로 공연, 전시, 게임, 완구, 캐릭터 상품 등 여러 분야로 IP 활용이 이루어진다. 게임 분야에서는 게임 속 세계관 구축을 위해 이야기를 활용하는 한편 게임 IP의 상품화 등으로 IP의 부가가치를 창출한다.[1] 아래에서는 먼저 원천 콘텐츠의 장르를 확장하는 다양한 방식에 대해서 살펴본다, 다음에 콘텐츠 기업이 IP 확장을 추진하는 과정에서 위험 부담을 낮추기 위해서 사용하는 거점 콘텐츠를 통한 IP 확장 방식을 설명한다.

1) 이야기의 확장 방식

이야기의 확장을 구분하는 방식에는 몇 가지가 있다. 하나의 방식은 동일한 장르에서 확장하느냐 아니면 타 장르로 변경하는지로 구분하는 것이다. 다른 하나는 스토리의 동일성 여부에 따라서 크로스미디어와 트랜스미디어로 구분하는 것이다. '크로스미디어 스토리텔링'은 성공한 원작을 각색해 다매체로 확장하는 방식으로, 리메이크나 시리즈화와는 달리 다른 매체로 재탄생하는 것을 의미하고, '매체 전환'이라고 부르기도 하며 '미디어 믹스'에 해당한다. '트랜스미디어 스토리텔링'은 파생된 작품별로 스토리의 반복을 회피하되 각 스토리들이 연결되어 있어서 파생된 여러 작품을 통해 하나의 스토리 세계를 누릴 수 있도록 확장하는 방식이다. 전자가 성공한 원작을 매체 특성에 맞게 '다시쓰기'하는 방식이라면 후자는 새로운 스토리를 '덧붙여 쓰고' '새로 쓰기'하는 방식이라는 점에서 차이가 있다.[2][3]

장르의 변경 여부에 따라 '장르 변환'과 '장르 내 변환'으로 구분되고, 플랫폼을 이동시키는 '플랫폼 변환'이 있다(〈그림 1〉 참조).[4] 콘텐츠를 동일한 장르 내에서 이야기를 확장 방식에는 '리메이크', '시리즈화' 그리고 '하이콘셉트 이용'이 있다.

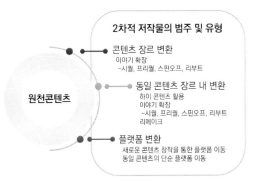

출처: 한국콘텐츠진흥원(2021, 25쪽)

〈그림 1〉 이차적 저작물의 범주 및 유형

(1) 리메이크와 시리즈화

'리메이크'는 전체적인 줄거리나 제목 등은 그대로 사용하는 방식으로, 원작을 충실하게 따르면서 시대의 변화나 배경(국가 등)의 변화에 맞추어 재해석하여 제작하는 것을 말한다. 예를 들면 해외에서 리메이크할 때 원천 콘텐츠를 번역 각색하여 새로운 영상물로 제작하는데, 이때 제작사와 등장인물이 현지화되고 이야기에도 일정 부분 변형이 불가피하다. 리메이크할 때 원작의 탄탄한 스토리를 이용하므로 작품의 질이 보장되고, 원작의 지명도를 활용하므로 이용자의 확보가 쉽다. 예전의 작품이 현대식으로 리메이크되기도 하고, 해외로부터 원작을 수입하여 국내 실정에 맞게 리메이크하기도 한다. 외국 콘텐츠를 수입할 때 문화적 할인이 발생할 수 있지만, 리메이크하게 되면 이러한 문화적 할인 요인을 제거할 수 있다.

그런데 이 경우에 등장인물과 그들을 둘러싸고 있는 시공간적 배경이 이야기 확장을 제한할 수 있다. 시리즈화는 원천 콘텐츠를 동일 장르

내에서 스토리와 구성의 변화를 주어 이차적 저작물을 제작한 것을 말한다. 시리즈로 이야기를 확장하는 유형에는 시퀄(후사), 프리퀄(전사), 스핀오프, 리부트 등이 있다. 시퀄은 주로 원작 스토리가 끝나는 시점 이후로 이야기가 이어지게 되는 드라마와 TV애니메이션에서 많이 활용되고 있었으며 원작 스토리가 끝나는 시점 이후로 이야기로 이어지는 시퀄의 형태가 많다.

프리퀄은 이야기가 본편보다 과거 시점으로 돌아가 원작 스토리에 당위성과 개연성을 제공하는 형태이다. 스핀오프는 등장인물의 캐릭터를 부각하고 배경 스토리를 확장함으로써 새로운 이야기로 확장하는 형태이다. 리부터는 원작 시리즈의 연속성을 버리고 작품의 주요 플롯이나 등장인물만 빌려 새로운 시리즈로 다시 시작하는 형태이다. 리부터할 경우에 시공간적 배경의 제한을 극복하고 이야기를 더욱 광범위하고 심도 있게 확대할 수 있다.[5]

원천 콘텐츠가 영화인 경우에는 타 장르로 확장되기보다 영화 자체의 해외 리메이크, 시퀄이나 프리퀄 방식이 두드러지게 나타나고 있다. 실제 영화 제작에 있어서 리메이크, 시퀄, 프리퀄 영화는 저작권법상 새로운 창작물이고, 실제 영화 제작에 있어서도 같은 비중의 어려움과 노력이 필요하다. 플랫폼 변환의 경우에는 새로운 창작물을 제작함으로써 타 플랫폼으로 이동하는 경우와 기존의 원천 콘텐츠가 단순히 플랫폼만 이동하여 새롭게 유통되는 경우가 있는데, 전자의 경우에 이차적 저작물이 만들어진다.

(2) 하이 콘셉트

같은 장르 내 2차 제작에서 활용되는 '하이 콘셉트'는 한두 문장으로 요약할 수 있는 명확한 아이디어를 의미한다. 이 개념은 미국 영화산업에서 유래한 것으로, 1994년에 출판된 『하이 컨셉트: 할리우드의 영화마케팅』에서는 하이 컨셉트를 '높은 시장성을 보장하면서도, 강한 인상을 줄 수 있고, 그러면서도 쉽게 요약할 수 있는 내러티브'라고 정의하고 있다.[6] 이기원(2021.12.28)은 신선한 소재와 영원한 주제가 만나서 하이 콘셉트가 된다고 설명하였다. 예를 들면 카메론이 감독한 영화 〈타이타닉〉의 하이 콘셉트는 '침몰하는 타이태닉호에서의 진정한 사랑'이고, 〈오징어 게임〉의 하이 콘셉트는 '추억의 놀이를 하는 서바이벌 게임'이다.

일련의 〈슬기로운 ○○○〉 작품 등이 만들어지는 과정에 하이 콘셉트가 이용되었다. 드라마 〈슬기로운 감빵생활, 2017년〉로 재미를 본 tvN은 드라마 〈슬기로운 의사생활〉(시즌1은 2020년에, 시즌2는 2021년에 방영)로 연결했고, 예능프로그램 〈슬기로운 산촌생활〉(2021년 방영)로 확장하였다. 한편 주체는 다르지만, 강원도교육청과 경북 의성작은영화관(영화진흥위원회 지원사업)은 〈슬기로운 문화생활〉이라는 표어 아래에 지원사업을 하였고,[7] 창작뮤지컬 〈슬기로운 문화생활, 2021년〉이 만들어지기도 하였다.

하이 콘셉트를 이용하는 과정은 마케팅의 관점에서 보면 이야기 IP의 브랜드화로도 볼 수 있는데, 하이 콘셉트 영화가 애초에 영화의 주제, 스타, 마케팅의 가능성을 결합해 막대한 수익을 올리기 위한 기획이었다는 점을 감안하면 하이 콘셉트와 브랜드화를 연결하는 데 무리가 없다. 이야기 IP가 이야기의 범주를 넘어 브랜드화되면 IP의 수명이나 확장성이 훨씬 증대할 수 있다.[8] 다음에 드라마, 영화, 애니메이션 작품이 동일한 장르 내에서 이차적 저작물로 확장되는 방식을 정리한 사례를 제시하였다(〈표 1〉, 〈표 2〉, 〈표 3〉 참조).

〈표 1〉 드라마의 동일 장르 이차적 저작물 확장 방식

구분		제목	확장 방식
하이 콘셉트 활용		응답하라 시리즈	• 복고 감성, 미스터리한 러브라인 등의 콘셉트를 공유하는 휴먼 드라마
		슬기로운 시리즈	• 교도소, 병원 등 공간을 중심으로 전개되는 휴먼 드라마
		비밀의 숲	• 시즌 2개 • 내부 비밀 추적극이라는 콘셉트 하에 시즌1에서는 검찰 스폰서 살인사건을, 시즌 2에서는 검경 수사권 조정에 관한 이야기를 다룸
		보이스	• 시즌 4개 • 청력이 뛰어난 골든타임팀 팀장과 112 신고센터를 배경으로 하는 소리 추적 스릴러라는 콘셉트 공유 • 출동팀장 형사를 중심으로 시즌 1, 2~3, 4로 이야기가 나누어짐
이야기 확장	시퀄	낭만닥터 김사부	• 시즌 2개 • 시즌별로 각기 다른 배경을 지닌 수련의가 돌담병원을 찾아와 김사부의 지도를 받음
		펜트하우스	• 시즌 3개
		전지적 짝사랑 시점	• 시즌 4개 • 특별편 3개: 기업과 연계
	스핀오프	킹덤: 아신전	• 〈킹덤〉(시즌 2개) 스토리의 배경이 되는 프리퀄이자 아신이라는 등장인물에 대한 스핀오프
	리부트	신의 퀴즈	• 시즌 4개 • 리부트 시즌 1개
플랫폼 변환	리메이크	오피스 워치	• 시즌 2개 • 해외 리메이크(1개국)－인도네시아 OTT 플랫폼 Genflix에서 방영

출처: 한국콘텐츠진흥원(2021, 26쪽)

〈표 2〉 영화의 동일 장르 이차적 저작물 확장 방식

구분	제목	확장 방식
하이 콘셉트 활용	관상	• 역술 3부작 • 역술이라는 콘셉트만 유지하고 새로운 인물과 배경을 가진 새로운 이야기를 선보임
	신의 한수	• 2부작 • 내기 바둑을 콘셉트로 함 • 콘셉트만 유지하고 전혀 새로운 등장인물과 배경을 가진 이야기

구분		제목	확장 방식
이야기 확장	시퀄	조선명 탐정	• 3부작 • 주인공(명탐정 김민과 파트너)만 유지하고 시리즈마다 새로운 사건을 다루는 수사극
		수상한 그녀	해외 리메이크(7개국)
		블라인드	해외 리메이크(2개국)
		과속스캔들	해외 리메이크(3개국)
플랫폼 변환	리메이크	숨바꼭질	해외 리메이크(1개국)
		써니	해외 리메이크(4개국)
		베테랑	해외 리메이크(1개국)
		너의 결혼식	해외 리메이크(1개국)

출처: 한국콘텐츠진흥원(2021, 27쪽)

〈표 3〉 애니메이션의 동일 장르 이차적 저작물 확장 방식

구분		제목	확장 방식
이야기 확장	시퀄	넛잡: 땅콩 도둑들	• 리버티 공원에서 쫓겨나 땅콩 가게를 터는 설리와 공원 친구들의 이야기 • 땅콩 가게가 폭발하면서 리버티 공원으로 돌아온 설리와 친구들이 공원이 파괴되는 새로운 위기를 맞음
	스핀오프	로보카폴리	• 시즌 4개 • 교통안전/소방안전/생활안전 이야기(시즌 3개) • 로보카폴리 쏭쏭뮤지엄
	리부트	다이노코어	• 시즌 1~3: 지구를 지키는 다이노 마스터 렉스가 중심, 시즌마다 새로운 악당 등장 • 시즌 4(에볼루션) 파트 1~2: 다이노 행성을 구하기 위해 지구를 떠나는 렉스의 새로운 모험
		유후와 친구들	• 시즌 1~3: 그리닛에 사는 다섯 친구들이 그린 씨앗을 찾아 지구를 여행하는 모험담 • 출동! 유후 구조대 시즌 1~3: 도움이 필요한 동물 친구들을 찾아 떠나는 모험담
플랫폼 변환	TV→극장	최강전사 미니특공대	• TV 시즌 4개 • TV 스핀오프 • 극장판 5편
		터닝메카드	• TV 시즌 2개(W) • TV 스핀오프(R) • TV 특별판 2개 • 극장판 2편
		레이디버그	• TV 시즌 4개 • 극장판 2편
		헬로카봇	• TV 시즌 9개 • TV 스핀오프 6개 • 극장판 3편
		라바	• TV 시즌 3개 • TV 스핀오프 1개 • 극장판 1편
		신비아파트	• TV 시즌 4개 • 극장판 2편

출처: 한국콘텐츠진흥원(2021, 28쪽)

(3) 국내와 해외의 이야기 확장 방식

국내에서는 원천 이야기 그대로 활용하거나 일부 개작하는 경우가
많다. 이야기를 확장한 사례로는 〈미생〉, 〈강철비〉, 〈부산행〉이나 〈지
옥〉 등이 있었다. 해외에서는 원천 IP가 장르 전환과 이야기 확장이
동시에 진행되는 사례가 많다. 해외의 원천 IP는 대부분 영상 콘텐츠로
제작되었으며 시퀄, 프리퀄, 스핀오프, 리부트 등으로 이야기가 확장되
었다. 해외에서는 원작의 중심 캐릭터나 포맷만 독립시켜 개작하는 스핀
오프가 많이 이루어졌다.[9]

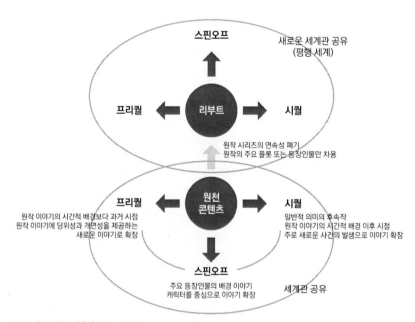

출처: 한국콘텐츠진흥원(2021, 157쪽)

〈그림 2〉 트랜스미디어 스토리텔링의 이야기 확장 방식

〈어벤져스〉는 트랜스미디어 스토리텔링의 가장 대표적인 사례로 꼽

을 수 있다. 마블코믹스의 원작 만화 〈어벤져스〉는 1963년~1996년 기간에 총 402편이 출간되었고 현재도 연재되고 있다. 영화 〈어벤져스〉 시리즈는 2012년부터 2019년까지 총 4편이 개봉했으며 아이언맨, 헐크, 토르, 캡틴 아메리카 등 마블 유니버스 세계관에 포함되는 다양한 슈퍼히어로 캐릭터를 주인공으로 하는 영화들이 〈어벤져스〉 시리즈 사이사이에 개봉되어 확장된 세계관을 뒷받침해주는 역할을 했다. 마블 유니버스 세계관을 바탕으로 총 25편의 영화가 제작되었고 234억 달러의 박스오피스 수익을 거뒀다. 〈어벤져스〉뿐 아니라 〈주홍색 글씨〉, 〈공각기동대〉와 같은 원천 이야기 IP가 끊임없이 확장되어 원작 IP 수명이 연장되고 있다.

〈표 4〉 이야기 IP의 트랜스미디어 스토리텔링 사례

국내 사례		
제목	활용 장르	이야기 확장 유형과 방식
미생	영화, 드라마	프리퀄, 시퀄	주인공 주변 인물을 중심으로 이야기 확장
서울역 부산행 반도	영화	하이컨셉트	'좀비'라는 공통 세계관 하에 인물, 사건, 배경이 모두 바뀌며 세 작품 간 이야기 연속성은 없음
지옥	웹툰, 드라마	하이컨셉트	원작의 기본 콘셉트(천사의 고지, 사자의 벌 등)을 기반으로 인물—사건—배경이 바뀌며 이야기가 확장됨
해외 사례		
제목	활용 장르	이야기 확장 유형과 방식
어벤저스	영화, 애니메이션	시퀄, 리부트, 스핀오프	원작 만화 속 슈퍼히어로 캐릭터의 서사를 연계해 하나의 거대한 세계관 구축
셜록 (주홍색 연구)	영화, 드라마, 애니메이션, 뮤지컬	시퀄, 스핀오프	방대한 분량의 원작 이야기를 다양한 장르에서 확장 반복하면서 IP의 수명이 100년 이상 유지됨
공각기동대	애니메이션, 소설, 영화	시퀄, 프리퀄, 스핀오프	원작 만화 자체도 시퀄, 프리퀄 등으로 이야기가 확장되었고 이를 기반으로 2차적 저작물도 시리즈화가 이뤄짐

출처: 한국콘텐츠진흥원(2021, 158쪽)

2) 거점 콘텐츠화를 이용한 IP 확장

거점 콘텐츠화는 원작의 장르보다 파급력이 높은 장르로 이차적 저작물을 제작해 IP의 파급력을 높이고 부가가치를 극대화하는 것이다. 거점 콘텐츠는 원천 콘텐츠에 비해 다수 대중에게 노출될 수 있는 드라마, 영화, 애니메이션, 게임 등과 같은 장르를 선택하게 된다. 이러한 장르들은 공통으로 ① 서사적 요소들을 갖추고 기본적인 서사 라인을 전면화하고 있으며, ② CG나 상호 작용(interaction)의 다양한 요소들과 같은 몰입과 향유를 활성화할 수 있는 새로운 말하기(telling) 방식을 적극적으로 활용함으로써 장르 자체의 확장과 진화를 촉진하고 있고, ③ 향유자들의 '체험–공유–창작'의 선순환 구조가 가능할 정도의 노출 기간을 확보하고 있으며, ④ 이러한 요소들을 구현하기 위하여 상당한 자본을 요구한다.10)

이용자 관점에서 IP 활용이 시너지를 낼 수 있는 확장 방향은 자극이 약한 차원에서 시작해 강한 차원으로 가는 것이다. 사업자 입장에서는 제작비가 적게 드는 분야에서 제작비가 많이 투입되고 시장 규모가 큰 분야로 IP를 확장하는 것이 위험 부담을 낮출 수 있다. 원천 이야기 IP가 OSMU 전략을 통해 다양한 장르와 미디어로 재창작되는 과정에서 IP 활용이 시너지를 낼 수 있는 확장 방향은 자극이 약한 차원에서 강한 차원, 즉 텍스트에서 이미지로, 이미지에서 영상으로 이행하는 것이다. 이러한 이차적 저작물 이행 과정에서 팬덤을 형성하고, 팬들과 소통하는 등 가장 큰 시너지를 낼 수 있는 장르인 영상 콘텐츠를 거점 콘텐츠라할 수 있다(〈그림 3〉 참조).11)

원작이 웹툰인 〈미생〉, 〈은밀하게 위대하게〉는 드라마 또는 영화 등으로 영상화되면서 원천 IP로 웹툰이 주목받는 계기를 마련했고, 웹툰을 기반으로 하는 영화 〈신과 함께〉는 1, 2편 모두 천만 관객 영화에 이름을

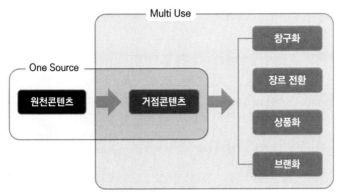

출처: 박기수(2008, 7쪽)

〈그림 3〉 One Source Multi Use 구조도

올렸다. 만화·출판 IP가 영화나 드라마로 제작되었다고 성공하는 것은
아니다. 이차적 저작물이 원작 팬의 지지를 얻을 수 있어야 하고 동시에
새로운 소비자를 유입시킬 수 있어야 한다. 〈미생〉은 직장생활 속 이야
기를 사실적으로 담아내 큰 인기를 얻었고 드라마는 원작의 정서와 묘미
를 잘 표현해냄으로써 대중적 호응을 극대화했다. 〈유미의 세포들〉은
실사와 3D 애니메이션을 결합한 방식으로 웹툰 원작의 묘미를 살리고
세포 설정도 잘 표현하였다는 평가를 받았다. 〈신과 함께〉는 핵심 사건
중심으로 내용을 압축하고 지옥의 모습도 시각효과 기술로 적절하게
구현해 두 편의 영화 모두 천만 관객 달성이라는 성과를 얻었다.

2. 어떤 장르의 이야기가 어떤 장르로 다시 창작되는가?

1) 원천 콘텐츠 장르

어떤 장르의 콘텐츠 IP가 많이 확장되었는지를 한국콘텐츠진흥원
(2021)에서 분석된 결과를 보자(〈그림 4〉와 〈그림 5〉 참조). 이 보고서에서
는 국내 IP 100개와 해외 IP 20개를 선정하여 분석하였는데, 먼저 국내

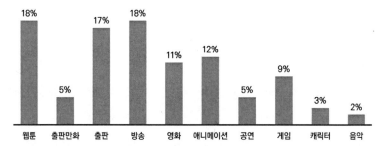

출처: 한국콘텐츠진흥원(2021), 67쪽 참조

〈그림 4〉 국내 원천 콘텐츠 장르 구성

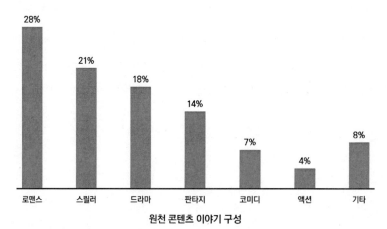

출처: 한국콘텐츠진흥원(2021), 68쪽 참조

〈그림 5〉 국내 원천 콘텐츠 이야기 장르

IP 100개를 분석한 결과를 먼저 보자.[12] 국내에서 원천 콘텐츠 장르는 웹툰과 방송이 각각 18%로 가장 많고, 최근에 원천 IP로 각광을 받는 웹툰, 출판물 그리고 출판만화를 합계한 비중은 40%이다. 이문행(2014)도 이와 비슷한 결과를 제시한 바 있는데, 그녀에 의하면 소스로 제공된 선행 장르는 웹툰 29.6%, 드라마 21.3%, 소설 20.4%, 영화 15.7%, 만화 13%의 순으로 나타났다.

한국콘텐츠진흥원(2021)에 의하면 원천 콘텐츠의 이야기 장르는 로맨스가 가장 많고 다음에 스릴러, 드라마, 판타지, 코미디, 액션 순으로 많았다. 만화(출판만화+웹툰)의 이야기 장르는 로맨스, 드라마, 판타지, 스릴러 등으로 다양한 데, 출판과 방송(OTT 포함)은 로맨스 장르가 특히 많았다. 스릴러 장르의 경우, 웹툰에서는 괴물이 등장하는 공포 판타지 스릴러가, 방송에서는 범죄 스릴러가 많았다.

해외에서 성공한 20개의 이야기 IP를 분석한 결과를 보자(〈그림 6〉 참조)[13]. 국내와 마찬가지로 만화와 출판 장르가 원천 콘텐츠의 많은 부분을 차지하고 있다. 해외에서는 게임 IP가 원천 콘텐츠로 활용된 경우

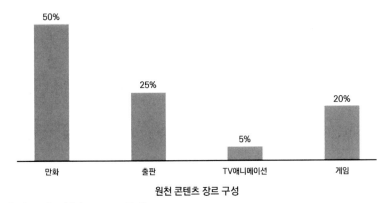

원천 콘텐츠 장르 구성

출처: 한국콘텐츠진흥원(2021), 118쪽 참조

〈그림 6〉 해외 원천 콘텐츠 장르 구성

가 20%를 차지한 점은 국내와 다르다. 가장 많은 장르로 확장된 콘텐츠는 〈레 미제라블〉이다. 프랑스 소설 〈레 미제라블〉은 원작 IP가 158년간 지속되면서 만화, 방송, 영화, 애니메이션, 게임, 공연 등 다양한 장르의 콘텐츠로 제작되었다. '셜록 홈즈'를 주인공으로 하는 영국 소설 〈주홍색 연구〉와 일본 만화 〈공각기동대〉, 〈바람의 검심〉, 〈나루토〉는 4개 장르에서 활용되어 〈레 미제라블〉의 뒤를 이어 다양한 장르로 확장되었다.

2) 이차적 저작물의 장르[14)]

(1) 한국의 경우

한국콘텐츠진흥원(2021)에 의하면 국내 원천 저작물을 이용한 2차 저작물로 가장 많이 제작된 장르는 영상물인데, 방송, 영화, 애니메이션이 절반가량을 차지하였다. 방송, 영화, 애니메이션 등은 다수의 대중에게 노출될 수 있는 파급력이 높은 장르로, 거점 콘텐츠로 활용되고 있는

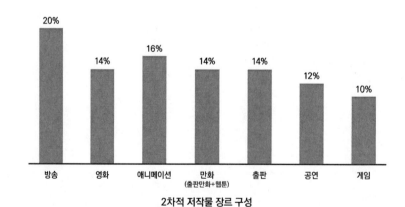

출처: 한국콘텐츠진흥원(2021), 69쪽 참조

〈그림 7〉 국내 이차적 저작물 장르 구성

것을 볼 수 있다. 한 개의 원천 저작물이 타 장르로 매체 전환된[15] 횟수는 평균 1.6회였다. 캐릭터, 애니메이션, 만화(출판 만화＋웹툰), 게임 원작 콘텐츠는 평균 2개 이상의 장르에서 이차적 저작물이 제작되었고, 방송과 영화는 1개 미만으로 나타났다. 방송과 영화는 원작이 이미 영상화되어 있어서 타 장르로 확장하기보다는 동일 장르 안에서 이야기를 확장하는 방식을 취하는 경우가 많기 때문이다.

이문행(2014)은 2006년부터 2012년까지 한국에서 원천 스토리가 장르 간 이동이 이루어진 216편의 사례를 분석하였다. 이 논문에서 선행 장르와 후속 장르 간의 이동 유형을 분석한 결과에 의하면, 동종 장르 간의 이동이 높은 것으로 나타났다. 즉, 드라마에서 드라마로 이동한 사례는 31건(67.4%), 영화에서 영화로 리메이크된 사례는 23건(67.6%)으로 동종 장르 간 리메이크 건수는 총 216건 중 25%인 54건인 것으로 나타났다. 이와 같이 한국에서는 영상 콘텐츠 내에서 스토리 이동이 많이 이루어지지만, 일본에서는 텍스트 콘텐츠가 영상을 제작되는 경우가 많다. 이종 장르로 이동된 경우에 웹툰에서 영화(29건)로 이동한 경우가 가장 많았고, 다음으로 소설에서 영화(22건)로, 만화에서 드라마(21건)로, 소설에서 드라마(18건)로 이동한 경우가 많았다.

이문행(2014)의 분석에 의하면 드라마의 경우 국내 드라마 간 시차를 둔 업데이트 버전이 있었으며, 국가 간에 이동한 사례로는 일본과의 리메이크가 가장 큰 비중을 차지했다. 영화는 드라마와 달리 일본과의 거래에 편중되지 않고 보다 다양한 문화권과 교류하였다. 리메이크 판권 거래가 문화적 이질감을 최소화할 수 있는 유리한 수단일 수 있음을 알 수 있다. 뮤지컬의 경우 한 편을 제외하고는 소스 장르로 제공되지 않고, 주로 타 장르에서 스토리가 이동하는 최종 장르의 성격을 띠고 있었다. 이는 창작뮤지컬이 드문 국내 시장의 현주소가 반영된 것이다.

성공한 영화나 드라마의 스토리를 뮤지컬로 제작하여, 기존 매체의 소비층을 뮤지컬로 유입하고 있다. 스토리 이동의 국가 간 이동을 보면, 국내에서 이동이 가장 많았는데, 국내 미디어 장르 간에 스토리가 재활용되고 있다. 해외로 리메이크 판권 수출이 최근 들어 늘고 있으나, 여전히 판권 수출보다, 리메이크 판권을 수입하는 경우가 더 많고, 리메이크 판권은 일본 원작을 수입하는 경우가 대부분이다.[16]

(2) 해외의 경우

한국콘텐츠진흥원(2021)의 분석에 포함된 20개의 해외 원천 콘텐츠로 제작된 이차적 저작물의 장르를 보면 애니메이션이 가장 많고 다음으로 영화, 게임, 방송 순이다. 해외 사례의 분석에 포함된 작품에는 액션·어드벤처 장르의 만화 원작이 많아서 애니메이션화가 활발하게 이루어졌다. 또한, 미국은 할리우드라는 세계적인 영화 시스템을 갖추고 있어 이차적 저작물 장르로 영화를 선택하는 경향이 있다. 미국 원작 IP뿐 아니라 영국 소설 〈반지의 제왕〉, 프랑스 소설 〈레 미제라블〉, 일본 게임 〈소닉 더 헤지혹〉, 〈포켓몬스터〉, 일본 만화 〈공각기동대〉 등도 할리우드에서 영화로 제작되었다. 한편, 만화 강국인 일본에서는 만화를 원작으로 하는 애니메이션 제작이 활발하다.

해외의 경우 이차적 저작물이 방송, 영화, 애니메이션과 같은 영상 콘텐츠인 경우에는 제작되는 시리즈 수가 콘텐츠 장르별로 달랐다. 원천 콘텐츠가 만화인 경우에는 이차적 저작물의 시리즈 수가 6개 이상 제작되었고, 출판은 4개로 나타났다. 원천 콘텐츠가 게임인 경우에는 이차적 저작물이 다양한 장르로 확산하지만 해당 이차적 저작물이 시리즈화되어 오래 지속되지는 않았다.

20개의 해외 IP를 활용하여 제작된 이차적 저작물의 이야기 장르 비중을 보면, 액션과 어드벤처 장르가 각각 13개와 12개로 가장 큰 비중을 차지했다. 다음으로는 드라마, 코미디, 공상과학, 판타지 장르 순이며, 로맨스 장르는 1개로 가장 적은 비중을 차지했다. 액션과 어드벤처 장르는 하나의 콘텐츠에서 액션과 어드벤처가 동시에 드러나는 경우가 많고, 공상과학과 판타지 장르의 콘텐츠에서도 액션과 어드벤처의 성격을 가지는 경우가 많다. 예를 들면, 〈어벤져스〉, 〈배트맨 대 슈퍼맨: 저스티스의 시작〉, 〈헝거 게임: 판엠의 불꽃〉은 모두 공상과학, 액션, 어드벤처의 요소를 가지고 있는 영화이고, 〈설국열차〉는 공상과학, 액션, 드라마 장르로 분류된다. 또한 〈워크래프트: 전쟁의 서막〉, 〈반지의 제왕: 반지 원정대〉는 판타지, 액션, 어드벤처 장르의 영화이고, 〈나루토〉는 판타지, 액션, 어드벤처 장르의 애니메이션이다.

이야기 장르에서 주목할 만한 것은 판타지 장르와 공상과학 장르이다. 이들 장르는 이야기의 시·공간적 배경이 현실의 어떤 특정 배경에 국한되지 않고 전 세계 누가 보더라도 객관적으로 공감할 수 있는 배경이나

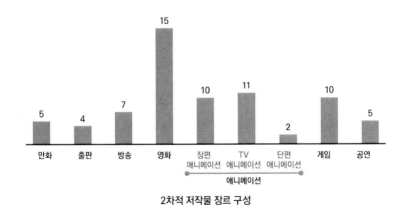

2차적 저작물 장르 구성

출처: 한국콘텐츠진흥원(2021), 121쪽 참조

〈그림 8〉 해외 이차적 저작물 장르 구성

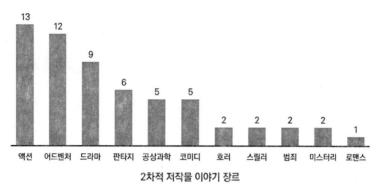

출처: 한국콘텐츠진흥원(2021), 118쪽 참조

〈그림 9〉 해외 이차적 저작물의 이야기 장르

설정을 지닌다. 또한 메이저 장르인 액션이나 어드벤처 장르와도 잘 결합한다. 또한 판타지와 공상과학 장르는 결말이 열린 구조인 경우가 많으므로 IP 확산 전략의 핵심이 되는 이야기 확장에 쉽다는 장점과 이용자에게 보편적 공감대를 형성할 수 있는 장점이 있어서 이야기 IP 확산을 위한 원천 콘텐츠로 많이 이용되고 있다. 반면에 로맨스 장르의 결말이 닫힌 구조이기 때문에 새로운 이야기로의 확장성을 가지기 어렵기 때문에 IP 확산을 위한 원천 콘텐츠로 별로 이용되지 않는다.

3. 시리즈의 제작과 이야기의 각색

1) 시리즈17)

시리즈(속편) 제작은 드라마에서 가장 보편적으로 활용되는 IP 확장 방식이며, 〈보이스〉, 〈신의 퀴즈〉, 〈킹덤〉, 〈낭만닥터 김사부〉 등 범죄, 스릴러, 의학 등 장르물에서 시리즈 제작이 많이 나타났다. 시즌제 드라마와 영화 시리즈를 이야기를 확장한 유형을 〈표 5〉에 제시하였다. 시리즈화는 핵심적인 인물이나 배경을 공유하면서 새로운 사건이 전개되는 시퀄 형태가 가장 많다.

〈표 5〉 시즌제 드라마 및 영화 시리즈 이야기 확장 유형

구분	제목	시퀄	프리퀄	리부트	스핀오프
드라마	보이스	○			
	낭만닥터 김사부	○			
	비밀의 숲	○			
	펜트하우스	○			
	오피스워치	○			
	나쁜 녀석들				○
	응답하라 시리즈				○
	킹덤	○	○		
	신의퀴즈	○		○	
	슬기로운 시리즈	○			○
	전지적 짝사랑 시점	○	○		○
영화	조선명 탐정	○			
	신의 한 수				○
애니메이션	넛잡	○			
	로보카폴리				○
	다이노코어			○	
	유후와 친구들			○	

출처: 한국콘텐츠진흥원(2021, 92쪽)

국내에서 흥행에 성공한 원천 콘텐츠의 이야기 장르는 로맨스가 가장 많은데, 로맨스 이야기는 일반적으로 남녀 주인공이 사랑의 결실을 맺으며 해피엔딩으로 끝나는 닫힌 결말 구조를 가지기 때문에 속편이 제작되기 어렵다. 예외적으로 〈전지적 짝사랑 시점〉이 시리즈물로 제작되고 있다. 짝사랑을 다룬 웹드라마 〈전지적 짝사랑 시점〉은 세 편의 본편

시리즈와 주인공들의 과거 이야기를 담은 특별판 시즌 3.5까지 총 4개의 시즌이 방영되었으며 주인공의 속마음을 내레이션을 통해 전지적 시점에서 풀어내는 방식으로 큰 인기를 얻었다. 〈전지적 짝사랑 시점〉과 기업이 콜라보한 브랜디드 콘텐츠인 광고 시리즈는 본편의 형식과 콘셉트를 활용해 스토리 안에 제품을 자연스럽게 담아냈다.

드라마 〈응답하라〉는 시리즈가 거듭될수록 시청률이 상승한 작품이다. 핵심 콘셉트를 공유하지만, 스토리 전개는 전작과의 연관성이 전혀 없으며 등장인물과 시공간적 배경도 다르다. '복고'는 전 시리즈를 관통하는 핵심 키워드이며 전작의 등장인물이 카메오로 출연하는 등 작품 간 연결점이 존재하지만 각각의 시리즈는 인물, 사건, 배경이 다른 독립적인 이야기 구조로 되어 있다.[18]

2) 크로스미디어(cross-media) 스토리텔링

(1) 크로스미디어 스토리텔링 사례

이문행(2014)이 분석한 크로스미디어 스토리텔링 사례를 보자. 한국에서 2006년부터 2012년간 소설(오프라인, 온라인)을 원작으로 영화와 드라마가 많이 제작되었다(〈표 6〉 참조). 특히 일본 원작으로 제작된 국내 영화나 드라마가 좋은 반응을 얻었다. 흥행에 성공한 〈올드보이〉, 〈내 머리 속의 지우개〉, 〈미녀는 괴로워〉, 〈사랑 따윈 필요없어〉, 〈플라이 대디〉를 비롯한 많은 작품이 일본 소설이나 만화, 연극, TV드라마 등에 기반하고 있다. TV 드라마에서도 〈봄날〉, 〈요조숙녀〉, 〈101번째 프로포즈〉, 〈하얀거탑〉, 〈연애시대〉 등은 일본 원작 소설을 기반으로 하거나 일본 원작 드라마를 리메이크하여 주목받은 드라마들이다.

〈표 6〉 소설이 타 장르로 제작된 대표 사례

소설의 영화화	소설의 드라마화
〈늑대의 유혹〉, 〈우리들의 행복한 시간〉, 〈다빈치 코드〉, 〈악마는 프라다를 입는다〉, 〈해리포터 시리즈〉, 〈반지의 제왕 시리즈〉, 〈지금 만나러 갑니다〉, 〈향수〉 〈세상의 중심에서 사랑을 외치다〉	〈경성 스캔들〉(원작 소설〈경성예사〉), 〈내 이름은 김삼순〉, 〈커피 프린스 1호점〉, 〈하얀거탑〉, 〈마녀유희〉

출처: 이문행(2014, 57쪽)

원작 소설을 토대로 제작된 콘텐츠(2차 장르)가 성공할 경우 원작 소설 (1차 장르)의 판매가 증가하는 경우가 많았다. 2012년에 방영된 드라마 〈해를 품은 달〉이 높은 시청률을 기록하면서 동명의 원작 소설 〈해를 품은 달 1〉과 〈해를 품은 달 2〉는 베스트셀러에 올랐고, 2012년에 개봉 한 영화 〈화차〉와 〈은교〉 역시 영화 흥행과 함께 동명의 소설이 베스트셀러에 올랐다. 한국판 드라마 〈하얀거탑〉의 성공으로 원작 소설의 판매량이 20% 이상 증가하였다.

1990년대 중반 이후에 만화를 원작으로 한 영화와 드라마가 많이 제작되었다. 1994년에 만화가 이현세의 작품이 드라마 〈폴리스〉로 제작되었고, 그 이후 만화가 허영만 원작의 드라마 〈아스팔트의 사나이〉, 〈미스터 Q〉 등이 히트하였다. 1994년 이전에 주로 영화로 확장되었던 만화가 드라마로 본격적으로 확장되기 시작하였다. 허영만의 베스트셀러 〈식객〉은 2007년에 영화로 개봉되었고, 2008년에 드라마로 방영되어 성공을 거두었다. 100만 부 이상의 판매를 기록한 김진 작가의 만화 〈바람의 나라〉는 온라인 게임, 뮤지컬, 그리고 드라마로 재탄생하였다(〈표 7〉 참조).

<표 7> 만화가 타 장르로 제작된 대표 사례

만화의 영화화	만화의 드라마화
〈식객〉, 〈타짜〉, 〈개미지옥〉, 〈남벌〉, 〈미녀는 괴로워〉, 〈올드보이〉	〈식객〉, 〈바람의 나라〉, 〈타짜〉, 〈아스팔트의 사나이〉, 〈미스터Q〉, 〈다모〉, 〈풀하우스〉, 〈궁〉, 〈전의 전쟁〉, 〈비천무〉, 〈사랑해〉, 〈공포의 외인구단〉, 〈버디〉
만화를 온라인 게임, 뮤지컬로	
〈바람의 나라〉	

출처: 이문행(2014, 57쪽)

<표 8> 영화가 뮤지컬로 제작된 대표적 사례

〈와이키키 브러더스〉, 〈라디오 스타〉,
〈미녀는 괴로워〉, 〈싱글즈〉,
〈달콤 살벌한 연인〉, 〈진짜진짜 좋아해〉

출처: 이문행(2014, 58쪽)

드라마의 스토리가 뮤지컬로도 재탄생하였다(〈표 8〉 참조). 특히, 한류 붐을 일으킨 드라마를 뮤지컬로 만든다는 점에서 국내외의 관심을 모았던 〈대장금〉은 아시아 시장을 겨냥해 60억 원을 들여 만든 대형 뮤지컬이다. MBC의 TV 시트콤으로 큰 인기를 끌었던 〈안녕, 프란체스카〉도 뮤지컬로 부활했다. 한국의 뮤지컬이 다른 장르로 확장되는 사례는 찾아보기 어렵지만, 해외에서는 성공한 뮤지컬을 바탕으로 영화가 제작된 사례가 있다. 대표적인 브로드웨이 뮤지컬 〈오페라의 유령〉, 〈맘마미아〉 등은 영화로 리메이크되어 흥행에 성공했다.

드라마의 스토리는 영화로 제작되기도 한다. 특히, 미국은 먼저 드라마로 만들어 인기를 확인한 후 영화로 다시 만드는 경우가 많다(〈표 9〉 참조). 〈슈퍼맨〉의 경우는 드라마에서 영화로 다시 드라마(스몰빌)로 바뀐 특이한 사례이다. 〈엑스파일〉의 경우, 9년 동안 시즌제 드라마로 아홉 번 제작되어 미국 FOX-TV에서 방영되었다가 1997년에 영화로 만들어졌다.

〈표 9〉 드라마가 타 장르로 제작된 대표 사례

드라마의 영화화(미국 사례)	드라마의 뮤지컬화(국내 사례)
〈배트맨〉, 〈스파이더맨〉, 〈헐크〉, 〈원더우먼〉, 〈슈퍼맨〉, 〈맥가이버〉, 〈육백 만 불의 사나이〉, 〈스타스키와 허치〉, 〈엑스 파일〉, 〈섹스 앤 더 시티〉	〈대장금〉, 〈안녕, 프란체스카〉
	드라마의 영화화(일본 사례)
	〈기묘한 이야기〉, 〈춤추는 대수사선〉

출처: 이문행(2014, 59쪽)

　한편 우리나라의 경우 미국이나 일본에 비해 드라마가 영화로 제작되는 사례가 흔하지는 않았다. 드라마 〈올드미스 다이어리〉와 〈사랑과 전쟁〉 등이 영화로 제작된 바 있다. 두 영화는 모두 동명 드라마와 구성이 비슷하고 주인공이 동일하여, 드라마의 인기를 극장으로 연결하려는 의도를 엿볼 수 있다.

　비교적 사례가 드물기는 하나 영화가 드라마로 제작되기도 한다. 〈밴드 오브 브라더스〉는 스티븐 스필버그의 영화 〈라이언 일병 구하기〉를 기본으로 만든 드라마이다. 애니메이션 〈공각기동대〉 역시 영화로 처음 만들고 그 후에 드라마 시리즈로 만들어졌다. 또한 SF영화였던 〈스타게이트〉는 영화로 3편까지 제작되다가 4편부터 드라마로 바뀐 작품이다. 〈스타트렉〉과 〈인디아나 존스〉 시리즈도 영화가 만들어진 다음에 드라마로 만들어졌다. 〈트로이〉는 〈슈퍼맨〉의 경우와 반대로 처음에는 영화로 만들어졌다가 드라마로, 또다시 영화로 제작되었다.

　이처럼 동종 매체 또는 전혀 다른 매체와의 상호작용을 통해 콘텐츠가 공유되는 것은 규모의 경제가 잘 실현될 수 있는 미디어 상품의 속성에 기인한다고 할 수 있다. 또한 기존의 검증된 프로그램을 통한 안정적

성과와 함께 제작비용도 절감할 수 있다. Park, B. W. & Ahn, J. H.(2010)은 영화를 보고 만족한 관객들이 동명 드라마에 대해 긍정적인 시청 의사를 밝혔을 뿐 아니라 적극적인 구전 마케터 역할을 하고 있다고 주장했다. 즉, 미디어 간 스토리 이동은 기존 스토리의 성공에 대한 후광 효과로 재정적 위험을 최소화할 수 있을 뿐 아니라 소비층의 저변 확대를 통해 수익을 극대화할 수 있다(Jenkins, 2003).

(2) 크로스미디어 스토리텔링의 서사 분석

콘텐츠의 매체 전환이 모두 성공하는 것이 아니라 그 미디어의 특성과 수용환경에 맞게 전환되었을 때만 성공할 수 있다. 크로스미디어 스토리텔링에서 서사의 변화를 연구한 결과를 김미라(2015)가 정리한 내용과 그녀의 연구 결과를 아래에 제시한다. 성공한 만화 원작의 이종 미디어로의 재매개 과정을 연구한 김은영·김훈순(2012)에 의하면, 원작 만화 〈조선 여형사 다모〉가 정형화된 인물들을 중심으로 한 추리 서사인 데 반해, 폭넓은 수용자층을 목표로 하는 TV드라마와 영화에서는 공통으로 입체적 인물과 복잡한 관계 설정, 로맨스가 강화된 다중플롯 구성, 희극성이 강화되는 경향을 보였다. 또한 호흡이 긴 TV 드라마의 경우에 이야기가 확장되고, 짧은 시간 안에 서사가 종결돼야 하는 영화에서는 이야기가 압축되었다.

같은 맥락에서 만화 〈풀하우스〉와 〈궁〉을 중심으로 만화 원작의 TV 드라마 재매개 방식을 연구한 남승연(2007)은 다음을 강조했다; 만화는 인물과 이야기 구조가 정형화되어 있고 갈등 구조가 단순하여, 만화를 드라마로 전환하기 위해서는 현실성을 획득한 인물을 설정하고, 주요 갈등과 부수적 갈등이 적절히 얽히는 복잡한 갈등 구조를 만들어내야 한다. 한편 허영만 원작의 만화 〈식객〉이 영화로 전환되는 과정에서의 스토리텔링의 특징을 분석한 연구도 이루어졌는데, 영화에서는 에피소드가 대폭 압축되고, 선악의 이항 대립구조로 캐릭터 간의 갈등 구조가 강화되고 신파성과 코믹성이 강화된 것으로 나타났다(박승현·이윤진, 2009).

웹툰 〈이끼〉가 영화로 전환되는 스토리텔링을 연구한 바에 의하면, 웹툰에서는 미스터리한 사건이 계속되다 거의 결말에 가서야 모든 인물과 사건의 개연성이 밝혀지는 추리 서사를 유지하는 데 반해, 영화에서는 프롤로그를 통해 좀 더 친절하게 관객이 이해할 수 있는 스토리 구조로 변형되었다. 캐릭터 역시 영화라는 매체 특성에 맞게 선악의 대비가 극명한 형태로 단순화되는 차별성을 보였는데, 이러한 스토리텔링 전략이 영화 〈이끼〉의 성공 요인이라고 평가했다(한창완·홍난지, 2011). 채희상(2014)은 웹툰 〈은밀하게 위대하게〉의 출판 만화, 영화로의 매체 전환 과정에 대한 분석을 시도하였다. 그는 영화 〈이끼〉와 다르게 〈은밀하게 위대하게〉에서는 영화의 매체성을 고려하지 않고 세부 플롯 사건과 캐릭터 등을 설명하지 않아서 캐릭터에 대한 공감이 약화하여 흥행에 부정적으로 작용했다고 판단했다. 이수진(2007)도 웹툰을 재매개한 영화 〈다세포 소녀〉의 실패 요인 가운데 하나로 영화의 매체성을 고려하지 못하고 코믹한 일화들이 단순하게 나열되는 웹툰의 에피소드 플롯을 그대로 영화화한 것이라고 지적했다.

김미라(2015)는 웹툰 〈미생〉이 TV드라마로 재매개 되는 과정을 분석하였다. 그 결과 상대적으로 특정 대상층을 목표로 하는 웹툰 〈미생〉이 바둑의 기보를 바탕으로 종합상사 비정규직 계약사원을 중심으로 직장인의 삶과 애환을 담담하게 그려냈었지만, 더 폭넓은 시청자를 확보해야 하는 TV드라마에서는 사회적 이슈가 되는 '비정규직의 애환', '직장 내

성차별과 성희롱', '워킹맘의 애환' '신입 동기들 간의 로맨스' 등 대중적 서사를 강화한 '확장'전략을 사용하였다. 또 극적 재미를 위해 명확히 선악이 구분되는 인물 구도를 통한 갈등의 고조, 휴머니즘과 희극성의 강화를 드라마의 스토리텔링 전략으로 사용하였다.

4. 이야기의 변형과 확장

확장 가능성과 지속 가능성이 중요한 콘텐츠 IP 비즈니스에서 2000년 대 중반 이후 트랜스미디어 스토리텔링이 주목받고 있다. 콘텐츠 공급자 는 원천 콘텐츠의 스토리를 각 장르에 적합하도록 각색하는 데 그치지 않고, 스토리 등을 변환하여 이차적 콘텐츠를 제작함으로써 콘텐츠 IP를 지속해서 확장하고 있다. 한편 콘텐츠 소비자는 스마트폰의 등장으로 이차적 저작물을 보다 심도 있게 즐길 수 있게 되었다. 2007년에 출시된 아이폰과 2009년에 본격적으로 출시된 안드로이드폰이 널리 보급되면서 연결성, 확장성, 이동성이 구현되었다. 콘텐츠 향유자는 스마트폰이 가 져온 특장을 적극적으로 활용하여 개인별로 차별화된 체험을 창출할 수 있게 되었고 동시에 향유를 통한 텍스트 생산까지 가능해졌다.

1) 트랜스미디어 스토리텔링의 개념

트랜스미디어(Transmedia) 콘텐츠의 글자 그대로의 의미는 미디어를 넘나드는 융합 현상이나 미디어를 넘나드는 콘텐츠를 의미한다. 트랜스 미디어 스토리텔링은 원천 콘텐츠가 미디어를 넘나들 때 새로운 스토리 를 추가하거나 다른 내용의 스토리가 가미되는 것을 의미한다. 다시 말하면, 트랜스미디어 스토리텔링은 향유[19]를 지속하고, 강화하며, 확산하기 위하여 복수의 매체와 장르를 가로질러 세계관[20]을 확장적으로 구축해나가는 스토리텔링 전략 혹은 그러한 세계를 의미한다.[21] 트랜스미디어 스토리텔링을 OSMU와 다른 것으로 이해하는 경우도 있지만,[22] 이 책에서는 이를 OSMU의 장르 전환 방식의 하나로 이해하였다.

트랜스미디어 스토리텔링에서는 원천 콘텐츠의 세계관은 공유하되 기존 스토리와 구별되는 독특한 가치가 있는 스토리가 추가된다. 그리고 새롭게 만들어진 스토리는 원천 콘텐츠의 스토리를 몰라도 즐길 수 있도록 완성도가 있어야 한다. 트랜스미디어 스토리텔링의 대표적인 사례인 마블의 〈어벤져스 시리즈〉에는 각기 다른 캐릭터들의 고유한 이야기가 존재하지만, 개별 시리즈를 모두 보지 않더라도 어벤져스 영화 자체를 이해할 수 있다.

트랜스미디어 스토리텔링은 향유자의 관점에서는 보면 가치 있는 즐거운 체험이 지속되고 활성화되는 것을 의미하고, 생산자의 관점에서는 보면 콘텐츠 IP에 대한 정서적 애착을 유발하여 콘텐츠에 대한 충성도를 확보함으로써 수익을 지속해서 창출할 수 있는 것을 의미한다.[23] 트랜스미디어 스토리텔링 방식으로 만들어진 콘텐츠가 트랜스미디어 콘텐츠이다. 트랜스미디어 콘텐츠는 원천 이야기와 다른 관점과 배경을 소비자들이 경험하도록 각 매체의 독특한 속성에 적합하게 만들어져야 한다.

트랜스미디어 스토리텔링의 유형은 몇 가지 형태로 고정되는 것이 아니라 콘텐츠 IP 확장의 목적과 지향에 따라서 다양한 형태와 층위를 가지면서 지속해서 새로운 유형이 개발되어 사용된다. 지금까지 사용한 트랜스미디어 스토리텔링의 대표적으로 유형을 6가지를 들 수 있다. ① 거시 서사를 전제로 프리퀄(Prequel), 시퀄(Sequel)의 발표를 뒤섞거나 그 사이사이에 다른 장르나 팬덤 텍스트(Fandom Text)의 확장적 개입을 허용함으로써 트랜스미디어 세계관을 구축하고(〈스타워즈〉의 예), ② 독립적인 텍스트가 필요에 따라 텍스트, 장르, 플랫폼의 경계를 허물고 이합집산하거나(〈어벤져스〉의 예), ③ 창작 및 발표 시기의 갭을 극복하려고 일부러 다른 장르의 텍스트를 창작하거나 펜덤 텍스트를 활성화하여 담론을 확장해 가거나(〈매트릭스〉의 예), ④ 드라마와 영화 등의 장르가 대체현실게임(Alternate Reality Game)과 결합하여 프로모션하거나 상호 서사를 보완하거나(〈로스트〉, 〈AI〉, 〈다크 나이트〉, 〈마리카에 관한 진실〉 등의 예), ⑤ 향유자의 적극적인 참여를 전제로 한 인지-경험-첨부의 체험을 통해 대체현실게임을 활용하여 독립적인 프로모션 텍스트를 구성해 가는 사례(〈Decode Jay-Z with Bing〉, 〈The Art of the Heist〉의 예)에서 보듯이 끊임없이 구축/증식/확장하는 역동적인 장(場)을 지속해서 구현한다. 그 외에도 최근 다양하게 시도되고 있는 〈놀면 뭐하니?〉의 부캐릭터 활용, 지상파와 케이블 그리고 1인 미디어를 가로지르며 구축하는 백종원 세계관[24] 등도 있다.[25]

2) 트랜스미디어 스토리텔링 사례

(1) 해외 사례

현재 트랜스미디어 콘텐츠는 영화, 드라마, 웹툰, 웹소설, 애니메이션, 그리고 예능 프로그램에 이르기까지 여러 영역을 가로지르며 제작되고 있다. 〈배트맨〉은 1939년에 만화로 세상에 나왔고, 이후에 배트맨 IP를 이용한 셀 수 없을 정도로 만화가 그려졌고, 수십 개의 영화와 드라마로 발전하였으며, 십여 개의 애니메이션과 게임으로 제작되었다. 1980년 이후 꾸준히 제작되고 있는 〈트랜스포머〉, 1987년 이후의 〈심슨가족〉,

그리고 1999년부터 지속되고 있는 〈매트릭스〉 등은 트랜스미디어 콘텐츠라는 용어가 나오기 전부터 다수의 크로스미디어와 트랜스미디어 작품으로 만들어졌다.[26]

디즈니는 다양한 콘텐츠 IP를 확보하고 있고, 콘텐츠 IP의 부가가치와 잠재적인 가치에 이르기까지 충분히 알고 있고, 무엇보다 그것을 효과적으로 활용할 수 있는 노하우를 오랜 경험으로 확보하고 있다. 디즈니는 애니메이션 원작의 인기 IP를 오랜 시간에 걸쳐 뮤지컬, 아이스쇼, 캐릭터 상품, 테마파크 등으로 세계관을 구현하였고, 1990년 이후 자사의 IP를 실사 영화로 제작하여 콘텐츠 IP의 세계관을 지속-강화-확장하였

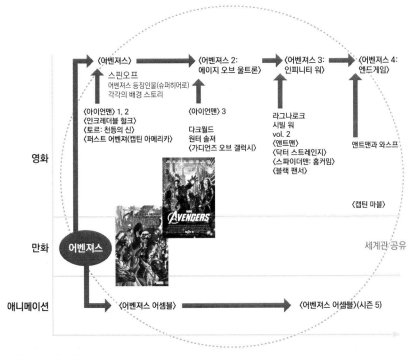

출처: 한국콘텐츠진흥원(2021)

〈그림 10〉 〈어벤져스〉의 장르 전환과 트랜스미디어 전략

다. 2009년에 마블을 42억 달러에 인수하면서 마블의 5,000여 개 캐릭터를 확보한 디즈니는 20여 편의 만화 원작과 23편의 영화 그리고 12종의 드라마를 통해 MCU를 구축하였다. MCU는 지금까지 놀라운 성과를 거두었고, 2022년 현재에도 작품이 개봉되고 있고 2002년 이후 3년간 개봉될 작품 목록을 제시하고 있다.[27]

한국콘텐츠진흥원(2021)이 〈어벤져스〉, 〈주홍색 연구〉, 〈공각기동대〉의 트랜스미디어 스토리텔링을 도해한 결과를 보자. 〈어벤져스〉는 전 우주의 인구를 반으로 줄이려는 공적 타노스에 맞서 싸우는 슈퍼히어로들의 연합에 관한 이야기이다. 〈어벤져스〉 시리즈는 물론 이야기에 등장하는 슈퍼히어로들에 관한 스핀오프 시리즈까지 모두 이러한 세계관을 공유한다.

〈주홍색 연구〉는 4편의 장편과 56편의 단편이라는 방대한 분량의 소

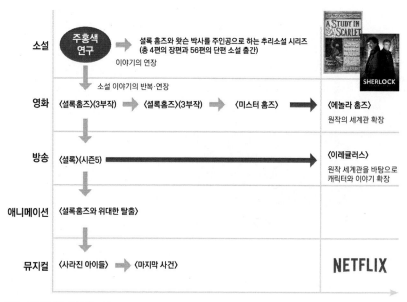

〈그림 11〉 〈주홍색 연구〉의 장르 전환과 트랜스미디어 전략

설을 기반으로 영화 〈셜록 홈즈〉를 포함한 타 장르 콘텐츠에서도 소설 이야기를 반복·연장한다. 최근에는 원작의 세계관을 확장하는 스핀오프 영화 〈에놀라 홈즈〉와 원작의 세계관을 바탕으로 캐릭터와 이야기를 확장한 드라마 〈이레귤러스〉가 넷플릭스를 통해 서비스되고 있다.

〈공각기동대〉의 경우에 1991년 본편의 만화 연재가 끝난 후 본 편의 시퀄인 〈공각기동대 2〉와 본편에서 다루지 않은 4개의 사건을 다룬 스핀 오프 〈공각기동대 1.5〉가 1997년까지 연재되었다. 2012년부터는 본편의 프리퀄인 〈홍각의 판도라〉가 현재까지 연재 중이다. 한편, 스핀오프 작품인 〈공각기동대 1.5〉는 2019년 〈공각기동대: 휴먼 알고리즘〉이라는 시퀄로도 확대되었다. 원작 만화 스토리의 끊임없는 확장은 IP 수명이 30년 가까이 지속되는 원동력으로 작용했으며, TV애니메이션, 장편 애니메이션, 영화 등의 타 장르로 확대되어 트랜스미디어 스토리텔링의 과정을 잘 보여주었다. 또한 최근 할리우드에서 실사 영화 〈공각기동대〉가 제작된 이후 2019년 시퀄 만화 출간, 2020년 TV애니메이션의 넷플릭

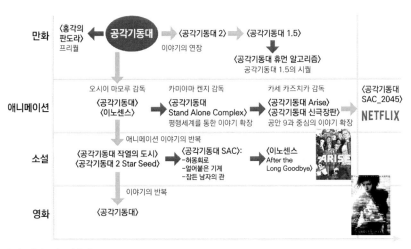

출처: 한국콘텐츠진흥원(2021)

〈그림 12〉 〈공각기동대〉의 장르 전환과 트랜스미디어 전략

스 진출 등을 통해 더욱 대중적인 인기를 얻고 있다.

일반적으로 이야기의 본편에 해당하는 콘텐츠가 성공을 거두면 본편의 캐릭터와 스토리를 확장해 후속작을 제작한다. 이러한 시퀄은 주로 원작 스토리가 끝나는 시점 이후로 이야기가 이어지며, 〈워킹 데드〉와 같이 그 시리즈가 10개를 넘는 경우도 있지만 일반적으로는 5개를 넘지 않는다. 이는 등장인물과 그들을 둘러싸고 있는 시공간적 배경이 이야기 확장에 제한이 되기 때문이다. 그러나 프리퀄, 스핀오프, 리부트 등 다양한 확산 전략을 활용하면 이러한 제한을 극복하고 이야기를 더욱 광범위하고 심도 있게 확대할 수 있다.[28]

(2) 국내 사례

국내에서도 트랜스미디어 스토리텔링이 전개되면서, 콘텐츠 IP 중심의 트랜스미디어 세계관을 구축하려는 시도가 다양하게 이루어지고 있다. 먼저 웹툰과 관련된 트랜스미디어 스토리텔링의 사례를 보자. OCN의 드라마 IP를 기반으로 웹툰 〈오리지널 씬〉을 제작하였다. OCN은 장르물 드라마를 시즌제로 제작하고 오랫동안 제작하고 있었는데, 웹툰 〈오리지널 씬〉에서 이러한 OCN 드라마의 특장을 살리면서 새로운 서사로 세계관을 확장하였다. 웹툰 제작사 와이랩(YLAB)은 히어로물 웹툰 IP를 이용한 웹툰 유니버스인 '슈퍼스트링(Super String)'을 구축하여 이를 기반으로 새로운 웹툰을 창작하고 있다.[29][30]

한국콘텐츠진흥원(2021)이 〈미생〉, 〈서울역〉, 〈지옥〉, 〈강철비〉의 트랜스미디어 스토리텔링을 도해한 결과를 보자. 〈미생〉은 장르를 전환하면서 이야기를 확장하는 트랜스미디어 스토리텔링 전략을 구사했다. 드라마 〈미생〉은 원작의 실사화에 초점을 맞추었고, 영화 〈미생: 프리퀄〉

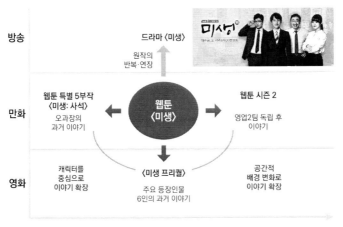

출처: 한국콘텐츠진흥원(2021)

〈그림 13〉〈미생〉의 장르 전환과 트랜스미디어 스토리텔링

과 웹툰 〈미생: 사석〉으로 주요 캐릭터의 과거 이야기를 보여줌으로써 전체적으로 이야기를 확장했다.

애니메이션 〈서울역〉은 세계관을 공유하면서 새로운 이야기로 확장

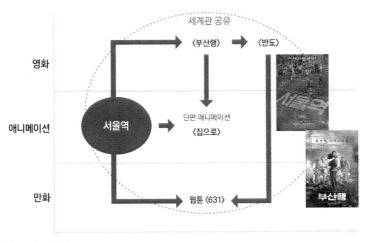

출처: 한국콘텐츠진흥원(2021)

〈그림 14〉〈서울역〉의 장르 전환과 트랜스미디어 스토리텔링

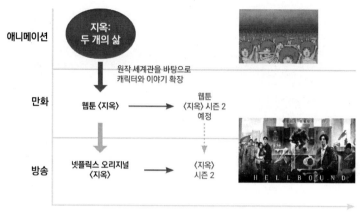

출처: 한국콘텐츠진흥원(2021)

〈그림 15〉 〈지옥〉의 장르 전환과 트랜스미디어 스토리텔링

하는 트랜스미디어 스토리텔링을 보여준다. 〈서울역〉-〈부산행〉-〈반도〉는 하나의 세계관으로 묶여 있고 감독이 같다는 공통점이 있지만, 등장인물과 시공간적 배경, 주제가 다른 별개의 작품이다.

30분 분량의 단편 애니메이션 〈지옥: 두 개의 삶〉을 웹툰으로 제작하면서 이야기의 세계관을 확장하였고, 이를 기반으로 드라마를 제작하였다. '천사의 고지', '사자의 심판'은 이야기를 관통하는 핵심 요소이며 새로운 인물과 사건, 배경을 도입해 원작에서 확장된 서사구조를 만들어 냈다.

〈강철비〉는 웹툰과 영화, 두 장르를 오가며 이야기를 발전시키고 IP의 라이프 사이클을 확장한 사례로, 약 10년 동안 총 3편의 〈스틸레인〉 웹툰 시리즈와 2편의 〈강철비〉 영화 시리즈를 선보였다.

게임과 음악 분야에서도 트랜스미디어 스토리텔링 전략을 적극적으로 활용하고 있다. 게임이나 아이돌 IP를 기반으로 하는 이야기 콘텐츠는 1차적으로 원천 콘텐츠의 홍보·마케팅 목적을 가지며 원천 IP의 세계관

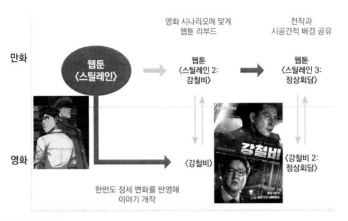

출처: 한국콘텐츠진흥원(2021)

〈그림 16〉〈스틸레인〉의 장르 전환과 트랜스미디어 스토리텔링

을 확장하고 팬덤의 충성도를 강화하는 수단으로 활용된다. 더 나아가 IP 다각화는 IP의 이미지와 정체성을 강화하는 브랜드 관리 전략이기도 하다. 게임 IP의 트랜스미디어는 게임으로 확장하는 경우와 게임 이외의 미디어로 확장하는 경우로 나눌 수 있다. 게임 IP는 후속 게임 개발, 플랫폼 전환 등으로 다른 게임으로 확장할 수 있다. 그리고 게임 IP를 만화, 소설, 드라마, 애니메이션 등으로 제작하여 IP의 활용 범위를 넓히고 게임의 세계관을 확장한다.[31]

음악 분야에서는 아이돌 IP의 다각화 전략이 두드러진다. 아이돌 IP는 음원, 공식 홈페이지, 소셜미디어, 티저 영상, 뮤직비디오, 콘서트, 게임, 앨범 자켓, 굿즈(goods) 등 복수의 미디어로 다각화되는데 이 같은 현상은 아이돌에 부여된 고유한 세계관, 즉 스토리 월드를 기반으로 한다. 특히, 새 앨범의 컨셉을 설정할 때와 홍보 전략을 수립할 때 트랜스미디어 기법을 활용하고 있다.[32] SM엔터테인먼트와 방탄소년단이 트랜스미디어 스토리텔링을 효과적으로 사용하고 있다.[33]

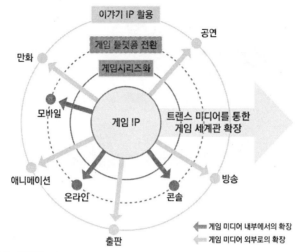

출처: 한국콘텐츠진흥원(2021)

〈그림 17〉 게임 IP의 트랜스미디어 전략

또한, 캐릭터 IP를 활용하여 멀티 페르소나(persona)를 구축하여 트랜스미디어 세계관을 구현하는 사례도 있다. 캐릭터를 브랜드화하고, 해당 캐릭터의 페르소나를 다양화하여 다른 콘텐츠와 접촉하고 연계하여 향유자의 공감과 지지를 유도하고 있다. 대표적인 사례로 백종원이 구현하고 있는 트랜스미디어 스토리 월드와 부캐릭터를 중심으로 하는 구축을 시도하고 있는 펭수, 유산슬, 다비 이모 등도 있다.[34]

요약

이야기를 확장하는 경우에 장르를 변경하는 경우와 그렇지 않은 경우가 있다. 동일한 장르 내에서 이야기를 확장 방식에는 '리메이크', '시리즈화' 그리고 '하이콘셉트 이용'이 있다. '리메이크'는 전체적인 줄거리나 제목 등은 그대로 사용하는 방식으로, 원작을 충실하게 따르면서 시대의 변화나 배경(국가 등)의 변화에 맞추어 재해석하여 제작하는 것을 말한다. 시리즈화는 원천 콘텐츠를 동일 장르 내에서 스토리와 구성의 변화를 주어 이차적 저작물을 제작한 것을 말한다. 시리즈로 이야기를 확장하는 유형에는 시퀄(후사), 프리퀄(전사), 스핀오프, 리부트 등이 있다.

시퀄에서는 주로 원작 스토리가 끝나는 시점 이후로 이야기가 이어지게 된다. 프리퀄은 이야기가 본편보다 과거 시점으로 돌아가 원작 스토리에 당위성과 개연성을 제공하는 형태이다. 스핀오프는 등장인물의 캐릭터를 부각하고 배경 스토리를 확장함으로써 새로운 이야기로 확장하는 형태이다. 리부트는 원작 시리즈의 연속성을 버리고 작품의 주요 플롯이나 등장인물만 빌려 새로운 시리즈로 다시 시작하는 형태이다. '하이 콘셉트'는 한두 문장으로 요약할 수 있는 명확한 아이디어를 의미한다.

콘텐츠의 장르를 변경하는 경우에 먼저 거점 콘텐츠로 장르를 변경한다. 거점 콘텐츠화는 원작의 장르보다 파급력이 높은 장르로 이차적 저작물을 제작해 IP의 파급력을 높이고 부가가치를 극대화하는 것이다. 거점 콘텐츠는 원천 콘텐츠에 비해 다수 대중에게 노출될 수 있는 드라마, 영화, 애니메이션, 게임 등과 같은 장르를 선택하게 된다. 사례를 보아도 2차 저작물로 많이 제작되는 장르는 방송, 영화, 애니메이션과 같은 영상물이 많다. 원천 콘텐츠가 파급력이 높은 영화나 드라마인 경우에는 장르를 변경하기보다는 동일한 장르내에서 확장되는 경우가 많다.

콘텐츠의 장르를 변경할 때 각 장르에 적합하도록 각색하는 경우도 있고 그렇지 않고 스토리 등을 변화하는 경우도 있다. 전자를 크로스미디어 스토리텔링이라고 하고, 후자를 트랜스미디어 스토리텔링이라고 부른다. 트랜스미디어 스토리텔링에서는 원천 콘텐츠의 세계관은 공유하되 기존 스토리와 구별되는 독특한 가치가 있는 스토리가 추가된다. 그리고 새롭게 만들어진 스토리는 원천 콘텐츠의 스토리를 몰라도 즐길 수 있도록 완성도가 있어야 한다. 트랜스미디어 스토리텔링은 향유자의 관점에서는 보면 가치 있는 즐거운 체험이 지속되고 활성화되는 것을 의미하고, 생산자의 관점에서는 보면 콘텐츠 IP에 대한 정서적 애착을 유발하여 콘텐츠에 대한 충성도를 확보함으로써 수익을 지속해서 창출할 수 있는 것을 의미한다.

註

1) 한국콘텐츠진흥원(2021, 161쪽)

2) 서성은(2014)을 재구성함

3) 크로스미디어 스토리텔링과 트랜스미디어 스토리텔링에 대해서는 4장에서 보다 자세히 다룬다.

4) 한국콘텐츠진흥원(2021)

5) 한국콘텐츠진흥원(2021, 156쪽)

6) 하이 콘셉트 영화란 "영화 제작 비용의 최소화와 흥행 수입 극대화를 통한 이윤 창출을 목표로 하는 할리우드에서 경제학(수익성)과 미학 사이에서 발생하는 긴장의 결과"로 스티븐 스필버그 감독의 1975년 작 〈죠스〉가 이러한 하이 콘셉트 영화의 효시로 꼽힌다. 국내에서도 기획 영화라는 말로 하이 콘셉트 영화가 제작되고 있는데 1992년 〈결혼 이야기〉를 그 시초로 본다.

7) 한국콘텐츠진흥원(2021, 29쪽)

8) 한국콘텐츠진흥원(2021, 29쪽)

9) 한국콘텐츠진흥원(2021)

10) 박기수(2010, 15~16쪽)

11) 한국콘텐츠진흥원(2021, 97쪽)

12) 분석에 포함된 국내 원천 콘텐츠 100개는 다음과 같다. (출판 만화+웹툰) 1 미생 2 치즈인더트랩 3 이태원 클라쓰 4 경이로운 소문 5 나빌레라 6 유미의 세포들 7 은밀하게 위대하게 8 스틸레인 9 신과 함께 10 안녕 자두야 11 반지의 얼렁뚱땅 비밀일기 12 신의 탑 13 갓오브하이스쿨 14 기기괴괴 15 노블레스 16 마음의 소리 17 좋아하면 울리는 18 놓지마 정신줄 19 스위트홈 20 아일랜드 21 마법천자문 22 정글에서 살아남기 23 D.P. 개의 날 (출판) 24 사내맞선 25 재혼황후 26 전지적 독자 시점 27 구르미 그린 달빛 28 김비서가 왜 그럴까 29 완득이 30 터널－우리는 얼굴없는 살인자였다 31 구름빵 32 엄마 까투리 33 보건교사 안은영 34 그래서 나는 안티팬과 결혼했다 35 마녀식당으로 오세요 36 달빛조각사 37 모든 순간이 너였다 38 해를 품은 달 39 선배 그 립스틱 바르지 마요 40 살인자의 기억법 (방송) 41 W 42 도깨비 43 품위있는 그녀 44 미스터션샤인 45 사이코지만 괜찮아 46 응답하라 1997 47 신의 퀴즈 48 낭만닥터 김사부 49 비밀의 숲 50 펜트하우스 51 보이스 52 슬기로운 감빵생활 53 나쁜 녀석들 54 또! 오해영 (영화) 55 수상한 그녀 56 조선명탐정: 각시투구꽃의 비밀 57 블라인드 58 과속스캔들 59 숨바꼭질 60 써니61 관상 62 신의 한 수: 사활 편 63 베테랑 64 님아, 그 강을 건너지 마오

65 너의 결혼식 (애니메이션) 6 신비아파트 67 서울역 68 로보카폴리 69 최강전사 미니특공대 70 터닝메카드 71 레이디버그 72 넛잠: 땅콩 도둑들 73 다이노코어 74 헬로카봇 75 유후와 친구들 76 라바 77 지오: 두개의 삶 (OTT 영상) 78 승리호 79 전지적 짝사랑 시점 80 오피스워치 81 킹덤 (공연) 82 김종욱 찾기 83 형제는 용감했다 84 로기수 85 영웅 86 도둑맞은 책 (게임) 87 뮤 온라인 88 미르의 전설 89 서머너즈 워: 천공의 아레나 90 블레이드앤소울 91 엘소드 92 던전앤파이터 93 세븐나이츠 94 일진에게 찍혔을 때 95 크로스파이어 (음악) 96 I.O.I 97 BTS (캐릭터) 98 캐니멀 99 몰랑이 100 핑크퐁

13) 분석에 포함된 해외 원천 콘텐츠는 다음과 같다. 〈워킹 데드〉, 〈왕좌의 게임〉, 〈어벤져스〉, 〈배트맨 대 슈퍼맨: 저스티스의 시작〉, 〈헝거 게임: 판엠의 불꽃〉, 〈 워크래프트: 전쟁의 서막〉, 〈셜록〉, 〈영화 반지의 제왕: 반지 원정대〉, 〈손더쉽〉, 〈레 미제라블〉, 〈설국열차〉, 〈슈퍼 소닉〉, 〈명탐정 피카츄〉, 〈공각기동대〉, 〈바람의 검심〉, 〈드래곤볼 Z〉, 〈나루토.〉, 〈우리 오빠 좀 데려가〉, 〈10만 개의 농담〉, 〈반교: 디텐션〉

14) 한국콘텐츠진흥원(2021)을 정리하면서 일부 내용을 추가하였음

15) 오디오 드라마, OST, 보이스 웹툰 등은 장르 수 산정할 때 제외함

16) 이문행(2014)을 풀어서 작성함

17) 한국콘텐츠진흥원(2021, 91쪽)을 정리함

18) 한국콘텐츠진흥원(2021, 93쪽)

19) 여기서 말하는 향유는 자발성, 개방성, 수행성의 즐거움에서 출발하는 참여적 수행으로 읽고-생각하고-생각을 나누고-덧붙여 쓰고-다시 쓰는 일련의 과정뿐만 아니라 텍스트를 매개로 자발적이고 개방적인 수행(performance)을 전제로 즐거움을 창출해내는 모든 행위를 의미한다. 향유의 시각으로 보면, 텍스트는 완결된 의미의 보존소가 아니라 자유로운 체험의 장이고, 체험화 과정을 통해 의미가 지속해서 확장될 수 있다.

20) 트랜스미디어 세계관은 트랜스미디어 스토리텔링의 전개 과정을 통해 지속해서 구축/증식하는 스토리 세계를 말한다.

21) 박기수(2006)

22) 이 경우에 OSMU는 매체가 달라져도 내용의 변화가 없는 것으로 이해하고 있다.

23) 박기수(2021a, 45쪽)

24) 백종원은 2010년 이후 다양한 포맷의 프로그램과 미디어를 통해 다채로운 캐릭터를 창출함으로써 요리 전문가(한식대첩2·3, 마이리틀텔레비전, 집밥 백선생1·2·3), 요식 사업가(골목식당, 푸드트럭), 미식가(백종원의 3대천왕, 스트리트 푸드 파이터), 공익사업가(맛남의 광장, 골목식당), 요리 유튜버(백종원의 요리 비책)의 독립적인 캐릭터를 창출하면서 동시에 백종원이라는 브랜드로 연계하여 융합함으로써 차별적 가치를 창출하고 있다.

25) 박기수(2021a, 48쪽)

26) 김희경(2020)

27) 박기수(2021a, 50쪽)를 인용하면서 가필함

28) 한국콘텐츠진흥원(2021)

29) 박기수(2021a, 51쪽)를 풀어서 작성함

30) 〈오리지널 씬〉과 슈퍼스트링은 6장 4절에서 자세히 다룬다.

31) 한국콘텐츠진흥원(2021)

32) 한국콘텐츠진흥원(2021)

33) 방탄소년단의 전략은 6장 4절과 8장 2절에서, SM엔터테인먼트의 전략은 8장 2절에서 추가로 다루었다.

34) 박기수(2021a, 51쪽)

제4장 지식재산권을 이용한
상품의 제작과 캐릭터의 활용 방법

1. 상품화와 라이선싱 방법

1) 상품화의 의미와 트렌드

IP 활용 전략의 대표적인 전략이 바로 상품화하는 것이다. 애니메이션, 만화, 웹툰, 영화 등의 콘텐츠 IP에 담긴 이미지와 스토리를 상품화할 수 있다. 그리고 이 콘텐츠 IP에 기반을 둔 캐릭터를 개발하여 이를 상품화하기도 한다. 캐릭터를 개발하여 상품화한 예로 〈헬로키티〉나 라인프렌즈나 카카오프렌즈의 이모티콘 캐릭터가 있다. 또한 BTS의 〈BT21〉처럼 유명인 IP를 캐릭터화하여 사업모델을 확장하거나, 〈펭수〉와 같이 캐릭터와 셀러브리티가 연결된 유형도 있다. 그 외에도 〈곰표〉와 같은 식료품의 브랜드 상표를 비롯해, 오래되었으나 사람들의 가슴속에 남아 있는 옛 콘텐츠(예 〈태권브이〉), 본래 원천 콘텐츠가 아니었으나 밈(Meme) 문화에 의해 파생된 문화적 코드를 상징하는 캐릭터 등 다양한 것들이 원천 콘텐츠 IP가 되어 다른 상품과 연결될 수 있다.

콘텐츠 IP의 활용에 있어서 라이선싱과 상품화를 통한 부가 사업은 수익성의 극대화를 위한 중요한 전략이다. 또한 상품화를 통해서 콘텐츠 자체의 버즈(buzz)가 확산하는 홍보 효과가 나타나기도 한다. 2021년 가을에 〈오징어 게임〉이 성공한 이후에, 모든 IP 권리를 넘겨주는 계약에 대해 가장 많은 한국인이 아쉬워한 이유는 다양한 굿즈를 통한 수익을 한국의 제작사가 놓쳤기 때문이다. 〈오징어 게임〉은 많은 독창적인 시각 요소로 주목받았고, 이러한 요소가 다양한 방식으로 상품화되었다. 특히 핼러윈 기간과 겹치며 관련 상품들의 판매가 세계 시장에서 활발하게 이루어졌다.

한국에서 콘텐츠 IP를 활용한 라이선싱은 주로 영유아 중심의 완구 시장에서 이루어졌지만, 2000년대에 들어서면서 다양한 세대에게 소구할 수 있는 영역으로 상품군이 확장되고 있다. 과거보다 대중적인 브랜드 소비가 줄어들고 개별적인 취향과 정체성을 드러낼 수 있는 브랜드에 대한 소비가 늘어나는 환경에서 콘텐츠 IP를 활용한 상품들은 팬덤에게 중요한 가치를 갖는 새로운 '브랜드'로서 부상하였다.[1)]

최근에는 IP를 보유한 콘텐츠 기업이 의류업계와 협업하는 사례가 증가하고 있다. 제품 차별화가 어려운 의류업계는 팬덤을 보유한 IP를 활용하고 소비를 촉진하고 고객의 관심을 유도할 수 있다. 캐쥬얼 의류를 유통하는 '스파오'가 IP를 활용하는 콜라보레이션을 가장 활발하게 진행하고 있다. 게임회사 '넥슨'과 패션기업 '슬로우애시드'는 게임 〈카트라이더〉 IP를 재해석하여 제작한 의류와 모자를 판매하였다.

이처럼 IP를 기반으로 컬래버레이션 할수록 스토리와 트래픽이 여러 개 만들어지며, 브랜드 가치가 상승한다. 이와 같은 후방효과의 시너지가 발생하는 경로를 보자. IP의 컬래버레이션을 거듭하면, 스토리가 다양화되고, 트래픽이 생성되어 빅데이터가 만들어져서 IP의 브랜드 가치가 상승한다. 컬래버레이션의 트래픽을 빅데이터 분석하여 다양한 비즈니스 모델이 만들어질 수 있고, 이에 따라 투자 의욕이 활성화될 수 있다. 그 결과 기존 IP의 가치가 더욱 커지고, 재투자와 재소비의 가능성이 확장되어 융합된 시너지가 발생할 수 있다[2].

2) 라이선싱의 의미

콘텐츠 IP와 관련하여 대표적인 수익 모델 중 하나는 라이선싱(Licensing)이다. 지식재산권을 사용할 수 있는 권리는 라이선스(License)이고, '라이선싱(licensing)'은 저작권과 상표권에 근거하여 타 기업에 콘텐츠나 연계 상품을 생산 및 유통하게 할 수 있도록 허락하는 행위이며, 라이선서(Licensor)는 지식재산권을 소유자로서 권리사용을 허락하는 자이고, 라이선시(Licensee)는 제한적인 사용 권리를 양도받은 자이다.

저작물의 사용자(라이선시)는 저작물의 재산권을 제품화, 서비스, 홍보 행위 등에 활용할 수 있도록 권리를 위임받게 된다. 라이선스 비즈니스는 상품화할 수 있는 권리를 거래하는 것이다. 상품화 권리(머천다이징 권리)는 문화콘텐츠에서 고객을 유인할 수 있는 형상, 초상, 이름 등을 사용할 수 있는 권리를 말한다. 대상 캐릭터는 TV, 라디오, 영화, 게임, 만화, 소설 등에 등장하는 실제 혹은 가공의 인물이나 동물, 스포츠나 음악, 연극, 연예 등에 관한 인물 등 폭넓은 범위가 대상이 된다.

법적으로 상품화라는 권리가 있는 것은 아니고, 디자인과 네이밍 등이 관련되는 경우가 많아서 저작권법, 의장법, 상표법 및 부정 경쟁 방지법,

민법 등의 법률로 보호된다. 예를 들어, 만화 캐릭터를 빵 과자에 사용하면 상표권, 인형에 사용하는 경우 의장권 등 상품화하는 국면에 의해 관련된 권리에 차이가 있다.[3] 상품화권자(라이선시)는 주로 의류, 문구, 완구, 화장품 등 다양한 산업 분야에 속해 있다. 브랜드에 대한 라이선싱 행위를 의미하는 프랜차이즈는 '본사가 가맹점에게 자기의 상표, 상호, 휘장 등을 사용하여 자기와 동일한 이미지로 상품을 판매, 용역을 제공하는 등의 영역 활동하도록 허가하고, 이러한 계약의 대가로 일정한 경제적 이익을 지급받는 계속적인 거래 관계'로 정의된다.

콘텐츠 비즈니스에서 IP 라이선싱이 주목받는 이유는 지식재산권을 여러 번 이용하여도 비용이 추가로 들지 않으므로 규모의 경제나 범위의 경제가 작동하기 때문이다. 지식재산권은 한 번 사용한다고 해서 가치가 소멸하지 않는 비경합성을 가지고 있고, 오히려 사용할수록 가치가 증대되는 독특한 특성을 보유하고 있다. 또한 불확실성이 매우 높은 콘텐츠 시장에서 인기 있는 콘텐츠 IP를 확보한 사업자는 잠재적 경쟁자보다 우위를 가질 수 있고 한시적으로 독점적 지위를 확보하여 시장의 선도자가 될 수 있는 기회가 제공된다.[4]

라이선싱의 과정이 원활하게 이루어지기 위해 라이선서와 라이선시의 업무를 도와주는 라이선싱 에이전트(Licensing Agent)[5]와 라이선싱 컨설턴트(Licensing Consultant)가 있다. 라이선싱 에이전트는 라이선서를 대행하여 지적재산을 홍보하고 관리하는 업무를 하며, 라이선싱 컨설턴트는 라이선시를 위하여 산업의 동향 분석과 관련 지적재산의 유용성과 가치 등을 제공하는 업무를 하지만, 확실한 역할을 구분하지 않고 종합적인 라이선싱 업무를 추진하는 경우가 많다. 국내에서는 저작권이나 상표권등록 및 디자인등록과 같은 IP 등록 업무를 진행할 때나 라이선싱 계약을 진행할 때 관련 전문 변호사나 변리사와 같은 법률서비스의 도움

을 받는 경우가 많다.[6]

라이선싱 중에서 특히 캐릭터 라이선싱은 캐릭터 저작물의 사용 허락과 관련된 사업으로서 캐릭터의 이미지, 영상, 디자인, 로고, 저작권 등을 상품이나 서비스 또는 홍보에 활용할 수 있도록 제삼자에게 허가 또는 위임하고 그 대가로서 저작권료(로열티)를 받는 행위를 의미한다. 애니메이션, 영화, 게임, 이모티콘처럼 다양한 분야의 콘텐츠에 등장하는 캐릭터들이 특정 상품의 매출을 증대시키거나, 캐릭터 IP가 창출하는 감성을 기업이나 상품에 부여하려는 목적에서 활용되고 있다.[7]

라이선싱 비즈니스와 캐릭터산업은 매우 밀접한 관계를 맺고 있다. 실제로 어떤 사람은 라이선싱 비즈니스와 캐릭터산업을 동일한 개념으로 인식하고 있기도 할 정도이다. 캐릭터는 "특정한 관념이나 심상을 전달할 목적으로 의인화나 우화적인 방법을 통해 시각적으로 형상화하고 고유의 성격 또는 개성이 부여된 가상의 사회적 행위 주체"이다.[8] 캐릭터는 만화, 애니메이션, 게임, 영화, 드라마 등에 등장하는 주인공들을 형상화한 이미지라고 볼 수 있다. 이 등장인물이 사람, 동물, 식물, 로봇, 외계인 등의 형태로 나타나며 때로는 그 형태가 사람과 동물의 복합체 또는 현실적으로 존재할 수 없는 상상의 형태로 표현되기도 한다.

여기서 캐릭터와 브랜드의 차이점을 보자. 먼저 브랜드는 추상적이며 포괄적인 개념이다. 브랜드는 제품이나 서비스 및 아이디어의 질, 기업의 사회 공헌, 광고 및 디자인 센스, 캐릭터의 행동거지 등에서 자아내는 공기와 같은 것이다. 반면 캐릭터는 브랜드를 구성하는 한 요소에 불과하다. 당연히, 브랜드는 "고급품" 또는 "선진적" 등 형용사로밖에 말할 수 없는 반면, 캐릭터는 색깔과 모양을 갖춘 구체적인 인형으로 제시할 수 있다. 둘째로, 브랜드는 상표의 형식을 취하고, 사람의 소지품에 자랑스럽게 각인될 수는 있어도, 브랜드 자체가 단독으로 판매되는 것은 아니다. 반면 캐릭터는 그 자체가 소비되는 목적, 즉 상품이 될 수 있다.

  셋째로, 브랜드가 기업의 기술력과 제품의 신뢰성 등 능력의 상징이지만 캐릭터는 매력의 상징이다. 매력이란 단점이나 약점도 포함한 종합적인 힘이다. 완전무결한 사람이 반드시 매력적인 인물인 것은 아니며, 반대로 약점이나 부족한 곳이 있는 사람이 존경받기도 한다. 이러한 인간적인 폭의 넓이 같은 것이 기업과 상품의 개성에 요구되는 것이다. 사람의 마음을 누그러뜨리는 "얼간이 느낌"이나 "친근감"이라고 하는 개성은 캐릭터에서만이 구현할 수 있다. 예를 들면 "디즈니" 그 자체가 브랜드이고, 이 디즈니 브랜드는 디즈니의 이미지와 상품의 가치, 서비스의 신뢰성을 상징하고 있다. 〈미키마우스〉와 〈미니 마우스〉, 〈더피〉 등은 캐릭터이다. 이 캐릭터에 디즈니 브랜드가 부여되고, 신뢰할 수 있는 인형, 문구 등의 캐릭터 상품이 되어 있다.[9]

3) 캐릭터의 기능

  캐릭터란 말의 원천은 1953년 미국의 월트디즈니사가 머천다이징 계약에서 애니메이션 주인공을 가르쳐 'Fanciful Character'라고 명명한 데서 유래되었다. 캐릭터는 인간의 삶과 의식을 반영하면서 다양한 커뮤니케이션을 목적으로 다각적인 표현양식을 통해 모두 화합된 하나의 아이덴티티를 나타내는 고감도의 이미지이다.[10] 캐릭터를 통해서 새로운 독립 개체 형상의 이미지를 올바로 창출해내기 위해서는 우선, 대상물의 보편적 특징을 연구 분석하여 의인화된 개념을 부여해야 하고, 둘째, 대상물의 고유 형태에 디자인의 실행원리를 적용하여 조형적 특성을 부여해야 하며, 셋째, 현실과는 차별화된 가공의 초현실 세계의 특성까지도 부여해야 한다.[11]

캐릭터의 기능은 다음의 네 가지로 정리된다.[12)]

첫째로, 캐릭터는 아이덴티티로 기능한다. 캐릭터는 기업 이미지 제고를 위한 C.I.P(Corporate Identity Plan)의 목적으로 이용될 수 있고, 또한 상품의 고부가가치 전략을 위한 B.I(Business Intelligence, 기업경영에서 내비게이션 역할을 수행)에서 응용될 수 있으며, 그리고 각종 인쇄매체와 전파매체 속에서 볼 수 있는 캐릭터들은 문화적 특징을 내포한 강한 아이덴티티를 표출한다.

둘째로, 캐릭터는 경영 성과를 높여준다. 캐릭터는 광고 선전력, 주의 환기력, 고객 흡인력 등으로 인하여 실질적인 매출액과 인지도를 높여주는 기능을 갖는다. 따라서 경쟁 상품과의 차별화를 통한 판매 자극 또는 판매 촉진 기능으로 여러 산업 분야와 연관되어 상품의 부가가치를 높이고 제품의 이미지를 강화하며 대중의 흥미를 자극하는 역할을 하며, 최근에는 상품 이미지 보완적인 역할을 넘어 캐릭터 자신이 하나의 상품으로, 주체적인 매개체 역할을 한다.

셋째로, 캐릭터는 정보를 효율적으로 전달한다. 인간의 기본적인 의사소통은 주로 소리, 말, 기호, 글, 그림으로 이루어졌고, 그중에서도 시각을 통한 정보 전달이 중요한 비중을 차지한다. 캐릭터는 시각을 통한 커뮤니케이션 수단으로 인쇄매체, TV, 영화, 인터넷 등의 전파매체를 정보를 전달하는 요소 중에서 가장 효율적이다. 특히 광고에서의 캐릭터는 이성적이나 감정적으로 사람들에게 소구하는 설득 커뮤니케이션의 역할을 하며, 강한 호소력으로 인해서 대중과 쉽게 친화되며 기억되게 한다. 또한 문화상품으로서 캐릭터는 매체를 통하여 대중에게 전달되고 신뢰도와 관심도를 조절시켜 원활한 커뮤니케이션이 가능하게 하는 기능이 있다.

네 번째로, 캐릭터는 오락 기능이 있다. 오락은 즐거움과 기쁨을 주며 인간이 지닌 꿈을 가상현실을 통하여 새롭고 흥미로운 체험을 하게 하는 것이다. 캐릭터 인형이나 게임 속에서의 캐릭터는 우리에게 흥미와 재미를 더해준다.

4) 국내 캐릭터 라이선싱산업의 진화[13]

진정한 캐릭터산업은 디즈니에서 본격적으로 시작되었고, 캐릭터산업의 핵심은 디즈니처럼 라이선스 사업이다. 한국의 캐릭터산업은 1970년대에 〈뽀삐〉, 〈로케트밧데리〉, 〈해태제과〉 등의 브랜드 CI(corporation identity)로 시작되었다. 1976년 월트 디즈니 캐릭터가 국내 라이선스 사업을 시작하면서부터 주로 외산 캐릭터를 위주로 시장이 형성되어 왔다. 1980년대를 넘어오면서 모닝글로리, 바른손, 아트박스 등의 전문 문구·팬시업체를 중심으로 산업 기반이 형성되었다. 1988년 서울올림픽의 마스코트 '호돌이'가 등장하면서 캐릭터에 대한 인지도가 크게 상승하였다.

1990년 이후부터는 〈둘리〉, 〈포켓몬〉, 〈미키마우스〉 등 TV 애니메이션 IP를 기반으로 산업의 규모와 영역을 확장해 왔다. 애니메이션은 그 이미지가 머천다이징(merchandising)에 바로 적용될 수 있어 IP 라이선싱의 중요한 영역이다. 한국의 애니메이션 제작사는 1990년대 후반부터 방영권의 판매로만으로는 적자를 입는 상황에 직면하여, 애니메이션을 활용한 캐릭터 사업에 적극적으로 뛰어들었다.

초고속인터넷 환경이 정착한 2000년대 전반에는 〈뿌까〉, 〈마시마로〉, 〈졸라맨〉, 〈우비 소년〉 등 플래시 애니메이션 IP를 중심으로 한 라이선싱 시장이 강세를 이루었다. 2003년 말 〈뽀롱뽀롱 뽀로로〉가 방송되기 전에 한국 캐릭터 시장에서 국산의 점유율은 5%에 불과했다. 시장은 미국의 디즈니와 일본의 헬로키티 등 외산 캐릭터들이 압도적으로 점하고 있었다. 하지만 〈뽀로로〉가 선전하면서 〈로보카 폴리〉, 〈라바〉 등 경쟁력 있는 토종 캐릭터들도 잇따라 등장하며 한국 캐릭터산업에 힘을 실었다. 2000년 후반부터는 〈뽀로로〉, 〈폴리〉, 〈코코몽〉 등 국내 라이선싱 시장을 잠식한 영유아 애니메이션 IP의 해외시장 진출이 본격화되었다. 국내 캐릭터 시장에서 국산 캐릭터의 시장점유율은 2012년 이후에 50%를 상회하게 되었다.

2010년 이후 소비자의 구매력이 상승하면서 콘텐츠를 적극적으로 누리려는 소비계층이 확대되었다. 이러한 소비 욕구에 부합하는 몇몇 캐릭터는 팬덤 문화와 사회현상으로 불릴 만큼 대중의 주목을 받았으며, 시대의 트렌드를 선도하는 아이콘으로 자리매김하고 있다. 인터넷의 보편적 이용과 스마트폰의 확산으로 디지털 플랫폼에 기반한 소비는 급증하였고, 문구·완구, 화장품, 의류·패션, 생활용품 등 유행에 민감한 소비재의 오프라인 소비는 상대적으로 감소하였다. SNS와 유튜브 등 OTT가 확산하면서 형성된 팬덤은 강력한 마케팅 도구가 되었다.

2010년 전반에는 대형완구사가 TV 애니메이션에 투자하였고, 대형할인점의 마케팅에 힘입어 〈터닝메카트〉, 〈또봇〉, 〈카봇〉 등의 변신 로봇 애니메이션 IP가 국내 완구 시장을 주도하였다. 그리고 2011년 2월~2022년 12월까지 다섯 시즌에 걸쳐 방영된 애니메이션 〈로보카 폴리〉의 인기에 힘입어 구조대 자동차 셋트도 인기가 있었다. OTT가 활성화된 2010년 중반 이후에는 유튜브에 최적화된 스팟 애니메이션 〈라바〉가 영유아 중심의 캐릭터산업을 키덜트 영역으로 확장했고, 유튜브 스타인 〈핑크퐁 아기상어〉가 유망 IP로 떠올랐다.

더핑크퐁컴퍼니(구 스마트스터디)는 핑크퐁 브랜드와 아기상어 캐릭터를 활용하여 완구, 의류, 식품, 도서, 게임 등 다양한 분야로 라이선싱 사업을 확대하며 활발하게 해외시장에 진출해 왔다. 2018년부터 북미권과 유럽에서 아기상어 캐릭터가 큰 인기를 끌었으며, 2019년 북미 라이선스 46곳 포함 전 세계 200곳 이상의 라이선스를 확보하였다.[14] 더핑크퐁의 2021년 매출액은 831억 원이고, 해외에서 거준 매출이 594억 원으로 전체 매출의 71%를 차지하였다. 이 회사가 배포한 동영상 〈Baby Shark Dance〉는 유튜브에서 115억 회 이상의 조회수를 기록하여 유튜브 누적 조회수에서 1위를 기록하고 있다.

2015년에 〈라인프렌즈〉와 〈카카오프렌즈〉의 디지털 캐릭터가 인기를 끌면서 이모티콘으로 소비되고 있고, 이 두 회사의 디지털 캐릭터는 문구, 인형, 디지털 가전, 여행, 오피스, 인테리어, 리빙, 키즈 등의 다양한 상품군으로 확장되고 있다. 또한 이들 캐릭터는 애니메이션, 게임, 스마트 금융, 스마트 교육 등 다양한 영역에서 소비되고 있다. 2019년에 EBS의 TV 프로그램 〈자이언트 펭TV〉에서 등장한 〈펭수〉가 인기를 끌면서 캐릭터로 활용되고 있다. 〈라인프렌즈〉, 〈카카오프렌즈〉, 〈핑크퐁〉의 경우에는 캐릭터를 먼저 구축한 후 스토리나 파생 상품을 만들어 확대하였다.

2. 캐릭터 사업에서 성공하는 방법

통상적으로 캐릭터 비즈니스는 다음의 세 단계로 진행된다. 첫째로, 애니메이션을 방송하여 캐릭터 소비자와의 접점이 있어야 하며, 둘째로 해당 애니메이션의 인지도가 높아져서, 이 콘텐츠를 지지하는 소비자들이 확산하여야 하며, 셋째로 캐릭터가 상품의 광고나 판매에 이용된다. 캐릭터가 상품에 활용되는 세 번째 단계에서 라이선스 방식을 통해 캐릭터 보유자는 수입을 얻게 된다.[15] 아래에서는 성공한 캐릭터에서 나타나는 특징을 모아서 캐릭터의 성공전략으로 제시한다.

1) 이야기가 담긴 캐릭터

스토리텔링은 청중을 몰입시키고, 내용 전개에 관심을 가지게 하며, 정보의 상호연관성으로 인하여 인과 관계에 따른 기억을 쉽게 하며, 재미있는 이야기에 몰입하게 하여 집중력을 향상하는데 효율적이다. 디즈니의 캐릭터는 이야기를 담고 있고. 소비자들은 이 이야기를 사랑하고 이야기와 친숙해짐으로써 디즈니의 캐릭터 사업은 이루어진다.

〈미키마우스〉라는 캐릭터가 강력한 파급력을 가지고 전 세계적인 인기를 끌게 된 이유 중 하나는 미키마우스 시리즈가 기존의 이야기 형식을 빌려 왔다는 것이다. 〈미키마우스〉는 세계적으로 유명한 여러 작품에서 주인공으로 활약하였다. 대표적인 작품으로 〈잭과 콩나무〉를 들 수 있다. 디즈니는 동화 〈잭과 콩나무〉 이야기를 그대로 가져와 미키마우스를 동화 안에서 재창조해냈다. 콩 나무를 심었다가 나무를 타고 위로 올라가 악한 거인을 물리치고 가족과 행복하게 사는 역할인 〈잭과 콩나무〉 속 '잭'으로 미키마우스를 투입하였다. 이렇게 어린이들이 친숙한 동화를 중심으로 만든 수많은 옴니버스 시리즈 속에서 미키마우스는 다양한 역할을 해내는 주인공이 된다. 이와 같이 동화와 미키마우스를 접목하여 미키마우스는 미국뿐 아니라 전 세계에서 큰 호응을 얻게 된다. 디즈니는 미키마우스 외에도 독자적인 캐릭터에 동화를 적용하는 방식을 도입하여 세계적인 공감을 일으키는 캐릭터를 창조하게 되었다.16)

〈토마스와 친구들〉은 영국 동화책 〈철도 시리즈(The Railway Series)〉를 바탕으로 한 애니메이션으로, 저자가 그의 아버지와 함께한 기차에 대한 좋은 추억을 공유하는 데서 출발한다. 〈토마스와 친구들〉에서 과거의 배경을 바탕으로 감성적 소구에 충실했고, 가상의 섬에서 주인공 외에도 다양한 캐릭터를 등장시켜 풍부한 소재를 끌어냈다. 그리고 〈토마스와 친구들〉에서 에피소드마다 다른 내용을 보이지만 전개 방식은 같은 패턴을 보인다. 차고, 기차역 그리고 철로를 배경으로 여객과 화물을 싣고 다니면서 갈등 요소가 발생하고, 이를 해결하기 위해서 다양한 기재를 활용하여 마무리한다. 보통의 애니메이션에서는 주인공의 매력이 절대적이고 강한 개성을 바탕으로 이야기를 주도해나가지만, 〈토마스와 친구들〉에서는 '친구들'의 역할이 매우 중요하다. 각자 개성이 다른 캐릭터들이 서로 조화롭게 어울리며 균형을 이루는 과정을 묘사했다. 토마스와 다른 캐릭터들이 서로 배우고 함께 성장하는 과정이 아이들에게 동질감을 유발하였다.17)

소설 〈해리포터〉는 어려운 환경의 한 소년이 역경을 딛고 성장하는 신데렐라와 같은 고전적인 이야기이다. 이 소설은 악을 이기는 선의 승리, 우정과 인간관계에 있어 신뢰와 안정, 사랑의 영원성, 다양성의 수용, 편견과의 투쟁, 성인의 유년기 동심 유발 같은 기본적인 욕구를 채워준다. 즉, 완벽하지 못한 어린 영웅의 성장기와 선과 악의 대립을 다룬 고전적 이야기에 마법과 서스펜스 요소를 가미하여 독자들과 소설 속 주인공들을 감정적으로 연결하여 성공하였다. 〈해리포터〉에는 기존의 현실 세계와는 동떨어진 배경의 마법 스토리가 아닌 현실에서 있음직한 배경과 캐릭터가 등장한다. 배경은 런던이며 옆집의 평범한 아이가 혹시 해리포터일지도 모른다는 생각이 들 수 있도록 생동감 있게 형상화하여 몰입도와 흥미를 배가시켰다.18)

동화 속 캐릭터인 〈피터 래빗〉은 1902년에 발표되었고, 120년간 꾸준히 사랑받아온 영국의 전통적인 캐릭터이다. 동화책 〈피터 래빗 이야기〉의 그림체와 문장에는 따뜻함으로 가득하다. 〈피터 래빗〉의 가장 큰 특징은 맑고 아름다운 그림과 섬세하고 수려한 글의 조화이다. 글과 그림의 균형으로 그림책의 가치는 높아지게 된다. 즉, 〈피터 래빗〉은 생생한 이야기와 섬세한 삽화의 조화 그리고 이야기의 느낌을 살리는 문장 표현이 뛰어난 작품이다. 특히 사랑스러운 동물 캐릭터들이 눈앞에서 살아 움직이는 것처럼 생동감 있게 묘사되면서, 동물의 생태를 이해하고 자연의 아름다움과 소중함도 깨우칠 수 있게 한다. 이러한 감성과 교육적 효과로 인해 영유아나 태교하는 엄마에게도 매우 유용한 교재로 널리 애용되고 있다. 국내에서도 '아가월드'와 '프뢰벨' 등의 유아 전문교육 기업이 영어나 한국어로 된 그림책과 색칠하기 교재 등을 판매하고 있다.[19]

만화 〈아기공룡 둘리〉는 성공을 거둔 요인으로는 주위에서 쉽게 발견할 수 있는 한국적 캐릭터로 인한 독자들의 몰입감 증대, 이야기적이고 현실적인 명랑만화를 위한 작가의 노력, 전통에서 벗어난 새로운 성격의 주인공과 대화체 등을 들 수 있다. 또한 현실과 미지의 시공간, 판타지적인 모험 이야기, 풍부한 에피소드 등도 작품의 성공에 큰 영향을 미쳤다.[20]

애니메이션 〈뽀롱 뽀롱 뽀로로〉에서는 5분 내외의 짧은 시간 안에 각각의 캐릭터가 어떤 사건 앞에서 서로 협동하거나 불화하는 과정을 겪고 무언가를 배운 뒤, 모두가 행복해지는 과정을 무리 없이 보여준다. 스토리라인에서 종종 사건의 시발점이 되는 것은 뽀로로의 장난이다. 〈뽀로로〉에서는 짧은 시간 안에 사고-반성-화해의 다이내믹한 스토리라인을 전개함으로써 아이들에게 높은 집중력과 호응을 얻어낸다.

2) 캐릭터의 지속적인 업그레이드

캐릭터의 장기적인 판매와 유지를 위해서는 꾸준한 디자인 업그레이드와 디자인 관리가 필수적이다. 월트 디즈니의 최초 캐릭터인 '미키마우스'로부터 최근 가장 흥행에 크게 성공한 〈겨울왕국〉까지 디즈니 애니메이션 캐릭터는 외형, 형식 그리고 가치가 변하였다. 디즈니는 '미키마우스'라는 캐릭터에 생명을 불어넣어, 마치 하나의 인격체처럼 이름과 성격, 여자 친구, 가족을 부여하였으며, 지속적인 성장을 통해 과거의 활발한 '미키마우스'에서 얌전하고 온순한 '미키마우스'까지, 시간을 두고 마치 사람이 성장하는 것과 같이 꾸준한 변화를 거치도록 변화시켰다. 〈겨울왕국〉에서 성인 관객들을 포함하여 전 연령층의 공감을 받으면서 애니메이션의 관객층을 어린이라는 제한된 관객에서 일반 성인 관람객으로 확대할 수 있었다. 〈겨울왕국〉에서 캐릭터 제품의 판매에 성공하는 것뿐만 아니라 캐릭터에 기반한 OST의 성공으로 시너지를 불러일으킬 수 있었다.[21]

일본의 대표적인 캐릭터인 〈헬로키티〉는 1974년부터 지금까지 꾸준하게 〈헬로키티〉의 디자인을 업그레이드했다. 1974년의 〈헬로키티〉는 옆을 보고 앉아 있는 자세가 기본형인데, 3년 후의 〈헬로키티〉는 서 있는 자세로 발전하였고, 얼굴의 형태도 좀 더 둥글게 수정하여 친근감과 활용성을 높였다. 하지만 소비자들은 점점 〈헬로키티〉의 단순한 형태와 빨강과 흰색의 대비에 조금씩 싫증을 느끼기 시작했다. 그러자 1990년대 중반 〈헬로키티〉에게 분홍색을 사용하기 시작하였고, 이는 10대 후반과 20대 여성들의 마음을 사로잡았다. 〈헬로키티〉의 주요 소비층을 분석해 캐릭터 디자인의 연령대를 함께 높여 성공할 수 있었다. 이후로도 〈헬로키티〉의 시즌별, 테마별 매뉴얼이 꾸준히 개발되고 있다. 헬로키티 꿀벌, 헬로키티 전통의상, 헬로키티 웨딩, 헬로키티 십이간지에 이르기까지 다양한 소품, 주제, 컬러를 변경하고 있다. 이렇게 함으로써 소비자에게 늘 새로운 디자인으로 다가가고 있다.[22]

〈토마스와 친구들〉의 저작권을 보유한 'HIT Entertainment'는 현지 기업과 유연하게 협력한다. 원작에 대한 노하우나 시설을 부족함 없이 지원하고, 동시에 새로운 상품의 개발에 개방적이어서 현지 기업이 라이선싱을 재창조할 수 있도록 허용한다. 예컨대 국내에서 (주)코카반이 2007년부터 〈토마스와 친구들〉의 라이선스를 보유하고 있는데 초기에는 단순히 완구를 수입하여 수익이 미미했다. 완구를 수입할 경우에 로열티를 제외하면 큰 수익이 남기 어렵다. 이에 코카반에서는 국내 인지도를 높이는 공격적인 마케팅을 진행하였고 동시에 새로운 상품을 개발하였다. 인지도를 높이기 위해 국내에서 2009년 4월에 극장판 애니메이션 〈토마스와 친구들〉을 수입하여 개봉하였고, 이후 2011년 5월까지 총 3편의 극장판 애니메이션을 수입하여 개봉하였다. 인지도와 호감도가 상승하면서 자체 개발한 상품의 판매량도 상승했다. 그 결과 현재에는 코카반이 자체 개발한 제품에 대해서 소정의 로열티를 받게 되었다. 상품 하나에 대한 로열티는 크지 않지만 〈토마스와 친구들〉의 폭넓은 상품을 묶으면 큰 금액이 된다. 이처럼 라이선싱을 재창조하여 추가로 수익을 창출할 수 있다.[23]

그램책 〈피터 래빗〉은 원작이 가진 탄탄한 이야기와 삽화에 양방향성 (interactive)을 추가한 서비스가 출시되었다. 책으로 접했을 때 불가능했던 듣기나 만지기, 실시간으로 커뮤니케이션하기 등이 가능하게 되었다. 따라서 책의 구성이나 내용도 혼자 읽기, 읽어주기 등으로 섬세하게 세분되어 있다. 등장하는 모든 캐릭터가 애니메이션과 같이 실제로 움직이고 말한다. 예컨대 엄마 토끼를 눌러보라고 한 뒤 누르면 움직인다든지, 엄마 토끼의 장바구니를 손가락으로 당기면 장바구니 안에 빵이 가득해진다든지, 안 보이던 피터가 손가락을 당기면 나타난다든지, 산딸기를 누르면 터진다든지 하면서 흥미와 몰입을 배가시킨다. 그리고 글자도 자동으로 읽히면서 동시에 하이라이트 되어 영어 공부에도 도움이 된다. 책을 읽을 때 나오는 음악도 매우 아름답고 고전적이다. 그림책에 불과 했던 것이 뉴미디어에 적합한 형태로 진화하면서 더욱 새로운 기능과 내용이 추가되어 한층 더 인기를 얻고 있다. 오감을 활용하는 피터 래빗 콘텐츠는 국내에 2010년 11월 애플리케이션 형태로 출시되었고 4.99달 러에 판매되고 있다. 아이튠즈와 같은 오픈 마켓에서 다운로드가 가능하 다.[24]

국내의 대표적인 롱셀러 캐릭터인 〈아기공룡 둘리〉는 1983년부터 만 화잡지 〈보물섬〉 연재되어 선풍적인 인기를 끌며 1987~1988년에 KBS에 서 애니메이션으로 방영되었고, 극장용 애니메이션 제작, 다양한 캐릭터 상품 제작 등 20년 이상 대한민국을 대표하는 캐릭터로 자리매김해 왔 다. 국내 OSMU의 대표적 캐릭터로써 만화와 캐릭터의 산업적 부가가치 를 보여준 최초 사례였으나 2000년대에 들어서면서부터 신종 캐릭터보 다 열세이었다.

캐릭터인지도 조사에서 〈아기공룡 둘리〉는 2019년에 10위였으나, 2020년에는 10위권 밖으로 밀렸다. 그 원인으로 우선 TV 애니메이션 〈아기공룡 둘리〉의 노출 횟수가 적었고, 22년만인 2009년에 TV 애니메 이션 〈NEW 아기공룡 둘리〉가 제작·방영되어 높은 시청률을 기록하였 으나 캐릭터 둘리의 선호도를 높이는 데 별로 도움이 되지 못하였다. 〈NEW 아기공룡 둘리〉의 배경은 업데이트되었지만, 스토리는 25년이 지난 만화에서 가져옴으로써 현재의 아이들이 이해하거나 몰입하기 어 려웠다. 〈NEW 아기공룡 둘리〉에서 캐릭터의 디자인이 변하였지만, 캐 릭터의 변신과 스핀오프가 미흡하였다.[25]

반면에 〈뽀롱뽀롱 뽀로로〉는 시간이 지나면서 캐릭터의 외형을 바꾸고 친구가 추가되었다. 시즌1과 2에 등장한 뽀로로와 시즌3에 등장한 뽀로로는 외형에 변화가 있었다. 옷과 헬멧이 바뀌었을 뿐만 아니라 손이 생기고, 몸에서 바로 발로 이어져 있던 예전 뽀로로와 달리 다리가 생겼다. 뽀로로에는 뽀로로 외에 여러 명의 친구가 등장한다. 1기에서는 5명이었고, 2기에서는 패티와 해리가 추가되었으며, 3기에서는 로디와 뽀뽀, 삐삐, 통통이 등 10명으로 늘었다. 시즌이 더해지면서 다양한 친구들이 추가되고, 더 많은 에피소드와 스토리를 전개할 수 있다.[26] 그 결과 〈뽀롱뽀롱 뽀로로〉의 캐릭터 인지도는 2020년에도 2위를 유지하고 있다.

3) 캐릭터의 지속적인 활용

디즈니가 캐릭터 비즈니스에서 성공한 요인의 하나로 디즈니의 모든 사업 부문이 캐릭터의 성공을 지원하는 것을 들 수 있다. 미키마우스, 푸우, 라이언 킹과 같이 애니메이션과 영화에서 태어난 캐릭터를 성공시키기 위해서 디즈니는 모든 사업 부분(디즈니 스튜디오 엔터테인먼트, 소비자 상품, 인터액티브 미디어, 미디어 네트워크(TV), 테마파크 & 리조트)을 동원한다. 고객은 사랑스러운 캐릭터와의 접점을 갖고 싶어 한다. 가능한 많은 기회를 제공하고 만족시키는 것이 비즈니스의 확대에 연결된다.[27]

〈헬로키티〉가 국가와 시대, 세대를 초월하여 오랫동안 인기 IP로 자리 잡을 수 있었던 것은 산리오가 적극적으로 라이선스를 활용하였기 때문이다. 산리오가 다양한 머천다이징을 통한 판매 사업과 엔터테인먼트 사업의 균형을 추구한 것도 또 하나의 성공 요인으로 평가된다. 산리오는 캐릭터를 활용한 뮤지컬, 애니메이션, 게임 등을 접목하여 새로운 비즈니스 모델을 만들어가고 있다.[28] 산리오는 기획 단계부터 제휴 업체들과 긴밀하게 협업하여 캐릭터 상품을 완성하였다. 이때 제품에 들어가게 될 캐릭터의 색깔과 크기는 물론이고 서체와 색깔의 조합, 그리고 디자인의 금기사항까지 공유함으로써 작품성과 상품성을 조합해 나간다. 중요한 것은 라이선스 사용자의 디자인 변경을 어느 정도 인정한다는 점이다.

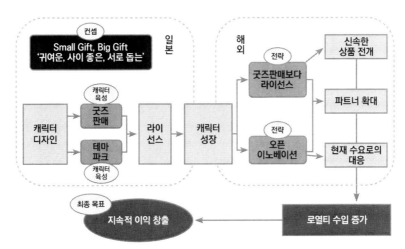

출처: 한국콘텐츠진흥원(2021, 5쪽)

〈그림 1〉 산리오의 수익전략

〈토마스와 친구들〉은 1945년 처음 책으로 출판된 이후 TV, OVA (Original Video Animation), 극장판, 뮤지컬, 체험관광, 테마파크, 문구, 완구 등 수 많은 사업영역으로 확장하고 있다. TV 애니메이션의 경우 전 세계 135개국에서 방영되었으며 또한 연관 사업으로 활발하게 확장하였다. 〈토마스와 친구들〉은 원작 동화를 바탕으로 다양한 콘텐츠로 영역을 확장하고 있으며, 유럽은 물론 북미, 아시아, 오세아니아 등 세계 전역에 걸쳐 큰 인기를 얻고 있다. 영국과 미국에서의 인기는 70여 년이 지난 지금에도 여전하다.

〈해리포터〉의 경우에 소설과 영화가 잇따라 성공함에 따라서 수많은 캐릭터 상품(의류와 문구, 완구 등), 게임, DVD, OST, 오디오북, 테마파크 등 파생 상품도 성공할 수 있었다. 이는 마치 하나의 네트워크처럼 유기적으로 연계되며 '윈-윈'하는 효과를 창출했다. 예컨대 소설이 출간되면서 영화 제작에 대한 관심과 기대가 증폭되었고, 영화 개봉 시기와 동시에 해리포터 달력과 다이어리 판매가 급증하였으며, 일부 마니아들은 소설과 영화 속에 등장하는 마법 주문 외우기 게임이나 마법 지팡이나 안경, 망토 등을 코스프레(costume play)하기도 하였다.

해리포터가 크게 성공하자, 해리포터 특수를 잡기 위해 수많은 캐릭터 업체들의 경쟁이 치열하게 전개되었다. 한국에서도 소설과 영화의 성공 직후 바로 캐릭터산업에서 해리포터의 특수가 시작되었다. 2001년 영화가 개봉된 후 국내에서 해리포터에 대한 상품화는 빠르게 진행되었다. 15개 업체가 게임, 완구 등을 판매하였다. 해리포터의 판권을 보유하고 있는 워너브러더스로부터 라이선스를 확보해야만 상품화할 수 있다. 해리포터의 파생 상품을 판매한 기업은 EA 코리아, 레고코리아, 한국코카콜라 등의 대기업을 비롯해 지나월드(봉제 인형), 메가물산(의류), 미림산업(볼펜), 신아(스티커), 태양아이시스(필통), 동진(침구류), 실버캐릭터(양말), C&N(내복), 피아네타코리아(가방), 문학수첩(문구류) 등의 중소기업도 있었다.[29]

〈피터 래빗〉의 경우에 1992년에 애니메이션이 제작되었고, 1998년에는 인터넷사이트가 개설되어 오디오 카세트, CD ROM, 비디오 등 다양한 형태로 판매되었다. TV 애니메이션이 방영된 다음에 DVD가 출시되면서 홈비디오의 판매량이 증가하였다. 2006년에는 〈피터 래빗〉의 작가 포터의 일대기를 담은 영화 〈미스 포터〉가 개봉되었다. 〈피터 래빗〉 캐릭터는 고급스러운 인형, 의류, 침구, 문구, 주방용품, 욕실용품, 보드게임 등으로 제작되어 출시되고 있다. 일본에서는 〈피터 래빗〉을 활용한

컬렉션 세트가 인기를 끌고 있다. 특히 여성들이 선호하는 주방용품과 욕실용품이 인기를 끈다. 한국 기업인 '키친앤바쓰'는 〈피터 래빗〉의 라이선스를 확보하여 주방, 생활, 욕실 제품을 생산·판매하는 대표 기업으로 자리매김했다.

한국의 대표적인 캐릭터인 〈뽀롱뽀롱 뽀로로〉는 2002년에 TV로 처음 방영된 이후 2004년부터 비디오, 출판, 완구 등 다양한 분야로 사업영역을 성공적으로 확장했으며, 뮤지컬, 게임, 통장, 우표 등 콘텐츠 산업은 물론이고 이종 산업까지도 OSMU 영역을 확장하며 전례 없는 성공사례를 기록하고 있다. 뽀로로는 캐릭터 라이선스를 다양하게 적용해 식음료, 팬시와 패션, 교재와 문구, 학습용 게임 등으로 총 100개의 상품개발사에서 400여 개 이상의 상품을 개발해 판매 중이다. 수출도 성공적이어서 전 세계 82개국으로 애니메이션, 인형 등이 수출되고 있다. 또한 매년 캐릭터 뮤지컬과 체험전시회를 정기적으로 오픈하고 있다.[30] 이와 같은 적극적인 활용 덕분에 20년이 지난 현재에도 한국에서 선호되는 캐릭터 순위에서 상위권을 유지하고 있다.

4) 캐릭터의 범용성과 차별화

캐릭터가 캐릭터 자체가 가지는 다양한 활용 가치를 넘어서 보편성에 호소하는 공통적 가치인 범용성을 가져야 성공할 가능성이 크다. 지구 어느 지역이나 문화에도 적용할 수 있고 환영받으며 인기를 얻을 수 있도록 캐릭터가 만들어져야 한다. 다른 산업과 달리 이미지로 승부하는 캐릭터산업은 이미지가 가지는 특별한 힘이 얼마나 다양한 집단의 사람들에게 어필하느냐에 따라 성공 여부가 달려 있다.

〈겨울왕국〉에서는 엘사는 공포를 안고 사는 캐릭터로, 안나는 그를 세상 밖으로 인도하는 캐릭터로 그려지며 소비자의 마음에 다가설 수 있었다. 그리고 두 사람이 자매로 등장하면서 관객들은 디즈니가 만들어내는 문화의 중심축인 '가족'이라는 고리로 연결하였다. 또한 〈겨울왕국〉에서는 다양한 연령층에게서 공감을 형성할 수 있는 인간의 본질에 대한 소재를 다루고 있다. 사랑과 외부 세상에 대한 두려움이라는 주제는 어린이 관객뿐 아니라 성인 관객에게도 공감과 호응을 끌어내기에 충분한 보편적인 정서이다.31)

〈헬로키티〉를 제작한 산리오는 다양한 인구집단에 골고루 호소력을 가지는 캐릭터의 특성을 중요한 요소로 고려한다. 〈헬로키티〉는 처음부터 세계 시장을 겨냥해 디자인하였는데, 세계적인 애완동물인 고양이를 캐릭터로 정하여 누가 봐도 거부감이 없도록 디자인하였고, 런던 교외에 거주하는 것으로 설정하는 등 서구적 문화 코드를 주입하였다.32)

2020년과 2021년 조사에서 해외의 한류 콘텐츠 소비자들이 가장 좋아하는 한국 애니메이션 캐릭터는 〈뿌까〉로, 〈뿌까〉도 기획 단계부터 세계 시장에서 범용성을 중시하였다. 2000년에 〈뿌까〉를 만든 부즈는 차별화된 캐릭터를 개발하기 위해서 동물이 아닌 사람 캐릭터를 개발하였고, 기존에 잘 쓰이지 않은 적색과 흑색 등 원색으로 캐릭터의 색을 입히고 동그라미와 직선 몇 개만으로 적극적인 동양 여자아이 캐릭터를 만들었다. 예쁘지 않은 여자아이의 당당함, 건강함, 열정이 돋보이는 캐릭터는 참신하다는 평가를 얻었고, 중국 음식점인 거룡반점의 외동딸로 쿵후를 즐기고 남자친구인 가루를 짝사랑하는 소녀라는 스토리를 입혔다. 처음부터 세계 진출할 계획이 있었기에 특정 국적을 잡기보다는 '아시아 소녀'라고만 설정했다.33)

〈뿌까〉를 제작할 때 영향력이 강한 미국문화에 대한 반발심과 새로 대두되는 동양 이미지 선호의 오리엔탈리즘 추세를 반영해서, 한국, 중국, 일본의 장점만을 골라 보편적인 동양 이미지를 강조하고 21세기의 키워드 '여성성'을 강조했다. 동시에 성공기업의 캐릭터인 미키마우스와 〈헬로키티〉의 특성을 〈뿌까〉에 녹여내었을 가능성이 크다. 〈표 1〉은 〈뿌까〉, 미키마우스, 〈헬로키티〉의 실루엣을 비교한 것인데 세 개의 동그라미로 구성된 미키마우스의 전체적인 형태, 그리고 헬로키티의 타원형 얼굴 형태가 뿌까와 닮아 있음을 알 수 있다. 기존의 캐릭터들은 30~80년 동안 지구 구석구석에 알려지면서 이미 보편적인 공동 문화유산으로 인류에게 무의식 속에 각인된 상태이다. 동시에 인류는 오랫동안 군림하는 기존의 문화콘텐츠에 싫증을 내고 있어서 비슷하면서도 새로운 성격이 부여된 캐릭터를 환영하는 경향이 있다.[34]

〈표 1〉 뿌까, 미키마우스, 헬로키티 실루엣 비교

캐릭터 명(기업)	뿌까(부즈)	미키마우스(디즈니)	헬로키티(산리오)
실루엣			

출처: 이은아(2010, 290쪽)

〈뽀롱뽀롱 뽀로로〉를 기획할 때 애니메이션의 시장을 조사하여 2~5세를 대상으로 한 유아용 애니메이션 시장은 시장 파이가 큼에도 불구하고 맞춤형 콘텐츠가 부재하였음을 발견하고 유아용 애니메이션을 제작하게 된다. 〈뽀롱뽀롱 뽀로로〉에서는 목표 시장의 차별화뿐만 아니라 회당 분량과 캐릭터 설정에서도 차별화하게 한다. 2002년 이전에 유아용 애니메이션은 회당 최소 10분이었는데 〈뽀로로〉의 경우 유아가 집중력을 발휘할 수 있는 시간이 기껏해야 7분이라는 연구 결과를 적극적으로 반영하여 분량을 5분으로 대폭 줄였다.

〈뽀로로〉의 기획 단계에서 해외시장 진출을 염두에 두었고, 다양한 상품화를 계획했다. 실제로 캐릭터를 개발할 때 만국 공통어인 동물 캐릭터를 위주로 만들었고, 색상 배열에서도 동물 본래의 색은 유지하면서도 원색 계열의 색을 주로 사용함으로써 언어와 문화에 영향을 받지 않고 호감도를 높일 수 있게 만들었다. 어떤 캐릭터를 설정할지를 검토하다가 동물 중에서 상대적으로 생소한 펭귄을 선택하였다. 당시 동물 캐릭터는 강아지나 고양이 등이 주를 이루었다. 그리고 대상 주체인 유아의 처지에서 집중하고 호감을 느낄 수 있도록 스토리라인, 캐릭터, 편성 시간 등을 차별화하였다.

〈핑크퐁 아기상어 체조〉 영상은 유튜브 전 세계 누적 조회 수가 113억 회(2022년 9월 기준)나 된다. 〈핑크퐁〉은 어린이들이 강한 동물을 선호하는 경향에 착안하여 '상어'라는 독특한 소재에 인류 보편적인 요소인 '가족'을 결합하였다.[35]

5) 캐릭터의 체험과 현실화

보통 문화 선진국에서 성공적인 OSMU를 실현하는 과정은 1단계 원천 콘텐츠로 책이나 DVD, TV 프로그램을 제작하고 이후 인형과 장난감, 의류 같은 상품화 단계를 거쳐 최종적으로는 대규모 테마파크로 등으로 확산하곤 한다. 먼저 디즈니랜드를 통한 캐릭터의 현실화 전략에 대해서 구체적으로 알아보자. 디즈니는 디즈니랜드를 통해 만화의 주인공 캐릭터를 막연한 꿈과 환상이 아닌 디즈니랜드라는 실제 세계에서 구현하였다. 디즈니랜드의 모든 시설과 상품은 디즈니 캐릭터를 활용하여 제작되었고, 놀이기구는 디즈니 애니메이션의 스토리라인을 따라 제작되었다.

디즈니랜드를 방문한 소비자들은 음식부터 모든 상품에까지 캐릭터가 이용되어 만들어졌고 살아있는 캐릭터들이 움직이는 광경을 통해 캐릭터의 현실감을 느낄 수 있게 되었다. 그리고 프랑스의 파리, 일본의 도쿄, 중국의 홍콩과 상하이에 디즈니랜드를 만들어 해외에서도 디즈니 캐릭터의 실재감을 경험할 수 있게 되었다.36)

연간 7천만 명의 관람객을 유치하고 있는 할리우드 최고의 관광 명소 중 하나인 '유니버설 스튜디오'도 캐릭터를 현실 세계에서 구현된 사례다. 여기에서 영화와 애니메이션의 캐릭터를 각종 놀이기구와 쇼 프로그램 등으로 현실감을 느낄 수 있다.

〈토마스와 친구들〉도 원작 콘텐츠가 다수의 미디어 상품으로 제작된 다음에 상품화 과정을 거쳤고, 이후 영국과 일본에 미니 테마파크인 토마스랜드가 만들어졌다. 토마스랜드는 일본에서 1998년에 먼저 개장되었고, 영국의 토마스랜드는 2008년에 개장되었다. 그리고 실제로 토마스 기차를 체험할 수 있는 기회가 제공되고 있다. 토마스 캐릭터 장식을 한 증기기관차가 끄는 토마스 기차는 주로 시골의 한적한 들판이나 산을 지난다. 기차에 탑승하면 토팸햇 사장님과 같은 검표원이 기차표를 검표해 아이들이 친근감과 호감을 더해주고, 기차역에 도착하면 잠시 사진을 찍을 수 있는 시간을 준다. 2005년에 〈Day out with Thomas〉란 명칭이 부여된 토마스 기차 체험 여행은 영국, 미국, 캐나다, 뉴질랜드, 호주 등에서 가능하다. 2007년부터는 토마스를 직접 보기도 하고 만들기도 하며 탑승까지 할 수 있는 체험을 제공하고 있다. 토마스 프리미엄 체험전은 단순 관람 차원의 기존의 전시회에서 벗어나 아이들과 부모가 함께 체험할 수 있는 다양한 프로그램으로 진화했다. 약 2시간에 걸쳐 토마스와 직접 놀이를 즐길 수 있는 프리미엄 체험관은 큰 호응을 얻으며, 매년 방문객이 증가하고 있다.37)

〈해리포터〉역시 시리즈가 완결되고 극장판도 마무리되는 시점에서 테마파크를 오픈했다. 해리포터 테마파크는 미국 플로리다 올랜도의 유니버설 스튜디오 안에 있으며 2010년 6월 18일 개장했다. 올랜도는 연간 약 4천여만 명의 관광객이 방문하는 세계적인 관광도시로써 세계에서 가장 큰 디즈니랜드를 비롯하여 환상적인 테마파크들이 있다. 지리적으로 유리한 곳에 있는 해리포터 테마파크는 개장 이전부터 이미 큰 관심을 모았다. 테마파크의 구성은 크게 'Rides(탈 것: 롤러코스터, 용-)', 'Shows(볼거리: 합창단, 응원과 훈련과 행렬, 지팡이 가게)', 'Shops(상점: 개구리 초콜릿과 호박 주스 등 판매)', 'Dining: 소설 속의 식당과 술집'으로 되어 있다. 이들은 공통으로 해리포터 소설과 영화 등에서 등장했던 캐릭터와 배경을 그대로 현실화해 관객들에게 픽션과 논픽션의 경계를 넘나들도록 하고 있다.

한국의 경우 캐릭터를 이용하여 대규모 야외 복합 테마파크를 설립하여 운영되지는 못하고 있다. 대규모 테마파크의 추진에는 많은 시간과 비용을 투입해야 하고, 설립 이후에도 흑자를 낼 가능성이 담보되지 못하고 있다. 한국에서는 적은 비용을 투자한 어린이 실내 테마파크들이 운영되고 있다. 〈뽀롱뽀롱 뽀로로〉의 경우 국내에 13개에 테마파크가 중국에 9개의 테마파크가 운영되고 있다. 이외에도 캐릭터를 소재로 한 실내 테마파크로 〈깜부의 미스터리 아일랜드〉, 〈코코몽 녹색놀이터〉등이 운영되고 있다.

6) 타기업과의 협력과 현지화

미키마우스를 비롯한 수많은 디즈니의 캐릭터들은 디즈니랜드를 중심으로 다양한 캐릭터 상품을 만드는 데에 활용되고 있으며, 여러 분야의 기업들과 협력하고 있다. 디즈니는 글로벌 패션 브랜드인 유니클로 (UNIQLO)와 콜라보하여 제품을 판매하고 있다. 그리고 캐주얼 의류브랜드 펠틱스(Feltics)와 콜라보하였고, 여성 SPA 브랜드 랩(LAP)과 미키마우스가 협업하여 'LAP+MICKY' 시리즈를 출시하였고, 'LAP+MICKY' 라인은 출시된 이후 일주일만이 97%의 판매율을 기록하였다. 우리나라 화장품 브랜드 에뛰드(Etude)는 2013년 미니마우스와 콜라보하여 고객의 호응을 받았고, 제품을 해외시장으로 수출하였다. 이처럼 미키마우스 캐릭터 디자인은 애니메이션과 무관한 다양한 부문에 활용되고 있으며, 협업하는 기업들의 매출 신장에 크게 이바지함으로써 로열티 수익을 창출하고 있다.[38]

산리오는 해외시장에 맞도록 현지 인력을 책임자로 두는 등 〈헬로키티〉가 세계 각처 현지의 필요에 맞는 캐릭터 브랜드가 되도록 상품화 전략을 수행하였다. 그 결과 450가지 이상의 캐릭터와 5만 종류에 이르는 관련 상품으로 구성되는 IP 생태계를 구성하게 됐으며, 이 중 직접 판매 비율은 35%에 불과하고 나머지는 모두 라이선스 제품이다. 산리오의 해외 라이선스 제휴 기업은 패션기업 ZARA(스페인)에서 시계 업체인 스와치(스위스), 쇼핑몰 월마트(미국)에 이르기까지 다양한 산업, 다양한 국가에 걸쳐 있다. 산리오는 이러한 기업들과의 제휴를 기반으로 직영점을 축소하여 비용을 절감하고, '예쁘고 귀여운 문화'의 수출이라는 기치 아래 캐릭터 IP의 상품화를 확대해 왔다. 그 결과 매출의 45% 이상이 로열티로 구성된 수익 구조를 가지게 된 것이다[39].

〈토마스와 친구들〉은 전 세계 130여 개국으로 수출되고 있는데, 이 과정에서 현지 기업과 협력하고 있다. 〈토마스와 친구들〉의 모든 권리를 보유한 HIT Entertainment가 모든 상품화 과정을 주도하기는 어렵다. 따라서 현지 기업과의 유기적인 관계 수립이 성공의 핵심이다. 현지

기업과의 협력은 해당 국가의 문화적 특수성과 비용 절감, 위험 감소 등의 측면에서 필수적이다. 나아가 라이선싱 수익을 극대화할 수 있어 부가가치를 높여준다.[40]

〈뿌까〉를 소유한 (주)부즈는 2003년부터 월트 디즈니 컴퍼니, 워너브러더스 등 글로벌 회사와 라이선스 계약을 하였다. 북미는 물론 유럽, 남미, 중동, 아시아, 아프리카 등에 캐릭터를 수출했고, 2003년부터 한국보다 해외에서 더 큰 인기를 얻기 시작했다. 뿌까는 유럽에서 인기가 높았고, 특히 프랑스의 캐릭터 시장에서〈뿌까〉가 1위를 하여 〈헬로키티〉를 능가하는 판매액을 기록한 바도 있다. 이러한 노력으로 부즈는 〈뿌까〉 캐릭터로 세계 150여 개국에 진출해 500여 개 파트너와 계약을 맺었다. (주)부즈는 500개의 라이선시를 보유하고 있으며 전 세계에는 약 400개에 해당하는 〈뿌까〉 전용 브랜드 매장이 있다. 3,000여 종의 캐릭터 상품을 판매하면서 〈뿌까〉를 활용한 제품을 늘려나갔다. 그 결과 10년 만에 해외에서 약 5,000억 원이 넘는 매출과 150억 원 이상의 로열티 수입을 올렸다. (주)부즈 수입의 90% 정도가 해외에서 발생했다.

3. 지식재산권을 활용하는 굿즈의 범위는 확대 중

1) 캐릭터 마케팅의 확장

(1) 캐릭터를 즐기는 문화의 확산

캐릭터가 그려진 상품 디자인이나 캐릭터를 활용한 상품 마케팅은 과거에는 어린이 대상 제품과 같은 특정 제품군에서 활용되었다. 하지만 현재는 특정 제품군에 국한되지 않고, 예전 같았으면 캐릭터를 내세우지 않았을 제품들도 마케팅과 브랜드 이미지 구축에 캐릭터를 적극적으로 활용하고 있다. 이는 새로운 소비층으로 부상하고 있는 MZ세대가 상품의 주 기능이나 가격뿐만 아니라 재미, 색다름 등 다양한 기준을 가지고 상품을 선택하는 소비 트렌드에 부합한다.[41]

과거에는 굿즈는 비물질적인 콘텐츠 상품인 콘서트, 뮤지컬, 스포츠 경기의 주체사가 공연이나 경기 그리고 스토리를 기억하고 기리고 싶은 사람들을 위해 제작하여 판매하던 기념품이었다. 2000년대 들어 아이돌의 공연에 사용한 야광봉과 아이돌 피규어와 같은 상품들이 팬덤을 묶어주는 매개체 역할을 하기 시작하였다. 아이돌 굿즈가 흥행한 열기는 브랜드 굿즈로 옮겨 붙었다. 손에 넣고 싶은 소장욕을 자극하는 굿즈가 본 품의 구매를 유도하는 마케팅 전략이 활기를 띠게 된 것이다. 많은 브랜드가 캐릭터를 만들어내고 이를 이용한 굿즈를 상품과 함께 판매하는 마케팅을 진행하면서, 본래 상품 자체보다 무료 또는 적은 금액으로 끼워팔고 있는 캐릭터 상품을 위한 구매가 줄을 잇고 있다.

MZ세대는 비교적 가격이 저렴하고 접근성이 좋은 식품에서는 재미있는 상품을 선호한다. 형상이나 빛깔만 봐도 연상되는 브랜드의 시그니처 이미지를 활용하기도 하고, 전혀 예상치 못한 이색 콜라보레이션이 주는 반전 매력을 추구하기도 한다. MZ세대들에게 투박해 보이는 1970~80년대 한국의 생활상을 재현한 소품들이 인기가 있다. MZ세대는 물건 하나를 사더라도 이야깃거리, 업로드 거리가 될 수 있는 특이한 아이템을 획득하는 것이 중요하다.[42] 한정판 굿즈 구매에 성공한 소비자들이 SNS를 통해 '인증사진'을 업로드하고 만족감을 표현하면서 이러한 마케팅이 더욱 확산하였다. 맥도날드에서 진행했던 피규어 증정 이벤트나 스타벅스와 진행한 희귀아이템 증정 이벤트를 진행할 때, 매장 앞의 긴 대기

행렬을 보여주는 인증사진들이 SNS에 잇달아 올라왔다. 캐릭터에 대한 긍정적인 인식이 확산하고, 각종 플랫폼에서 캐릭터를 활용한 새로운 시도들이 이어지면서 캐릭터를 즐기는 문화가 확산하고 있다.[43]

(2) 캐릭터 라이선싱에서 협업 사례[44]

캐릭터 IP를 이용하여 협업한 사례를 보자. 의류 브랜드 스파오(SPAO)는 수많은 협업 상품들을 제작해 왔다. 2015년부터 현재까지 마블, 엑소, 코카콜라, 스타워즈에서 시작하여 포켓몬, 피노키오, 곰돌이 푸, 빙그레, 라인프렌즈, 서울우유, 몬스터 주식회사, 펭수, 토이 스토리, 기생충, 겨울왕국, 환불원정대 등 영화, 애니메이션, 만화, 식품, 방송 등 모든 장르를 망라하는 300여 개의 콘텐츠 IP 라이선스를 활용한 협업 상품들을 제작했고, 총 8백만 장 이상의 누적 판매량을 기록했다. 초창기에 스파오는 마블, 스타워즈 등의 IP를 활용하되 로고나 이미지 등 일부 그래픽적 요소들을 사용하여 만든 '그래픽 티셔츠'를 콜라보 사업의 중심으로 시작했다. 이후 의복 전체에 IP 이미지와 캐릭터 등을 입히는 본격적인 콜라보 상품들을 제작하였다. 2020년 이후에 주 고객층인 MZ세대의 정치적 메시지나 라이프스타일 등을 반영한 콜라보 상품들을 만들어내기 시작했다. 스파오는 애니메이션 〈뽀로로〉에 등장한 귀엽고 착한 이미지의 캐릭터 '루피'에 대한 '짤'이 유행하는 것에 착안하여, 그 중 '잔망 루피'라는 이미지를 빌려 콜라보 제품을 2021년에 만들어내기도 했다.

케이비전은 팝 아티스트와의 협업을 통해 캐릭터를 브랜드화하고, 팝업 스토어 등을 통해 팬들의 참여를 이끌어내면서 아티스트와 캐릭터 IP의 가치를 높이는 작업을 한다. 케이비전은 '에스더 버니(Esther Bunny)'의 라이선싱 에이전트이다. '에스더 버니'는 한국계 미국인 일러스트레이터 에스더 김(Esther Kim)이 창작한 분홍색 토끼 캐릭터이다. 케이비전은 '에스더 버니'의 시각적 디자인과 세계관, 아티스트의 팬덤을 바탕으로, 체계적인 시장 분석과 리브랜딩, 1020 여성들이라는 명확한 타깃 설정을 설정하였다. 이후 에스더 버니는 화장품, 휴대폰 액세서리, 쥬얼리, 문구류, 가방, 주방용품, 침구, 패션, 봉제 인형, 스낵 등 다양한 상품들에 적용되었고, 이와 관련된 작가의 수필이 책으로 출판되기도 했다. 백화점 팝업 스토어를 비롯한 홍보관 운영, 출판 사인회 행사 등을 통해서 상품 체험뿐만 아니라 아티스트 에스더 김과 전 세계 팬들이 만날 수 있는 기회를 제공함으로써, 팬덤의 충성도를 더 끌어올리는 효과를 거두기도 했다.

크라우드 펀딩 플랫폼인 '와디즈'는 팬덤의 참여를 통한 크라우드 펀딩과 기획상품 발매, 그리고 기존의 콘텐츠 IP와 메이커들을 연결하는 콜라보 작업을 통해 다양한 라이선싱 상품을 만들어낸다. 후원자인 팬들은 자신이 좋아하는 것을 응원하고, 소장하고, 남들이 하지 못하는 특별한 경험을 원한다. 메이커들은 바로 그러한 팬덤의 필요를 파악하고 충족시킬 수 있는 콘텐츠를 제작하게 된다. 예컨대 〈로보트 태권브이〉를 한정판 만화책, 일본 만화 〈내일의 죠〉의 완전판과 프리미엄 굿즈, 군 복무를 마친 아이돌 그룹 '하이라이트'의 포토북 제작, 웹툰 〈독립일기〉의 게으름을 담아낸 리모컨 제작, 드라마 〈펜트하우스〉에 나온 클래식 음악 LP 제작 등이 있다.

와디즈에서 진행되는 프로젝트들은 개별 기획사나 제작사에서 주도하기도 하지만, 남다른 아이디어를 가진 팬들의 요구로 진행된다는 점이 특별하다. 와디즈는 이 플랫폼을 활용하는 메이커(창작자/제작자)들과 기존의 다양한 IP를 연결하여, 해당 IP 라이선스를 활용해 제품화를 진행하면 메이커들에게 펀딩 서비스 수수료를 제공하거나, 선발된 제품에 대한 영상 제작 지원, SNS 및 채널을 통한 홍보, 전시/판매를 지원하는 등 다양한 혜택을 제공한다. 예컨대 진로 소주의 두꺼비 캐릭터를 활용하여 라이선스 제품을 만들 때 공간전시, PD 컨설팅 등을 지원하며, 와디즈 사이트 및 SNS 채널 노출, 유가 홍보 등에 총 1,000만 원 지원, 두껍 상회와 진로 오프라인 채널을 통한 전시와 판매를 지원하는 사례가 있었다.

(3) 웹툰의 IP를 화장품과 식음료 마케팅에 적용[45]

화장품, 식음료 등 인기 콘텐츠 IP의 브랜드 인지도를 활용하여 콘텐츠 IP의 이름이나 캐릭터가 담긴 새로운 공산품을 출시하거나 기존 제품의 광고에 활용하는 전략이 적극적으로 행해지고 있다. 예를 들면 뷰티 플랫폼인 '파우더룸'은 자체 화장품을 출시하면서 웹툰의 IP를 활용하여 성공사례를 만들었다. 이들은 인기 웹툰인 〈여신 강림〉의 여주인공인 주경이의 여신 메이크업을 실제로 구현한다는 컨셉으로, 기획 단계에서부터 〈여신 강림〉의 야옹이 작가의 의견을 적극적으로 반영하여 제품을 개발하였다. 또 다른 예로 편의점에서 일어나는 일을 다룬 인기 웹툰 〈와라! 편의점〉의 소재와 타이틀을 활용하여 세븐일레븐은 (자체상표 상품으로 〈와라!〉 시리즈를 출시했다. 우유, 음료, 아이스크림 등으로 구성된 이 제품들은 젊은 층에 인기가 많은 웹툰 IP를 활용하여 젊은 층을 공략하였다.

(4) 명품도 캐릭터를 활용[46]

캐릭터 패션의 영역이 티셔츠나 스웨트셔츠 등 주로 진입 장벽이 낮은 저가 아이템 위주가 아닌, 명품 시계나 가방·주얼리 등 고가의 럭셔리 제품으로 확대되고 있다. 2020년 말부터 2021년 초에는 1980년대와 1990년대 유년 시절을 보낸 지금의 MZ세대가 공감할만한 추억의 캐릭터가 주로 소환됐다. 이는 진지하기보다 가볍고 쿨한 것을 선호하는 요즘 MZ세대의 입맛에 맞춰 젊어지려는 노력이 반영된 것으로, 추억 속의 만화 캐릭터를 활용해 '향수'를 자극하려는 전략이다.

'구찌', '코치', '오메가' 등 명품 패션과 시계 브랜드가 만화 캐릭터를 넣은 가방과 옷 그리고 시계에 새겨 넣었다. 이때 사용하는 만화 캐릭터는 〈도라에몽〉, 〈도널드 덕〉, 〈미키마우스〉, 〈이웃집 토토로〉 등이다. 이탈리아 패션 브랜드 '구찌'는 2020년 12월에 〈도널드 덕〉을 새겨 넣은 가방과 핸드폰 경우 등을 발매했고, 2021년 1월에는 〈도라에몽〉을 새긴 신발과 가방, 의류를 출시하였다. 스페인 가죽 브랜드 로에베는 〈토토로〉를 선택하여, 가죽 재킷, 티셔츠, 스웨트셔츠, 가죽 가방, 가죽 액세서리 등에 새겨넣었다. 2020년 12월에 뉴욕 패션 브랜드 '코치'는 〈미키마우스〉를 가죽 가방, 재킷 등에 그려 넣었다. 스위스 고급 시계 브랜드 '오메가'는 1,000만 원대의 시계에 친숙한 〈스누피〉를 새겨 넣었다.

2) 미디어 기반의 IP가 인기

(1) SNS와 애니메이션 기반 IP를 선호

2021년에 한국인이 좋아하는 캐릭터 상위 10개를 보면 〈카카오프렌즈〉(22.9%)가 1위이고, 그 다음으로 〈뽀롱뽀롱 뽀로로〉(7.8%), 〈펭수〉(6.0%), 〈마블〉(4.9%), 〈짱구는못말려〉(4.1%), 〈포켓 몬스터〉(3.4%), 〈도라에몽〉(2.5%), 〈헬로키티〉(2.4%), 〈미키마우스〉(2.0%), 〈겨울왕국〉(1.8%)

의 순이다.[47] 〈카카오프렌즈〉는 SNS 이모티콘으로 사용자들의 개인적 커뮤니케이션과 스토리텔링을 함축하는 상징적 의미가 IP로서의 가치를 이루고 있다. 〈뽀롱뽀롱 뽀로로〉, 〈짱구는못말려〉, 〈포켓 몬스터〉, 〈도라에몽〉, 〈미키마우스〉, 〈겨울왕국〉은 애니메이션 기반의 IP이고,[48] 〈펭수〉와 〈마블〉은 방송과 영화 기반의 IP이다. 8위를 차지한 〈헬로키티〉만이 디자인적 미감을 강조하는 전통적 의미의 팬시형 캐릭터이다.

하나의 캐릭터 IP가 시장에 등장하는 데에는 상당한 규모의 자원이 투입되어야 한다. 소비자의 선택을 받기 위한 전략도 중요하지만, 오랜 기간에 걸쳐 소비자의 호감을 유지할 수 있는 전략이 더 중요할 수밖에 없다. 많은 캐릭터 IP 산업 종사자들이 자사 IP 가치의 지속성을 확보할 수 있는 전략을 고민하는 가운데 전통적인 팬시형 캐릭터들보다 SNS, 애니메이션, 방송, 영화 등 다양한 미디어와 장르를 기반으로 한 캐릭터 IP들이 상대적으로 더욱 큰 선호를 받고 있다. 다양한 채널을 통해 반복적인 노출 기회를 창출할 수 있고, 짜임새 있는 세계관과 매력적인 캐릭터 구성 등 이야기적 요소를 통해 다양한 커뮤니케이션을 시도할 수 있으며, 여러 미디어 및 장르들과 협업할 수 있는 열린 구조를 갖춘 IP 들이 결과적으로 소비자에게 선호되고 있다.[49]

특히 대표적인 국산 소셜 네트워크 서비스인 카카오가 카카오톡, 카카오 스토리를 비롯한 다양한 서비스들에서 이용하기 위하여 2012년에 출시한 이모티콘 캐릭터인 '카카오프렌즈'는 국산 캐릭터를 대표하는 인기를 구가하고 있다. 〈카카오프렌즈〉는 국내는 물론이고 일본, 유럽 등 해외로까지 이어지고 있다. 캐릭터의 인기를 기반으로 문구, 팬시 등 라이선싱을 통한 굿즈 제작이 활성화되었고, 강남, 삼성 등 서울 주요 지역에 개점한 팝업 스토어는 많은 방문객을 끌어들이고 있다.[50]

(2) 이모티콘 캐릭터

인터넷과 모바일 환경에서 널리 통용되는 이모티콘은 감각적이고 상징적인 이미지 언어가 되어 새로운 의사소통의 한 방식으로 자리 잡았다. SNS에서 이모티콘은 문자와 기호를 조합한 형태로 사용되기 시작하였지만, 현재는 이미지와 음향이 포함되어 사용자의 복잡한 생각과 감정을 더 쉽게 전달할 수 있게 되었다. 이모티콘은 선천적이고 본능적인 표정, 감정 상태, 동작 등을 최소한의 기호를 사용하여 조합함으로써 가장 간결하게 압축된 형태로 표현된다.[51] 이모티콘 캐릭터는 다양한 형태의 표현이 가능하다. 표정이나 행동, 특정한 사물을 형상화한 이모티콘 캐릭터의 표현은 폭넓은 묘사가 가능할 뿐만 아니라 유머스러운 요소를 가지고 있어서 사람들 간에 재치 있는 대화를 가능하게 한다.[52]

이모티콘 캐릭터는 2011년에 라인과 카카오톡이 자체적으로 기획한 캐릭터 이모티콘 서비스인 '라인프렌즈'와 '카카오프렌즈'로 시작되었다. 2021년까지 카카오의 누적 개별 이모티콘 수는 약 30만 개, 누적 발신량은 2,200억 건을 넘었다. 이제는 하나의 이모티콘 캐릭터가 IP(지식재산권) 콘텐츠로 인식되면서 라이프스타일 사업으로 진화해 일종의 '이모티콘 생태계'를 조성했다.[53]

라인프렌즈는 넷플릭스, 슈퍼셀, 넥슨 등 글로벌 미디어·콘텐츠 기업과의 파트너십을 체결하고, MZ세대를 목표로 한 새로운 온라인 커머스 플랫폼을 런칭하는 등 디지털 콘텐츠 및 IP 비즈니스 경쟁력을 지속 강화해 왔다. 여기에 자사의 독보적 창조성을 기반으로 글로벌 아티스트(방탄소년단, 트레저, ITZY 등)의 인기 IP를 선보이며 전 세계의 MZ세대 팬덤을 확보했다. 2021년부터 라인프렌즈는 직접 보고 만질 수 있는 제품으로만 존재하던 캐릭터 IP를, 메타버스 트렌드에 맞게 가상공간

속에서 영향력 있는 인플루언서로 변신시키며 활동 영역을 넓혔다. 이를 대표하는 라인프렌즈 IP는 'BT21'로, BT21의 각 캐릭터는 이마트 '피코크', 농협 '목우촌' 등 음식 브랜드부터 '키엘' 등 뷰티 영역까지 진출하며 브랜드 모델로 활약했다. 라인프렌즈는 상점을 추가하고, 온라인 커머스를 확대하면서 매년 빠르게 성장하여 2021년도 글로벌 IP 거래량이 약 1조 원을 기록하였다.[54]

(3) 가상 캐릭터

과거에도 인터넷상의 캐릭터들이 인기를 바탕으로 광고 모델을 하거나 캐릭터 제품을 출시하는 등 상업적 활동을 한 예는 적지 않았다. 그러나 최근 등장하기 시작한 소셜미디어 내의 캐릭터들은 단순히 캐릭터 디자인 개발에 머물지 않고, 보다 적극적으로 캐릭터 자신만의 스토리를 창작하고, 이에 기반한 독자적인 세계관을 구축하는 사례가 증가하였다. 이른바 캐릭터를 활용한 세계관 마케팅이 활발하게 전개된 것이다. 세계관 마케팅에서는 브랜드나 상품을 의인화하여 대표할 수 있는 가상의 인격, 즉 페르소나(persona)를 만든 이후에 그 인물에 적합한 개성 있는 성격과 스토리텔링을 소셜미디어를 통하여 부여한다. 소셜미디어는 이용자와 활발한 소통이 가능하다는 특징 때문에, 이용자들은 소셜미디어의 계정 주인인 '캐릭터'가 실제로 살아있다는 느낌을 받기가 쉬우며, 이용자들의 반응을 통해 캐릭터의 세계관은 더욱 공고해진다.[55]

가장 활발한 활동을 벌이는 가상 캐릭터는 2016년 공개된 미국의 '릴 미켈라'다. 릴의 세계관은 미국 로스앤젤레스에 사는 브라질계 19세 미국인 가수다. 친근한 외모의 릴 미켈라는 뮤지션이자 버추얼 인플루언서(2022년 9월에 인스타그램 팔로워 수는 301만 명)이며 또한 프라다와 샤넬 등 패션 브랜드 모델로 활동하고 광고업계에서도 활약하고 있다.

게임회사는 게임을 홍보하기 위해서 가상 캐릭터를 만들었지만, 이 가상 캐릭터는 게임 홍보를 넘어 유튜버 채널을 운영하거나 가수나 모델로서 활동한다. 라이엇게임즈의 게임 캐릭터 걸그룹 'K/DA'이 가장 유명하다. 스마일게이터는 2018년에 캐릭터 유튜버인 '세아'를 선보였고, 2019년에는 가상 인간 '한유아'를 공개하였다. '한유아'는 기아 대책 홍보 대사, 패션 매거진의 화보 촬영, 음료의 CF 모델, 음원과 뮤직비디오의 출시 등 왕성한 활동을 하고 있다. 이외에도 넷마블, 넵튠, 크래프톤 등이 가상 인간을 공개하였다.

신한라이프는 2020년부터 가상 인간 '로지'를 광고와 홍보 모델로 활용하고 있다. '로지'에게는 22세의 젊고 발랄한 여성이라는 세계관이 부여되었고 로지는 SNS에서 활발히 활동하고 있다. 신한라이프는 로지를 보험 상품의 판매에 활용하고 있다. 롯데홈쇼핑은 2020년에 가상 인간 '루시'를 개발하여, 29세 루시의 본캐는 디자인연구원, 부캐는 패션모델이라는 세계관이 부여되었다. '루시'는 청순한 외모와 활발한 성격으로 SNS에서 인기스타가 되었다. LG전자가 개발한 가상 인간 '김래아'에게는 23세 여성으로 작곡 활동하는 인플루언서의 세계관이 부여되었다. 김래아는 2021년 CES의 온라인 컨퍼런스에서 연사로 프레젠테이션하였고, 인스타그램을 통해 활동하고 있다. 네이버는 3차원 가상 인간인 '이솔'을 개발하였고, '이솔'은 2022년 5월에 쇼핑 호스트로 화장품을 소개하였다.

3) 브랜드의 캐릭터화

브랜드 캐릭터는 로고, 기념품, 웹사이트 및 아이콘, 광고, 이벤트에서 소비자를 즐겁게 하는 등 다양한 마케팅 활동에 응용된다. 브랜드를 캐릭터화한 후 페르소나와 세계관을 부여하는 마케팅이 다양한 산업과 업종에서 빠르게 진행되었으며, 특히 식품 유통 업체에서 활발하게 사용되고 있다. 예전에는 캐릭터를 활용하여 자사 브랜드를 홍보하거나 자사 상품을 마케팅하였지만, 최근에는 캐릭터 자체에 초점을 맞추어 자사 브랜드가 아닌 타사 브랜드와 협업하거나 캐릭터 상품을 출시하는 사례가 일어나고 있다. 이러한 브랜드 마케팅 전략은 특히 MZ세대의 젊은 감성에 소구하여 젊고 역동적인 브랜드 이미지를 지속해서 유지할 수 있다.

매출이나 수익증대 외에도 브랜드가 캐릭터를 사용할 때 부가적으로 기대할 수 있는 효과들은 다음과 같다.

① 브랜드와의 정서적 연결: 수세기 동안 사람들은 사물, 식물, 동물에게 인간의 자질을 부여해 주었다. 브랜드 캐릭터는 인간이 물체를 통해서 세상을 이해하는 뿌리 깊은 인간의 속성을 잘 반영하고 있다. 간단히 말해서, 브랜드가 캐릭터를 통해 고객의 마음에 더 쉽게 다가갈 수 있다.

② 효과적인 커뮤니케이션: 브랜드의 '살아있는' 캐릭터가 소비자에게 직접 브랜드 메시지를 전달하는 것이 회사가 전달하는 것보다 더 쉬울 수 있다. 음성, 제스처, 표정과 같이 커뮤니케이션을 위해 사용하는 모든 도구를 쓸 수 있기 때문이다. 따라서 브랜드와 고객이 만나는 모든 고객 접점, 웹사이트 예약부터 복잡한 서비스의 사용법 설명에 이르기까지 캐릭터의 활용이 가능하다.

③ 브랜드 인지 향상: 인간의 뇌는 캐릭터를 통해 브랜드의 성격을 빠르게 이해하고, 후에도 쉽게 인식할 수 있다. 캐릭터만 보고도 브랜드를 빠르게 연상할 수 있고 기억할 수 있다.

④ 입소문에 효과적: 캐릭터는 종종 밈, 패러디, 토론 등 새로운 사용자의 버전을 만들어낸다. 그리고 이러한 입소문이 브랜드의 인기에도 영향

을 끼친다. 마스코트 캐릭터를 사용할 경우에 사용자 참여율이 증가한다
는 조사 결과도 있다. 화장지 회사 차민(Charmin)은 곰 캐릭터를 사용한
다음에 참여율이 무려 585%의 증가하였다고 한다.[56]

(1) 브랜드 캐릭터로 자사 상품 홍보 효과[57]

브랜드 캐릭터로 성공한 대표적인 사례로 KFC의 할아버지(샌더스 대
령), 버드와이저의 말(Clydesdales), 맥도널드의 광대(Ronald), 마즈(Mars)
에서 생산되는 초콜릿 캔디(M&M)의 캐릭터(초콜릿에 손, 발, 눈 등이 달린
캐릭터)를 들 수 있다. 브랜드 캐릭터를 사용한 광고는 그렇지 않은 광고
에 비해 브랜드 시장점유율이 37% 높았고, 수익은 30% 더 많았다는
조사가 있다. 미국에서 2019년 집행된 13,000개 이상의 광고를 분석한
결과, 캐릭터를 사용한 광고는 동종업계 평균 대비 신규고객 증가율은
8.9%, 시장점유율은 11.2%, 수익률 증가는 7.9%가 앞섰다고 한다.

캐릭터산업이 성장하며 브랜드 캐릭터 개발 사례도 많아지고 있지만,
성공하는 사례는 드물다. 실제로 은행을 포함한 금융권들은 경쟁적으로
캐릭터들을 만들었지만, 아직 두드러지게 화제를 만들지는 못했다. 오히
려 이미 알려진 캐릭터와 콜라보하여 출시한 상품이 소비자의 관심을
끌었다. 마케팅을 위해 캐릭터를 만들어 활용하는 경우보다 캐릭터를
중심에 두고 중장기에 걸쳐 육성하는 방식이 캐릭터 생명을 길게 만든
다. 실제로 성공적인 브랜드 캐릭터를 만들어낸 해외 사례를 보면, 오랜
기간에 걸쳐서 캐릭터의 생명력을 어떻게 키워왔는지 살펴볼 수 있다.

<그림 2> 미슐랭 맨, 노란 곰, 핑크 래빗

미슐랭 제품인 타이어와 유명한 레스토랑 가이드를 대표하는 캐릭터 미슐랭 맨은 1920년부터, 하리보를 대표하는 빨간 나비넥타이를 두른 노란 곰 하리보 캐릭터는 1989년부터, 듀라셀을 대표하는 핑크 래빗은 1973년부터 브랜드의 캐릭터가 되었고 현재까지 그 역할을 톡톡히 하고 있다.

(2) 브랜드 캐릭터 활용의 확대 사례

주류 기업인 하이트진로는 새로 출시된 소주의 브랜드 강화를 위하여 과거의 브랜드 대변인이었던 두꺼비 캐릭터를 부활시키고, 광고와 관련 굿즈를 제작하여 공급하는 방식으로 TV 광고와 소셜미디어 마케팅에서 활용하였다. 두꺼비 캐릭터가 뉴트로 열풍에 힘을 입어 인기를 얻자, 하이트진로는 2020년 국내 최초 주류 캐릭터 상점인 '두껍 상회'를 서울 성수동에 열고 두꺼비 관련 굿즈를 판매했다. 이는 추억을 소환하고자 하는 중년 소비층뿐만 아니라 MZ세대 사이에서도 화제가 되었다. 이들은 자신들이 다녀온 두껍 상회의 사진과 캐릭터 상품들을 '#두껍상회', '#두껍상회팝업스토어', '#두껍상회_성수' 등의 해시 태그를 붙여 인스타

그램 등 소셜미디어에 공유했다. 소비자들의 이런 활동은 복고풍 캐릭터에 관한 관심을 증대시켰다.[58]

빙그레가 2000년에 개발한 '빙그레우스 더 마시스'의 세계관 구축 사례를 보자. 세계관 속에서 빙그레우스는 빙그레 왕국의 후계자로, 온갖 시련 끝에 빙그레 인스타그램 계정 관리를 무사히 해내고 결국 왕위에 오른다는 설정이다. 이런 설정은 최근 유행하는 판타지 웹툰이나 웹소설의 설정처럼 보이지만, 이는 빙그레의 공식 페이스북과 인스타그램 계정에 올라온 빙그레우스의 전반적인 스토리텔링이다. 또한 캐릭터 외양 곳곳에 '바나나 우유'와 같은 빙그레의 제품을 형상화하는 등 다소 B급 감성의 캐릭터와 세계관이지만, SNS 이용자들 사이에서 빠르게 입소문을 타고 다양한 소셜미디어와 유명 커뮤니티로 공유되었다. 빙그레우스 세계관의 인기가 높아지자 빙그레는 '투게더리고리 경' 등 자사 브랜드에 추가적인 인격과 스토리를 부여하여 왕국 세계관을 확장하고 있다.[59]

대한제분은 1955년에 등록한 '곰표' 캐릭터를 브랜드로 활용하였다. 레트로(Retro) 감성을 중시하는 트렌드와 결합하여, 전통과 신뢰 등을 내포한 곰표 캐릭터 디자인과 서체를 활용하여 의류, 맥주, 스낵, 치약, 문구 등 다양한 분야의 라이선싱 제품에 적용하였다. 대표적인 성공사례가 '곰표 밀맥주'이다. 세븐브로이 맥주와 협업하여 2020년 5월 CU 편의점에 처음 출시하여, 2021년 6월까지 600만 개를 넘게 판매하여 하루에 평균 17만 캔씩 팔리는 성과를 거두었다. 이는 한강 주조와 협업해 만든 '표문 막걸리'의 인기로도 이어졌다. '표문'은 '곰표'를 뒤집어 표기한 것으로, 막걸리를 거꾸로 흔들어 마시는 데 착안해 만들어진 상품명이다. 수십 년이 지난 제조업 브랜드의 글자체와 상표를 캐릭터 IP로 활용하여, 그로부터 다른 상품과 콘텐츠들을 연계시키는 전략으로 성공사례가 만들어진 것이다.[60]

요약

　문화콘텐츠에 담긴 이미지와 스토리를 이용하여 상품을 제작하거나 라이선싱을 주게 되면 수익이 창출된다. 지식재산권은 한 번 사용한다고 해서 가치가 소멸하지 않는 비경합성을 가지고 있고, 오히려 사용할수록 가치가 증대되는 독특한 특성을 보유하고 있다. 하나의 IP를 다수의 상품 제조업자에게 라이선싱을 주어도 비용이 추가로 들지 않으므로 규모의 경제나 범위의 경제가 작동한다. 그리고 IP에 기반하여 제작된 상품이 판매되고 이용되는 과정에서 스토리가 다양화되고 트래픽이 만들어지면서 IP의 브랜드 가치가 상승한다.

　라이선싱 비즈니스와 캐릭터산업은 매우 밀접한 관계를 맺고 있다. 캐릭터 라이선싱은 캐릭터의 이미지, 영상, 디자인, 로고, 저작권 등을 상품이나 서비스 또는 홍보에 활용할 수 있도록 제삼자에게 허가 또는 위임하고 그 대가로서 저작권료를 받는 행위를 의미한다. 진정한 캐릭터산업은 디즈니에서 본격적으로 시작되었고, 캐릭터산업의 핵심은 디즈니처럼 라이선스 사업이다. 한국에서는 1990년 이후에 TV 애니메이션 IP를 기반으로 캐릭터 산업이 성장해 왔다. 2015년에 〈라인프렌즈〉와 〈카카오프렌즈〉의 디지털 캐릭터가 인기를 끌면서 이모티콘으로 소비되고 있고, 이 두 회사의 디지털 캐릭터는 문구, 인형, 디지털 가전, 여행, 오피스, 인테리어, 리빙, 키즈 등의 다양한 상품군으로 확장되고 있다.

　캐릭터 사업에서 성공하기 위한 방법을 보자. 첫째로, 이야기를 담고 있는 캐릭터가 성공할 가능성이 높다. 세계적으로 인기를 끌고 있는 캐릭터인 〈미키마우스〉, 〈토마스와 친구들〉, 〈해리포터〉, 〈피터 래빗〉,

〈아기공룡 둘리〉, 〈뽀롱 뽀롱 뽀로로〉 등은 모두 이야기에 기반을 둔 캐릭터이다. 성공할 캐릭터 중에 〈헬로 키티〉나 〈뿌까〉와 같이 캐릭터가 먼저 제작되고 이후에 이야기가 추가된 사례도 있다. 둘째로, 캐릭터의 장기적인 판매와 유지를 위해서는 디자인을 꾸준하게 업그레이드해야 한다. 월트 디즈니의 최초 캐릭터인 '미키마우스'로부터 최근 가장 흥행에 크게 성공한 〈겨울왕국〉까지 디즈니 애니메이션 캐릭터는 외형, 형식 그리고 가치가 변하였다. 〈헬로키티〉, 〈토마스와 친구들〉, 〈피터 래빗〉, 〈뽀롱뽀롱 뽀로로〉와 같이 시간이 지나도 인기를 유지하는 캐릭터는 외형을 바꾸고 친구나 가족 등을 추가하였기 때문이다.

셋째로, 캐릭터를 다양한 상품이나 콘텐츠에서 지속적으로 활용해야 한다. 고객은 사랑스러운 캐릭터와의 접점을 갖고 싶어 한다. 가능한 많은 기회를 제공하고 만족시키는 것이 비즈니스의 확대에 연결된다. 디즈니는 캐릭터의 성공을 위해서 모든 사업 부분을 동원하고, 〈헬로키티〉는 다양한 머천다이징을 하면서 동시에 뮤지컬, 애니메이션, 게임 등에 접목한다. 넷째로, 캐릭터는 보편성에 호소하는 공통적 가치인 범용성을 가져야 성공할 가능성이 크다. 지구 어느 지역이나 문화에도 적용할 수 있고 환영받으며 인기를 얻을 수 있도록 캐릭터가 만들어져야 한다.

다섯째로, 사람들이 캐릭터를 놀이나 음식으로 체험할 수 있고 캐릭터가 살아있다는 현실감을 느낄 수 있으면 캐릭터의 인기는 지속될 수 있다. 디즈니의 캐릭터는 디즈니랜드를 통해서, 〈토마스와 친구들〉도 토마스랜드를 통해서 체험할 수 있는 동시에 현실감을 느낄 수 있다. 〈해리포터〉 시리즈가 완결되고 극장판도 마무리되는 시점에서 테마파크를 오픈하여, 해리포터 소설과 영화 등에서 등장했던 캐릭터와 배경을 그대로 현실화해 관객들에게 픽션과 논픽션의 경계를 넘나들도록

하고 있다. 여섯째로, 캐릭터의 성공을 위해서는 타 기업과 협력하고 캐릭터를 각 국가의 상황에 맞게 현지화해야 한다. 디즈니는 패션 브랜드인 유니클로, 캐주얼 의류브랜드 펠틱스, 여성 SPA 브랜드 랩, 우리나라 화장품 브랜드 에뛰드 등과 협업하였다. 산리오는 〈헬로키티〉가 세계 각처 현지의 필요에 맞는 캐릭터 브랜드가 되도록 상품화하였고, 그 결과 450가지 이상의 캐릭터와 5만 개의 상품을 제작하였고, 이 중에서 65%가 라이선스 제품이다. 〈토마스와 친구들〉과 〈뿌까〉도 현지화에 적극적이다.

註

1) 이성민(2021, b)

2) 한창완(2021, 412쪽)을 다시 풀어씀

3) 박진옥(2012)

4) 김정경(2021, 157쪽)을 인용하면서 문구를 일부 수정함

5) 라이선스 에이전트는 라이선싱에 사용할 수 있는 전문 인력과 같은 내부 자원이 부족한 라이선서를 대신해 잠재적인 라이선시를 찾아내고 사업 가능성을 확인하여 라이선싱계약 관련 업무들을 일체 진행하는 역할을 한다. 대부분은 에이전트는 라이선서의 브랜드나 특정 IP를 독점적으로 중개한다. 최종결정권한은 라이선서에게 있으며 에이전트에 따라 라이선싱계약뿐 아니라 IP 활용 전략에 관한 컨설팅 서비스를 제공하기도 한다. 계약을 통해 얻은 수익의 일정 부분을 커미션으로 받는 것이 일반적이며 그 비율은 보통 30~40%이고 많게는 50%에 이르는 예도 있다. 그리고 에이전트와 라이선서간의 계약에 따라 해당 IP의 에이전트로서 활동하는 것에 대한 총비용을 라이선서에게 일괄 청구하기도 한다(이성민·이윤경, 2016).

6) 이성민·이윤경(2016, 47쪽)

7) 김영재·김종세(2019)

8) 한국콘텐츠진흥원(2019)

9) 박진옥(2012)

10) 김영호(2014)

11) 박천일(2002)

12) 박천일(2002), 김영호(2014)에서 재인용하면서 정리함

13) 김정경(2021, 150~152쪽)과 이성민·이윤경(2016, 53~54쪽)을 인용하면서 가필함

14) 한국콘텐츠진흥원(2020).

15) 한국콘텐츠진흥원(2015)을 풀어서 작성함

16) 김소형·최향미(2018, 6쪽)

17) 한국콘텐츠진흥원(2011, 385쪽)

18) 한국콘텐츠진흥원(2011, 409쪽)

19) 한국콘텐츠진흥원(2011, 430쪽)

20) 류우희·이종환(2015, 225쪽)

21) 김소형·최향미(2018, 9쪽)

22) 김명진(2001, 27쪽), 류우희·이종환(2015, 224쪽)에서 재인용

23) 한국콘텐츠진흥원(2011, 397쪽)을 풀어서 작성함

24) 한국콘텐츠진흥원(2011, 431쪽)

25) 류우희·이종환(2015, 227쪽, 232쪽)

26) 한국콘텐츠진흥원(2011, 354쪽)

27) 박진옥(2012)

28) 조인희·윤여광(2014, 5쪽), 김규찬 외(2021, 86~87쪽)

29) 한국콘텐츠진흥원(2011, 417쪽)

30) 한국콘텐츠진흥원(2011, 348쪽)

31) 김소형·최향미(2018, 8쪽)

32) 엄성필·이동일(2011, 156쪽)

33) 엄성필·이동일(2011, 157쪽)

34) 이은아(2010, 290쪽)

35) 한국콘텐츠진흥원(2022, 77쪽)

36) 박진옥(2012)

37) 한국콘텐츠진흥원(2011, 391~394쪽) 정리

38) 김소형·최향미(2018, 7쪽)

39) 엄성필·이동일(2011)

40) 한국콘텐츠진흥원(2011, 397쪽)

41) 한국콘텐츠진흥원(2022, 87쪽)

42) 이향은(2021.2.8)

43) 한국콘텐츠진흥원(2020, 68쪽)

44) 김규찬 외(2021, 104~109쪽) 정리

45) 김규찬 외(2021, 174~175쪽)

46) 유지연(2021.1.7) 정리

47) 한국콘텐츠진흥원 〈2021 캐릭터 이용자 실태조사〉

48) 〈포켓 몬스터〉는 게임이 원작이고, 〈도라에몽〉은 만화가 원작이지만, 한국에서는 게임과 만화보다는 애니메이션으로 알려지고 사랑받고 있다.

49) 한국콘텐츠진흥원(2022, 75쪽)

50) 한국콘텐츠진흥원(2022, 85쪽)

51) 조규명·김경숙(2004, 325쪽)

52) 조천천·김덕환(2019, 18쪽)

53) 이승연(2021.12.30)

54) 박정훈(2022.2.4)

55) 한국콘텐츠진흥원(2022, 85쪽)

56) 김은진(2021)

57) 김은진(2021)
58) 한국콘텐츠진흥원(2022, 87쪽)
59) 한국콘텐츠진흥원(2022, 86쪽)
60) 김규찬 외(2021, 105쪽)

제5장 오락기업이 지식재산권을 활용하는 방안

1. 오락 기업 경영의 본질[1]

1) 오락업의 본질은 스토리 - 사랑 - 수익화

기업은 그들이 충족시켜야 하는 고객의 필요에 집중해야 한다. 많은 기업이 그들이 만든 상품에 집중하면서 방향을 잃고 혼란에 빠지게 된다. 예를 들면, 석유 회사는 에너지가 아니라 화석 연료에 집착하다 태양열, 원자력, 지열 등의 기회를 놓쳤다. 20세기 초에 철도회사는 운송이 아니라 기차에 집중하다 버스, 자동차, 트럭 등의 기회를 놓쳤다. 개별 오락기업을 그 기업이 만든 상품으로 정의하는 경우가 많다. 마블은 만화를 만드는 회사로, 마텔은 장난감을 만드는 회사로, ESPN은 스포츠 채널로 정의하는 데, 이렇게 정의하면 새로운 사업 기회를 놓칠 가능성이 크다.

월트 디즈니가 1957년에 직접 그렸고, 현재 할리우드의 모든 경영자들이 신봉하는 디즈니의 전략맵(플라이휠, 〈그림 1〉)을 보자. 사람들은 이 전략맵에서 순환 구조의 중심에 IP가 있다고 기억한다. 그러나 이는 잘못된 기억이다. 순환 구조의 중심에는 IP가 아니라 '스튜디오의 창의적 재능(Creative Talent of Studio)'과 '극장 영화(Theatrical Films)'가 있다.

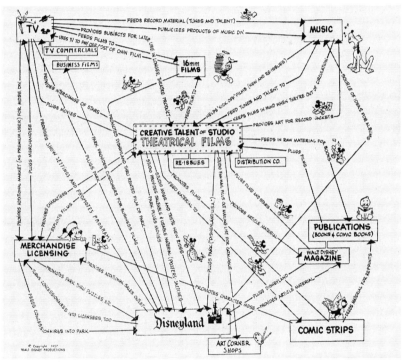

주) 월트 디즈니가 1957년에 작성한 메모로 디즈니의 성장 전략을 제시하고 있다. 순환 구조의 중심에는 '스튜디오의 창의적 재능'과 '극장 영화'가 있다. 이를 중심으로 TV, 음악, MD, 라이선싱, 디즈니랜드, 출판, 잡지 등으로 사업을 확장해야 함을 보여주고 있다.

〈그림 1〉 디즈니의 전략 지도(1957)

디즈니를 IP 기업이나 영화제작사로 정의하는 것은 옳지 않다. 디즈니의 영화 스튜디오는 세계에서 최고다(2019년에 디즈니의 영화 스튜디오 사업은 2위보다 두 배의 매출과 세 배의 영업이익을 기록하였다). 하지만 디즈니의 테마파크 사업은 영화 스튜디오보다 2배 이상의 매출과 영업이익을 기록하였다. 그리고 디즈니의 미래는 소비자에게 직접 제공되는 OTT 플랫폼 디즈니+에 달려 있는데, 이 플랫폼은 주로 극장 영화가 아니라 TV 시리즈를 통해 성장한다. 또한 마블과 DC코믹스는 만화를 만들던 회사에서 탈피한 지 30년이 넘었다. 넷플릭스의 창업자이자 CEO인 리드 헤이스팅스는 "넷플릭스가 기술 기업인지 미디어 기업인지"라는 질문에 수년간 답을 하지 않다가 2021년에 "우리는 오락 회사"라고 답을 했다.

본질적으로 '오락(=엔터테인먼트) 사업'은 다음의 세 가지로 정의된다; ① 스토리를 만들고 전하는 것, ② 이 스토리를 사랑하게 만드는 것, ③ 이 사랑을 수익화하는 것. 엔터테인먼트 비즈니스의 핵심은 얼마나 많은 IP를 가지고 있느냐가 아니라, 이 IP를 얼마나 사랑하도록 만드느냐가 핵심이고 본질이다. 디즈니가 콘텐츠 업계에서 오래 살아남을 수 있었던 이유는, 그리고 디즈니가 픽사, 마블, 루카스 필름, 21세기 폭스 등을 계속해서 인수할 수 있었던 이유는, 콘텐츠 업계에서 이 사랑을 수익화하는 데 있어 디즈니가 역사상 가장 탁월하기 때문이다.

2) 스토리 – 사랑 – 수익화에서 최고는 디즈니

오락 사업의 본질은 디즈니를 살펴보면 잘 알 수 있다. 디즈니는 오락 사업의 본질인 스토리를 창작하고, 스토리를 사랑하게 만들고, 사랑을 수익화하는 데서 최고이기 때문에 업계를 선도하고 있다. 지금 마블이 전 세계 가장 큰 영향력을 행사하는 이유는 역사상 그 누구보다 해당 캐릭터들을 사랑하게 만드는 능력이 탁월하기 때문이다. 그것도 일시적이 아니라 거대한 세계관 속에서 오래도록 사랑하게 만들고 있다. 사랑받는 하나의 IP는 무한한 공간 저 너머까지 비즈니스를 키우고 확장할수 있다. 오락 사업의 핵심은 사랑하는 스토리를 만들고, 그 사랑을 수익화로 잘 연결하는 것이다.

(1) 스토리를 만들고 전달하기

디즈니는 최고의 스토리를 가지고 있고, 스토리를 전달하는 능력도최고다. 디즈니의 MCU는 마블 IP를 활용하는 21세기폭스나 소니의 영화보다 그리고 DC코믹스를 활용하는 워너브러더스의 영화보다 더 좋은성과를 내고 있다. 〈스파이더맨〉의 저작권을 보유한 소니의 영화사업대표는 2016년에 디즈니가 〈스파이더맨〉의 영화를 가장 잘 제작하므로〈스파이더맨〉의 영화 저작권을 디즈니에게 매각한다고 발표했다. 루카스 필름의 창업자인 조지 루커스는 은퇴를 계획하면서 회사를 디즈니에게 넘겼다. 이 결정에는 디즈니가 〈스타워즈〉와 같은 캐릭터의 중요성을잘 이해하고 있고, 캐릭터를 보호하고 발전시키는 방법을 잘 알고 있다는점이 크게 영향을 미쳤다.

2021년 기준 프랜차이즈 영화의 세계 흥행 순위를 보면 〈마블시네마틱 유니버스〉가 1위로, 2위인 〈스타워즈〉의 2배를 능가하는 수익을 보였고, 3위는 〈해리포터〉, 4위는 〈제임스 본드〉, 5위는 〈분노의 질주〉가기록하였다. 5위에서 10위는 〈엑스맨〉, 〈배트맨〉, 〈반지의 제왕〉, 〈DC확장 유니버스〉, 〈스파이더맨〉, 〈쥬라기 공원〉이 기록하였다. 수십 개의 영화사가 지난 20년 동안 저작권이 만료된 수십 편의 서양 고전 IP(타잔, 로빈후드, 킹 아서, 드라큘라, 빨강 망토, 백설 공주, 그리스와 이집트 신화, 정글북, 헤라클레스, 지킬박사와 하이드 등)를 영화로 제작하였다. 하지만 이들 영화의 흥행 성적은 좋지 않았는데, 흥행 성적이 좋은 영화가 손해를 보지 않는 정도였고, 대부분 영화는 큰 손실을 보았다. IP가 이익과 손실을 결정하지 않고, IP를 어떻게 활용하는지가 더 중요하다.

(2) 사랑하게 만드는 것

디즈니는 IP에 대한 소비자들의 사랑(팬덤)을 어느 오락기업보다 잘 이끌었다. 지금 마블이 전 세계에서 가장 큰 영향력을 행사하는 이유는 역사상 그 누구보다 해당 캐릭터들을 사랑하게 만드는 능력이 탁월하기 때문이다. 그것도 일시적이 아니라, 거대한 세계관 속에서 오래도록 사랑하게 만들고 있다.

마블은[2] 자체적으로 시네마틱 유니버스를 시작하던 2000년대 중반에 자신들의 인기 캐릭터들을 쓸 수 없었다. 왜냐하면 마블은 그 이전에 소니나 20세기 폭스 등에 인기 캐릭터의 영화화 판권을 판매하였기 때문이다. 마블이 영화를 제작하는 경험을 쌓고, 브랜드 가치가 점차 쌓이면서, 영화 편당 매출액은 거의 두 배 증가하였다. MCU의 1단계(처음 5년)에는 연간 1.2편의 작품을 개봉했고 작품당 2.9억 달러를 미국에서 벌었다. MCU의 3단계인 2016년 이후에 MCU는 연간 2.75편을 선보였고 작품당 4.5억 달러로 증가하였다. 2021년까지 MCU는 12편의 후속편들을 출시하였는데, 평균적으로 각 후속편은 시리즈의 전작에 비해서 31% 많은 수익을 기록했다.

스토리텔링에 있어 무엇보다 중요하고 가장 근본적인 차별점을 만들어내는 것은 사랑(혹은 팬덤)이다. 영화나 미디어에 기반한 비즈니스가 고정 비용을 많이 지출하는 영업 레버리지에 기반한 비즈니스[3]를 능가한다. 스토리텔링 비즈니스의 경우 특정 콘텐츠를 사랑하게 만들기 위해서 큰 비용을 요구하지 않는데, 이는 스토리에 대한 사랑의 가치가 엄청나게 크기 때문이다. 디즈니와 같은 기업은 콘텐츠에 대한 사랑으로부터 엄청난 수익을 만들어낸다.

이를 확인해주는 사례를 보자. 먼저 영화에 대한 '관객 평가'[4)와 '영화의 전체 수익을 개봉한 첫 주 수익으로 나눈 배수' 간의 관계를 보자. 〈표 1〉을 보면 관객의 평가 점수가 높을수록 개봉 첫 주 수익에 비해서 전체 수익이 더 많음을 알 수 있다. 그런데, 디즈니 영화는 '관객 평가' 점수가 다른 메이저가 제작한 영화에 비해서 압도적으로 높았다. 마블이 2021년까지 출시한 23개의 영화 중에서 '관객 평가' 점수가 1개만 B이고 나머지는 모두 A였다.

〈표 1〉 영화의 관객 평가 점수별 수익 구조(2004~2014년)

관객 평가	영화 수	평균 수익(백만$)	전체수익/첫주 수익
A+	22	176	4.8
A	138	151	3.6
A-	262	91	3.5
B+	281	69	3.2
B	239	57	2.9
B-	167	37	2.7
C+	102	33	2.4
C	59	37	2.5
C-	34	23	2.3
D+	14	18	2.4
D	12	22	2.1
D-	4	21	2.3
F	11	17	2.2

자료: CinemaScore

영화에 대한 사랑의 가치는 공급이 제한된 상품과 결합했을 때 강력한 효과가 나타난다. 영화관 입장이나 TV 시청은 누구나 할 수 있지만, 엘사 드레스의 수량은 제한되어 있고, 놀이공원이 수용할 수 있는 인원은 정해져 있다. 제한된 공급 하에서 사랑(친밀감)이 증가하면 상품의 가격은 많이 증가한다. 디즈니랜드에 가고 싶은 사람이나, 딸 때문에 엘사 드레스를 구매해야만 아버지는 가격에 민감하지 않다. '조금' 더 사랑하게 만들면 엄청난 매출과 큰 이익이 발생한다.

게다가 인기가 있는 프랜차이즈 콘텐츠를 이용하여 밈, 움짤, 팬픽, 비평 등을 제작하거나 소비하는 사람들이 많다. 이러한 행위는 강력한 마케팅이자 콘텐츠가 된다(이에 따라 영화로 제작되기도 한다). 예를 들면 〈왕좌의 게임〉 팬 여러 명이 마인크래프트 내에서 협업해 '킹스 랜딩'(왕좌의 게임에 등장하는 주요 도시 중 하나)이라는 가상 도시를 건설하였는데, 이 가상 도시에 수백만 명이 방문하였다.

(3) 사랑을 수익으로 변환

디즈니는 사랑을 수익으로 만드는 데도 탁월하다. 디즈니는 테마파크, 크루즈, 아이스쇼, 브로드웨이 뮤지컬, 상품, TV 시리즈 등을 통해서 IP에 대한 사랑을 수익화한다. 그 어떤 미디어 회사도 디즈니와 같은 정도의 수익화 수단을 가지고 있지 않다. 테마파크를 세계 최초로 최적화된 소액 결제 '게임'으로 볼 수 있다. 테마파크에서 정글 크루즈의 기념사진을 찍고, 미키 컵케익을 사고, 패스트패스 이용권을 구매하며, 어벤져스 아카데미 티셔츠를 입어 보는 등을 하면서 결제한다. 물론 DC코믹스나 트랜스포머 시리즈를 마블을 더 이상 사랑하는 사람들도 있을 것이다. 그러나 이 프랜차이즈들은 디즈니에 비해 상대적으로 팬 사랑을 구축할 기회나 경로가 더 적고, 사랑을 수익화하는 능력이 디즈니에 미치지 못한다.

디즈니의 철학은 어떤 아이든 원한다면 엘사 드레스를 입을 수 있어야 하고, 밤에 〈겨울왕국〉 파자마를 입고 〈카〉 캐릭터 침대에서 잠들 수 있도록 해 준다는 것이다. 이 철학이야말로 사람들의 마음을 사로잡고, 그 사랑을 키우는데 절대적이다. 어떤 사람은 현대적인 〈스타워즈〉 카펫을 원하지만, 누구는 미식축구팀 유니폼을 입은 미키마우스가 그려진 티셔츠를 입고 싶어 할 수 있다. 그런데 디즈니가 직접 이 모든 것을 충족해 주기 어렵다. 그래서 디즈니는 제삼자에게 생산과 유통을 담당하도록 한다. 디즈니가 다른 사업자와 함께 캐릭터를 사랑하는 이들의 욕구를 충족시켜 줌으로써 직접적으로 얻는 수익은 크지 않지만, 이렇게 만들어진 사랑을 다른 영역에서 수익화한다. 〈스타워즈〉에 나오는 광선검 장난감 하나를 라이선싱해서 버는 10달러는 작지만, 광선검을 가진 아이가 스스로가 제다이 기사라고 상상하게 만드는 가치는 엄청나게 크다.

3) 핵심은 스토리가 아니라 사랑

MCU가 크게 성공한 것은 그들이 다른 프랜차이즈보다 스토리를 더 잘 만들기 때문이 아니고, 그 스토리로 팬덤의 사랑을 잘 불러일으켰기 때문이다. 또한 사랑은 만병통치약이기도 하다. 〈배트맨과 로빈〉의 작품성이 낮았더라도, 디즈니가 만든 〈스타워즈 시리즈〉 중 몇 작품이 실망을 안겨주었더라도, 팬덤은 그 프랜차이즈에서 위대한 차기작이 나오기를 기다린다. 프랜차이즈는 잘 이용하면 다시 회복할 수 있다. 디즈니는 〈스타워즈〉의 후속편에서 실패하였다. 그러나 〈스타워즈〉 캐릭터를 이용한 〈만달로리안〉을 제작하여 2019년 11월 이후 디즈니＋에서 개봉하였는데, 팬들의 큰 사랑을 받았다.

인기 있는 IP를 이용하여 제작한 영화 중에서 흥행 실적이 저조한 사례를 보자. 2016년에 DC코믹스의 영화 〈배트맨 대 슈퍼맨〉과 〈수어사이드 스쿼드〉는 흥행에 성공하였다. 그러나 2년 후에 DC의 간판 작품인 〈저스티스 리그〉는 DC에서 가장 인기 있는 캐릭터(배트맨, 슈퍼맨, 원더우먼)가 총출동했지만, 흥행이 성공적이지 않았다. 디즈니가 루카스 필름을 인수한 이후에 〈스타워즈〉 프랜차이즈는 창작 과정에서 의사결정의 문제와 미숙한 운영으로 팬덤의 기대를 충족하지 못하고 저조한 흥행 성적을 기록하였다. 에피소드 8 〈라스트 제다이〉는 에피소드 7 〈깨어난 포스〉보다 낮은 성적을 기록했고, 에피소드 9 〈라이즈 오브 스카이워크〉의 실적은 〈깨어난 포스〉의 절반 수준이었다. 스타워즈의 두 번째 스핀오프 시리즈였던 〈한 솔로: 스타워즈 스토리〉의 매출은 첫 번째 스핀오프인 〈로그 원: 스타워즈 스토리〉의 1/3 정도에 불과하였다. 팬덤의 사랑을 충족하지 못하면 흥행에 성공할 수 없음을 보여주었다.

해리포터의 〈위자딩 월드〉 유니버스는 아마 그 잠재력 대비 개발이 가장 되지 않은 IP일 것이다. 개발이 되지 않았던 이유의 상당 부분은 〈신비한 동물 사전〉 시리즈가 흥행에 실패하고, J.K 롤링에 대한 논란 때문이다. 이 IP 프랜차이즈는 2011년에 이후에 팬덤의 사랑을 구축하지 못하였고 이에 따라 수익을 창출하지 못하였다. 해리포터 시리즈의 마지막 영화가 2011년에 개봉한 이후 세 편의 영화만이 상영되었고, 게임은 출시되지 않다가 2023년에 3인칭 오픈 월드 액션 RPG 게임(〈호그와트 레거시〉)으로 출시를 앞두고 있다. 이 세계관을 다룬 소설은 2007년 마지막 권이 나왔다. 이후 연극 공연이 있었고 유니버설 스튜디오 세 곳에 테마파크가 들어섰지만, 극히 소수의 해리포터 팬덤만이 접근할 수 있었다. J.K 롤링의 디지털 팬덤 플랫폼인 포터모어(Pottermore)는 제대로 런칭되지 못하고 2019년에 사실상 문을 닫았다. 해리포터의 영화화 판권은 2016년부터 NBC유니버설과 워너미디어 사이를 오가고 있다.

적지 않은 사람들이 꽤 좋은 스토리를 만들고, 적당한 수익을 올릴 수 있다. 하지만 큰 이익은 작품에 대한 팬들의 사랑이 만들어낸다. MCU의 성공은 스토리를 잘 만들기 때문이 아니라, 그 스토리로 팬덤의 사랑을 잘 불러일으켰기 때문이다. 밥 아이거가 회장이었던 기간에 디즈니의 IP 전략의 변화를 보면 사랑을 받은 것이 중요하다는 것을 잘 알 수 있다. 밥 아이거 체제 전반기에 〈토이 스토리〉, 〈카〉, MCU 시리즈와 같은 대작을 출시하고, 또한 새로운 블록버스터 프랜차이즈를 출시하거나, 수십 년 전에 인기가 있었던 프랜차이즈를 되살리고 했다. 〈트론: 새로운 시작〉, 〈투모로우랜드〉, 〈존 카터〉, 〈론 레인저〉, 〈오즈 그레이트 앤드 파워풀〉 등이 후자에 해당한다. 그러나 이 작품들의 흥행은 실패하였고, 일부 영화만 손익분기를 맞추었다. 이 경험을 한 이후에 디즈니는 대중의 인지도가 높고 이미 많은 사랑을 받고 있던 프랜차이즈를 확장하고 개발하는 데 집중하게 되었다.

음악 산업에서도 사랑이 중요함을 살펴보자. 음악 산업은 전반적으로 '앨범'의 형태로 스토리를 전달하고, 팬덤의 사랑을 일으켜서 수익을 만들어왔다. 하지만 시간이 지나며 콘서트 경험과 음악의 형식이 획기적으로 발전하였지만, 앨범의 제작 과정은 변하지 않았다. 그 결과 '콘서트'가 앨범의 스토리를 전하고 사랑을 일으키며 가장 큰 수익을 만드는 수단이 되었다. 대부분 아티스트의 경우 수익전략의 핵심은 음악 그 자체에 있지 않다. 음악은 그 브랜드의 스토리를 전달하고 사랑을 주입하는 매개에 불과하다. 〈카니예 웨스트〉, 〈리한나〉, 〈제이지〉 등은 음악이 아니라 다른 영역에서 훨씬 더 많은 돈을 번다. 〈트래비스 스캇〉이 90분간 진행한 포트나이트 콘서트에는 3,000만 명이 참가하였다. 스캇이 이

콘서트에서 최초로 공개한 노래(The Scotts, a collaboration with Kid Cudi)
는 그 다음 주에 바로 빌보드 차트 1위에 올랐다.

4) 가장 사랑받는 매체는 게임

디지털 게임은 최근 20년 동안 가장 많은 사랑을 만든 장르이다. 할리
우드가 최근에 〈헤일로〉, 〈슈퍼 마리오〉, 〈디아블로〉, 〈소닉〉, 〈젤다의
전설〉, 〈라스트 오브 어스〉, 〈바이오 쇼크〉, 〈메탈 기어 솔리드〉, 〈폴아
웃〉, 〈포켓몬〉 등 게임 IP를 영화화하고 있다. 이들 게임 IP는 여러
세대에 걸친 팬덤의 사랑을 확보했고, 여러 차례 리부트와 기술적 진보를
통해 스토리텔링의 수준을 높여왔다. 게임은 사랑을 일으키는 강점(몰입
감, 상호작용성 등)이 엄청나다. 집에서 혼자 영화를 볼 때보다 영화관에서
(집에서 혼자 볼 때보다 누군가와 함께) 볼 때 훨씬 더 많이 웃는다. 게임은
이러한 '사회성'과 '집단 스토리텔링 경험'의 잠재력을 보여주고 있다.
한편 게임 배급사들이 자사 IP를 영화화/TV시리즈화하는 이유가 수익
화를 위해서가 아니라, 자사의 콘텐츠에 대한 팬덤의 사랑을 새로운 스토
리로 지속하고 구축하고자 한다. 시가총액이 2조 달러가 넘는 마이크로
소프트는 자사의 게임 시리즈인 〈헤일로〉5)를 드라마화하는 파라마운트
로부터 저작권료를 받지 않았다.6) 시가총액 300억 달러인 파라마운트
(구 바이아컴CBS)에게 수백만 달러에 불과한 드라마화 판권료를 받지 않
은 이유는 판권료가 상대적으로 작아서 〈헤일로〉 게임의 수익성을 그다
지 개선해주지 않기 때문이다. 게임을 드라마로 제작함으로써 게임 개발
사는 IP 프랜차이즈에 대한 사랑과 팬덤을 구축할 수 있기 때문에, 드라
마화의 판권료를 할리우드 제작사로부터 받지 않는 것이다. 오락산업에
서 선형적 스토리 구조를 가진 비디오보다 게임의 힘이 더 커졌음을

보여주는 사례이다.

한편, 게임 업계가 팬덤을 일으키기 위해 할리우드에게 게임 스토리를 영화화/시리즈화해 달라고 부탁하는 것과 같이, 할리우드가 게임 회사들에게 자사 프랜차이즈의 게임화를 요청하고 있다. 루카스 필름의 스타워즈 IP는 2003년에 처음으로 게임화되어 〈스타워즈: 베틀프론트〉가 출시되었고, 이후 후속작이 시도되었으나 여의찮았다. 2012년 말에 루카스 필름을 인수한 디즈니는 후속 게임의 제작을 2013년에 일렉트로닉 아츠(EA)는 맡겼다. EA는 2014년 6월에 멀티플레이어 게임인 〈스타워즈 배틀프론트 2〉를 공개하였고, 싱글플레이어 프랜차이즈(〈스타워즈 제다이: 오더의 몰락〉, 2019년 출시), 멀티플레이어 우주전쟁 게임(〈스타워즈: 스쿼드론〉, 2020년 출시), MMO(〈스타워즈: 구 공화국〉, 2011년 출시)를 갖고 있으며, 인기 있는 MMO 시리즈(〈스타워즈: 구 공화국의 기사단〉)의 속편이 2023년에 출시될 예정이다.

넓게 보면, 1983년 영화 〈제다이의 귀환〉 이후 스타워즈 프랜차이즈의 최고 스토리는 영화나 TV 시리즈가 아니라 게임(대부분은 EA)에서 나왔다. 팬들은 2019년에 나온 영화 〈어벤져스: 엔드게임〉보다 게임 〈포트나이트〉에서 '어벤져스: 엔드게임'을 훨씬 더 긴 시간 이용하였다. 게임에서의 경험은 디즈니의 테마파크, 굿즈(goods), OTT보다 훨씬 더 몰입감 있는 경험을 더 많은 사람에게 손쉽게 전달할 수 있다. 그리고 〈닥터 둠〉이나 〈쉬 헐크〉 같은 새로운 캐릭터를 영상이 아니라 게임에서 소개한 것을 대중은 더 친근하게 받아들이고 더 사랑한다. 〈스타워즈〉 프랜차이즈를 게임화하여 저작권자인 디즈니와 게임기업인 EA는 큰 이익을 거두었다; 〈스타워즈〉의 스토리가 더 풍부해지고, 더 많은 사랑을 받으며, 더 많은 수익을 얻었다. EA가 게이머와 직접 관계를 맺고 데이터를 수집하는 데, 이를 통해서 D2C 미디어 플랫폼과 스토리텔링 생태계를 구축하고 있다.

디즈니는 〈스타워즈〉의 게임화 권리를 EA에게 주었는데, 계약기간이 2023년까지임에도 불구하고, 2021년에 루카스필름 게임즈는 2021년에 유비소프트 등 다른 게임회사들과도 협업하며 〈스타워즈〉 라이선스를 다각화하겠다고 발표했다. 이는 〈스타워즈〉의 게임화를 더욱 확장하겠다는 디즈니의 의도가 반영된 것으로, EA에만 의존하기보다 다수의 게임 회사와 협업하는 것이 창의적인 스토리를 전달하고, 사랑을 일으키는 데 유리할 것이다. 또한 게임 산업이 오락산업 중에서 가장 수익성이 좋은 부문으로 바뀌고 있는 점도 고려되었을 것이다.

한편 게임은 비디오 스트리밍과는 다르게 쉽게 따라잡을 수 없는 분야다. 게임 개발사를 인수해서 디즈니 IP 게임들을 자체 개발하여 게임 시장을 주도할 수 없다. 게임을 제작하고 운영하기 위해선 콘텐츠를 온라인으로 선형적으로 제공하는 것과 근본적으로 다른 기술이 필요하다. 〈캡틴 아메리카〉 캐릭터를 마텔에 라이선싱해서 방패 모형을 만드는 것과 다르다. 미디어 회사가 단순히 '팬덤'을 위해 게임 산업에 진입할 수 없다. 게임 개발사의 입장에서도 자사의 창의적 역량이나 컨셉을 라이선싱 타이틀에 투자하지 않는다. 왜냐하면 게임 개발사는 라이선스 비용을 지불하지 않고 사용할 수 있는 타이틀에 최대한 집중해 최대의 수익을 내기를 원하기 때문이다. 또한 라이선스를 받은 업체는 IP의 장기적인 발전보다는 자신들이 사용할 수 있을 때 그 가치를 극대화하는 데 집중할 것이다. 디즈니의 밥 아이거는 2019년에 "디즈니는 게임 산업에서 가장 잘할 수 있는 분야가 퍼블리싱이 아니라 라이선싱이라고 결론 내렸다"라고 발표하였다.

5) 최종 목표는 트랜스미디어

2019년에 넷플릭스가 오리지널 시리즈 〈위쳐〉를 공개하였을 때, 2015년에 발매된 디지털 게임 〈위쳐 3〉의 플레이어 수는 3~4배 증가하였고, 출간된 지 30년이 된 원작 소설은 뉴욕타임스 베스트셀러 목록에 다시 올라 미국에서만 50만 부가 재발행 되었다. 조지 R. R. 마틴의 대하 판타지 소설 시리즈인 〈얼음과 불의 노래〉는 1996년부터 출간되어 2011년까지 1,500만 부 정도 팔렸다. 그런데 이 소설을 원작으로 한 TV 시리즈 〈왕좌의 게임〉이 2011년부터 방영된 이후 10년간 소설책이 9,000만 부 이상 팔렸다. 이것이 정확한 트랜스미디어 스토리텔링의 사례는 아니지만(같은 내용을 다른 매체로 옮겨 놓은 경우도 있다), 이야기를 직접 경험하고 싶은 욕구가 점차 늘고 있다는 사실을 잘 보여준다. 그리고 〈스타워즈〉, 〈마블〉, 〈배트맨〉, 〈슈퍼맨〉 같은 프랜차이즈들이 영화, TV 시리즈 그리고 만화를 서로 결합하고 있다(역으로 에픽게임즈의 슈팅 게임 〈포트나이트〉는 만화 영역에 진출하고 있다). 스토리텔링 업계는 영화에서 게임으로 향하고 있는 것으로 보인다.

버츄얼 프로덕션(Virtual Production)과 실시간 렌더링이 가능한 게임엔진을 이용하게 되면 IP의 게임화가 더욱 가속화될 것이다. 현실 스튜디오와 가상 스튜디오의 작업실(digital backlot)이 결합해 완전히 가상의 영역에 들어가고, 여기서 생성된 디지털 자산(디지털 영상, 게임 아이템 등)을 여러 프로덕션이 공유할 것이다. 그러나 이 작업을 수행할 수 있는 기업은 많지 않다. 자신만의 IP와 다양한 역량, 여러 사업부와 창작자 간의 긴밀한 협력이 필요하다. 아마존, 구글, 애플 같은 주요 기술 회사들은 IP, 게임, 비디오 영역에 약하다.

디즈니는 IP 분야에서 압도적이고 영화를 TV 시리즈화하는 등 트랜스미디어 영역에서의 전문성을 가지고 있지만, 상호작용이 가능한 경험과 자산을 가지고 있지 않다. 이 자산을 인수하여 해결할 수 있을 것으로 보이고, 테마파크 분야에서의 전문성을 적용할 수도 있을 것이다. 워너브러더스는 게임, 영화, TV시리즈의 제작과 유통을 잘하고, 소비자에게 서비스하는 OTT 플랫폼인 HBO Max를 보유하고 있다. 그러나 자체 시네마틱 유니버스나 세계관을 기반으로 소셜 게임을 만드는 역량은 초기 단계에 있다.

　소니도 게임을 포함한 트랜스미디어를 구현할 수 있는 능력을 보유하고 있다. 소니는 20여 년간 세계인의 공감대를 형성하고 내러티브를 갖춘 스토리 IP를 많이 개발하였다. 대표적인 IP로 〈갓 오브 워〉, 〈언챠티드〉, 〈데스 스트랜딩〉, 〈스파이더맨〉(PS용) 시리즈가 있다. 소니는 1993년에 디지털 게임회사인 '소니 인터랙티브 엔터테인먼트(SIE)'를 설립하였다. SIE는 전 세계에서 가장 많이 팔린 게임기인 플레이스테이션(PS) 시리즈를 제작하였고, 이에 탑재되는 게임 소프트웨어를 제작하는 수십 개의 스튜디오를 보유하고 있다. SIE는 2019년에 영화/TV 스튜디오를 자회사로 설립해서 게임 IP를 영상화할 계획을 발표하였다. 〈메탈기어 솔리드〉를 영화로 제작한다고 발표했지만, 현재까지 개봉되지 않았고, 〈언챠티드〉는 영화로 제작되어 2022년에 개봉되었다. 소니는 온라인 멀티플레이 게임, UGC 그리고 오락산업의 트렌드에 대한 대응에 취약한 편이다.

　라이엇게임즈는 글로벌 최고의 게임 프랜차이즈인 〈리그 오브 레전드(LOL)〉를 서비스하고 있다. 2009년 이후 라이엇게임즈는 〈LOL〉의 스핀오프 게임들을 세 개(모바일 MOBA, 트레이딩카드 게임, 그리고 오토배틀러) 출시하였다. 또한 2021년에 넷플릭스에서 공개한 애니메이션 시리즈 〈아케인〉에서 〈LOL〉의 매력적인 캐릭터와 세계관을 제대로 표현했다는 평가를 받았다. 라이엇게임즈는 〈LOL〉의 멤버들로 구성된 가상의 K-POP 걸그룹(K/DA)을 2018년에 데뷔시켜, 두 번이나 빌보드 차트 정상을 차지하였고, 첫 뮤직비디오는 한 달 만에 유튜브에서 1억 뷰(2022년 5월 말 기준 5.1억 뷰)를 기록했다.

닌텐도도 트랜스미디어를 수행할 잠재력을 보유하고 있다. 닌텐도는 1980년대 후반에서 1990년대 초에 자사 IP를 제삼자를 통해 확장하려고 시도했다. 하지만 창작적 측면, 상업적 측면, 비평적 측면에서 모두 저조한 성과를 보여주었다. 애니메이션 TV 시리즈인 〈슈퍼 마리오 브라더스 슈퍼 쇼!〉, 극장용 애니메이션 〈슈퍼 마리오〉, 그리고 필립스가 제작한 CD-i 콘솔용 게임인 〈젤다의 전설〉은 볼 만하지 않다는 악평을 받았다. 이 실패로 닌텐도는 라이선싱을 극단적으로 줄였다(포켓몬 게임을 만든 닌텐도는 포켓몬 저작권을 보유한 포켓몬 컴퍼니의 지분을 32% 보유하고 창작에 개입하지 않는다. 다만 포켓몬을 이용한 소비자 상품과 애니메이션 비즈니스를 대규모로 운영한다).

하지만 2010년대 중반 들어 닌텐도는 다시 라이선싱 사업을 적극적으로 하고 있다. 닌텐도와 NBC유니버설은 2014년에 '슈퍼 닌텐도 월드'를 개발하는 계약을 체결하였고(예상보다 늦어진 2021년에 개장함), 기존의 유니버설 스튜디오에 슈퍼 닌텐도 월드를 추가하려고 한다. 산하의 일루미네이션 엔터테인먼트(〈미니언즈〉, 〈마이 펫의 이중생활〉을 제작)와 함께 1993년에 이어 두 번째로 영화 〈슈퍼 마리오〉를 제작하여 2023년에 개봉할 계획이다. 닌텐도는 2020년에는 처음으로 〈마리오〉를 레고 제품으로 출시하였고, 〈포켓몬 고〉를 개발한 나이언틱과 함께 AR 모바일 게임인 〈피크민 블룸〉을 2021년 10월에 발매하였다. 게임 IP를 TV 시리즈나 영화로 제작하여 얻을 수 있는 수익은 자체 게임이 성공할 때 수익에 비하면 작다. 게다가 TV 시리즈나 영화가 제대로 제작되지 않으면 팬덤의 사랑에 해를 끼칠 수도 있다. 그러나 인기 TV 시리즈나 영화보다 팬덤을 넓힐 수 있는 수단은 없다.

오락기업은 영화나 TV 시리즈를 제작하거나 스토리를 개발하는 회사라기보다는 '스토리 자산(IP)'을 관리하고 운용하는 회사라고 보아야 한다. 그리고 IP가 더욱 사랑받도록 관리하고 운용해야 한다. 이익이 작을 수 있는 작품이나 서비스가 큰 가치를 만들어낼 수도 있다. 우리가 어릴 때 보았던 애니메이션의 IP나 학용품의 캐릭터가 영화나 TV 시리즈물로 나왔을 때 진심으로 성공하기를 바랄 수 있다. 워너브러더스의 DC, 디즈니의 마블 스튜디오 산하의 만화 사업의 매출이 작고 때로는 적자를 낼 수도 있다. 하지만 만화는 스토리를 사람들에게 전달하고, 팬덤의 사랑을 이끌어낼 수 있는 비용이 적게 드는 매체다.

대부분의 MCU 시리즈는 최근 10년간 출간된 (잘 알려지지 않은) 만화의 에피소드를 기반으로 제작된다. MCU의 최고창작책임자(CCO) 케빈 파이기는 출중한 제작자이지만, 더 중요한 사실은 만화에서 새로운 스토리가 탄생하고 발견되며 정제된다는 것이다. 2018년에 개봉된 영화 〈스파이더맨: 뉴 유니버스〉의 주인공 '마일즈 모랄레스'는 2011년에 만화에 처음 등장했고, 2022년 6월에 개봉된 MCU TV 시리즈 〈미즈 마블〉의 주인공 '미즈 마블'은 2013년에 만화로 데뷔했다. MCU TV 시리즈에서 아이언맨의 역할을 물려받게 될 10대 천재 흑인 소녀 '리리 윌리엄스'는 2016년에 마블 코믹스에 소개되었다.

최근 15년간 TV/비디오의 변화보다 게임이 더 많이 변화하면서 소비자에게 중요하게 되었다. 2021년의 MCU 영화나 TV 시리즈가 2008년의 〈아이언맨〉에 비해 더 상호유기적이고 복잡하며 비주얼도 뛰어나지만 크게 다르지 않다. 반면에 게임에서 '실시간 서비스', '소셜 멀티플레이', 'UGC' 등을 통해서, 게임이 보다 '상호유기적'이게 되었고, '몰입감'도

더 높아지며, 보다 '깊은 내러티브'를 갖추게 되었다. IP를 보유한 오락기업이 반드시 게임 스튜디오를 소유할 필요는 없지만, 단순히 라이선싱을 넘어서는 종합적이고 유기적인 스토리텔링 전략을 갖추어야 한다.

우리는 언제나, 우리가 좋아하는 스토리에 대해 더 많은 것을, 더 자주, 더 다양한 곳에서, 더 다양한 매체를 통해 소비하고 싶어 한다. 우리는 〈스타워즈〉 7편, 8편, 9편에 질렸더라도, 〈만달로리안〉과 그 다음 시즌을 기다린다. 코로나19가 유행하면서 더 많은 사람이 더 많은 시간 게임을 했다. 그런데 우리는 새로운 게임을 하지 않고 예전부터 좋아하던 게임을 더 많은 시간 플레이하였다. 선택받은 소수의 스토리는 더욱 큰 혜택을 누리게 될 가능성이 크다.

예전에는 스토리들이 연재만화, 게임, 영화, TV 등 매체별로 1위 경쟁했다. 그래서 여러 승자가 공존할 수 있는 여지가 있었다, 각 영역의 승자가 도달할 수 있는 범위가 어느 정도 제한되었다. 하지만 머지않아 모든 프랜차이즈가 모든 매체에 대해 주도권 싸움을 벌이게 될 것이다. 승자는 영화, TV시리즈, 게임, 팟캐스트 할 것 없이 모든 카테고리를 제패하며 그들을 사랑하는 팬덤과 상호 작용할 것이다. 그리고 좋아하는 프랜차이즈가 꾸준히 더 많은 것을 제공하면, 팬들은 다른 곳을 쳐다보거나 시간을 쓸 이유가 없게 될 것이다. 앞으로 작은 스토리들이 존재하지 않거나 소비되지 않거나, 혹은 인기를 끌지 못하게 되지는 않을 것이다. 다만 그들은 대체로 중심이 아니라 주변을 차지할 가능성이 크다. 물론 새로운 스토리 프랜차이즈가 떠오르고, 기존 프랜차이즈가 사라지는 현상은 지속될 것이다. 오락산업은 훌륭한 스토리, 팬덤의 사랑, 수익화가 순환되면서 움직이고 있다. 이를 가장 잘하고, 가장 많이 하는 쪽이 이길 것이다.

2. 디즈니가 지식재산권을 가장 잘 활용

1) 디즈니의 역사와 최근 사업전략

월트디즈니컴퍼니는 세계적인 엔터테인먼트 기업으로 1923년 월트 디즈니와 그의 형 로이 디즈니가 시작하였다. 월트 디즈니는 애니메이션을 문화상품이자 예술 작품으로 만들어낸 인물이다. 또한 그는 미키마우스, 도널드 덕, 플루토, 구피 등 다수의 애니메이션 캐릭터를 개발하면서 20세기 캐릭터산업을 개척하였다. 그리고 월트는 1955년 테마파크 '디즈니랜드'를 건설하여 어린이들이 상상하고 꿈꾸던 것이 눈앞에서 현실화하는 경험을 할 수 있도록 하였다.

현재 디즈니의 사업구조는 2018년에 재조직된 것으로, 1) 방송 서비스(Media Networks), 2) 테마파크 등(Parks, Experiences and Products), 3) 영상 스튜디오(Studio Entertainment), 4) OTT 서비스(Direct-to- Consumer & International)의 네 부문으로 구성되어 있다(〈표 2〉 참조).

〈표 2〉 디즈니 사업 부문별 주요 사업 내용

사업 부문	대표 기업	사업 내용
방송 서비스	ABC, 디즈니채널, ESPN, National Geographic 등	텔레비전 방송 프로덕션 및 배급, 텔레비전 방송 네트워크, 미국 내 텔레비전 스테이션 소유권, 미국 내 및 국제적인 케이블 네트워크, 미국내 라디오 방송 네트워크와 라디오 방송국 사업
테마파크 등	디즈니랜드 및 리조트, 디즈니 크루즈라인, 디즈니 스토어 등	플로리다, 하와이, 캘리포니아, 파리, 홍콩, 상하이, 도쿄 등의 테마파크, 라이선싱, 디즈니 스토어 사업
영상 스튜디오	월트디즈니픽처스, 픽사, 마블, 루카스필름, 20세기 폭스 등	디즈니 프린세스, 토이스토리, 어벤져스, 스타워즈, 개그맨 등의 영화 및 드라마 시리즈 제작
OTT 서비스	디즈니+, hulu, ESPN+	온라인 스트리밍 서비스

사업 부문별 특징을 보면, 먼저 방송 서비스는 텔레비전 방송 사업이 핵심으로 디즈니에서 가장 매출 규모가 크다. ABC 방송과 산하 293개 지역 방송국이 중심이다. 둘째로 테마파크 등 부문에는 캘리포니아, 플로리다, 하와이, 파리, 상하이, 도쿄 등의 세계 주요 도시에 있는 테마파크와 리조트 사업, 다양한 소비재를 생산하는 라이선싱과 로열티 사업, 그리고 자체 상품을 개발 판매하는 디즈니 스토어 사업 등으로 구성되어 있다.

셋째로 영상 스튜디오 부문은 월트디즈니픽쳐스, 픽사(Pixar, 애니메이션 제작사), 마블(Marvel, 만화와 영화 IP 보유), 터치스톤(Touchstone, 영화사), 루카스필름(Lucas films, 영화사), 21세기폭스(21st Century Fox, 영화사), 드림웍스의 '라이브액션모션픽쳐'(Dreamwork's Live action motion picture, 애니메이션 제작사) 등 할리우드 스튜디오가 포함되어 있다. 1990년대 이후 디즈니는 2006년에 픽사(7.4억$), 2009년 마블(4억$), 2012년에 루카스필름(4.06억$), 2019년에 20세기 폭스(713억$) 등을 인수하였다. 이들 스튜디오가 가지고 있는 원천 IP를 활용해서 다른 사업 부문들과 시너지 효과를 창출하려는 전략에 따라 이들 스튜디오를 인수하였다.

넷째로, DTC와 국제 부문은 OTT 서비스인 hulu, 디즈니플러스, ESPN플러스로 구성되어 있다. 2022년 10월 기준 각 서비스의 유료 가입자 수를 보면 디즈니플러스는 1억 6,420만 명, hulu는 4,720만 명, ESPN플러스는 2,430만 명이다. 이들 서비스는 해외에 진출하고 있는데, 디즈니플러스는 2019년에서 2020년 유럽 각국에 진출하기 시작했고, 인도, 일본, 인도네시아 및 라틴아메리카에 2020년, 싱가포르, 말레이시아, 한국 등에 2021년 진출하였으며, 터키, 폴란드, 아랍에미리트, 남아프리카공화국 등 42개국에 2022년에 진출할 예정이다.

디즈니의 역사 간략히 살펴보자. 디즈니는 1923년 〈이상한 나라의 앨리스〉를 만들면서 처음 엔터테인먼트 사업을 시작했고, 1927년 할리우드에 월트디즈니스튜디오를 설립한다. 1928년 디즈니의 상징인 〈미키마우스〉 캐릭터를 제작하였고, 1929년에 미키마우스 캐릭터의 라이선스를 어린이용 책상에 처음으로 주었고, 이후 인형, 장난감 등의 소비재 상품 등으로 확장한다. 또한 〈도널드 덕〉, 〈플루토〉, 〈구피〉 등의 캐릭터를 개발하였다.

디즈니는 1933년 닥친 미국의 대공황기에 성장하게 된다. 1933년에 개봉한 단편 애니메이션 〈아기 돼지 삼형제〉의 주제곡이 인기를 끌었다. 1937년에 첫 장편 애니메이션인 〈백설공주와 일곱난장이〉를 만들었고, 〈피노키오〉(1940), 〈아기 코끼리 덤보〉(1941), 〈신데렐라〉(1950), 〈이상한 나라의 앨리스〉(1951), 〈피터팬〉(1953) 등을 연달아 성공시키며 애니메이션 산업에서의 독보적인 위치를 점하게 되었다. 2차 세계대전 이후 〈트레져 아일랜드〉(1950), 〈메리 포핀스〉(1964) 등의 극 영화로 사업을 확장했다.

월트 디즈니는 1950년대에 들어 테마파크와 텔레비전으로 사업을 확장한다. 텔레비전에는 1954년에 처음 진출하였고, 1955년~1959년간 〈미키마우스 클럽〉이 방송되었다.[7] 〈미키마우스 클럽〉이 오랫동안 흥행에 성공하면서 미키마우스가 대중들에게 친숙하게 되었고, 귀걸이, 목걸이 등의 장신구부터 필통, 신발, MP3 플레이어 등에 미키마우스 모양이 들어가게 된다. 1955년에는 미국 캘리포니아주 애너하임에 최초로 디즈니랜드를 개장하였으며, 국내 시장에서의 성공 이후 디즈니랜드를 세계 곳곳에 지속해서 확장하고 있다.

1960년대 들어서면서 디즈니 브랜드들은 라이브 액션, 애니메이션, 텔레비전, 테마파크와 각종 소비재 상품들로 대중적으로 확고하게 자리잡는다. 1966년 디즈니의 창업주인 월트 디즈니가 사망한 후에 후계자들이 제대로 경영하지 못하였다. 1970년대와 1980년대 디즈니는 엔터테인먼트 사업보다 디즈니랜드를 중심으로 한 오락과 부동산 사업을 우선하면서 디즈니의 영화들은 실패하는 경우가 많았고, 디즈니랜드의 입장객 수도 가장 많았던 시기의 절반으로 줄었다. 디즈니가 창의력을 등한시하면서 콘텐츠의 경쟁력이 없어지자, 다른 부분의 경쟁력도 상실한 것이다.

재정적으로 어렵던 디즈니사는 1984년에 마이클 아이스너를 CEO로 영입하게 된다. 디즈니 CEO가 된 아이스너는 디즈니의 운영 방식을 완전히 뜯어고치고 새로운 전략을 취하게 된다. 비용을 절감하고, 디즈니의 캐릭터를 현대화하며, 사업의 다각화와 기업의 시너지를 높이기 위한 사업전략을 구사한다. 비용 절감과 애니메이션 영화(〈인어공주〉, 1989; 〈미녀와 야수〉, 1991; 〈알라딘〉, 1992; 〈라이온 킹〉, 1994)의 성공으로 1990년대 중반에 디즈니사의 재정과 사업은 회복되었다. 이를 바탕으로 아이스너는 1993년에 독립영화사 미라맥스를 인수하고, 1995년에 ABC와 ESPN을 보유한 캐피털 시티스를 인수한다. 이를 통해 디즈니는 지상파와 스포츠 채널을 보유하면서 콘텐츠 제작뿐만 아니라 배급에서도 강자가 되었다. 아이스너의 임기 동안 디즈니의 시가총액은 20배가 넘게 증가하였고 디즈니는 종합 미디어 그룹으로 성장하였다.

한편 아이스너의 지휘 아래 디즈니는 중앙집권적이고 관료적인 조직으로 변하였다. 그리고 아이스너와 디즈니 회장 자리를 두고 다투었던 '제프리 카젠버그'가 인재를 대동하고 퇴사하면서 만든 드림웍스와 스티브 잡스가 만든 픽사가 2000년대 이후 애니메이션 부문에서 디즈니를 능가하였다. 2000년대 들어서 디즈니의 애니메이션과 영화가 흥행에서 대부분 실패하였고 9.11테러로 관광 산업이 둔화하면서 디즈니의 수익이 감소하였다. 이러한 상황에서 아이스너는 창업주 일가와 갈등을 빚으면서 회장 자리를 '밥 아이거'에서 넘겨주게 된다.

2005년에 디즈니의 CEO가 된 아이거는 전임자와는 달리 각 부서의 책임자에게 권한 위임하여 자율성을 발휘하도록 하였다. 아이거는 회사의 핵심 전략으로 ① 고품격 브랜드 콘텐츠의 창출, ② 기술에 대한 투자, ③ 글로벌 성장을 제시하였다. 이 전략에 따라 디즈니는 픽사, 마블, 루카스필름, 20세기 폭스 등을 인수하였다. 또 상하이 디즈니 리조트와 홍콩 디즈니랜드를 개장하여 테마파크를 확장하였으며, 디즈니플러스를 런칭하여 세계 시장으로 진출하였다. 아이거는 2020년 2월에 디즈니 CEO에서 퇴임하였고, 후임에는 1993년 이후 디즈니에서 근무한 밥 차이펙이 취임하였다. 차이펙은 2년여 만인 2022년 11월에 사임하고, 후임 CEO로 아이거가 다시 등장하였다.

디즈니의 핵심 성장 동력은 장르의 확장, 업종 간 융합, 포맷 다변화 등을 통해 세계 시장에서 이뤄지는 'OSMU' 전략이다. 디즈니는 보유한 스타 캐릭터를 활용해서 뮤지컬, 영화, 책, 만화, 테마파크, 게임, 완구, 생활용품 등으로 사업을 확장해 사업 간 시너지를 창출하고 있다. 월트 디즈니는 1957년에 직접 그린 그림(전략 지도)에서 디즈니는 창의적 재능으로 극영화를 제작하고 이를 활용하는 프로세스를 직관적으로 표현하였다. 월트는 창의적 재능과 영화를 텔레비전 프로그램, 음악, 출판, 캐릭터 상품, 테마파크로 연계하여야 함을 제시하였고, 이후에 디즈니는 리조트, 크루즈 라인 어트랙션, 모바일/디지털 게임을 추가로 연계하면서 발전하는 전략을 사용하고 있다.

2) 디즈니의 OSMU 전략

디즈니의 경쟁력은 저작권으로 보호되는 잘 구축된 포트폴리오에서 나온다. 디즈니는 창작된 스크립트, 캐릭터, 애니메이션 스타일, 영화, TV프로그램 등의 IP를 철저하게 자산화하고 보호한다. 디즈니는 2005년 이후 IP를 보유한 기업을 인수하여 포트폴리오를 늘렸다. 디즈니는 보유한 IP를 독점적으로 활용하여 수익을 창출한다. 디즈니의 IP 확장전략을 '에버그린 전략'(새로운 지식재산권을 추가해 독점 기한을 늘려가는 전략)[8]으로 볼 수 있다.[9] 디즈니는 일찌감치 캐릭터와 애니메이션 스토리를 이용한 디즈니 테마파크를 운영하고 있고, 캐릭터 등을 이용한 상품을 생산하고, 타 브랜드와 유통사와 제휴하여 완구, 문구, 책, 홈비디오 엔터테인먼트 등의 상품을 제작하고 유통한다.

머천다이징뿐만 아니라 디즈니는 애니메이션을 놀이공원에 구현하고 또한 실사 영화로 제작하는 장르 전환 전략을 수행하고 있다. 디즈니랜드의 모든 놀이기구와 상품은 디즈니의 애니메이션을 이용해서 만들었다. 놀이기구는 디즈니 애니메이션의 스토리라인을 바탕으로 디즈니의 캐릭터들을 활용하여 만들었다. 디즈니랜드 내의 인형부터 먹거리까지 상품은 대부분 디즈니의 캐릭터를 이용하여 만들어졌다. 디즈니랜드는 디즈니의 애니메이션이 구현된 세상으로, 소비자들은 디즈니랜드에서 일상의 세계에서 읽어버린 꿈과 환상을 찾을 수 있다.

디즈니는 애니메이션 영화를 실사 영화(라이브 액션)로 제작하여 개봉하는 프로젝트를 1990년대부터 진행하여 성공하였고, 2010년대 이후에는 애니메이션에서 전환된 실사 영화로 큰 수익을 거두고 있다. 디즈니는 특이하게 테마파크의 놀이기구에서 아이디어를 얻어 영화를 제작한 사례도 있는데, 〈캐리비안의 해적: 블랙 펄의 저주〉(2003)와 〈헌티드 맨션〉(2003), 〈정글 크루즈〉(2021)가 그것이다. 〈캐리비안의 해적〉은 흥행에 성공하여 이후 2017년까지 4편의 속편이 추가로 제작되었다. 2021년에 개봉된 〈정글 크루즈〉는 동명의 놀이기구가 원작이다. 〈정글 크루즈)는 1955년에 캘리포니아에 조성된 디즈니랜드가 개장할 때 만들어진 최장수 놀이기구로, 안내원 '스키퍼(Skipper, 선장)'가 모는 유람선을 타고 강줄기를 따라 남미, 아시아, 아프리카 원시 열대우림을 탐험한다.

(1) 디즈니의 캐릭터와 OSMU

디즈니는 창립 이래 수많은 캐릭터를 창조했고, 그 캐릭터들은 모두 독특한 개성과 스토리로 전 세계인들의 사랑을 받았다. 디즈니의 여러 캐릭터 중에서도 미키마우스는 특별한 의미가 있다. 전 세계적으로 사랑받기 시작한 첫 번째 캐릭터이자 지금의 디즈니가 성장할 수 있는 초석을 다져 준 캐릭터이기 때문이다.

디즈니는 캐릭터를 시간, 환경, 역사적 배경의 변화에 따라서 섬세하게 조정하고 진화시키는데, 미키마우스는 이러한 전략은 잘 보여주는 캐릭터이다. 1928년 개봉한 〈증기선 윌리(Steamboat Willie)〉를 통해서 인기를 얻게 된 초창기의 미키마우스 캐릭터는 클래식 음악에 맞춰 노래 흉내를 내는 쾌활한 성격의 캐릭터였다. 생동감 넘치는 미키마우스는 1929~1933년 대공황 당시 어려움에 빠져 있던 미국인을 위안하였다. 그러나 장난스러운 미키마우스 캐릭터가 어린이들에게 부정적인 영향을 준다는 평가를 받은 후, 미키마우스 캐릭터는 더욱 얌전하고 온순한 성격으로 변형된다. 첫 탄생에서부터 90년이 넘는 시간에 디즈니는 미키마우스 캐릭터에 생명을 불어넣었고 마치 살아있는 캐릭터로서 하나의 인격체처럼 이름과 성격, 여자 친구, 가족을 부여하였으며 지속적인 성장을 통해 오늘날의 미키마우스를 완성하였다.

디즈니는 유럽이나 아시아 등 타국의 문화원형을 소재로 애니메이션 작품을 주로 제작하였다. 이는 미국의 역사가 일천하여 문화원형에 한계가 있기 때문이다. 실제로 고전적인 디즈니 애니메이션인 〈백설공주와 일곱난장이〉나 〈신데렐라〉와 같은 유럽을 배경으로 한 작품이 있고, 〈뮬란〉, 〈모아나〉, 〈코코〉와 같이 중국, 폴리네시아, 멕시코를 배경으로 한 작품도 있다(〈표 3〉 참조). 디즈니는 타국의 문화원형을 적극적으로 발굴하여 차용하거나 변용하여 애니메이션 작품을 제작한다. 이를 통해서 디즈니는 다양한 스토리와 캐릭터를 개발할 수 있고, 개발된 스토리와 캐릭터는 다양한 문화권의 관객들에게 소구될 수 있다.

〈표 3〉 디즈니 애니메이션의 원작

애니메이션	원작	국가
백설공주와 일곱 난쟁이(1937)	그림 형제 "백설 공주"	독일
신데렐라(1950)	구전 동화	지중해 문화권
피터팬(1953)	제임스 배리의 연극 "피터팬"(1904년 초연)	영국
인어공주(1989)	안데르센의 "인어공주"	덴마크
알라딘(1992)	천일야화(앙투안 갈랑 편)의 "알라딘과 마술램프"	프랑스
뮬란(1998)	"목란사"(남북조시대 작자 미상)	중국
라따뚜이(2007)	식당 'LA TOUR D'ARGENT'이 모티브	프랑스
라푼젤(2010)	그림 형제의 "라푼젤"	독일
겨울왕국(2010)	안데르센의 "눈의 여왕"	덴마크
모아나(2016)	폴리네시아 신화 "마우이"	폴리네시아
코코(2017)	멕시코 명절(망자의 날)이 모티브	멕시코

김소형, 최향미(2018)는 디즈니의 대표 캐릭터인 '미키마우스'와 흥행에 크게 성공한 〈겨울왕국〉을 분석한 다음에 디즈니의 캐릭터 강화 전략의 성공 요소를 두 가지로 정리하였다; 첫째로 디즈니랜드를 통한 캐릭터의 현실화 전략이다. 디즈니는 디즈니랜드를 통해 설립자 월트 디즈니가 그린 만화의 주인공 캐릭터들을 막연한 꿈과 환상이 아닌 디즈니랜드라는 실제 세계에서 구현하였다.

두 번째 성공 요인은 캐릭터 변신의 성공이다. 1937년 월트 디즈니의 최초 캐릭터인 미키마우스로부터 최근의 〈겨울왕국〉까지 디즈니 애니메이션 캐릭터의 외형뿐 아니라 형식과 가치가 변하였다. 미키마우스의 변화는 위에서 언급하였다. 〈겨울왕국〉은 두려움을 가진 엘사와 그 동생 안나의 고민과 대립이라는 기본 설정 하에 기존의 애니메이션 주제와는 달리 여성들의 우정과 갈등을 다루었고, 보다 복합적이고 탄탄한 구성으로 성인 관객들을 포함하여 전 연령층의 공감을 불러올 수 있었다. 〈겨울왕국〉은 캐릭터 제품 판매의 성공과 철저히 캐릭터에 기반한 OST의 성공으로 시너지가 나타났다.

(2) 애니메이션 실사 영화

설립 100년을 앞둔 디즈니는 세대를 건너며 콘텐츠의 수명을 수직으로 확장하는 전략을 취하고 있다. 디즈니 애니메이션은 1990년대 최고의 전성기를 맞았다. 〈인어공주〉(1989), 〈미녀와 야수〉(1991), 〈알라딘〉(1992), 〈라이온 킹〉(1994)과 같은 작품들은 '클래식(고전)'이라 불릴 정도다. 하지만 이들 애니메이션은 25~30년이 지나면서 팬들의 추억 속에서 잠자는 신세였다. 열 살에 애니메이션 〈라이온 킹〉을 본 어린이는 서른다섯 살이 된 2019년에 영화 〈라이온 킹〉을 볼 수 있었다. 디즈니는 실사화를 통해 옛 팬들은 물론이고 그들의 자녀까지 새로운 팬으로 끌어들이고 있다.[10]

디즈니는 애니메이션 영화를 실사 영화로 제작하여 개봉하는 프로젝트를 1990년대부터 진행하고 있다. 1994년에 〈정글북〉을 실사 영화로 제작하여 개봉한 이후 1996년에는 〈101 달마시안〉을 개봉하였고, 2000년에는 〈102 달마시안〉을 개봉하였다. 이 작품들은 원작이 워낙 많은 이들에게 사랑받았기 때문에 기본적인 명성과 인지도를 활용해 일정 수준 이상으로 흥행했다. 그러나 디즈니의 다른 영화들, 예를 들면 마블 시네마틱 유니버스 같은 영화가 올리는 흥행 성적과 비교하면 기대에 한참 미치지 못하는 수준이었다. 기존 애니메이션 인지도에 비하면 실사 영화의 흥행 수준은 미흡하였다.

디즈니 애니메이션의 실사 영화가 상업적 가치를 인정받으며 본격적으로 빛을 내기 시작한 것은 2010년 개봉한 〈이상한 나라의 앨리스〉부터다. 〈이상한 나라의 앨리스〉는 3D 영화 〈아바타〉가 어마어마하게 성공한 뒤에 디즈니가 처음 선보인 3D 영화다. 원작의 절대적인 인지도와 더불어 배우 조니 뎁과 환상 영화의 대가인 팀 버튼 감독의 합류로 제작 단계부터 많은 이들의 관심을 받았다. 당시 이 작품은 미국에서 엄청나게 흥행하며, 북미에서만 3,341만 달러(약 395억 원)의 수익을 올려 〈토이 스토리3〉에 이어 2010년 북미 흥행 2위에 올랐다. 〈이상한 나라의 앨리스〉는 미국 외 지역에서도 흥행에 성공해 미국 외 지역에서 6,912만 달러(약 818억 원), 전 세계를 통합하여 10억 2,546만 달러(1조 1,852억 원)의 수익을 올렸다. 할리우드에서 소위 말하는 '초대박 영화'의 흥행 수익 기준인 10억 달러를 돌파하고 개봉 당시인 2010년에 월드 박스오피스 순위 5위에 오를 정도로 큰 성공을 거뒀다.[11]

디즈니는 수많은 실사 영화 제작을 통해 원작의 인지도를 뛰어넘을 수 있을 정도의 제작 역량을 가다듬었다. 유명한 배우들과 실력 있는 감독들, 그리고 엄청난 자본을 투입해 원작 팬들이 기대하는 작품을 만들기 시작했다. 2014년 이후에는 매년 실사 영화를 개봉하고 있다. 〈말레피센트〉(2014), 〈신데렐라〉(2015), 〈정글 북〉(2016), 〈거울 나라의 앨리스〉(2016), 〈미녀와 야수〉(2017), 〈곰돌이 푸 다시 만나 행복해〉(2018), 〈덤보〉(2019), 〈알라딘〉(2019), 〈라이온 킹〉(2019), 〈말레피센트 2〉(2019),

〈레이디와 트램프〉(2019), 〈뮬란〉(2020), 〈크루엘라〉(2021), 〈피터 팬과 웬디〉(2021) 등이 개봉되었고, 이후에도 지속해서 실사화된 영화가 개봉될 예정이다.

디즈니가 애니메이션을 실사화 영화에서 늘 흥행에 성공한 것은 아니다. 〈이상한 나라의 앨리스〉의 속편인 〈거울 나라의 앨리스〉(2016)의 흥행에 실패했다. 이 작품의 제작자로 팀 버튼이 투입되고, 조니 뎁, 앤 해서웨이, 헬레나 본햄 카터 같은 특급 배우를 기용했음에도 평론가들의 혹평이 이어졌고 전 세계에서 수익을 3억 달러도 거두지 못한 채 상영을 마쳤다. 한편, 2017년 3월에 개봉한 실사 영화 〈미녀와 야수〉는 흥행에 크게 성공하였다. 이 영화의 상영 수익은 12.6억 달러(약 1.5조 원)로 개봉한 당해 기준으로 〈스타워즈: 라스트 제다이〉를 잇는 전 세계 박스오피스 순위 2위, 역대 기준으로 10위 자리에 올랐다.

실사 영화 프로젝트를 가능하게 한 것은 눈부시게 발달한 컴퓨터 그래픽(CG)과 시각효과 기술(VFX)이다. 하늘을 나는 코끼리(덤보)나 램프에서 나오는 요정 지니(알라딘)가 어색하지 않게 실제 배우들과 한 화면에 등장한다. 〈라이온 킹〉은 한발 더 나아가 미국 로스앤젤레스 근처 세트장에서 CG와 VFX로만 무파사와 심바의 왕국 '프라이드 랜드'를 재현해 냈다. 제작진은 아프리카 케냐와 나미비아, 미국 캘리포니아의 옐로스톤 국립공원 등으로 최적의 '실사' 장소를 찾아 나섰다. 약 130명의 애니메이터가 86종의 동물을 필름에 담았다. 동물들의 근육 움직임, 피부, 털을 표현하기 위해 소프트웨어를 개발하기 위해 엔지니어 200여 명이 투입됐다. 〈라이온 킹〉의 감독 존 파브로는 "애니메이션도 실사도 아닌 새로운 미디어"라고 했고, 해외 언론들도 시사 직후 '게임 체인저'(경쟁의 틀을 바꿔 버릴 정도의 혁신)라는 평을 쏟아냈다.[12]

디즈니가 애니메이션을 실사 영화를 만드는 이유로 세 가지를 들 수 있다. 첫째로, 상당한 수준의 흥행이 보장된다는 점이다. 디즈니가 자사 대표 IP의 이름을 걸어 제작하는 경우 제작 예산을 아끼지 않고 최고의 감독과 배우를 캐스팅한다. 그 결과 관객들은 디즈니 애니메이션 실사 영화를 믿고 보게 되고, 원작 팬덤이 강할수록 개봉 전부터 많은 기대감을 모을 수 있다. 둘째로, 디즈니 오리지널 콘텐츠의 가치를 재확인하기 위함이다. 현재 전 세계에서 가장 많은 돈을 벌어들인 단일 브랜드 영화 시리즈는 MCU 시리즈다. 디즈니가 MCU 영화를 제작하는 마블 스튜디오를 매입하여 소유하고 있지만, MCU 영화에서 디즈니의 이름을 거의 숨기다시피 한다. 디즈니가 자신들만이 할 수 있는 콘텐츠를 영화로 만들어 가치를 다시 평가받기 위해 실사화에 계속 도전한다. 셋째로, 디즈니가 보유한 독보적인 역량을 보여주기 위함이다. 디즈니 애니메이션에 내재한 정의, 사랑, 그리고 우정의 가치를 다시 한번 관객에게 보여주려고 한다. 애니메이션에 비해서 실사 영화에서 배경이나 소재를 표현하는 데 있어서 제한적이다. 디즈니는 이러한 제한과 한계를 뛰어넘을 수 있는 역량을 보유하고 있다.[13]

3) 만화를 시리즈 영화로 확장: 마블코믹스와 MCU

(1) 마블코믹스의 영웅 만화

마블코믹스는 1939년 타임리 코믹스로 설립되었고 1961년에 현재의 이름으로 개명하였다. 마블코믹스는 주로 영웅물을 출판하며, 대표작으로 스파이더맨, 아이언맨, 캡틴 아메리카, 토르, 헐크, 어벤져스, 엑스맨 등이 있다. 2009년 8월 월트 디즈니 컴퍼니가 40억 달러에 모회사인 마블 엔터테인먼트를 인수하였다. 마블의 맞수인 DC 코믹스는 1969년부터 디즈니의 경쟁사인 워너브러더스가 소유하고 있다.

마블코믹스는 시작부터 영웅물을 제작하였다. 1941년에 조 시몬(Joe Simon)과 잭 커비(Jack Kirby)가 마블의 간판 영웅인 〈캡틴 아메리카〉를 제작했고, 이 해에 스탠 리(Stan Lee)가 마블에 들어왔다. 2차 세계대전이 끝난 후 만화 유해론이 돌면서 많은 만화 회사가 문을 닫았다. 1961년에 스탠 리와 잭 커비는 새로운 히어로 집단인 〈판타스틱 포(Fantastic 4)〉를 제작하였다. 1962년에 〈헐크(Hurk)〉가 탄생하였고 1962년에 〈스파이더맨(Spiderman)〉이 탄생하였다. 1964년에 스탠 리와 잭 커비는 다수의 영웅이 등장하는 〈어벤져스〉를 제작하였다. 1964년에 〈X-Men〉이 탄생하였고, 1974년에 울버린(Wolverine)이 제작되었다.

1980년대 초에 미국 만화시장이 크게 변하였는데, 성인 독자들이 주류가 되었고, 신문 가판대를 대신해 전문 만화점이 만화책을 판매하게 되었으며, 만화 내용은 어둡고 성숙해졌다. 변화하는 만화시장에 적절하게 대응하지 못하여 마블의 재무구조는 취약해졌고, 1986년에 은행가인 론 페릴먼(Ron Perelman)이 마블을 인수하였다. 페릴먼이 단기 수익을 추구하는 과정에서 마블의 경영은 더욱 나빠졌다. 1993년에 론 페릴먼은 모든 작품의 실사 영화 판권을 판매하는데, 〈엑스맨〉과 〈판타스틱 포〉의 실사 영화 판권을 20세기 폭스에, 〈헐크〉의 판권을 유니버설 픽처에, 〈스파이더맨〉 판권을 소니에게 각각 판매하였다.[14] 1995년에 마블의 주식 가치는 최고 시점에 비해서 절반 수준으로 하락하였다. 이에 페렐만은 만화책을 출판하는 직원의 3분의 1을 해고하였다.

1997년에 아비 아라드(Avi Arad)가 마블의 CEO가 되면서 마블은 8년간의 발전기(1997~2005)에 들어서게 된다. 아라드를 포함한 마블의 경영진은 페릴먼에게 마블이 코믹북 출판을 중단한다면 회사가 보유한 IP의 가치가 급격히 떨어지기 때문에, 마블 캐릭터를 활용한 영화의 제작을 건의하게 되었다. 이들은 영화를 제작하게 되면 다양한 부수적인 상품을 판매할 수 있어서, 마블의 IP 가치가 상승할 것으로 기대하였다. 마블은 1997년부터 판매하였던 저작권을 회수하기 시작하였는데, 이를 위해서 법적 분쟁과 기존의 라이선싱을 무효로 하기 위한 파산 등의 과정을 거치게 된다.

〈표 4〉 마블 코믹 원작의 실사 영화(2006년 이전)

개봉 연도	제목	제작사
1944	캡틴 아메리카(연속 단편 영화)	리퍼블릭 픽처스
1986	하워드 덕	유니버설 픽처스
1989	퍼니셔	뉴월드 픽처스
1990	캡틴 아메리카	21세기 영화사
1994	판타스틱 4	콘스탄틴 필름
1998	블레이드	뉴라인시네마
2000	엑스맨	20세기 폭스
2002	블레이드 2	뉴라인시네마
	스파이더맨(트릴로지 1편)	컬럼비아 픽처스
2003	데어데블	20세기 폭스
	엑스맨 2	20세기 폭스
	헐크	유니버설 픽처스
2004	퍼니셔	아티전 엔터테인먼트
	스파이더맨 2((트릴로지 2편)	컬럼비아 픽처스
	블레이드: 트리니티	뉴라인시네마
2005	엘렉트라	20세기 폭스
	판타스틱 4	20세기 폭스

1998년에서 2007년 사이에 마블은 16편의 영화를 폭스, 콜롬비아 등과 공동으로 제작하였고, 이 과정에서 재정적인 어려움에서 서서히 벗어나게 된다. 마블이 독자적으로 처음 제작한 영화 〈아이언맨〉(2008)은 크게 성공하였다. 〈아이언맨〉의 성공으로 만화책의 IP가 엄청난 수입을

가져올 수 있다는 점을 인식하게 된다. 〈아이언맨〉은 마블에게 중요한 전기를 마련해준 작품이다.

한편 디즈니는 어린이와 가족 영화를 주로 제작하여 제한된 목표 고객을 가지고 있었고, 목표 고객을 확대할 필요가 있었다. 또한 영웅 장르는 일반 성인이 좋아하는 장르다. 마블이 보유한 〈캡틴 아메리카〉, 〈아이언맨〉, 〈스파이더맨〉을 포함한 IP의 가치를 디즈니가 높게 평가하여 마블을 인수하였다. 경제적인 부담과 배급사 부담이 사라진 후 마블은 히어로 캐릭터들의 세계관을 통일하면서 MCU를 탄생시켰다.

(2) 마블시네마틱 유니버스

마블시네마틱 유니버스는 마블에게 판권이 있는 만화 작품에 기반한 슈퍼히어로가 주연인 영화, 드라마 등이 공유하는 '세계관(universe)'이자 미디어 프랜차이즈다. MCU는 플롯, 설정, 캐스팅, 캐릭터를 공유하며, 작품마다 다음 작품에 대한 복선이나 지난 작품과의 연관성이 깔려 있다. 마블이 제작한 개별 영상 콘텐츠에서 고유의 스토리와 캐릭터가 진행되지만, 동시에 다른 영상 콘텐츠의 스토리와 캐릭터가 MCU를 통해서 유기적으로 연결된다. 만화는 MCU 세계관의 토대가 되는 원작이지만, 이야기가 이어지지는 않는다. MCU 콘텐츠는 만화가 기반이므로 만화 내용을 알고 있다면 좀 더 풍부한 시청이 가능하지만, 만화를 본 적이 없어도 콘텐츠를 즐기는 데 무리가 없다. 즉, 마블의 만화를 각색해서 영화와 드라마 등으로 트랜스미디어화한 것이 MCU 콘텐츠이다.

〈표 5〉 마블 시네마틱 유니버스의 장르별 단계별 작품

장르	단계/기업	작품
영화	1단계 (2008~2012)	아이언맨, 인크레더블 헐크, 아이언맨2, 토르: 천둥의 신, 캡틴 아메리카: 퍼스트 어벤저, 어벤져스
	2단계 (2013~2015)	아이언맨3, 토르: 다크 월드, 캡틴 아메리카: 윈터솔져, 가디언즈 오브 갤럭시, 어벤져스: 에이지 오브 울트론, 앤트맨
	3단계 (2016~2019)	캡틴 아메리카: 시빌 워, 닥터 스트레인지, 가디언즈 오브 갤럭시 Vol.2, 스파이더맨: 홈커밍, 토르: 라그나로크, 블랙 팬서, 어벤져스: 인피니티워, 앤트맨과 와스프, 캡틴 마블, 어벤져스: 엔드게임, 스파이더맨: 파프롬홈
	4단계 (2021~2023)	블랙위도우, 샹치와 텐링즈의 전설, 이터널스, 스파이더맨: 노웨이홈, 닥터 스트레인지: 대혼돈의 멀티버스, 토르: 러브앤썬더, 블랙 팬서: 와칸다포에버, 앤트맨과 와스프: 퀀텀매니아, 가디언즈 오브 갤럭시 Vol.3, 더마블스
텔레비전	ABC	에이전트 오브 쉴드, 에이전트 카터, 인휴먼스
	디즈니+	완다비전, 팔콘과 윈터 솔져, 로키, 왓이프...?, 호크아이, 문 나이트, 미즈 마블, 쉬 헐크, 시크릿인베이전
	넷플릭스	데어데블, 제시카 존스, 루크 케이지, 아이언 피스트, 디펜더스, 퍼니셔
	기타	런어웨이즈, 클록 & 대거, 마블스 모스트 원티드, 뉴워리어스
사운드트랙		아이언맨, 인크레더블 헐크, 아이언맨2, 토르: 천둥의 신, 퍼스트 어벤저, 어벤져스, 아이언맨3, 토르: 다크 월드, 캡틴 아메리카: 윈터솔져, 가디언즈 오브 갤럭시
게임		아이언맨, 인크레더블 헐크, 아이언맨2, 토르: 천둥의 신, 캡틴 아메리카: 슈퍼솔져, 마블 어벤져스: 배틀포어스, 아이언맨3, 토르: 다크 월드, 캡틴 아메리카: 윈터솔져

주: 나무위키(마블 시네마틱 유니버스)를 참조하여 작성하였음

디즈니는 마블 영화사의 작품을 극장에서 시리즈를 보게 하는 전략을 취한다. 마블 영화는 장기간 걸쳐 제작되어 이야기에서 변화하는 지점이 발생한다. 그 지점을 '단계(phase)'라 부르고, 한 단계에 몇 편의 영화가 들어가고, 어떤 방향으로 극이 전개될지 미리 결정한 후 에피소드를 배분한다. 마블 영화에서 제작 총책임자가 이야기의 진행 방향과 분기점을 중장기적으로 계획하여 단계를 구분하므로 TV 시리즈의 시즌제와 유사하다. 마블 영화를 단계별로 배치해 보면, 각 편이 한 시즌 내의 에피소드와 유사한 기능을 한다.[15]

마블은 MCU 콘텐츠를 제작하면서 트랜스미디어 스토리텔링 전략을

구사한다. MCU에서 각각의 캐릭터가 전체 스토리에 이바지하게 된다. 마블은 2007년 〈아이언맨〉의 성공을 기반으로 만화의 캐릭터를 영화의 캐릭터로 확장하고, 또한 쿠키 영상, TV 시리즈, OTT용 드라마 제작 등으로 다양한 플랫폼 등을 이용해서 MCU 서사를 확장한다. 다양한 플랫폼을 거치면서 각 캐릭터들이 담당한 작은 줄거리들은 각 단계 내에 큰 줄거리를 담당하는 작품에서 만나서 하나의 거대한 MCU라는 세계관을 구성한다.16)

4) 스토리 중시와 후속작 성공 노하우

디즈니는 사람들이 사랑하는 콘텐츠를 만들고, 이 콘텐츠를 체험하게 만들고 다양하게 혼합하여 큰 수익을 내고 있다. 아래에서는 대중들이 사랑하는 스토리를 중요시한다는 점과 후속작을 성공시키는 노하우에 대해서 소개한다.

(1) IP보다는 '사랑하는 스토리'17)

디즈니 콘텐츠의 성공에서 IP가 가장 중요하다고 이야기되고 있지만, 실제로 중요한 것은 IP가 아니라 대중들이 사랑할 수밖에 없는 스토리텔링이다. 디즈니는 스토리텔링에 역량을 집중하고 지속해서 투자하고 있다. 디즈니가 IP 회사(픽사, 마블, 루카스필름, 20세기 폭스)를 인수한 것은 스토리텔링을 강화하기 위한 것이다.

많은 기업이 인수한 기업의 CEO나 경영진을 교체하지만, 디즈니는 이들을 내치지 않았고 더 좋은 성과를 낼 수 있도록 만들었다. 그 결과, 디즈니보다 앞서서 IP 기업을 인수한 경쟁사를 능가할 수 있었다. 워너브러더스는 1969년에 DC코믹스를 인수하였고, 1999년에 해리포터 IP와 협업하였지만, 흥행 성적은 디즈니에 뒤진다. 그리고 디즈니가 보유한 구조적인 이점(캐릭터 상품, 테마파크, 누적된 고전적인 콘텐츠)으로 인해서 IP 기업을 인수한 효과는 강화된다. 이러한 디즈니의 이점은 월트 디즈니가 창업할 때부터 집착한 스토리텔링에서 유래하였다.

디즈니는 콘텐츠에 대한 사랑으로부터 엄청난 수익을 만들어낸다. 콘텐츠에 대한 사랑을 활용할 기회가 많을수록 파급되는 수익은 더욱 커진다. 사랑하는 콘텐츠를 만드는 데 지출이 필요하다. 영화를 제작할 때 더 좋은 스크립트를 만들 수 있는 작가를 고용하는 데 비용이 더 들 수 있고, 더 좋은 음악을 만들려면 지출을 늘려야 할 것이다. 하지만 콘텐츠의 제작비를 늘릴수록 그 콘텐츠를 사랑하는 사람이 반드시 더 많아지는 것은 아니다. 콘텐츠를 제작할 때 사랑받을 특별한 요소를 만드는 것이 중요하다.

(2) 후속작 성공의 비밀

영화산업에서 후속작이 원작보다 더 나은 상업적 성과나 더 나은 비평을 받기 어렵다. 따라서 영화 프랜차이즈를 만들기는 매우 어렵다. 통상 후속작을 만들 때, 영화제작사들은 연속성과 새로움 사이의 균형을 유지하느라 지나치게 조심하여 수익이 떨어지게 된다. 디즈니는 속편이 가지는 힘을 신뢰하지는 않는 편이다. 실제로 속편이 성공한 경우보다 실패하거나 기대에 못 미치는 경우가 더 많다.

그래서 디즈니는 속편이 가능성을 보여도 위험이 큰 극장용 영화는 꺼리고 위험이 적은 비디오로 출시하였다. 디즈니 애니메이션 스튜디오가 76년 역사상 정식으로 극장판 속편을 낸 작품은 단 네 편에 불과하다.

이 중 〈티거 무비〉, 〈정글북 2〉, 〈피터팬 2〉은 처음에 비디오 판매용으로 기획되었다가 극장에 올려졌다. 디즈니의 이러한 태도는 애니메이션 영화로 버는 수익보다 미디어 믹스로 벌어들이는 수익이 더 크고 안정적이기 때문이다. 또한 후속작을 만드는 것보다 새로운 이야기, 유명한 동화책이나 소설의 이야기를 재해석해서 만드는 게 보다 효율적이다.[18]

한편, 마블 시네마틱 유니버스에서는 후속작 정도가 아니라 시리즈물을 만들어 성공하였다. 스펜서 해리슨(Spencer Harrison, etc., 2019)은 MCU의 모든 영화를 분석한 다음에 마블이 시리즈물에서 다음의 4가지 성공 방식을 찾았다. ① 경험이 있는 무경험자를 선택한다, ② 핵심 팀이 주는 안정감을 이용한다, ③ 과거의 공식에 지속해서 도전한다, ④ 고객의 호기심을 키운다. 이 네 개의 성공 방식을 하나씩 보자.

먼저 '경험이 있는 무경험자를 선택한다'라는 것은 마블의 제작하는 슈퍼히어로 영화에 다른 장르(셰익스피어, 공포물, 첩보물, 코미디 등)에 경험을 가진 감독이나 배우를 기용한다는 의미이다. 이들의 경험은 각 마블 영화에 독특한 비전과 색채를 불어넣었다. 〈토르: 다크 월드〉는 셰익스피어의 세계를 함축적으로 담고 있다. 〈앤트맨〉은 도둑질 영화였고, 〈캡틴 아메리카: 윈터 솔저〉는 스파이물이며, 〈가디언즈 오브 갤럭시〉는 시끌벅적한 우주 오페라였다.

둘째로, '핵심 팀이 주는 안정감을 활용하라'라는 것의 함의는 다음과 같다; 새로운 인재와 아이디어가 기존의 스토리와 조화하고 균형을 맞추기 위해 마블은 다음 영화제작에 들어갈 때 전편에서 일했던 사람 중 소수는 유지한다. 이 사람들이 줄 수 있는 안정감으로 인해서 마블의 영화에서 연속성이 확보되고 새로 온 사람들에게는 함께 어울리고 싶은 공동체라는 느낌을 만들어준다.

셋째로, '공식에 계속 도전하라'라는 것은 마블의 감독들이 이전에

MCU를 성공시킨 비결을 기꺼이 버렸다는 것을 의미한다. 마블 영화들이 서로 다른 감정적 톤을 갖고 있다(캐릭터들의 대사를 통해 드러나는 긍정적 감정과 부정적 감정 간 균형이 다르다는 뜻이다). 마블에서 평단(또한 관객)의 가장 큰 지지를 받았던 영화들은 슈퍼히어로 장르의 관습에서 벗어난 영화였다. 〈아이언맨〉에는 사실주의가 살아 있으며 주인공에 이례적인 깊이와 진정성을 입혔다는 평을 들었고, 〈가디언즈 오브 갤럭시〉에서 1970년대 팝송의 재활용과 아웃사이더들에 대한 예찬이 쏟아졌으며, 〈닥터 스트레인저〉에는 예술적인 시각효과와 지적인 분위기가 주목받았고, 〈스파이더맨: 홈커밍〉의 경우 우주전쟁 극이 아닌 일상적 안전에 대한 판타지를 일으킨다는 평을 받았으며, 〈블랙 팬서〉에서 사회적 발언과 정치적으로 의식이 있는 캐릭터가 인기를 끌었다.

넷째로, '고객의 호기심을 키워라'의 의미는 마블이 호기심을 불러일으키는 여러 방법을 이용한다는 것이다. 대표적인 방법으로 SNS상의 의사소통을 통해 관객을 간접적으로 공동제작자로 영입한다. 이런 방법은 팬덤을 모으는 데 진심인 마블의 오랜 전통에 뿌리를 두고 있다. 또 다른 방법으로 마블 만화책 뒷면에 팬레터를 싣는다. 이 난(欄)을 통해 팬들도 공공연히 팬심을 표현할 수 있고, 창작자들도 팬의 피드백에 응답할 수 있다. 마블은 '이스터 에그'[19]를 개봉작에 넣어 이후의 작품에 대한 기대를 유발한다. 마블 영화는 열혈 팬만 알아볼 수 있는 요소나 레퍼런스를 숨겨 놓기도 하고, 마블의 여러 영화나 상품 전체를 아우르는 캐릭터나 스토리라인을 살짝 보여주기도 한다.

이 네 개의 방식을 함께 적용해야 지속할 수 있으며 반복하여 혁신할 수 있다. 과거의 성공 공식에 지속해서 도전하겠다는 강한 의지(방식3)나 안정감을 주는 핵심 직원(방식2) 없이 경험이 있는 무경험자를 선택한다면(방식1), 이 사람들은 당신이 원하는 일을 제대로 해내지 못하게 될 것이다. 이와 비슷하게 과거의 성공 공식에 도전하겠다는 의지가 없으면 (방식3) 고객의 호기심을 키울 수 있는 잠재력(방식4)을 갉아먹게 된다.

3. 넷플릭스도 지식재산권에 눈을 뜸

1) 유료 OTT 시장

넷플릭스(Netflix)가 유료 스트리밍 서비스를 통해서 글로벌 영상 시장에서 강력한 플랫폼으로 두드러지자, 전통적인 미디어 강자인 디즈니(Disney), 워너미디어(Warner Media), NBC유니버설(NBC Universal), 파라마운트 등의 기업이 OTT 시장에 뛰어들었다. 세계 시장에서 OTT 서비스의 경쟁이 심화하면서 OTT 사업자들은 차별화 전략으로 경쟁력 있는 콘텐츠를 확보할 필요성이 증가하였고, 오리지널 콘텐츠에 대한 투자액을 증가시키고 있다.

아마존이 운영하는 OTT 플랫폼 아마존 프라임 비디오는 MGM 스튜디오를 인수하였고, 2억~2.5억 달러를 들여 〈반지의 제왕〉 판권을 확보했다. 아마존 프라임 비디오는 뉴질랜드와 영국에서 총 5개 시즌을 목표로 〈반지의 제왕〉 드라마를 제작하고 있다.[20] 워너미디어는 2022년 4월에 디스커버리를 합병하였다. 워너미디어는 HBO, HBO맥스, CNN, 워너브러더스, DC필름즈, 뉴라인시네마, TNT 등을 보유하고 있다. 디스커버리는 디스커버리 플러스, 디스커버리 채널, HGTV; 푸드 네트워크, 트래블 채널, 애니멀 플래닛, 사이언스 채널, OWN(Oprah Winfrey Network) 등의 모회사다. OTT 서비스인 HBO 맥스와 디스커버리+가 통합된 OTT 서비스가 출범할 수 있게 되었다.

넷플릭스를 포함한 OTT 사업자들은 영상 콘텐츠에 대한 투자를 늘려 가고 있지만, OTT 가입자 수는 증가 속도가 늦어지거나 정체되는 현상이 나타나기 시작하였다. 2022년에 들어 넷플릭스의 가입자 수는 정체되거나 감소하는 현상이 나타나기 시작하였다. 그리고 영상 콘텐츠의 제작비가 비싸지고 있다. 2019년 워너미디어가 제작한 인기 드라마 〈왕좌의 게임〉의 제작비는 회당 1,500만 달러였지만, 2022년에 9월에 아마존 프라임 비디오에서 공개된 〈반지의 제왕〉은 제작비가 5,800만 달러로 네 배 정도 증가하였다. OTT 사업자들은 가격을 올리고 콘텐츠 투자를 줄일 수 있는 상황이 전개되기를 바라겠지만, 넷플릭스, 디즈니+, 아마존 프라임 비디오, 파라마운트+, 피콕, HBO MAX, 애플TV+ 간의 OTT 서비스 경쟁을 심화하고 있다.

2) 넷플릭스의 오리지널 콘텐츠 전략[21]

넷플릭스는 OTT 서비스 중 선발 주자로서 세계 시장에서 1위 사업자가 되는 성취했지만, 디즈니가 자사 IP를 회수한다는 통지를 받았다. 넷플릭스는 스트리밍 서비스의 핵심은 고품질 콘텐츠에 있다고 보았고, 할리우드 제작 콘텐츠만으로는 차별화가 어렵다고 판단해 넷플릭스가 직접 제작해 유통하는 오리지널 콘텐츠에 투자하기 시작했다. 넷플릭스는 2013년에 〈하우스 오브 카드(House of Cards)〉를 제작·개봉하여 오리지널 콘텐츠의 경쟁력을 인정받았고, 2016년에 공개한 〈기묘한 이야기 (Stranger Things)〉는 2년 연속 구글 트렌드에서 가장 많이 언급된 드라마로 화제를 모았다. 넷플릭스는 매년 오리지널 콘텐츠에 대한 투자를 늘리고 있는데, 넷플릭스의 콘텐츠 투자액은 2013년에 23억 달러에서 2018년에는 120억 달러, 2022년에는 170억 달러로 증가하였다. 한편,

넷플릭스는 IP를 강화하기 위해서 2021년 9월에 〈그렘린〉, 〈찰리와 초콜릿 공장〉, 〈마틸다〉 등 전설의 아동문학책 IP를 많이 보유한 로알드 달(Roald Dahl) 컴퍼니를 인수하였다.

넷플릭스는 자사가 진출한 모든 국가에서 오리지널 콘텐츠를 제작하고 있고, 지역 독점권을 확보한 콘텐츠에도 '넷플릭스 오리지널'이라는 타이틀을 붙인다. 넷플릭스는 오리지널 IP를 축적하면서, 현지에서 인기 있는 IP를 활용한 콘텐츠를 제작하여 기존 IP의 팬덤이 넷플릭스에 머무르게 하는 전략을 구사하고 있다. 넷플릭스는 콘텐츠의 제작에 일절 간섭하지 않으면서 창작의 자유를 보장하여, 창작자들이 가진 상상력을 충분히 발휘될 수 있도록 한다.

기존 IP를 활용한 연계 작품을 넷플릭스 오리지널로 제작하는 사례가 늘어나고 있고, 이 작품을 글로벌 이용자에게 동시 공개한다. 〈고질라〉(2014년 개봉)와 동일한 괴물 세계관(Monster Verse)에 속하는 〈스컬 아일랜드(Skull Island)〉의 애니메이션 시리즈를 넷플릭스가 제작할 예정이다. 넷플릭스는 이미 고질라 IP를 활용한 오리지널 애니메이션을 제작한 바 있으며, 〈울트라맨(The Ultra man)〉, 〈소닉(Sonic the Hedgehog)〉 등 다수의 기존 IP를 활용한 작품을 활발하게 제작하고 있다. 넷플릭스는 팬덤을 가진 IP를 적극적으로 활용하고 있다.

디즈니와 넷플릭스는 서로 다른 자신의 강점을 활용해 각자 고유의 콘텐츠 전략을 전개하고 있다. 오랜 기간 축적된 IP와 팬덤을 보유한 디즈니는 수직-수평 계열화된 자신의 IP 생태계로의 락인(lock-in)을 높이는 팬덤 플랫폼으로서 디즈니플러스를 활용한다. 상대적으로 자체 IP가 부족한 넷플릭스는 190개국에 진출해 있는 글로벌 서비스로서의 장점을 활용하며, 각국의 콘텐츠 창작자들과의 협력 관계를 바탕으로 IP를 발굴하고 연계한다. 디즈니플러스가 디즈니 유니버스에 참여할 수 있는 권리를 부여하는 '여권'과 같다면, 넷플릭스는 창작자들이 마음껏 자신의 역량을 발휘할 수 있는 놀이터에 가깝다.

3) OTT 서비스의 경쟁과 넷플릭스의 새로운 전략

넷플릭스가 OTT 서비스를 통해서 동영상 유통에서 큰 손이 되자 넷플릭스에 동영상을 제공했던 콘텐츠제작자들이 위협을 느끼게 되면서, 콘텐츠제작자들이 직접 OTT 서비스를 제공하기 시작했다. 넷플릭스에 콘텐츠를 제공했던 대형 콘텐츠 제작업체(디즈니, 워너브러더스, NBC유니버설, 파라마운트)들이 더 이상 넷플릭스에 콘텐츠를 제공하지 않고 자사의 스트리밍 서비스에서만 제공하기 시작하였다. OTT 경쟁에서 콘텐츠가 가장 강력한 경쟁력의 수단이기 때문이다.

스트리밍 서비스에서 새로운 콘텐츠를 제공하는 것도 중요하지만, 이미 재미나 가치가 검증되어 이용자들이 꾸준히 찾는 콘텐츠도 중요하다. 때문에 〈오피스〉나 〈프렌즈〉와 같이 시간이 지나도 꾸준히 사랑받는 콘텐츠를 '에버그린 콘텐츠'라고 부르며 그 가치를 중시하고 이를 관리하고, 확보하기 위해 노력한다. 실제로 2018년 넷플릭스에서 가장 많이 본 드라마는 〈프렌즈〉, 〈오피스〉, 〈그레이 아나토미〉로, 이들은 모두 라이선스 콘텐츠이다. 넷플릭스에서 사랑받던 '에버그린 콘텐츠'가 점점 사라지고 있다.

오리지널 콘텐츠는 넷플릭스만의 독특한 콘텐츠 경험을 줄 수 있으므로 사용자 유치에 효율적인 수단이다. 이러한 선순환이 제대로 작동하려면 외부 콘텐츠도 꾸준히 공급되어야 한다. 소비자는 다양한 콘텐츠를 원하기 때문이다. 그리고 오리지널 콘텐츠 제작 비용을 담보하려면 가입자가 빠른 속도로 늘어야 한다. 그러나 넷플릭스는 2012년 이후 매년 매출 증가액은 콘텐츠 투자 증가액의 절반 수준에 불과하다. 넷플릭스의 가입자 유치 비용도 점점 증가하고 있는데, 가입자 유치 비용은 2012년의 308달러에서 2018년의 539달러로 증가하였다.

넷플릭스의 비즈니스 모델에서 가장 취약한 부분은 수익 모델이 유료 가입자 수익밖에 없다는 점이다. 가입자 수가 정체되거나 감소할 수도 있는 상황에 직면한 넷플릭스는 새로운 전략을 마련해야 하는 상황이다. 가격을 올리는 것이 가장 직접적일 효과적인 방안일 수 있지만, 2021년에 가격을 인상한 결과 신규 가입자 증가 폭이 매우 감소하는 것을 경험한 바 있다.

넷플릭스는 사업 다각화를 추진하고 있는데, 게임 사업과 온라인 쇼핑으로 먼저 진출하였고, 2022년 11월에는 광고 요금제를 도입하였다. 광고 요금제를 선택하게 되면 시청자는 월 5.5천 원을 내고 시간당 4~5분의 광고를 시청해야 한다. 넷플릭스는 빠른 성장세를 보이고 있을 때 모바일 게임을 출시하였다. 넷플릭스는 현재 유료 가입자에게 무료로 25개가 넘는 모바일 게임을 제공하고 있다. 게임 서비스를 제공하는 목적은 스트리밍 서비스 경쟁이 치열해지는 가운데 새로운 고객을 끌어들이고 이용자를 플랫폼에 더 오래 머무르게 하기 위함이다. 그런데 현재 넷플릭스의 게임을 스트리밍 게임이 아니라 내려받아야 게임을 할 수 있는 형태이어서 매력이 떨어졌다.

넷플릭스는 앱에서 내려받는 게임이 아니라 본격적인 게임을 출시하였다. 오리지널 드라마 〈기묘한 이야기〉를 기반으로 2017년에 모바일 게임 〈기묘한 이야기 1984〉를 출시하였고, 〈기묘한 이야기 1: 더 게임〉을 2019년에 PC와 콘솔 게임으로 출시하였다. 또한 넷플릭스 오리지널 드라마 〈다크 크리스탈: 저항의 시대〉를 기반으로 콘솔용 RPG 게임[22]인 〈다크 크리스탈 택틱스: 저항의 시대〉를 2020년 2월에 공개하였다. 넷플릭스는 2021년 여름에 게임 시장에 진출한다고 선언한 이후 3개의 게임 회사를 인수하였다.

넷플릭스는 미국에서 온라인쇼핑몰인 '넷플릭스닷숍(Netflix.shop)'을 런칭했다. 여기에서 넷플릭스 콘텐츠에 등장한 엄선된 고품질 의류와 라이프스타일 제품의 독점 한정판을 판매한다. 우선은 2012년 10월에 런칭한 인기 애니메이션 '야스케(Yasuke)'와 '에덴(Eden)'에 등장하는 캐릭터 의류와 인형 등을 판매하고, 인기 콘텐츠 '기묘한 이야기', '뤼팽', '위쳐'를 소재로 한 의류 등 다양한 상품을 판매한다.

4. 네이버와 카카오는 지식재산권 사업에 적극적으로 투자

1) 네이버의 콘텐츠 사업

(1) 웹툰 유통의 확장

네이버는 2004년 7월에 웹툰 서비스를 시작하였고, 먼저 웹툰 서비스를 시작한 다음(현 카카오)을 넘어서 국내 1위의 웹툰 사업자가 되었다. 2000년대 초반에 만화는 공짜라고 여기는 상황에서 네이버는 연재되는 웹툰을 공짜로 보여주는 틀을 유지하면서 후속편 미리 보기를 유료화했다. 웹툰에 붙는 인터넷 광고 수익을 작가에게 배분하였다. 작가 발굴을 위해 누구나 자기 만화를 공개할 수 있는 '도전 만화' 시스템을 도입하여, 이를 통해서 〈마음의 소리〉 조석 작가, 〈노블레스〉 손제호·이광수 작가, 〈여신 강림〉 야옹이 작가 등이 탄생했다.

네이버는 웹툰의 규모의 경제를 활용하기 위해서 2017년 7월부터 세계 시장으로 진출하였다. 먼저 영어, 일본어, 중국어, 태국어, 인도네시아어 서비스를 시작하였고, 2019년 말에 스페인어와 프랑스어 서비스를 추가했다. 미리 보기 유료화, 도전 만화 등 한국에서 테스트를 마친 사업모델을 해외시장에도 적용했다. 미국에서 네이버웹툰의 월간 사용자가 1,000만 명을 넘고, 네이버웹툰은 앱 마켓 만화 수익 기준 압도적인 1위를 기록하고 있다. 네이버웹툰의 미국 내 월간 사용자 수는 2022년 4월 기준으로 2위 그룹 사업자인 타파스의 7배였다.

네이버는 2020년 5월에 웹툰 사업을 미국 법인인 '웹툰 엔터테인먼트'가 담당하도록 통합하였다. 이 조치는 네이버웹툰을 미국에 안착시키고, 미국에 소재한 오락기업과의 IP 비즈니스를 적극적으로 추진하며, 다양한 문화권에서 사랑받을 수 있는 양질의 웹툰을 원활히 확보하려는 목적이다. OTT 서비스를 중심으로 오락산업이 재편되고 있는 상황에서 네이버웹툰의 IP를 미국의 OTT 기업에 공급하기 위해서 미국에 웹툰 본사를 둔 것이다. 웹툰 엔터테인먼트는 2020년 11월 자사 웹툰 IP를 기반으로 미국 현지 영상 작품을 제작하기 위해 파트너십을 맺었다. 할리우드 제작사 버티고(Vertigo), 미국 애니메이션 제작사 루스터티스 스튜디오(Rooster Teeth Studios) 그리고 바운드(Bound) 엔터테인먼트가 네이버웹툰의 영화화에 참여하고 있다.

네이버와 2020년 10월에 CJ그룹과 6,000억 원대 지분 맞교환하면서, 사업을 협력하려는 계약을 체결하였다. 이를 콘텐츠의 측면에서만 보면 네이버는 CJ그룹이 제작한 오리지널 콘텐츠의 확보하기 위해서, CJ그룹은 네이버가 보유한 웹툰과 웹소설 IP를 드라마 등의 제작에 활용하고, 네이버를 통해서 CJ 콘텐츠를 온라인 배급하려는 목적일 것이다.

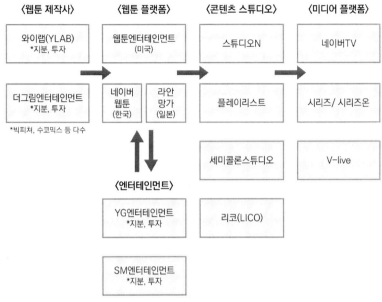

출처: 노가용 외(2021, 67쪽)

〈그림 2〉 네이버의 콘텐츠 가치 사슬

(2) 웹소설/웹툰 IP의 확장

네이버는 웹툰과 웹소설의 IP를 드라마나 영화로 제작하는 스토리텔링 비즈니스를 10년 이상 진행하였고, 현재까지 자사 IP로 40편 이상의 드라마, 영화, 애니메이션을 제작했다. 2014년 개봉한 영화 〈패션왕〉, 1,000만 관객을 동원한 영화 〈신과 함께〉, 웹드라마 〈연애 세포〉, 드라마 〈유미의 세포들〉, TV와 넷플릭스에 편성된 드라마 〈지옥〉, 〈스위트 홈〉, 〈D.P.〉 〈모범택시〉, 〈그해 우리는〉, 〈지금 우리 학교는〉, 〈법대로 사랑하라〉, 그리고 애니메이션 〈신의 탑〉 등이 대표적이다.

네이버의 사업 모델은 주로 자사의 IP를 동영상 제작업체에 라이선싱하는 데 있지만, 자사가 직접 제작하기도 한다. 네이버는 2019년 8월에 영상 제작 전문회사인 '스튜디오 N'을 설립하여 웹툰과 웹소설 IP를 드라마로 제작하였고, 애니메이션과 영화의 제작을 시작하였다. 스튜디오 N이 제작한 웹툰을 원작으로 하는 드라마 〈타인은 지옥이다〉와 〈쌉니다 천리마마트〉를 2019년에 CJ ENM 채널인 OCN과 tvN으로 방송하였고, 〈스위트홈〉은 넷플릭스로 공개하여 인기를 끌었다.

네이버는 2021년 1월에는 글로벌 웹소설 1위 플랫폼인 캐나다의 왓패드(Wattpad)의 지분 100%를 약 6억 달러에 인수하고 '왓패드 웹툰 스튜디오'를 설립하였다. 왓패드는 북미와 유럽에서 9,400만 명/월의 사용자를 보유한 캐나다의 웹소설 플랫폼으로, 작가 수는 500만 명, 작품 수는 10억 편을 보유하고 있다. 네이버웹툰과 왓패드는 1억 8천만 명의 이용자, 600만 명의 창작자 그리고 누적 작품 수 10억 편을 보유한 세계 최대 스토리 플랫폼이다. 왓패드의 웹소설을 웹툰으로 만들고, 자사의 웹소설 IP과 웹툰 IP을 할리우드 메이저들이 라이선싱하여 애니메이션, 드라마, 영화로 제작하기를 바라고 있다. 네이버는 네이버웹툰과 왓패드를 통해 검증된 IP를 영상 콘텐츠를 제작하려고 한다. '왓패드 웹툰 스튜디오'는 2021년 7월에 미국 '비아콤 CBS 인터내셔널 스튜디오(VIS)'와 콘텐츠 제작 파트너십을 체결했다. 2022년 3월에는 네이버웹툰의 일본 계열사인 '라인 디지털 프론티어'가 일본 전자책 서비스업체 '이북 이니셔티브 재팬'을 인수하였는데, '라인 망가'를 합치면 일본 최대 디지털 만화 플랫폼이 되었다.

네이버웹툰이 글로벌 규모로 구축해 온 IP 가치 사슬을 바탕으로 세계적인 엔터테인먼트 기업의 IP를 웹툰이나 웹소설로 제작하는 프로젝트('슈퍼캐스팅')를 시작하였다. 네이버웹툰은 2021년 9월에 슈퍼캐스팅 협업 파트너인 DC코믹스와 새로운 웹툰 시리즈 〈배트맨: 웨인 패밀리 어드벤처〉를 선보였다. 네이버웹툰이 하이브와 협업하여 만든 방탄소년단의 판타지 웹툰 〈7Fates: CHAKHO〉를 2022년 1월부터 웹툰 플랫폼인 WEBTOON의 각 해외 페이지에 연재하기 시작하였는데, 웹툰과 웹소설 이 동시에 10개의 언어로 전 세계에 론칭되었다.

네이버웹툰이 보유한 막대한 IP와 막강한 스토리 생산능력을 활용하 기 위하여 여러 기업과 제휴하고 있다. 2022년 5월에 CJ ENM과 스튜디 오드래곤은 네이버웹툰의 일본 계열사인 '라인 디지털 프론티어'와 일본 에 합작법인 '스튜디오드래곤 재팬'을 설립하였고, 일본의 지상파 방송사 인 'TBS'와 웹툰 제작사 '샤인 파트너스'가 네이버웹툰과 제휴하여 한국에 웹툰 스튜디오 '스튜디오 툰' 설립하였다. 네이버는 2021년 12월에 VFX 콘텐츠 기업인 '로커스'의 지분을 인수하여 자체적으로 애니메이션을 제 작할 수 있는 역량을 확보하였다.[23]

네이버는 웹툰 제작 기술과 불법 유통을 막는 기술을 개발하여, 웹툰 생태계가 건강하게 유지될 수 있도록 노력하고 있다. 네이버웹툰의 AI 팀이 개발하고 있는 오토 드로잉 기술은 '자동 채색'과 '펜 선 따기'로 스케치에서 펜 선을 생성한 뒤 자동으로 채색까지 하는 기술이다. 웹툰 작가의 가장 많은 노동력이 사용되는 곳이 '채색 과정'이므로 이 기술이 개발되면 생산성이 많이 증가할 것이다. 네이버웹툰은 툰레이더(Toon Radar)기술을 이용하여 2017년부터 네이버웹툰에서 제공하는 웹툰의 불 법복제와 유통을 막고 있다. 웹툰에 심어진 사용자 식별정보를 통해, 불법 업로드 인지 후 평균 10분 이내에 유출자를 적발하고 재접근을 차단할 수 있다.

(3) 동영상 유통 플랫폼

네이버는 2012년 7월에 동영상 스트리밍 서비스인 '네이버TV'를 열었다. 구글 계정만 있으면 동영상을 올릴 수 있는 유튜브와는 달리 네이버 TV에 동영상을 올리려면 계약하여야 한다. 네이버TV와 별개로 네이버는 글로벌 스타 인터넷 방송인 'V라이브'(줄여서 V앱)를 만들어 2015년부터 베타 서비스를 제공하였다. 2016년 5월에는 유료 프리미엄 서비스인 'V LIVE +'를 추가하여 고화질의 실시간 영상이나 VOD를 볼 수 있도록 하였으며, 2017년에 정식 서비스를 개시하였다. 이 플랫폼에서는 스타들의 동영상을 제공하는데, 아이돌 그룹이나 스타의 중요 이벤트를 알리거나 독점 영상이나 쇼케이스를 올리고, 콘서트 현장을 실시간 중계하기도 한다.

한편 네이버는 2017년에 YG에 1,000억 원을 투자하였고, 2020년에 SM에 1,000억 원을 투자하였는데, 이는 자사의 동영상 유통 서비스인 'V라이브'의 글로벌 커뮤니티 멤버십 플랫폼인 '팬십(Fanship)'의 역량을 강화하기 위함이다. 네이버는 2021년 1월에 하이브의 자회사인 비엔엑스(현 위버스 엔터테인먼트)의 지분 49%를 4,118억 원에 취득하였고, V라이브 사업을 1,999억 원에 비엔엑스에 양도하였다. 위버스 엔터테인먼트는 2022년 6월에 팬 커뮤니티 플랫폼 'V라이브'를 '위버스'에 통합하였다. 기존의 V라이브 서비스는 2022년 말에 종료되었다.

2) 카카오의 콘텐츠 사업

(1) 카카오엔터테인먼트의 형성

카카오는 2010년 초에 출시한 카카오톡의 인기에 기반하여 성장한 기업이다. 카카오는 자회사의 형태로 다수의 콘텐츠 기업을 보유하다가 카카오 그룹 내 게임을 제외한 콘텐츠 부문 일체를 (주)카카오엔터테인먼트로 통합하였다. 카카오의 콘텐츠 기업의 통합 과정을 간략히 보자. (주)카카오엔터테인먼트의 모체라고 할 수 있는 '포도트리'는 2010년 7월에 설립되어 웹툰과 웹소설 등을 제작하고 유통하는 기업으로 출발하였고, 2013년부터 카카오와 함께 모바일 콘텐츠 플랫폼 '카카오페이지'를 운영하였다. '포도트리'는 2015년 8월에 카카오 계열로 편입되었고, 2018년에 사명을 '카카오페이지'로 변경하였다.

'카카오페이지'는 모회사인 카카오로부터 2016년 6월에 다음 웹툰 사업을 양수받았고, 2018년 9월에 카카오페이지 사업을 이관받았다. 2021년 3월에 카카오M(음원 유통, 매니지먼트, 카카오TV 등)을 흡수·합병하면서 사명을 카카오엔터테인먼트로 변경하였고, 동년 9월에는 멜론컴퍼니(음원서비스 및 뮤지컬 티켓 사업)를 흡수·합병하였다. 카카오엔터테인먼

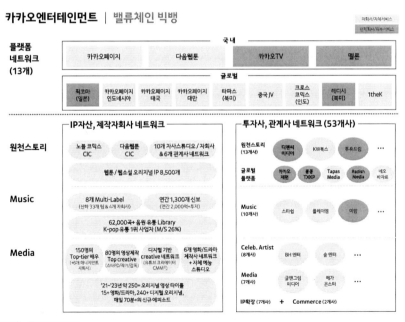

출처: 이수호(2021.2)

〈그림 3〉 카카오엔터테인먼트의 가치 사슬

트는 자회사와 관계사가 50여 개이고, 이들은 웹소설과 웹툰의 개발과 유통, 가수와 배우의 매니지먼트, 음악·드라마·영화·공연의 기획과 제작을 한다. 카카오엔터테인먼트의 지분 74%를 카카오가 보유하고 있으며, 연결 매출액은 2021년에 1.2조 원이었다.

(2) 카카오엔터테인먼트의 사업

① 카카오엔터테인먼트의 웹소설과 웹툰

카카오엔터테인먼트는 웹툰·웹소설 중심의 스토리 사업, 음원 제작·유통 및 플랫폼 서비스로 구성된 음악 사업, 그리고 영상 콘텐츠 기획 제작 관련 미디어 사업으로 구성되어 있다. 웹툰/웹소설의 제작·유통업은 다수의 업체가 경쟁하고 있으나 실질적으로 플랫폼 기반의 네이버웹툰과 동사가 양강구도를 형성하고 있다.

카카오페이지는 2013년 4월에 서비스를 시작하였는데, '기다리면 무료'라는 유료 모델을 도입하여 크게 성공하였다. 그리고 웹소설 원작을 웹툰으로 제작하고, 더 나아가 영상으로도 제작하여 성공하였는데, 이렇게 IP를 확장한 콘텐츠를 회사 내에서 '노블 코믹스'라고 부른다. 카카오엔터테인먼트 내에 노블코믹스컴퍼니라는 사내 독립기업을 두고, 이곳에서 웹소설과 웹툰 사업 외에도 노블코믹스를 직접 제작하고 있다. 노블 코믹스의 주요 작품으로는 〈달빛조각사〉, 〈김 비서가 왜 그럴까〉, 〈황제의 외동딸〉, 〈나 혼자만 레벨업〉, 〈사내 맞선〉 등이 있다. 그리고 노블코믹스의 대표적인 제작사로는 디앤씨미디어, 레드아이스 스튜디오, 삼양씨앤씨, 키다리스튜디오, 다온크리에이티브가 있다.

웹소설 원작 웹툰은 국내뿐 아니라 일본과 중국, 영미권에서도 큰 수익을 내고 있다. 2016년 2월 ~2018년 3월간 연재된 웹소설 〈나 혼자만 레벨업〉을 확장한 동명의 웹툰이 2018년부터 연재를 시작해 한국은 물론 일본, 중국, 영미권에서도 좋은 성과를 내었다. 이 웹툰의 시즌2가 2021년 12월에 완결되었다.

카카오페이지는 2018년 9월부터 누구나 콘텐츠를 올릴 수 있는 오픈 마켓을 종료하고 콘텐츠제공자를 선별하여 관리하는 방식으로 사업 모델을 변경하였다. 카카오페이지는 2017년 초에 협업하고 있던 디앤씨미디어의 지분 18.5%를 126억 원에 인수하였고, 2018년에는 만화출판사 학산문화사에 147억 원, 대원씨아이에 146억 원, 서울미디어 코믹스에 100억 원을 투자했다. 이러한 투자를 통해 아이피 확보하여 콘텐츠 관련 계열사와 자회사를 활용해 웹소설, 웹툰 또는 영상을 제작하고 있다.

카카오페이지는 2020년 8월에 드라마와 영화제작사인 '크로스 픽처스'의 지분 49%를 58억 8천만 원에 확보했다. 크로스 픽처스는 2003년에 미국에서 설립되었고, 한국, 인도, 일본, 중국, 미국 총 5개국에서 약 50여 개의 콘텐츠 프로젝트를 진행하였다. 이 회사는 국내에서는 드라마 '마음의 소리', '치즈인더트랩', '닥터 진', 영화 '시선'을 제작하였고, 스토리 IP들을 발굴하여 영상화하는 데 강점이 있다. 카카오는 크로스 픽처스의 글로벌 제작 노하우를 활용하여 세계 시장을 목표로 IP를 활용한 영상물을 제작하려고 한다.

카카오페이지는 2020년에 웹툰 IP를 영상화하는 프로젝트를 시작하면서 '슈퍼웹툰 프로젝트'라는 이름을 붙였다. 슈퍼웹툰 프로젝트에서는 작품성, 대중성, 확장성 등을 바탕으로 IP를 선정하고 있다. 2020년 초에 〈이태원 클라쓰〉를 시작으로 〈어린-남극편〉, 〈승리호〉, 〈정상회담: 스틸레인3〉를 슈퍼웹툰으로 선정하여 영상화하였다. 카카오는 2006년에 웹툰과 웹소설 IP를 영상으로 제작한 이후에, 2020년까지 60여 IP를 영상 콘텐츠로 제작했다. 2022년에는 슈퍼웹툰 프로젝트를 재단장해 세계 시장에 도전하면서, 기존 평가 사항이었던 '영상화 가능성', 'IP 완성도 및 작품성'에 '글로벌 가능성'을 추가하였다. 재단장한 슈퍼웹툰에는 〈세이렌〉과 〈악녀는 마리오네트〉가 선정되었다.

카카오는 협력 관계에 있던 미국 웹툰 플랫폼 '타파스'의 지분을 늘려 2020년 11월에 40.4%의 지분을 확보하여 최대 주주가 되었다. 타파스는 김창원 대표가 2012년에 만든 미국 최초 웹툰 플랫폼으로, 2020년 말 기준 월 이용자 수(MAU)가 300만 명이었다. 카카오는 타파스를 통해서 미국의 웹툰 시장에 본격적으로 진출하려고 한다.

카카오는 2021년 1월부터 일본의 대형 콘텐츠기업인 카도카와의 지분을 확보하기 시작하여 2022년 5월에는 8.9%의 지분(1대 주주)을 보유하고 있다. 카도카와는 출판업으로 시작된 기업으로 만화, 애니메이션, 영화, 게임, 잡지, 대중소설에 영향력을 가지고 있으며, 일본 라이트 노벨(청소년 취향의 대중소설) 시장에서 독보적인 지배력을 보유하고 있다. 카카오는 카도카와가 보유한 IP를 활용하여 픽코마에 필요한 콘텐츠를 제작할 수 있는 구조를 갖추게 되었다.

카카오엔터테인먼트는 2021년 5월에 미국 웹소설 플랫폼 래디쉬를 5,000억 원에 인수하였다. 래디쉬는 네이버가 2021년 1월에 인수한 왓패드와 비교하면 트래픽은 100만 MAU로 1%에 불과하지만, 매출액은 230억 원으로 50% 정도 된다. 래디쉬의 매출액이 트래픽에 비하여 큰 이유는 자체 IP를 보유하고 있고, 콘텐츠 판매에서 매출의 100%가 발생한다. 래디쉬는 집단 창작을 하여 콘텐츠를 빠르게 제작하고 A/B 테스트로 성공 여부를 빠르게 판단하는 노하우를 가지고 있다. 카카오엔터테인먼트는 2022년 5월에 타파스와 래디쉬를 합병하여 래디쉬를 존속회사로 남겼다. 새 법인의 대표는 타파스를 성장시킨 김창원 대표가 맡았다. 이 합병은 카카오엔터테인먼트의 북미 사업을 빠르게 성장시키기 위함이다.

카카오엔터테인먼트는 CP(Contents Provider)사에 투자를 늘리고 있고, 작가와 작품에 선투자하여 우수한 IP Pool을 확보하고 있다. 자체적으로 조달한 IP를 카카오페이지, 카카오 웹툰, 픽코마 등의 플랫폼을 통해 이용자에게 제공하고 있다. 카카오페이지 통합 거래액은 2017년의 1,600억 원에서 2021년에 7,500억 원으로 성장하여 연평균 40% 성장하였다. 스토리 사업에서는 확보된 IP 경쟁력을 바탕으로 일본 지역(카카오픽코마)뿐만 아니라, 북미(Radish Media), 태국, 인도네시아 등 세계 시장으로 확장하고 있다.

② 카카오엔터테인먼트의 음악, 매니지먼트, 영상물 제작 부문

카카오엔터테인먼트는 음원 제작, 음원 유통 그리고 음원서비스까지 음원 산업에서 수직계열화 구조를 갖추었다. 국내 음원/음반 유통(가수, 기획사로부터 확보한 음원을 멜론, 벅스 등 음원 서비스업체에 공급하는 사업) 시장은 카카오M과 지니뮤직, 드림어스컴퍼니 등 대형 음원 유통업체가 과점적 시장구조를 갖추고 있으며, 그중 카카오M은 음원 유통 부문에서 1위의 사업 지위를 유지하고 있다. 또한, 국내 음원서비스 시장에서 '멜론' 음원 플랫폼도 장기간 시장점유율 1위(22년 3월 기준 평균 순 방문자 기준 48% 내외)를 유지하면서 지속적인 수익을 창출하고 있다. 여기에, 스타쉽엔터테인먼트 등 카카오M이 보유한 4개의 음악 레이블을 통해 확보된 음원과 카카오M의 음원 유통, 멜론의 음원서비스로 이어지는 가치 사슬을 보유하고 있다.

카카오엔터테인먼트는 7개의 매니지먼트회사와 영상물 제작사도 보유하고 있다. 2018년 이후 배우 매니지먼트, 영화 및 영상제작사 인수하고 있다. 2021년에는 독창적 크리에이티브로 주목받는 콘텐츠 스튜디오

'돌고래유괴단'과 '스튜디오좋'의 지분 100%를 인수했다. 2020년 이후 코로나19 영향으로 공연/행사 매출이 많이 감소하였으나, 신규 업체를 편입하고 제작한 영상물의 수가 증가하고 있다. 외부 활동이 재개되면서 공연/행사 수입이 회복될 것이다. 2020년 9월 이후 검증된 IP를 이용한 숏폼과 미드폼[24] 포맷의 드라마와 예능 프로그램 등을 카카오TV에 공개하여 큰 성공을 거두었다.

3) 네이버와 카카오의 콘텐츠 전략의 비교

네이버웹툰과 카카오엔터테인먼트는 웹소설과 웹툰을 콘텐츠 그 자체가 아니라 콘텐츠 IP로 접근하고 있다. 그러나 사업 모델과 추진전략에서 차이가 난다. 카카오엔터테인먼트는 자체 IP를 구축하고, 경쟁력 있는 IP를 발굴해서 드라마와 영상으로 제작하고, 이를 세계 시장에 유통하려고 한다. 카카오는 콘텐트 근원이 되는 스토리에서부터 작가, 감독, 배우를 매니지먼트하고 영상물을 제작한 다음에, 플랫폼을 통해서 고객에서 접근한다. 즉 카카오엔터테인먼트는 오락산업의 전 과정을 수직계열화하면서 적극적으로 인수·합병을 하였다. 반면에 네이버웹툰은 IP 창작자들이 활동할 수 있는 무대를 만들어준 다음에 만들어진 웹소설과 웹툰 IP를 축적하고, 이를 세계 시장으로 확장하는 데 주력하고 있다. 네이버는 자사가 보유한 웹소설과 웹툰 IP이 영상물 등으로 적극적으로 제작되고 활용되도록, 이를 제작하는 기업과 제휴에 적극적이다. 네이버는 대규모 예산을 투자해 한국의 웹툰 시스템을 세계 시장으로 확장하는 IP 공급자로 접근하고 있다.

원천 IP 중심으로 외형 확장을 하고 있는 콘텐츠 기업은 네이버와 카카오가 대표적이지만 이 외에도 각 콘텐츠별 전문 분야에서 가치사슬을 강화하는 사례가 나타나고 있다(〈표 6〉 참조). 키다리스튜디오는 웹소설과 웹툰을 서비스하면서 2017년부터 공격적인 규모 확장을 추진한 결과로 2021년에 매출액은 517억 원으로 전년도에 비해 64.2% 증가하였고, 영업이익은 70억 원으로 전년도에 비해 290%의 증가하였다.

〈표 6〉 콘텐츠 플랫폼 기업의 IP 가치 사슬 구축 사례

기업	장르	영역	내용
키다리스튜디오	웹툰·웹소설	제작	2017년, 웹툰 플랫폼 '봄툰' 인수 프랑스 웹툰 플랫폼 '델리툰' 인수
		유통	웹툰 플랫폼 '레진엔터테인먼트(레진코믹스)' 인수
KT	영상	제작	'KT 스튜디오 지니'에 2,278억 원 출자
리디	영상	제작	애니메이션 제작사 '스튜디오 쉘터' 투자
	게임	제작	게임 제작사 '2DC' 통해 IP 게임 활용 본격화

출처: 이아름·오현주(2022, 4쪽)

KT 그룹의 경우 2022년에 KT 스튜디오 지니와 광고 계열사 나스미디어 등 콘텐츠 자회사는 빠르게 성정하고 있다. KT와 CJ ENM은 2022년 3월에 지분 교환 방식으로 전략적 투자하고, 미디어와 콘텐츠 시작에서 제휴하였다. 2022년 7월에는 KT의 OTT 서비스인 시즌을 CJ ENM의 OTT 서비스인 티빙에 합병하였다. 리디는 월정액 구독 방식의 웹툰 앱 '만타'를 운영하고 있는데, 2020년 11월에 해외로 진출하여 일년 여 만에 전체 매출액의 10% 이상을 세계 시장에서 거두었다. 원천 IP 중심으로 가치 사슬이 구축되면서, 플랫폼 간의 경쟁이 심화하고 매력적인 콘텐츠에 대한 수요가 증가하고 있다.[25]

요약

오락(엔터테인먼트) 기업의 본질은 스토리를 창작하고, 스토리를 사랑하게 만들고, 사랑을 수익화하는 것이다. 오락 사업에서 핵심은 잘 만든 스토리가 아니라 대중의 사랑을 불러일으키는 것이다. 인기 있는 IP를 이용하여 제작한 영화 중에서 흥행 실적이 저조한 사례는 많다. 하지만 IP를 사랑하는 팬덤을 보유한 경우에는 후속편에서 실패를 만회할 수 있는 기회가 주어진다. 현재 오락물 중에서 가장 사랑받는 장르는 디지털 게임이다. 게임은 사랑을 일으키는 강점(몰입감, 상호작용성 등)이 엄청나다. 게임은 '사회성'과 '집단 스토리텔링 경험'의 잠재력을 보유하고 있다. 게임 배급사들이 자사 IP를 영화나 TV시리즈로 제작하고 있다. 게임사가 IP를 확장하는 이유는 수익의 확대보다 자사 IP에 대한 팬덤의 사랑을 새로운 스토리로 지속하고 구축하기 위함이다.

예전에는 스토리들이 연재만화, 게임, 영화, TV 등 매체별로 1위 경쟁했다. 그래서 여러 승자가 공존할 수 있는 여지가 있었다. 각 영역의 승자가 도달할 수 있는 범위가 어느 정도 제한되었다. 하지만 머지않아 모든 프랜차이즈가 모든 매체에 대해 주도권 싸움을 벌이게 될 것이다. 승자는 영화, TV시리즈, 게임, 팟캐스트할 것 없이 모든 카테고리를 제패하며 그들을 사랑하는 팬덤과 상호 작용할 것이다. 그리고 좋아하는 프랜차이즈가 꾸준히 더 많은 것을 제공하면, 팬들은 다른 곳을 쳐다보거나 시간을 쓸 이유가 없게 될 것이다. 오락산업은 훌륭한 스토리, 팬덤의 사랑, 수익화가 순환되면서 움직이고 있다. 이를 가장 잘하고, 가장 많이 하는 쪽이 이길 것이다. 오락기업의 최종 목표는 트랜스미디어를 통해서 수익을 극대화하고 지속 가능성을 높이는 것이다.

　디즈니는 오락 사업의 핵심인 사랑하는 스토리를 만들고, 그 사랑을 수익화하는 데서 최고이기 때문에 업계를 선도하고 있다. 디즈니의 경쟁력은 저작권으로 보호되는 잘 구축된 포트폴리오에서 나온다. 디즈니는 창작된 스크립트, 캐릭터, 애니메이션 스타일, 영화, TV프로그램 등의 IP를 철저하게 자산화하고 보호한다. 디즈니는 2005년 이후 IP를 보유한 기업을 인수하여 포트폴리오를 늘렸다. 디즈니는 보유한 IP를 독점적으로 활용하여 수익을 창출한다. 디즈니의 IP 확장전략을 '에버그린 전략'(새로운 지식재산권을 추가해 독점 기한을 늘려가는 전략)으로 볼 수 있다. 디즈니는 일찌감치 캐릭터와 애니메이션 스토리를 이용한 디즈니 테마파크를 운영하고 있고, 캐릭터 등을 이용한 상품을 생산하고, 타 브랜드와 유통사와 제휴하여 완구, 문구, 책, 홈비디오 엔터테인먼트 등의 상품을 제작하고 유통한다.

　넷플릭스는 OTT 서비스 중 선발 주자로서 세계 시장에서 1위 사업자가 되었다. 그러나 디즈니, 워너미디어, NBC유니버설, 파라마운트 등이 자사 콘텐츠를 회수한다는 통지를 받았다. 넷플릭스는 스트리밍 서비스의 핵심은 고품질 콘텐츠에 있다고 보았고, 오리지널 콘텐츠에 투자하기 시작했다. 또한 넷플릭스는 저작권을 보유한 IP를 활용하여 상품화하는 사업도 시작하였다.

　넷플릭스가 오리지널 콘텐츠에 집중하는 반면에, 한국의 네이버웹툰과 카카오엔터테인먼트는 웹소설과 웹툰을 콘텐츠 그 자체가 아니라 콘텐츠 IP로 접근하고 있다. 그러나 사업모델과 추진전략에서 차이가 난다. 카카오엔터테인먼트는 자체 IP를 구축하고, 경쟁력 있는 IP를 발굴해서 드라마와 영상으로 제작하고, 이를 세계 시장에 유통하려고 한다. 반면에 네이버웹툰은 IP 창작자들이 활동할 수 있는 무대를 만들어준

다음에 만들어진 웹소설과 웹툰 IP를 축적하고, 이를 세계 시장으로 확장하는 데 주력하고 있다.

註

1) Ball, Matthew(2021.5)를 정리하면서 가필하면서, 이 자료를 번역한 이바닥(2021.9)도 참조하였다.
2) 마블의 주력 사업은 초기의 만화 출판에서 캐릭터 상품 판매로 바뀌고, 2000년대 중반이 되면 라이선싱산업이 핵심 산업이 되었다. 2006년에는 마블이 처음으로 직접 영화를 제작하였는데, 이 영화가 〈아이언맨〉이다. 마블은 〈아이언맨〉의 영화화 판권을 1990년 4월에 유니버설 스튜디오에 판매하였지만, 이 영화사는 〈아이언맨〉을 영화로 제작하지 못하였다. 이후 〈아이언맨〉의 영화화 판권은 20세기 폭스와 뉴라인 시네마에게 이전되었지만 영화화에 실패하고, 〈아이언맨〉의 영화 판권은 2006년에 마블로 되돌아왔다. 마블은 〈아이언맨〉의 캐릭터를 강화하기 위해서 3D 애니메이션을 제작하였고, 동시에 영화화도 진행하였다. 2006년 4월에 아이언맨의 감독을 내정하였고, 2007년 3월에 촬영이 시작되어 2008년 4월에 개봉되었다.
3) 영업 레버리지는 고정비 때문에 매출액 변동률보다 영업이익의 변동률이 높아지는 현상을 말하며, 영업 레버리지지가 높다면 매출액 변동에 따른 영업이익 변동 폭은 크다. 고정 비용에 많이 지출했을 때 매출액이 적다면 큰 부담으로 여겨지지만, 매출액이 많은 경우에는 고정 비용의 부담이 적어지게 되고 많은 이익이 창출될 수 있다. 예를 들면 통신사업이나 철강 사업이 영업 레버리지에 기반한 비즈니스이다.
 〈오징어 게임〉의 영업 레버리지는 넷플릭스에 엄청난 수익을 가져다준 효자손이다. 넷플릭스는 성공 여부가 불확실한 드라마 제작에 전액 투자하여 많은 고정 비용을 지출하였다. 〈오징어 게임〉이 대박을 터트리자, 넷플릭스는 추가적인 지출이 없이 큰 이익을 확보할 수 있었다. 만약 고정 비용을 줄이려고 유명 배우 등에 런닝게런티를 적용했다면 대박이 났을 때의 수익을 독점하지 못하고 배우들과 나누어 가져야 한다.
4) 영화의 구전 효과와 재시청 가치를 나타내는 지표
5) 〈헤일로〉는 엑스박스용 게임 시리즈로 2001년에 첫 작품이 발매되었다. 2021년에는 헤일로 시리즈의 6번째 작품이자 헤일로 시리즈 20주년 기념작인 〈헤일로 인피니트〉가 발매되었다.
6) 드라마 〈헤일로〉는 2022년 3월에 파라마운트＋에서 공개되었다.
7) 〈미키마우스 클럽〉은 이후 두 차례 부활하는데, 1977~1979년간 그리고 1989~1994년간 방송되었다.
8) 에버그린(Evergreen) 전략의 다른 사례로는 신약을 개발한 오리지널 제약사가 시기를 조절하며 여러 유형의 개량 특허를 통해 특허의 독점 기간을 실질적으로 연장하여 제네릭 약물의 시장 진입을 차단하면서 독점적인 지위를 계속 유지하는 것을 들 수 있다.

9) 박기수(2021)

10) 이서현(2019)

11) 박정훈(2019)

12) 이서현(2019)

13) 박정훈(2019)을 정리

14) 소니는 〈스파이더맨〉의 실사 영화를 제작하여 2002년에 개봉하였다.

15) 남명희(2021, 101쪽)

16) 김규찬 외(2011)

17) Ball, Mathew(2019. 10).

18) 나무위키 "월트 디즈니 컴퍼니"

19) 제작자가 자기 작품 속에 숨겨 놓은 재미있는 것들이나 깜짝 놀라게 하는 것들을 의미한다. 이스터 에그라는 말은 부활절 달걀이라는 뜻으로, 부활절 토끼가 부활절 전날에 아이들이 있는 집 안에 색을 칠한 사탕과 달걀이 담긴 바구니를 숨겨 놓는다는 부활절 풍습에서 유래했다.

20) 한국콘텐츠진흥원(2021, 140쪽)

21) 이성민(2021, a)과 업데이트

22) RPG(Role Playing Game)=역할 게임

23) 삼성증권(2022.1.7)을 풀어서 작성함

24) 숏폼(Short Form) 콘텐츠는 15초~60초 이내, 길어도 10분 이내의 짧은 영상 콘텐츠이다. 숏폼 콘텐츠는 10대를 포함한 젊은 층에게 인기가 많다. 미드폼 콘텐츠는 편당 20~30분 길이의 콘텐츠로, 너무 길지도 짧지도 않은 호흡으로, 이야기가 속도감 있게 전개되며, 캐릭터 간에 관계가 간결하고, 인물에 대한 집중도가 높은 특성이 있다.

25) 이아름·오현주(2022, 4쪽)를 인용하면서 보완함

제 **2** 부

문화콘텐츠 지식재산권을 활용하는 방법과 사례

제6장 소설, 만화, 웹소설, 웹툰 지식재산권을 확장하는 방법과 사례

1. 소설과 동화 지식재산권을 확장하는 방법과 사례

1) 책의 확장

구텐베르크가 금속활자 인쇄기를 발명한 1450년 이후 '글'은 인류 역사를 이끄는 강력한 수단이자 장치였다. 20세기 텔레비전이 등장하면서 정보와 오락 측면에서 인류에게 강력한 영향을 미치는 수단은 '글'이 아닌 '영상'으로 점차 대체되고 있다. 18세기 근대적 '시민'을 탄생시키며 대혁명을 이끌었던, 찬란했던 책의 역할이 위축되어, 3세기가 지난 21세기에는 과거의 영화(榮華)가 쇠퇴하여 책은 고리타분하거나 지루하다고 여겨지고 있다. 영상시대에 오리지널 콘텐츠를 확보하려는 경쟁이 심화하면서, 책에서 IP를 발굴하려는 움직임이 증가하고 있다. 책이 영화,

드라마, 게임, 만화, 뮤지컬 등 다양한 콘텐츠로 가공되는 원천 IP의 기능을 하면서, 원천 IP로서의 책(비록 소설책에 국한된 것이기는 하지만)의 가치가 부상하고 있다.[1)]

책(book)은 책에 담겨 있는 이야기와 물성을 가진 상품으로서 구분할 수 있다. 책(주로 소설책)을 IP로 활용한다는 것은 이야기를 재활용하거나 재구성한다는 것이다. 그리고 상품으로서의 책은 라이선싱 상품으로 활용된다. 예를 들면 인기 웹툰을 엮은 책을 구매하는 가장 큰 이유는 구매자가 좋아하는 웹툰을 소장하기 위해서이다. IP 확장의 관점에서 보면, 책을 이야기로 소비하는 경우 책은 B2B 콘텐츠이고, 라인선싱 상품으로서의 책은 B2C 콘텐츠이다. 책은 좋은 이야기 IP를 창출하는 원천으로 오랫동안 역할을 하였다.[2)] 최근에는 책의 이야기를 활용하여 제작한 영상물이 글로벌 OTT를 통해서 소비되고 있다. OTT 간의 경쟁이 심화하면서 새로운 이야기에 대한 수요가 증가하고 있으므로, 책의 이야기에 대한 수요도 증가하고 있다.

최근에는 출판사가 책을 기획하는 단계부터 영상화를 염두에 두고 작가와 스토리 PD가 함께 이야기를 구성하는 방식을 시도하거나, 영화·드라마 제작사와 손잡고 IP 발굴을 위한 공모전을 개최하기도 한다. 예를 들면 IP를 개발하는 전문 출판사인 '고즈넉이엔티'와 '안전가옥'은 작가와 소속 직원인 PD가 팀을 꾸려 아이템을 발굴하고 스토리를 짠다. 출판사 직원을 '편집자'가 아니라 'PD'라고 부른다. '고즈넉이엔티'는 30개 소설에 대한 영화·드라마·웹툰화 판권 계약을 완료했으며, 40건을 수출하였다. 이들 출판사 작품이 영화나 드라마로 만들어질 때 제작사로부터 받는 판권료는 3,000만~20,000만 원으로 5년 전과 비교하면 3~4배가량 올랐다.[3)]

한국콘텐츠진흥원(2021)이 조사한 출판 도서와 출판만화를 활용한 콘텐츠는 〈표 1〉, 〈표 2〉와 같다. 출판 도서와 출판만화의 IP를 2차 저작물로 제작된 사례가 16개 제시되어 있다. 출판물은 방송과 영화로 활용된 사례가 많고, 애니메이션, 공연, 만화, 게임 등 다양한 장르에서 활용되고 있음을 볼 수 있다.

〈표 1〉 원작 출판 도서의 활용 현황

연번	제목	연도	활용 장르	활용 연도
1	해플 품은 달	2005	방송, 공연	2012~2013
2	보건교사 안은영	2015	방송	2021
3	마녀식당으로 오세요	2016	방송	2020
4	그래서 나는 안티펜과 결혼했다	2010	만화, 방송, 영화	2015~2021
5	완득이	2008	영화, 공연	2011~2012
6	터널-우리는 얼굴없는 살인자였다	2013	영화	2016
7	살인자의 기억법	2013	영화	2017
8	구름빵	2004	애니메이션, 공연	2009~2021
9	엄마 까투리	2008	애니메이션, 공연	2011~2019
10	모든 순간이 너였다	2018	만화, 공연	2019
11	달빛조각사	2007~2020	만호, 게임	2015~2019

출처: 한국콘텐츠진흥원(2021, 56쪽)

〈표 2〉 원작 출판만화의 활용 현황

연번	제목	연도	활용 장르	활용 연도
1	안녕 자두야	1997~연재 중	애니메이션, 공연	2011~2019
2	반지의 얼렁뚱땅 비밀일기	2006~연재 중	애니메이션, 게임	2017~2019
3	마법천자문	2003~연재 중	출판, 방송, 애니메이션, 공연, 게임	2008~2015
4	정글에서 살아남기	2009~2013	애니메이션, 공연	2015~2017
5	아일랜드	1997~2001	출판, 게임, 방송	2000~2022

출처: 한국콘텐츠진흥원(2021, 52쪽)

책은 라이선싱 상품으로도 활용되는데, 이차적 저작물이 출판물인 경우에 원작은 방송 프로그램과 만화(출판만화＋웹툰)의 비중이 높다(〈그림 1〉 참조). 드라마 〈도깨비〉, 〈미스터션샤인〉, 〈품위 있는 그녀〉, 〈사이코지만 괜찮아〉, 〈응답하라〉 시리즈, 〈보이스〉, 〈펜트하우스〉 등은 소설, 대본집, 메이킹스토리 등으로 출간되었다. 드라마 〈사이코지만 괜찮아〉

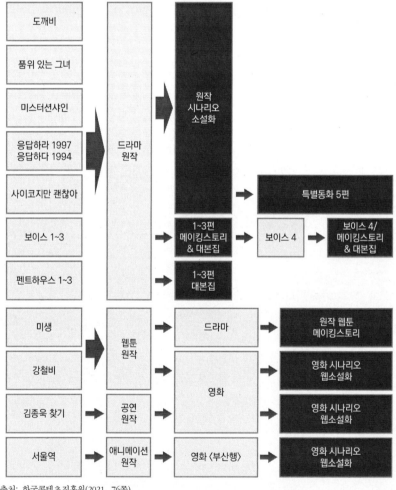

출처: 한국콘텐츠진흥원(2021, 76쪽)

〈그림 1〉 이차적 저작물로 출판물이 제작된 사례와 유형

는 소설로 출간되었고, 극 중에 등장하는 동화책이 실제로 출간되었다. 영화 〈김종욱 찾기〉, 〈강철비〉, 〈부산행〉 등은 흥행에 성공한 뒤에 시나리오가 소설로 출간되었다. 웹툰 〈미생〉은 드라마로 인기를 끈 이후에 원작 만화의 탄생 과정을 상세하게 담아낸 〈미생 메이킹스토리〉가 발간되었다. 출판콘텐츠는 영상 매체가 가진 제약으로 표현하지 못하거나 편집된 이야기의 배경, 인물, 설정 등을 상세하게 보여줄 수 있다.

2) 소설의 확장

소설은 오래전부터 영화나 드라마로 제작되고 있다. 해외에서 소설 〈반지의 제왕〉, 〈해리포터〉, 〈트와일라잇〉 시리즈, 〈그레이의 50가지 그림자〉 등이 영화로 제작되었다. 한국에서는 소설 〈공동경비구역 JSA〉, 〈완득이〉, 〈터널-우리는 얼굴 없는 살인자였다〉, 〈살인자의 기억법〉은 영화로 제작되었으며, 소설 〈해를 품은 달〉, 〈보건교사 안은영〉, 〈그래서 나는 안티팬과 결혼했다〉, 〈마녀 식당으로 오세요〉가 드라마가 제작되었다. 소설이 원작인 드라마 〈해를 품은 달〉은 평균 시청률 32.1%, 최고 시청률 40%를 기록했으며 이후 뮤지컬로도 제작되었다. 2010년에 발간된 소설 〈그래서 나는 안티팬과 결혼했다〉는 먼저 영화로 제작되어 한국과 중국에서 개봉했으며, 이후에 웹툰과 웹드라마로 제작되었다. 최근에 OTT를 통해서 제공되는 다양한 장르와 형식의 영상물의 원작이 소설인 경우도 많다. 예를 들면 넷플릭스의 〈브리저튼〉 시리즈, 〈보건교사 안은영〉, 애플TV+의 〈파친코〉, 왓챠의 〈시맨틱 에러〉 등이 있다.

최근 소설을 영상화는 과정에 새로운 형식이 시도되고 있다. 영상화될 만한 소설을 감독이 선택하는 것이 아니라, 처음부터 영상 제작용 소설을 공모하고 있다. 이 공모에서는 전통적인 소설 외에도 웹소설, 웹툰 등

'스토리'가 있는 형식이면 환영받고 있다. 영상물 제작용 스토리 공모전이 2022년에 여섯 번 열렸고, 상금 규모가 1억 원~10억 원으로 규모가 커졌다.[4] 또한 CJ ENM과 작가를 매니지먼트하는 '블러썸크리에이티브'가 공동으로 기획한 IP를 단행본으로 출판한 다음에 영상 콘텐츠로 확장하는 프로젝트를 2021년에 시작하였다. 이 프로젝트에는 '당신이 아직 발견하지 못한, CJ ENM이 가진 무궁무진한 이야기'라는 뜻을 담아 '언톨드 오리지널스'프로젝트라는 이름이 붙여졌다. 이 프로젝트에는 블러썸 크리에이티브의 소속 작가 배명훈, 김중혁, 천선란, 김초엽 작가가 참여하였고, 첫 번째 시리즈로 배명훈 작가가 쓴 〈우주섬 사비의 기묘한 탄도학〉이 2022년 5월에 출간되었다.

해외에서 소설 IP를 확장하여 성공한 대표적인 사례로 〈해리포터〉와 〈반지의 제왕〉을 들 수 있다. 조앤 롤링(Joan K. Rowling)의 〈해리포터〉(1997~2007)는 전 7권으로 구성된 영국 소설로 전 세계 80개 언어로 번역되어 5억 부 이상이 판매되었고, 77억 달러 이상의 매출을 기록하였다. 2001년부터 워너브러더스가 영화로 제작하여 총 8편의 시리즈가 제작되어 총 77.8억 달러의 박스오피스 매출을 기록하였으며, 프리퀄 시리즈로 3편의 영화가 추가로 제작되었다. 〈해리포터〉 IP는 다양하게 확장되어 테마파크, 캐릭터 샵, 레고블록, 게임, 지팡이, 망토, 목도리, 귀걸이, 안경, 열쇠고리, 아트 북, 포스터북, 엽서, 우표, 다이어리, 호그와트 비밀지도, 마법사의 돌, 기숙사 팔찌, 고드릭 그리핀도르 칼, 마법사의 모자, 수첩, 펜, 필통, 호크룩스, 펜던트 등의 파생 상품이 제작되었다. 2016년 기준 해리포터의 브랜드 가치가 250억 달러로 추산되었다(〈그림 2〉 참조).

영국의 영문학자이자 소설가인 톨킨이 쓴 〈반지의 제왕〉은 1954년에 출판된 판타지 소설로 흥행에 성공하여 최근 50년간 세계에서 가장 많이 팔린 책 4위에 올랐다. 〈반지의 제왕〉은 라디오 드라마, 애니메이션,

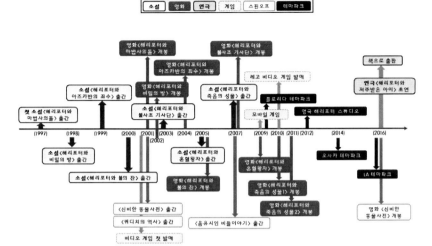

출처: 김숙·장민지(2017, 8쪽)

〈그림 2〉 해리포터 IP의 확장

드라마(핀란드)로 제작되었지만, 이들 작품은 그다지 알려지지 않았다. 〈반지의 제왕〉은 세 편의 실사 영화로 제작되어 2001년에 개봉되었다. 세 편 영화 모두 높은 완성도를 가졌다고 극찬받았고, SF나 판타지 영화를 저평가하던 아카데미 시상식에서도 인정받았다. 〈영화 반지의 제왕 3: 왕의 귀환〉은 2003년 아카데미상에서 총 11개 부문에서 수상하면서 〈벤허〉나 〈타이타닉〉과 함께 걸작으로 인정받았다. 〈반지의 제왕〉의 영화관 수입은 30억 달러가 넘고, SF 블록버스터의 원조인 〈스타워즈〉 시리즈의 수입을 능가한다.

〈반지의 제왕〉이 많은 사람에게 사랑받는 이유의 하나로 원작자인 J.R.R 톨킨의 방대하면서도 치밀한 판타지 세계관을 들 수 있다. 〈반지의 제왕〉은 '실마릴리온(The Silmarillion)'이라는 큰 세계관에서 일어나는 에피소드로, 실마릴리온은 '일루바타르'라는 창조주가 만든 세계인 '아르다'의 3단계 역사(등불의 시대, 나무의 시대, 해와 달의 시대)를 다룬 이야기다.

톨킨은 이 세계관에서 일어나는 내용을 소설 〈호빗〉으로 1937년에 먼저 출간하였고, 〈호빗〉의 인기로 출판사의 의뢰를 받아 쓴 작품이 〈반지의 제왕〉이다.[5] 영화 〈반지의 제왕〉이 흥행에 성공한 이후에 라이선스가 활발히 진행되었다. 특히 〈반지의 제왕〉 IP는 엄청난 수의 게임으로 제작되었는데, EA는 7개의 게임을 워너브러더스는 8개의 게임을 제작하였다. 〈반지의 제왕〉은 8부작 드라마로 제작되어 2022년 9월에 넷플릭스로 공개되었다.

3) 동화책의 확장

동화책은 서술과 그림과 합쳐진 책으로, 대부분 어린이를 대상으로 한다. 통상적으로 동화책의 성공은 〈이상한 나라의 앨리스〉처럼 좋은 스토리 구조를 갖춘 동화책이 전 세계에서 출판되는 것을 의미한다. 그러나 성공한 동화책은 롱셀러 캐릭터와 OSMU 콘텐츠로 활용되며, 엄청난 라이선싱 수익이 발생한다. 동화책은 캐릭터, 애니메이션, 뮤지컬, 음악, 게임으로 개발되기도 한다.

한국에서는 어린이 동화책 〈구름빵〉(백희나 작), 〈엄마 까투리〉(권정생 작)는 TV애니메이션으로 제작되었다. 〈구름빵〉은 제과점에서 구름빵이 실제 생산되었고 팬시 류, 식품 등의 캐릭터 상품, 게임, 애니메이션과 뮤지컬 등으로 만들어졌다. 〈엄마 까투리〉는 단편 애니메이션, TV 애니메이션, 극장판 애니메이션으로 제작되었고, 캐릭터 상품, 뮤지컬, 키즈 카페 등으로 IP가 확장되고 있다.

오랫동안 사랑받는 캐릭터를 탄생시킨 동화책으로 영국의 〈이상한 나라의 앨리스〉(1865), 〈피터 래빗〉(1902), 〈위니 더 푸우〉(1926)와 프랑스의 〈바바 이야기〉(1934), 〈바바파파〉(1970s)와 핀란드의 〈무민〉(1945)

과 미국의 〈오즈의 마법사〉(1900), 〈괴물들이 사는 나라〉(1963)와, 캐나다의 〈빨강 머리 앤〉(1908) 등이 있다. 동화책의 출시 당시 전혀 기획되지 않았지만, 시대의 흐름과 요청에 따라 탄탄한 스토리에 바탕을 두고 캐릭터나 스토리가 OSMU되어 엄청난 수익을 내고 있다. 〈피터 래빗〉은 디즈니보다 먼저 캐릭터 저작권을 받았다.[6]

영국의 작가 루이스 캐럴의 동화책 〈이상한 나라의 앨리스〉는 1865년에 출간된 이후 170여 개의 언어로 번역되었고, 이 작품은 물리학, 생물학 등에서도 인용되는 등 사회 전반에 큰 영향을 끼쳤다. 이 책에 삽입된 그림이 유명하고, 많은 패러디와 언어유희와 상징이 담겨 있고, 언어유희와 상징은 연구 대상이다. 여러 종류의 삽화가 있지만 존 테니얼이 그린 초판본의 삽화가 가장 유명하고, 디즈니의 애니메이션에서 테니얼의 삽화를 답습한 이후로 주인공 앨리스는 '금발의 파란 옷'이라는 이미지가 굳어졌다. 〈이상한 나라의 앨리스〉 IP는 오래전부터 이용되고 있는데, 가장 먼저 1903년에 영국에서 실사 영화로 제작되었고, 디즈니는 1951년에 극장용 애니메이션으로 제작하여 큰 성공을 거두었다. 이후 1983년에 TV용 애니메이션, 1999년에 TV용 실사 영화, 2010년에는 3D 극장용 애니메이션, 2007년에는 오페라 등으로 공개되었다. 또한 수십 개의 게임과 만화로 제작되었고, 이보다 더 많은 수의 피규어가 제작되어 판매되고 있다.

2. 만화 지식재산권을 확장하는 방법과 사례

만화는 이야기와 함께 그림이 있으므로 영상화하기에 쉽다. 만화는 그림이 있는 콘텐츠 중에서 원작을 제작하는 비용이 가장 적게 드는 매체이다. 많은 만화가 애니메이션으로 제작되었고, 애니메이션이 성공할 경우 캐릭터 라이선싱이 활발하게 일어난다.

1) 만화 IP의 장르별 확장 사례

만화 IP로 애니메이션을 제작할 경우에 원작자와 만화의 인지도가 애니메이션의 관객 확보에 도움을 준다. 신동우 화백이 소년조선일보에 연재했던 〈풍운아 홍길동〉을 원작으로 1967년에 한국 최초의 극장용 애니메이션 〈홍길동〉이 제작되었다. 이후 오랫동안 만화를 원작으로 하는 애니메이션이 제작되지 않다가 1987년 이후 만화 원작의 TV 애니메이션이 활발하게 제작되었다(〈표 3〉 참조).

〈표 3〉 만화 원작의 애니메이션과 게임

장르	극장용 애니메이션	TV 애니메이션	게임
기간	1967~2009년	1987~2001년	1996~2004년
작품	홍길동, 태양을 향해 던져라(1탄), 내 이름은 독고탁(2탄), 블루시걸, 붉은 매, 헝그리베스트5, 홍길동 95, 아마겟돈, 아기공룡 둘리-얼음별 대모험, 누들 누드, 누들 누드 2, 망치, 오디션	떠돌이 까치, 아기공룡 둘리, 독고탁의 비둘기 합창, 까치의 날개, 아기 공룡 둘리2, 달려라 하니, 천방지축 하니, 영심이, 날아라 슈퍼보드 1, 날아라 슈퍼보드 2, 요정 핑크, 날아라 슈퍼보드 Ⅲ, 마법사의 아들코리, 머털도사와 또매형, 날아라 슈퍼보드 Ⅳ, 검정 고무신, 둘리의 배낭여행, 내이름은 독고탁, 다시 찾은 마운드, 태양을 향해 던져라, 검정 고무신 2, 용하다 용해 무대리, 날아라 슈퍼보드 Ⅴ	바람의 나라, 아마겟돈, 달려라 하니, 라그나로크, 머털도사와 또매형, 고인돌, 각시탈, 레드문, 리니지, 열혈강호, 용비불패, 아기공룡 둘리, 망치, 검정 고무신, 비천무, 해머보이 망치

출처: 배정아(2006, 48쪽, 49쪽, 58쪽)

만화는 온라인 게임으로도 많이 제작되었는데(〈표 3〉 참조), 이 중에서 인기를 끈 게임으로는 〈바람의 나라〉, 〈리니지〉, 〈라그나로크 온라인〉, 〈열혈강호 온라인〉 등이 있다. 만화를 온라인 게임으로 개발할 경우에는 다음과 같은 장점이 있다. 첫째로, 게임 기획의 구성 요소들이 미리 설정되어 있어서 개발 기간을 단축할 수 있다. 만화가 스토리와 그림으로 구성되어 있어 온라인 게임의 구성요소와 상당히 유사하다. 실제로 롤플레잉이나 액션 게임의 경우는 캐릭터, 시나리오, 연출 등 만화와 완벽하게 일치하는 특징을 지니고 있다. 둘째로, 독자들에게 검증된 이야기, 만화의 인지도로 인한 마케팅 비용의 절감, 완성도의 보장, 만화 팬들을 흡수 등으로 성공할 가능성이 크다.

영화와 드라마가 소재나 시나리오의 빈곤을 느낄 때 만화(최근에는 웹툰)로 눈을 돌린다. 왜냐하면 만화가 글과 그림으로 이야기를 전달하는 속성은 대사와 행동으로 이야기를 전달하는 영상 매체의 속성과 유사하기 때문이다. 글은 그대로 대사가 되고, 그림은 화면 연출을 위한 콘티가 되어 시나리오나 대본 작업의 수고를 덜어 준다. 영상 매체의 표현은 기술적인 한계를 가지고 있다. 그러나 만화는 현실의 제약을 뛰어넘는 무한한 상상력으로 영상 매체가 지닌 기술적 한계를 극복할 수 있도록 도와준다. 가장 중요한 점은 만화는 막대한 제작비 때문에 소재 선택에 신중한 영상 매체에 시장의 검증을 거친 원작을 제공해준다.

만화가 영화로 제작된 것은 1965년 정운경의 〈왈순아지매〉로부터 시작되었지만, 진정한 의미의 출발점은 1986년 개봉된 이현세 원작의 〈공포의 외인구단〉이라 할 수 있다. 〈공포의 외인구단〉은 흥행에 성공하여 만화 원작의 붐을 일으켰고, 많은 만화가 영화로 제작되었지만 흥행에 성공한 영화는 그다지 많지 않다. 1997년에 개봉된 허영만의 〈비트〉, 2004년에 개봉된 〈바람의 파이터〉가 흥행에 성공하였다. 1990년대까지는 이현세, 박봉성, 허영만 등 일부 작가의 작품만이 영화화되었다. 영화로 제작된 만화의 공통점은 스토리가 탄탄한 드라마나 액션 장르의 작품이다. 그러나 2000년대 중반 이후 감성을 소재로 한 영화가 주목받으면서, 영화의 소재가 확장되면서 판타지나 순정 장르의 만화에도 관심을 가지기 시작했다.

〈표 4〉 만화 원작의 영화와 드라마

장르	영화	드라마
기간	1965~2010년	1965~2010년
작품	왈순아지매, 순악질 여사, 풍운아 팔불출, 신의 아들, 공포의 외인구단, 지옥의 링, 가루지기, 며느리 밥 풀꽃에 대한 보고서, 발바리의 추억, 돈아 돈아 돈아, 변금련, 하얀 비요일, 가진 것 없소이다, 48+1, 테러리스트(카론의 새벽), 백수 스토리, 비트, 비천무, 비밀(secret), 두목, 바람의 파이터, 형사(조선 여형사 다모), 타짜, 식객, 두 사람이다, 〈10, 20, 그리고 30〉, 구르믈 버서난 달처럼, 식객2	왈순아지매, 퇴역 전선, 폴리스, 아스팔트 사나이, 일곱 개의 숟가락, 미스터 Q, 우리는 길잃은 작은 새를 보았다. 다모, 헬로 발바리(발바리의 추억), 용하다 용해 무대리(모바일 드라마), 풀하우스, 불량 주부, 궁, 비천무, 식객, 쩐의 전쟁, 대물

출처: 영화는 배정아(2006, 61쪽), 이승진·박종빈(2014), 드라마는 배정아(2006, 64쪽)를 보완

만화를 드라마로 만들게 되면 영화로 만들 때보다 안정적일 수 있다. 영화는 만화의 스토리를 짧은 시간의 한 편으로 무리하게 재구성하여 원작의 재미를 제대로 표현할 수 없는 위험이 있기 때문이다. 만화가 드라마로 제작된 사례 중에서 허영만의 〈퇴역 전선〉, 〈아스팔트 사나이〉, 〈미스터 Q〉, 〈식객〉, 김수정의 〈일곱 개의 숟가락〉, 원수연의 〈풀하우스〉, 강희우의 〈불량 주부〉, 방학기의 〈다모〉, 박소희의 〈궁〉, 박인권의 〈쩐의 전쟁〉, 〈대물〉 등이 시청자들의 좋은 반응을 이끌어냈다.

2) 만화 IP의 성공 사례

김수정의 만화 〈아기공룡 둘리〉는 국내 문화콘텐츠 중에서 가장 성공한 OSMU의 사례로 꼽힌다. 1983년에 만화잡지 『보물섬』에 연재를 시작하였고, 1986년에 단행본으로 출시되었으며, 1987년에 TV용 애니메이션, 1995년에 교육용 OVA(Original Animation Video)로 제작되었다. 원작

자인 김수정은 1995년 2월에 (주)둘리나라를 설립하여 애니메이션 제작
과 캐릭터 라이선스 사업을 하고 있다. 1996년에 극장용 장편 애니메이
션 〈아기공룡 둘리－얼음별 대모험〉을 개봉하여 당시 35만 명이라는
관객을 동원하여 그해 영화흥행 순위 4위를 기록하였다. 2001년에 뮤지
컬이 제작되었으며, 2008년에는 TV 시리즈 애니메이션 〈아기공룡 둘리
2〉가 제작·방영되었다. 2015년에는 둘리의 거주지인 도봉구 쌍문동에
둘리뮤지엄이 개관되었다.

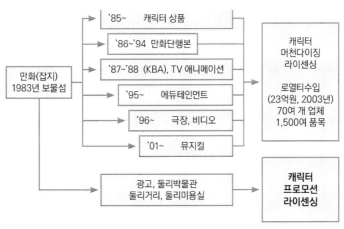

출처: 한국문화콘텐츠진흥원(2004, 9쪽)

〈그림 3〉 둘리의 OSMU

만화 〈발바리의 추억〉도 IP를 장기간에 확장하고 있는데, 이 작품은
1988년에 신문에 연재되기 시작한 만화로, 이후 출판만화 단행본, 단행
본 시리즈, 실사 영화, 연극, 성인용 만화 CD-ROM, 기업홍보물, 그리고
주인공 김달호 줄무늬 티셔츠까지 20년 이상 IP로 활용되고 있다. 한편
허영만 작가의 작품은 애니메이션 〈날아라 슈퍼보드〉, 영화 〈타짜〉,
〈식객〉, 드라마 〈아스팔트의 사나이〉, 〈미스터 Q〉 등이 흥행하면서

만화가 가지고 있는 장르 확장성을 보여주었다.[7]

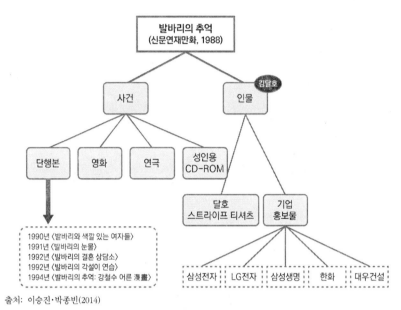

출처: 이승진·박종빈(2014)

〈그림 4〉〈발바리의 추억〉 OSMU

게임 〈리니지〉는 만화가 신일숙의 동명 만화에 바탕을 두고 제작된 것으로 게임상의 등장인물이나 배경, 게임의 진행에서 만화 〈리니지〉를 여러모로 계승하고 있다. MMORPG 게임 〈리니지〉는 1998년 9월에 상용화되었고, 초기 PC게임 시장을 주도하였다. 이 게임은 오늘의 '엔씨소프트'를 만든 게임이자 지금도 이 회사를 먹여 살리는 게임이다.[8]

〈워킹 데드〉는 만화로 처음 제작되었지만, 국내에는 만화보다 드라마와 게임이 먼저 알려졌다. 만화 〈워킹 데드〉가 종결된 2019년 이후 다양한 장르로 확장되었다. 드라마 〈워킹 데드〉는 11개의 시즌에 걸쳐 177부작으로 제작되어 미국의 AMC 채널에서 2010~2022년간 방영되었다. 드라마 〈워킹 데드〉의 첫 번째 스핀오프 작품인 드라마 〈피어 더 워킹 데드〉는 7개 시즌에 걸쳐 117부로 제작되어 역시 AMC 채널에서 2016~2022년간 방영되었다. 드라마 〈워킹 데드〉의 두 번째와 세 번째 스핀오프 작품인 〈워킹 데드 월드 비욘드〉와 〈테일즈 오브 더 워킹 데드〉가 각각 2020년과 2022년에 제작·방영되었다. 〈워킹 데드〉는 수십 종의 게임으로도 발매되었는데, 발매된 게임의 장르도 모험, 아케이드, 모바일, VR 등 다양하다.

3. 웹소설 지식재산권을 확장하는 방법과 사례

1) 웹소설 IP의 특성

웹소설은 웹툰, 소설, 만화, 드라마, 영화 등으로 확장되고 있다. 웹소설 IP를 확장할 때의 강점은 다음과 같다.

첫째로, 웹소설의 창작 비용이 적기 때문에 확장 가능성이 크다. 웹툰이나 웹드라마보다도 웹소설에는 적은 창작 비용이 들기 때문에 IP 활용을 전제로 기획하더라도 이를 활용하는데 큰 부담이 되지 않는다. 둘째로, 웹소설의 장르와 소재가 다양하다. 장르적으로 웹툰에 비해 웹소설이 하위문화적 특성을 더 많이 품고 있고, 그에 따라 다루는 소재가 제약이 없다. 셋째로, 웹소설의 텍스트적 속성이 IP로서의 확장 가능성을 강화한다. 웹소설에서는 시공간 묘사가 생략되는 반면 등장인물의 시각에서 인물의 행동을 중심으로 이야기가 전개되어 몰입력을 높인다. 또한 웹툰 IP를 영상화할 경우, 웹툰의 시각적 묘사가 영상화된 콘텐츠 내에서 얼마나 구현되었는지가 대중적 관심사가 되지만, 웹소설 IP를 활용하면 시각적 재현의 제약이 적어진다. 넷째로, 웹소설에는 공동창작의 의미가 포함되어 있다. 댓글을 통한 이용자와의 상호작용은 웹소설 창작 과정에 중요한 부분을 차지한다. 창작자의 관점에서도 웹소설의 대중성을 높이는 전략 일부로 이용자의 반응을 창작에 적극적으로 개입시킨다.

이와 같은 특성 때문에 웹소설 IP가 확장되는 과정에서 공동창작에 참여했던 이용자가 열정적인 팬덤으로 동반할 가능성이 커진다.[9]

2) 웹소설의 웹툰화

웹소설과 웹툰을 포함한 웹콘텐츠는 창작자와 독자층이 상당히 중첩되기 때문에 장르 이동 시 콘텐츠 활용 효과가 높다. 플랫폼에 연재되는 웹소설과 웹툰이 주로 이용되고, 창작자와 독자 계층의 유사성 등으로 장르 간 이동을 통해 콘텐츠의 라이프 사이클을 연장할 가능성 크다. 특히 보다 원천적인 형태의 스토리를 가지고 있는 웹소설을 웹툰화하는 경우에 성공 확률이 높으며, 웹툰화의 성공이 웹소설 구독률을 재상승시키는 선순환 효과를 가져오기도 한다. 웹소설과 웹툰은 영상화된 콘텐츠보다 상상의 범주가 훨씬 크고 깊어서 작가적 상상력을 극대화하기에 매우 유리하다.[10]

웹소설 IP는 웹툰으로 가장 활발하게 이용되고 있는데, 소설을 원작으로 창작된 만화를 노블코믹스라고 부른다.[11] 노블코믹스는 소설과는 달리 시각화된 콘텐츠로 웹소설보다는 접근성이 좋다. 웹소설을 웹툰화하게 되면 네이버나 카카오와 같은 대형 플랫폼은 웹툰 이용자와 웹소설 이용자를 같은 플랫폼에 머물도록 유도할 수 있다. 또한, 웹툰 플랫폼은 해외 서비스를 제공하고 있어 독자층을 확대할 수 있고 해외 독자의 반응도 확인할 수 있다. 웹소설 〈달빛 조각사〉, 〈황제의 외동딸〉, 〈왕의 딸로 태어났다고 합니다〉, 〈나를 찾아줘〉, 〈사내 맞선〉, 〈김비서가 왜 그럴까〉, 〈전지적 독자 시점〉, 〈세계관 최강자들이 내게 집착한다〉, 〈화산귀환〉 등 인기 웹소설을 원작으로 하는 웹툰은 원작 이상의 호응을 얻었고 이는 다시 원작으로의 관심으로 이어지는 선순환 구조를 만들어 냈다.12)

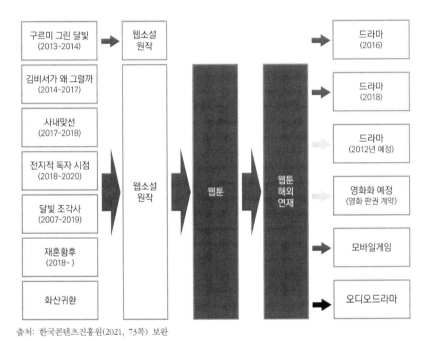

출처: 한국콘텐츠진흥원(2021, 73쪽) 보완

〈그림 5〉 웹소설 IP의 활용 과정

웹소설이 원천 콘텐츠로 주목받으면서 초기에는 웹소설을 바로 영상화하였지만(〈구르미 그린 달빛〉, 2016), 점차 드라마나 영화로 제작하기 전에 웹툰을 먼저 연재하는 추세이다. 1차적으로 웹소설을 웹툰으로 활용하는 시각화의 단계를 거치는 것이 투입비용을 줄이면서도 시장의 반응을 살필 수 있는 기회가 되기 때문이다. 또한 웹소설의 웹툰화를 통해 대중적인 이목을 끌면 기존의 웹소설 이용자가 아닌 신규 이용자가 유입될 수 있다는 점도 웹소설 IP의 웹툰화가 양적인 성장을 이루는 배경이 된다. 또한 웹소설을 영상화하려면 많은 각색과 수정이 필요한데 웹툰을 제작함으로써 이미지화 작업을 미리 진행할 수 있는 이점도 있다.[13] 〈김비서가 왜 그럴까〉(2018), 〈사내 맞선〉(2022)은 드라마 전에 웹툰이 먼저 연재되었다. 〈전지적 독자 시점〉은 웹툰으로 제작된 이후 영화로 제작되고 있다.

웹소설이 웹툰으로 제작되려면 우선 웹소설의 대중성이 담보되어야 한다. 그중에서도 웹소설에 삽입된 삽화에 대한 대중적 호응도가 높은 로맨스 장르나 판타지 장르의 웹소설이 웹툰화로 이어지는 경향이 높다. 2015년에 인기를 끈 로맨스 웹소설 〈허니 허니 웨딩〉은 웹소설의 전개나 등장인물의 이미지에 부합하는 삽화를 적절히 활용했다는 점이 두드러졌다. 〈허니허니 웨딩〉은 웹소설에 삽입된 삽화의 인기를 바탕으로 2017년에 웹툰으로 만들어졌다. 로맨스 판타지 장르의 인기 웹소설인 〈황제의 외동딸〉, 〈재혼 황후〉, 〈버림받은 황비〉 등도 웹소설 내 삽입된 삽화가 인기를 끌었고 웹툰화되었다. 판타지 장르의 웹소설인 〈나 혼자만 레벨업〉, 〈달빛조각사〉, 네이버 시리즈의 〈중증외상센터: 골든아워〉, 문피아의 〈전지적 독자 시점〉 등도 웹툰으로 활용되었다. 다만 판타지 웹소설의 경우, 장르적인 특성상 영상화보다는 웹툰이나 게임 등으로 활용되었을 때 내용상 재현이 더 유연하게 이루어질 수 있다.[14]

〈표 5〉 원작 웹소설의 활용 현황

연번	제목	연도	활용 장르	활용 연도
1	구르마 그린 달빛	2013~2014	방송	2016
2	김비서가 왜 그럴까	2013	만화, 방송	2016~1018
3	선배 그 립스틱 바르지 마요	2017	만화, 방송	2021
4	사내맞선	2017~1018	만화, 방송	2018~2022
5	전지적 독자 시점	2018~연재중	만화	2019~2021
6	재혼황후	2018~연재중	만화	2020~

출처: 한국콘텐츠진흥원(2021, 57쪽)

3) 웹소설 IP의 영상화

웹소설을 원작으로 드라마로 제작된 초기의 사례는 인터넷 소설 〈옥탑방 고양이〉와 〈1&의 어떤 것〉이 드라마로 제작되어 2003년에 MBC에서 방영되었고, 〈메리대구 공방전〉이 2007년에 MBC로 방송되었다. 〈해를 품은 달〉이 드라마로 제작되어 2012년에 방영(MBC)되었다. 이후에 〈올드맨〉, 〈당신을 주문합니다〉, 〈고결한 그대〉, 〈구르미 그린 달빛〉, 〈신데렐라와 네 명의 기사〉, 〈애타는 로맨스〉, 〈김비서가 왜 그럴까〉, 〈설렘주의보〉, 〈진심이 닿다〉, 〈누나 팬 닷컴〉, 〈저스티스〉, 〈그녀의 사생활〉, 〈선배 그 립스틱 바르지 마요〉, 〈사내 맞선〉 등이 드라마로 제작되었고, 〈재혼 황후〉는 드라마로 제작 중이다. 웹소설 〈키스 식스 센스〉는 드라마로 제작되어 2022년 5월에 디즈니+로 공개되었다.[15]

2010년 이후 웹소설을 드라마로 편성하는 데에는 지상파보다는 종편이나 케이블 채널에서 적극적이다. 특히 tvN이 웹소설을 드라마화하는 데 가장 적극적이고, 2018년에 방송된 〈김비서가 왜 그럴까〉가 큰 대중적 성공을 거두어 원작 웹소설로 유입되는 이용자가 유입되는 환원 효과를 누리기도 했다.

드라마화되는 웹소설은 로맨스 장르에 치중되어 있는데, 그 이유로 두 가지를 들 수 있다. 첫째로, 로맨스 장르가 친밀하기 때문이다. 대부분의 로맨스 작품은 해당 장르에 우호적인 여성을 타겟으로 삼는 경우가 많아 드라마화되었을 때 웹소설의 독자가 드라마의 시청자로 옮겨갈 가능성이 크다. 둘째로, 드라마의 제작에는 큰 비용이 투입되기 때문에 안정적인 소재주의를 추구하기 때문이다. 로맨스 장르가 대중적으로 친밀하다.[16]

4) 웹소설 IP의 OSMU 사례[17]

웹소설 IP를 영화 등으로 OSMU하여 성공한 네 가지 사례를 살펴보자. 먼저 〈엽기적인 그녀〉는 1999년 8월부터 연재된 웹소설로서 2000년 1월에 책으로 출간되었고 2001년부터 만화로 다시 출간되었다. 2001년에는 적은 예산을 들여 영화로 제작·개봉하여 개봉 6일 만에 관객 100만 명을 돌파하고 6주 연속 한국 박스오피스 1위를 차지했다. 중국에 수출되었고, 일본에서 드라마로 리메이크되었다. 미국의 드림웍스는 이 영화의 판권을 구매하여 2008년에 〈My Sassy Girl〉을 제작했다. 2014년에는 대학로에서 연극으로 제작되었는데 좋은 평가를 받았다.

귀여니 작가의 웹소설 〈늑대의 유혹〉은 2002년에 온라인에서 연재되어 큰 인기를 얻었고 2003년에 단행본, 2004년에 만화로 출판되었다. 2004년에 영화로 개봉되어 관객 수 218만 명으로 흥행에 성공했다. 2011년에는 뮤지컬로 제작되었고, 게임으로도 출시되었다.

주호민 작가의 〈신과 함께〉는 2010년부터 연재된 웹툰으로서 누적 조회 수 1억 건을 넘긴 콘텐츠이다. 일본에서는 2011년에 리메이크되어 일본 LINE에서 연재되었고 중국어판은 중국 라인 웹툰(哆漫漫画)에서 연재되었다. 웹툰의 성공에 따라 만화 속의 캐릭터가 활용되어 2011년 7월에 동숭아트센터 꼭두박물관에서 '저승, 또 다른 세계로의 여행' 전시회가, 2014년 11월에 한국만화박물관에서 '만화, 신과 만나라' 전시회가 열렸다. 이러한 인기는 영화화로 이어졌는데 2부작 영화를 동시에 제작하여 1부를 2017년에 〈신과 함께: 죄와 벌〉, 2부를 2018년에 〈신과 함께: 인과 연〉으로 개봉했다. 이들 영화는 모두 천만 관객을 동원하여 만화 원작 영화의 기록을 세웠다. 카카오톡 유료 이모티콘과 굿즈도 제작되어 판매되었다.

〈그대를 사랑합니다〉는 강풀 작가가 70대 후반 노인의 이야기를 그린 웹툰으로서 2007년 4월부터 연재되었다. 같은 해 11월에 만화책으로도 출간되었고 2008년에 연극으로 제작되어 10만 명의 관객을 동원했다. 2011년에는 영화로 제작되어 6주 동안 박스오피스 4위를 유지했으며 165만 관객을 달성했다. 2012년에 드라마로, 2014년에 라디오 드라마로 제작·방송되었다.

4. 웹툰 지식재산권을 확장하는 방법과 사례

1) 웹툰 IP를 이용할 때의 이점

웹툰은 2010년을 전후로 젊은 층을 중심으로 인기를 끌고 있다. 국내에서 웹툰의 이용 시간은 최근 10여 년간 지속하여 증가하였다. 〈여신강림〉과 〈나 혼자만 레벨업〉을 포함한 웹툰은 일본, 프랑스, 미국, 태국 등에서 인기를 끌고 있다. 이러한 웹툰의 인기를 등에 업고, 웹툰의 경쟁력 있는 작품성을 활용하여 드라마, 영화, 애니메이션, 연극, 뮤지컬,

게임, 테마파크, 굿즈, 광고 등으로 활용되고 있다. 또한 웹툰 IP의 성공 사례가 많이 나타나면서 콘텐츠 제작자나 플랫폼이 웹툰 IP를 적극적으로 활용하고 있다.

웹툰이 원천 IP로서 인기가 있는 몇 가지 이유가 있다. 첫째로 웹툰은 특유의 상상력과 다양성을 가지고 있다. 이는 웹툰의 제작에는 제약 사항이 적기 때문에 작가의 상상력을 충분히 웹툰으로 구현할 수 있다. 둘째로, 웹툰은 치열한 경쟁을 뚫고 올라온 작가들이 쓴 엄청나게 많은 웹툰 중에서 흥행에 성공한 웹툰은 재미와 경쟁력이 검증된 콘텐츠이다.[18] 또한 웹툰에는 현재 사람들이 가장 관심 있는 트렌드와 욕구를 잘 포착하여 반영하기 때문에 시의성도 갖추고 있다.

셋째로, 웹툰은 이야기와 그림이 결합된 형태로 시각화되어 있어 영상으로 만들기 수월하다. 넷째로 네이버와 카카오와 같은 토종 대형 플랫폼이 20년 가까이 웹툰을 안정적으로 수급해 소비자에게 전달하면서 양적, 질적으로 우수한 원천 콘텐츠가 축적되어 있다. 다섯째로, 인기 웹툰은 화제성이 높아서 리메이크된다는 소식만으로도 팬덤을 시청자나 관객으로 유입할 수 있다. 여섯째로, 원작이 히트 친 인기 웹툰은 흥행성과 작품성을 검증받았기 때문에 배우를 캐스팅하거나 협찬사를 섭외할 때 유리하다. 일곱째로, 이용자의 '별점'을 통해 검증된 작품이 무엇인지 제작자 입장에서 명백하게 확인할 수 있고, 작가-독자 간 피드백과 커뮤니케이션이 쉬워 새로운 트렌드를 적용하고 확인하는 테스트베드 역할이 가능하다.[19]

반면에 웹툰을 드라마 등 영상으로 제작할 때 곤란한 경우에 직면할 수도 있다. 먼저, 원작 팬이 캐스팅, 스토리 전개, 연출 등에 대해 의견을 개진하여 제작에 방해가 될 수 있다. 실제로 드라마 〈치즈인 더 트랩〉을 제작할 때 여주인공을 선택할 때 원작 팬들이 가상 캐스팅 1위로 밀던 여배우로 교체하기도 하였다. 또한 인기 웹툰에서 큰 사랑을 받은 인물을 연기할 때 배우들이 부담감을 느끼기도 한다. 배우 박서준은 〈이태원 클라쓰〉 제작 발표회에서 '원작이 있어 싱크로율 이야기가 나올 것으로 생각했다'라며 부담스러워했다. 웹툰이 원천 IP로서의 장점을 사업화하기 위해 네이버와 카카오를 중심으로 IP를 활용한 영상 콘텐츠 제작과 유통에 많은 자본이 투입되고 있고 사업자 간의 제휴가 진행되고 있다.[20]

2) 웹툰 IP를 이용한 드라마, 영화, 웹소설

웹툰은 드라마로 가장 많이 제작되었는데, 웹툰 〈위대한 캐츠비〉가 처음으로 드라마로 제작되어 2007년에 방영되었다. 이후 2010년~2014년에 연간 한두 편이 드라마로 제작되다가, 2015년 이후에는 한 해에 드라마로 7편 이상이 제작되는 경우가 많았다(〈표 6〉 참조). 그리고 2018년 이후 넷플릭스 원작 드라마를 제작할 때 웹툰을 원작으로 사용하였고, 최근에는 디즈니+나 티빙도 원작 드라마를 제작할 때 웹툰을 원작으로 사용하였다. 웹툰 원작 드라마는 대부분 높은 시청률을 기록했다.

〈표 6〉 웹툰 원작 드라마

연도	드라마 제목(방송 채널, OTT의 경우 개봉 연도)
2007	위대한 캐츠비(tvN)
2010	매리는 외박중(KBS2)
2012	그대를 사랑합니다(SBS plus), 닥치고 꽃미남 밴드(tvN)
2013	이웃집 꽃미남(tvN)
2014	닥터 프로스트(OCN), 미생(tvN)
2015	히어로튠드라 쇼((MBC every1), 슈퍼대디열(tvN), 호구의 사랑 (tvN), 라스트(JTBC), 송곳(JTBC), 하이드 지킬 나(SBS), 오렌지 마말레이드(KBS2), 냄새를 보는 소녀(SBS)

연도	드라마 제목(방송 채널, OTT의 경우 개봉 연도)
2016	히어로툰드라 쇼 시즌2(MBC every1), 싸우자 귀신아(tvN), 치즈인더트랩(tvN), 운빨로맨스(MBC), 우리집에 사는 남자(KBS2), 마음의 소리(KBS2), 동네 변호사 조들호(KBS2)
2017	구해줘(OCN), 멜로홀릭(OCN), 부암동 복수자들(tvN), 고백부부(KBS2)
2018	계룡선녀전(tvN), 애간장(OCN), 은주의 방(Olive), 톱스타 유백이(tvN), 일단 뜨겁게 청소하라 (JTBC), 탁구공(JTBC), 내 아이디는 강남미인(JTBC), 참치와 돌고래(KBS2), 죽어도 좋아(KBS2), 당신의 하우스 헬퍼(KBS2)
2019	쌉니다 천리마 마트(tvN), 빙의(OCN), 타인은 지옥이다(OCN), 조선로코—녹두전 (KBS2), 아이템 (MBC), 동네 변호사 조들호2(KBS2), 어쩌다 발견한 하루(MBC)
2020	편의점 샛별이(SBS), 저녁같이 드실래요?(MBC), 이태원 클라쓰(JTBC), 쌍갑포차 (JTBC), 어서 와 (KBS2), 계약우정(KBS2), 루갈(OCN), 여신강림(tvN), 경이로운 소문(OCN), 메모리스트(tvN)
2021	유미의 세포들(tvN), 나빌레라(tvN), 간 떨어지는 동거(tvN), 크라임퍼즐(OCN), 아일랜드 (OCN), 모범택시(SBS), 연모(KBS2), 멀리서 보면 푸른 봄(KBS2), 이미테이션(KBS2), 사냥개들 (JTBC), 알고 있지만(JTBC)
2022	사내 맞선(SBS), 내일(MBC), 그 해 우리는(SBS), 마음의 숙제(JTBC), 금수저(JTBC), 술꾼도시여자들(tvN), 내과 박 원장(tvN), 어게인마이라이프(SBS),
OTT 공개	넷플릭스: 마음의 소리 리부트(2018), 〈좋아하면 울리는〉(2019), 킹덤(2019), 〈스위트홈〉(2020), 〈좋아하면 울리는 2〉(2021), 〈D.P.〉(2021), 〈지옥〉(2021), 〈지금 우리 학교는〉(2022), 〈안나라수마나〉(2022), 〈사냥개들〉(예정) 티빙: 〈유미의 세포들〉(2021), 〈술꾼 도시 여자들〉(2022), 〈유미의 세포들 2〉(2022), 〈방과 후 전쟁 활동〉(2023년 예정) 디즈니+ 공개: 〈모럴센스〉(2022년 2월), 〈무빙〉(2023년 1분기 예정) 왓챠: 〈시멘틱 에러〉(2022년 2월)

tvN 드라마 〈미생〉은 웹툰 IP의 가능성을 보여준 대표적 사례이다. 원작 웹툰은 2012년 1월부터 연재되었으며 2021년 10월 기준 누적 조회 수는 12.3억 회였다. 드라마 〈미생〉은 평균 시청률 5.5%로 2014년 방송된 드라마 중 〈응답하라 1994〉에 이어 케이블 채널에서는 두 번째로 높은 시청률을 기록했다. 2013년 웹툰 〈미생〉의 1부가 완결된 후, TV 드라마를 비롯하여 단행본, 웹 영화, 광고, 상품화까지 다양한 장르로 IP 확장이 이루어졌다. 〈미생〉은 원작 이야기를 장르 전환만 한 것이 아니라 프리퀄과 시퀄로 이야기가 확장되었다. 〈미생〉 이외에도 2020년 방송된 〈이태원 클라쓰〉는 평균 시청률 11.8%로 역대 웹툰 원작 드라마 중 가장 시청률이 높다. 2020년 11월 말부터 방송된 16부작 드라마 〈경

이로운 소문〉은 평균 시청률 7.9%로 역대 OCN 드라마 중 최고 시청률을 기록했다.

웹툰을 영화로 제작한 사례도 적지 않은데(〈표 7〉 참조), 2006년 강풀 작가의 웹툰 〈아파트〉가 처음으로 영화로 제작되었고, 윤태호 작가의 〈이끼〉와 〈내부자들〉이 영화로 제작되어 좋은 흥행 성적을 기록했다. 웹툰 〈은밀하게 위대하게〉, 〈패션왕〉, 〈희생부활자〉, 〈강철비〉, 〈치즈 인더트랩〉도 영화로 제작되었다. 2017년에 주호민 작가의 웹툰 〈신과 함께〉가 두 편의 영화(〈신과 함께: 죄와 벌〉, 〈신과 함께: 인과 연〉)로 제작되어 흥행에 크게 성공하였다. 웹툰 〈스틸레인〉은 웹툰과 영화가 교차하며 약 10년의 기간 동안 3편의 웹툰과 2편의 영화(2017년 〈강철비, 2020년 〈정상회담〉)로 제작되었다.

〈표 7〉 웹툰 원작 영화

연도	제목(작가)
2006	아파트(강풀); 2008년: 바보(강풀), 순정만화(강풀); 2010년: 이끼(강풀)
2011	그대를 사랑합니다(강풀), 통증(강풀)
2012	이웃 사람(강풀), 26년(강풀)
2013	더파이브(정연식), 은밀하게 위대하게(HUN), 전설의 주먹(이종규)
2014	패션왕(기안84)
2015	고양이 장례식(홍작가), 나인틴엇상상금지(은야), 내부자들(윤태호), 타이밍(강풀)
2016	썰만화(다수)
2017	강철비(양우석), 희생부활자(김규삼), 반드시 잡는다(제피가루), 신과 함께: 죄와 벌(주호민), 신과 함께: 인과 연(주호민), 성판17(멀덕), 올리고당더 무비(악어인간)
2018	여중생 A(허5파6), 치즈인 더 트랩(순끼)
2019	0.0MHZ(장작), 그녀들의 사정(김환타), 롱 리브더 킹: 목포 영웅(버드나무숲), 정상회담(양우석, 강철비의 후속작), 발광하는 현대사

2011년 11월에 넷플릭스에서 공개된 한국 드라마 〈지옥〉, 디즈니＋의 오리지널 드라마 〈무빙〉, 2011년 11월에 애플TV＋에서 공개한 드라마

〈닥터 브레인〉의 원작은 모두 웹툰이다. 2015년부터 연재된 웹툰 〈D.P.〉은 2021년에 넷플릭스 오리지널 드라마로 공개되어 해외 수용자들에게도 공감을 얻었다. 〈D.P.〉는 육군 헌병대 소속의 D.P.(군무 이탈 체포조: 탈영병을 잡는 군인)가 탈영병들을 쫓으며 그들의 현실을 마주하는 이야기로 구성되어 있다.

드라마 〈D.P.〉가 국내외에서 성공할 수 있었던 요인으로 세 가지를 들 수 있다. 첫째로, 영상화에 대한 창작의 자유를 들 수 있다. 넷플릭스의 제작 투자로 영상화 시작 단계부터 원천 IP인 웹툰의 스토리와 구성을 유지하면서 영상화 작업을 진행하였고, 드라마에 최적화된 형태로 각색될 수 있었다. 둘째로, 한국의 '현실 군대'라는 소재와 스토리를 들 수 있다. 헌법과 병역법에 따라 대한민국 남성이라면 모두 경험하게 되는 '현실 군대' 사회를 가감 없이 드러냄으로써 수용자들에게 높은 공감을 불러일으켰다. 드라마에서는 집단 괴롭힘, 성폭력, 군 간부들의 은폐, 불합리한 지시 등 사라져야 할 군대 모습을 비추며 일부 부조리한 군대의 실상을 재조명하게 되었다. 그 결과 〈D.P.〉의 시청 성적은 특히 징병제 국가인 태국, 베트남 등에서 인기 순위 1위를 차지하였다. 셋째로, 원작자가 중심이 되어 IP를 확장하였다. 원작의 팬덤 위에 새로운 소비자층을 넓히기 위해서는 IP가 확장되더라도 원작의 개성과 특성을 유지하면서 변화할 수 있어야 한다. 이런 측면에서 〈D.P.〉는 IP의 모든 변화 과정에 원작자가 참여함으로써 소비 형태는 다르더라도 제작 결과물들이 통일된 성격을 가질 수 있게 되었다.[21]

웹툰은 애니메이션으로도 제작되고 있다. 국내 애니메이션은 대체로 영유아와 어린이를 목표 시장으로 두고 제작하고, 이를 활용하여 OSMU를 진행한다. 반면에 웹툰을 원작으로 하는 애니메이션은 청소년과 성인을 대상으로 제작되고 있다. 〈미호이야기〉와 〈쌉니다 천리마마트〉는 모두 1화만 공개하는 단편 애니메이션으로 투니버스에서 2011년 8월에 방송되었고, 〈와라 편의점〉은 MBC를 통해 2011년 12월~2012년 3월에 24개 에피소드가 방송되었다. TV 애니메이션으로 제작된 〈마음의 소리〉는 시즌1이 2014년에, 시즌2가 2020년에, 시즌3가 2021년에 각각 방송되었다. 〈놓지마 정신줄〉도 TV 애니메이션으로 제작되어 시즌1이 2014년에, 시즌2는 2015년에 방송되었다. 〈노블레스〉는 13부작 TV용 애니메이션으로 제작되어 2020년에 넷플릭스로 공개되었다. 또한 웹툰 〈연의 편지〉, 〈유미의 세포들〉, 〈달빛 조각사〉 등이 애니메이션으로 제작될 예정이다.

만화가 시우의 웹툰 〈신의 탑〉은 2010년부터 현재까지 10년 넘게 연재되고 있고, 여전히 네이버웹툰 인기 순위 1위 자리를 놓고 경쟁하는 국내 대표 인기 웹툰이며, 전 세계 웹툰 시장에서 누적 45억 뷰를 돌파한 작품이다. 원작의 인기에 힘입어 네이버웹툰은 미국의 스트리밍 사업자 크런치롤, 일본텔레콤애니메이션 필름과 합작하여 만든 TV용 애니메이션 〈신의 탑〉을 2020년에 한·마·일에 동시 방영했다. 이 애니메이션은 크게 인기를 얻었고 시즌2의 제작이 결정되었다.

〈갓 오브 하이스쿨〉은 〈신의 탑〉과 같이 미국의 크런치롤, 네이버웹툰, 워너브러더스 재팬이 투자하여 애니메이션으로 제작하여, 2020년에 한국, 미국, 일본, 중국, 대만 채널에 공개되었고, 애니메이션 전문 OTT인 크런치롤은 미국, 남미, 유럽 지역에서 동시 공개하였다. 〈기기괴괴〉는 극장용 애니메이션으로 제작되어 2020년에 한국, 중국, 싱가폴, 미국, 캐나다, 일본 등에 개봉하였는데, 한국에서는 누적 관객 수 10만 명을 기록하였다.

웹소설이 전적으로 텍스트를 기반으로 한다면 웹툰은 이야기 전달에서 이미지의 역할이 크다. 이야기 IP 생태계 저변 확대를 위해서는 이야기가 확장되거나 매체 전환이 필요한데 이런 점에서 웹소설은 다양한 확장이 가능하다. 웹툰 연재 중이나 연재를 완료한 이후에, 웹소설로 제작되어 연재한 다음에 영상으로 제작한 사례로 〈유미의 세포들〉, 〈아일랜드〉, 〈갓 오브 하이스쿨〉, 〈노블레스〉 등이 있다.[22]

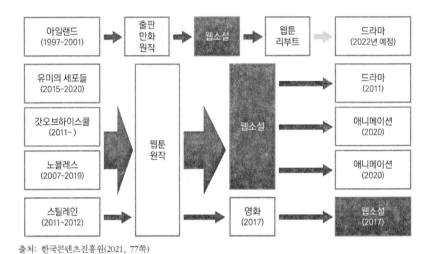

출처: 한국콘텐츠진흥원(2021, 77쪽)
〈그림 6〉 원작 웹툰의 웹소설화와 영상화

웹툰에 기반한 연극으로 제작되기도 하였는데, 〈삼봉이발소〉와 〈순정만화〉, 〈바보〉 등이 초기에 연극으로 제작된 작품이다. 〈삼봉이발소〉는 2011년과 2012년 2회에 걸쳐 공연되었다. 〈순정만화〉는 2005년에 공연이 시작되어 크게 흥행에 성공하였고 현재도 공연된다. 〈바보〉는 2007년부터 2009년까지 4회에 걸쳐 공연되었다. 이후 〈안나라수마나라〉, 〈찬란하지 않아도 괜찮아〉, 〈신과 함께〉, 〈그대를 사랑합니다〉, 〈우리 집에 왜 왔니〉, 〈2호선 세입자〉, 〈한 번 더 해요〉, 〈운빨 로맨스〉 등 많은 웹툰 원작 연극이 무대에 올랐다. 웹툰에 기반한 뮤지컬로는 〈위대한 캣츠비〉(2007년 3월에서 2011년 4월까지 서울, 부산, 울산, 대구, 군포 등에서 총 9회에 공연), 〈찌질의 역사〉, 〈무한 동력〉, 〈은밀하게 위대하게〉, 〈나빌레라〉, 〈신과 함께-저승편〉, 〈원 모어〉(원작은 〈헤어진 다음날〉), 〈이토록 보통의〉 등이 있다.[23]

웹툰은 게임으로도 제작되고 있고, 웹툰을 소재로 대작 게임보다는 모바일 게임을 주로 제작되었다. 웹툰 〈목욕의 신〉은 간단한 대전 모바일 게임으로, 웹툰 〈와라 편의점〉은 편의점을 꾸미고 경영하는 형태의 소셜 게임으로, 웹툰 〈판다독〉은 숨은그림찾기 앱과 미니 게임 모음 앱으로 출시되었다.[24] 또한 웹툰 〈마음의 소리〉, 〈유미의 세포들〉, 〈신의 탑〉, 〈갓 오브 하이스쿨〉, 〈노블레스〉, 〈좋아하면 울리는〉, 슈퍼스트링 등이 게임으로 제작되었다. 웹툰이 게임으로 제작되기 이전에 드라마나 애니메이션으로 제작되는 경우가 많았다.

하나의 웹툰이 다수의 장르로 확장된 사례를 보자. 2006년에 연재를 시작한 네이버의 최장수 웹툰인 〈마음의 소리〉는 2014년에 애니메이션으로 제작되었고, 같은 해에 웹드라마와 시트콤으로 방송되었다. 이후에 모바일 게임으로 출시되었고, 주인공과 주변 인물의 캐릭터가 상품화되었다. 웹툰 〈마음의 소리〉 IP가 인기 있는 이유는 장기 연재를 통해 축적된 웹툰의 독자 충성도가 타 장르화의 성공적인 안착으로 연결되고 있는 것으로 평가된다.[25]

〈치즈인더트랩〉은 드라마, 영화, OST, 굿즈로 확장되었으며, 〈미생〉은 영화와 드라마로 제작되었고, 제작 스토리가 출간되었고, 캐릭터 상품도 등장하였다. 〈좋아하면 울리는〉은 넷플릭스 드라마로 제작되었는데 2019년에 시즌1이 2021년에 시즌2가 공개되었으며, 2021년에 캐주얼 게임으로 출시되었다. 〈유미의 세포들〉은 드라마로 제작되었는데, 2021년에 시즌1이 tvN과 TVING로 공개되었고, 2022년에는 시즌2가 TVING

으로 공개되었으며, 퍼즐게임과 시뮬레이션 게임으로도 제작되었다. 웹툰 〈노블레스〉, 〈신의 탑〉, 〈갓 오브 하이스쿨〉은 모두 애니메이션과 게임으로 제작되었다. 〈놓지마 정신줄〉은 TV애니메이션(KBS2 편성)과 시트콤(JTBC 편성)으로 제작되었다.

3) 웹툰을 중심으로 한 트랜스미디어 스토리텔링[26]

웹툰은 댓글을 통해 향유자의 즉각적인 지지와 반응을 유도할 수 있는 등 다양한 형태의 상호작용을 통해 향유자를 유입하고 향유자가 몰입하고 공감할 수 있어 높은 충성도를 가진 이용자를 확보하고 있다. 또한 웹툰에서는 기존 만화에서는 시도할 수 없는 다양한 멀티미디어 효과(음성이나 효과음, 배경음악, 진동, 애니메이션, 입체감, 줌인·줌아웃, 칸별 댓글 등)를 이용할 수 있어서 역동적이다. 웹툰에서는 상대적으로 적은 비용으로 다양한 참여와 적극적인 체험을 통해서 대중성을 쉽게 검증할 수 있다. 웹툰이 가진 이러한 장점을 장르 전환이 쉽고 다양한 방식으로 트랜스미디어 스토리텔링을 구현할 수 있다.

웹툰을 이용한 트랜스미디어 스토리텔링의 사례로 OCN 드라마를 활용한 웹툰 〈오리지널 씬〉, 웹툰 제작사인 와이랩의 슈퍼스트링 프로젝트, 방탄소년단의 방탄 유니버스(BU: Bangtan Universe)에 기반을 둔 〈花樣年華 Pt.0 SAVE ME〉를 들 수 있다. 세 사례에서 모두 향유의 지평을 넓히면서, 텍스트, 미디어, 플랫폼의 경계를 가로지르며 확장적인 세계관을 구현하였다.

웹툰 〈오리지널 씬〉은 OCN의 시즌제 범죄 드라마를 기반으로 제작되었다. 〈오리지널 씬〉에서는 드라마 〈나쁜 녀석들〉의 우제문, 드라마 〈블랙〉의 블랙, 드라마 〈보이스〉의 무진혁, 강권주가 팀을 구성해 드라마 〈구해줘〉의 백정기와 드라마 〈보이스〉의 모태구가 모의한 범죄를 해결한다. 〈오리지널 씬〉에서 시즌제 장르물 OCN 드라마의 특장점을 살리면서 원작의 서사를 반복하지 않고 확장하였다. 별개의 세계에 있던 드라마 캐릭터를 새로운 세계에 배치하여 'OCN 유니버스'를 구축하고 있다. 'OCN 유니버스'는 범죄와 불가사의한 심령을 두 축으로 하는 세계 인데, 별개의 드라마를 통해 구축된 캐릭터들이 이 세계 안에서 구현되었 다. 제작된 웹툰은 다음(Daum)에 연재되었고, 작품 끝에는 3~4분 분량의 TV 웹툰이 함께 제공되었으며, 카카오TV와 OCN을 통해서도 공개되었 다. 트랜스미디어 스토리텔링으로 구현된 웹툰 〈오리지널 씬〉을 통해 드라마 캐릭터를 확장하고, 수명을 연장하여 가치를 높이려는 전략이 구사되었다.

슈퍼스트링 프로젝트는 와이랩에서 제작한 〈부활남〉, 〈테러맨〉, 〈신 석기녀〉, 〈심연의 하늘〉, 〈강타우〉 등의 작품과 윤인완의 출판만화인 〈신암행어사〉, 〈아일랜드〉 등의 작품을 하나의 세계관으로 묶은 것이 다. 〈슈퍼스트링〉은 와이랩의 히어로물 웹툰 유니버스로, 다수의 능력자 가 슈퍼스트링이라는 이름으로 모여 악의 세력과 전쟁한다는 설정이다. 이 프로젝트의 첫 번째 작품인 〈웨스트우드 비브라토〉는 2010년에 네이 버웹툰에 연재되었고, 현재까지 〈아일랜드〉를 포함한 17개의 작품이 완결되었고, 18번째 작품이 연재되고 있으며, 〈슈퍼스트링〉은 RPG 게임 으로도 출시되었다. 스튜디오드래곤은 2021년 3월에 와이 랩과 사업협 력 계약을 체결하여, 와이랩의 슈퍼 스트링 IP를 영상화하는데 공동제작 독점권을 확보하였고, 와이랩이 IP를 보유한 다른 웹툰도 영상화할 때 우선 협상권을 확보하였다.

BTS의 세계관인 BU(Bangtan Universe)를 바탕으로 제작된 웹툰 〈花樣 年華 Pt. 0 SAVE ME〉는 2019년 1월~4월까지 네이버웹툰에 연재되었고,

〈LOVE YOURSELF〉 앨범 시리즈에 동봉되었던 〈화양연화 더 노트〉의 내용을 웹툰으로 풀었다. 웹툰 〈花樣年華 Pt.0 SAVE ME〉는 BTS의 앨범 〈花樣年華 Pt.1〉, 〈花樣年華 Pt.2〉, 〈花樣年華 Young Forever〉와 연속성 위에서 가사와 뮤직비디오가 연결되어 이야기를 완성하고, 새 앨범 〈Map of the soul: Persona〉를 해석할 수 있는 실마리를 제공함으로써 트랜스미디어 세계관의 새로운 의미망을 창출했다. 그뿐만 아니라 모바일 게임 〈BTS World〉는 BTS 유니버스로 진입하는 통로이며 트랜스미디어 세계관 구현의 놀이터 역할을 한다는 점에서 흥미로운 사례이다.[27]

4) 2차 저작물이 웹툰[28]

웹툰 IP가 널리 활용되지만, 역으로 소설, 게임, 드라마 등의 IP가 웹툰으로 제작되었다. 여기에는 웹툰의 이용자 수와 이용 시간이 많고 성장하고 있다는 점과 웹툰의 주 이용자가 10대와 20대로 젊다는 점이 고려되었다. 다른 콘텐츠 장르나 분야의 IP가 웹툰으로 나오게 되면, 원작 IP의 수명이 지속될 수 있고 웹툰의 인기에 힘입어 원작의 판매가 증가할 수 있다. 그리고 원작 콘텐츠나 상품을 홍보하기 위해서 웹툰을 제작하기도 한다.

위에서 웹소설 IP를 웹툰으로 제작한 것을 '노블 코믹스'라고 부르며, 그 사례가 많이 있음을 보았다. 2017년부터 웹소설 IP로 다양한 웹툰이 제작되었으며, 국내 웹소설을 넘어 중국 및 북미 등 다양한 언어권의 소설을 웹툰으로 제작하기를 원하는 사례도 등장하고 있다. 웹소설 출판사는 자사의 S급 작품을 웹툰 제작사와 공동으로 제작하자는 제안을 하고 있고, 웹소설에 기반하여 웹툰과 웹드라마를 동시에 공동 제작하는 사례로 증가하고 있다.

게임 IP로 웹툰을 제작한 사례로 컴투스 〈서머너즈워〉, NC소프트 〈리니지〉, 위메이드 〈미르의 전설〉 등이 있다. 컴투스는 〈서머너즈워〉 게임의 세계관을 기반으로 7개 타이틀의 웹툰을 동시에 제작하였고, 서머너즈워 웹툰 제작을 위해 컴투스와 케나즈 공동으로 '정글 스튜디오'를 설립하였다. 이 웹툰 프로젝트에 총 25명의 작가가 동시에 투입되었다. NC소프트는 〈리니지〉 게임의 세계관을 근간으로 리니지 웹툰 시리즈를 제작하였는데, 〈리니지1: 만렙직전 기사〉, 〈리니지2: 더바치_바츠해방전쟁〉 두 개의 타이틀을 '버프툰'에서 연재하고 있다. 리니지는 새롭게 런칭한 게임과 공동으로 마케팅 진행을 통해 상호 시너지를 극대화하고 있다. 위메이드는 〈미르의 전설 2〉를 원작으로 한 소설 〈금갑도룡〉을 웹툰으로 제작하여 카카오페이지에 연재하고 있는데, 총 50화의 웹툰으로 웹소설과 동시에 연재하여 게임의 스토리 IP를 확장하였다.

드라마 IP로 웹툰을 제작한 사례로 먼저 웹드라마 〈전지적 짝사랑 시점〉을 들 수 있다. 웹툰 〈전지적 짝사랑 시점〉은 3개의 시리즈로 제작되어 9개국의 웹툰 플랫폼에 동시에 연재되었고, 프랑스에서는 단행본으로 출간되었다. 또한 카카오게임즈와 게임화 계약을 체결하였고, 중국의 비리비리와 TV용 애니메이션 라이선스 계약을 맺었다. 드라마 〈W〉와 〈인현왕후의 남자〉는 웹툰으로 제작되어 각각 7개국과 3개국의 웹툰 플랫폼에 동시에 연재되었다.

요약

책은 18세기 근대적 '시민'을 탄생시키며 대혁명을 이끌었지만, 21세기에는 과거의 영화(榮華)가 쇠퇴하였다. 하지만, 책은 영화, 드라마, 게임, 만화, 뮤지컬 등 다양한 콘텐츠로 가공되는 원천 IP의 기능을 하고 있다. 소설은 오래전부터 영화나 드라마로 제작되고 있다. 해외에서 소설 IP를 확장하여 성공한 대표적인 사례로 〈해리포터〉와 〈반지의 제왕〉을 들 수 있다. 동화책은 서술과 그림과 합쳐진 책으로, 앨리스, 피터 래빗, 오즈의 마법사, 무민과 같이 오랫동안 사랑받는 캐릭터가 동화책에서 탄생시킨 경우가 많다. 만화는 애니메이션, 게임, 영화, 드라마 등으로 많이 제작되고 있다. 웹소설은 웹툰으로 가장 활발하게 이용되고 있다. 이는 웹소설과 웹툰의 창작자와 독자층이 상당히 중첩되어 성공 확률이 높으며, 웹툰화의 성공이 웹소설 구독률을 재상승 시키는 선순환 효과를 가져오기 때문이다.

웹툰은 2010년을 전후로 젊은 층을 중심으로 인기를 끌고 있고, 이용 시간이 증가하고 있다. 웹툰은 드라마, 영화, 애니메이션, 연극, 뮤지컬, 게임, 테마파크, 굿즈, 광고 등으로 활용되고 있다. 웹툰이 원천 IP로서 인기가 있는 이유로 ① 웹툰은 특유의 상상력과 다양성을 가지고 있고, ② 흥행에 성공한 웹툰은 재미와 경쟁력이 검증된 콘텐츠이며, ③ 웹툰은 이야기와 그림이 결합한 형태로 시각화되어 있어 영상으로 만들기 수월하고, ④ 양적, 질적으로 우수한 웹툰이 축적되어 있으며, ⑤ 인기 웹툰은 화제성이 높아서 리메이크된다는 소식만으로도 팬덤을 시청자나 관객으로 유입할 수 있고, ⑥ 인기 웹툰을 영상으로 제작시 배우를 캐스팅하거나 협찬사를 섭외할 때 유리하며, ⑦ 검증된 작품이 쉽게 확인할 수 있고, 작가-독자 간 피드백과 커뮤니케이션이 쉬워 새로운 트렌드를 적용하고 확인하는 테스트베드 역할이 가능하기 때문이다.

註

1) 유진회(2022.2.4)를 재구성

2) 이성민(2021, g)을 재구성

3) 나윤석·박동미(2022.10.4) 재구성

4) 정민경(2022.6)을 정리

5) 박정훈(2016.12.11)

6) 황순선(2014)을 정리

7) 이승진·박종빈(2014)

8) 게임 〈리니지〉의 확장은 8장 1절에서 자세히 다룬다.

9) 강보라·장민지(2020, 134쪽)

10) 김숙·장민지(2017)

11) 카카오페이지가 2015년 웹소설 원작을 웹툰으로 제작 서비스하면서 명명하였다.

12) 한국콘텐츠진흥원(2021, 99쪽) 및 보완

13) 강보라·장민지(2020, 139쪽) 및 보완

14) 강보라·장민지(2020, 139쪽)

15) 한국콘텐츠진흥원(2021, 72쪽)

16) 강보라·장민지(2020)

17) 왕이소·신형덕(2021) 정리

18) 노가용 외(2021, 57쪽)

19) 김규찬 외(2021, 184쪽)를 일부 수정하고 보완함

20) 구체적인 내용을 5장의 4절에서 정리한 바 있다.

21) 이아름·오현주(2022, 8쪽)

22) 한국콘텐츠진흥원(2021, 77쪽) 및 보완

23) 송요셉(2012.8)을 보완

24) 송요셉(2012.8)

25) 김숙·장민지(2017, 128쪽)

26) 박기수(2020.4.3)를 재구성함

27) 박기수(2021a, 51쪽)

28) 이우재(2021)를 재구성함

제7장 방송, 영화, 애니메이션 지식재산권을 확장하는 방법과 사례

1. 동영상은 같은 장르로 많이 활용

방송, 영화, 애니메이션과 같은 동영상 IP는 같은 장르로 활용되는 경우가 많다. 동영상의 경우에 시즌제(드라마, 애니메이션)나 시리즈(영화, 애니메이션)로 제작되는 경우가 많고, 예능프로그램과 영화의 경우 리메이크도 자주 된다. 동영상이 장르별로 확장되는 유형에 대해서는 3장에 살펴본 바 있다(〈표 1〉, 〈표 2〉, 〈표 3〉을 참조).

1) 동영상의 이야기 확장

방송, 영화, 애니메이션의 확장 방식으로 대표적인 것이 속편 제작, 리메이크, 트랜스미디어 스토리텔링이다. 속편 제작은 드라마에서 가장 보편적으로 활용되는 이야기 확장 방식이며 〈보이스〉, 〈신의 퀴즈〉, 〈킹덤〉, 〈낭만닥터 김사부〉 등 범죄, 스릴러, 의학 등 장르물에서 시리즈 제작이 많이 나타났다(〈표 1〉 참조). 한국에서 성공한 문화콘텐츠는 로맨스 장르가 가장 많은데, 로맨스 이야기가 속편으로 제작되는 사례는 드물다. 로맨스 이야기는 일반적으로 남녀 주인공이 사랑의 결실을 맺으며 해피엔딩으로 끝나는 닫힌 결말 구조를 가지기 때문에 새로운 이야기로 확장되기 어렵다.

〈표 1〉 시즌제 영상물의 확장 유형

장르	작품명(확장 유형)
드라마	보이스(시퀄), 낭만닥터 김사부(시퀄), 비밀의 숲(시퀄), 펜트하우스(시퀄), 오피스워치(시퀄), 나쁜 녀석들(스핀오프), 응답하라 시리즈(스핀오프), 킹덤(시퀄, 프리퀄), 신의 퀴즈(시퀄, 리부트), 슬기로운 시리즈(시퀄. 스핀오프), 전지적 짝사랑 시점(시퀄, 프리퀄, 스핀오프)
영화	조선명 탐정(시퀄), 신의 한 수(스핀오프)
애니메이션	넛잡(시퀄), 로보카 폴리(스핀오프), 다이노코어(리부트), 유후와 친구들(리부트)

출처: 한국콘텐츠진흥원(2021, 92쪽)

짝사랑 이야기를 다루는 〈전지적 짝사랑 시점〉은 3편의 본편 시리즈와 주인공들의 과거 이야기를 담은 특별판 시즌 3.5까지 총 4개의 시즌이 방영되었으며, 주인공의 속마음을 내레이션을 통해 전지적 시점에서 풀어내는 방식으로 큰 인기를 얻었다. 〈전지적 짝사랑 시점〉과 기업이 협업한 브랜디드 콘텐츠 광고 시리즈는 본편의 형식과 콘셉을 활용해 스토리 안에 제품을 자연스럽게 담아냈다는 평가를 받았다.

〈응답하라〉는 시리즈가 거듭될수록 더 높은 시청률이 기록한 작품이다. 핵심 콘셉을 공유하지만, 스토리 전개는 전작과의 연관성이 전혀 없으며 등장인물과 시공간적 배경, 주제도 다르다. '복고'는 전 시리즈를 관통하는 핵심 키워드이며 전작의 등장인물이 카메오로 출연하는 등 작품 간 연결점이 존재하지만 각각의 시리즈는 인물, 사건, 배경이 다른 독립적인 이야기 구조로 되어 있다.

원천 콘텐츠가 영화인 경우에는 타 장르로 확장되는 것보다 영화 자체의 해외 리메이크, 시퀄, 프리퀄 방식이 두드러지게 나타나고 있다. 실제 영화 제작에 있어서 리메이크, 시퀄, 프리퀄 영화는 저작권법상 새로운 창작물이고, 실제로 영화를 제작할 경우에도 신작과 같은 비중의 어려움과 노력이 필요하다고 한다. 해외에서 리메이크하는 경우에도 원천 콘텐츠를 번역하고 각색하여 새로운 영상물로 제작하게 되는데, 제작사와 등장인물이 현지화되고 이야기에도 일정 부분 변형이 불가피하며, 유통되는 지역이 확장되는 OSMT(One Source Multi Territory)의 한 형태로 볼 수 있다.

2010년 이후 한국의 예능프로그램이 외국에서 리메이크되는 경우가 많았다.[1] 한국의 경우 2009년까지 해외에서 방송 프로그램의 포맷을 수입하는 경우가 많았지만, 2010년대에 들어서 포맷의 판매가 본격화되었다. 한국 방송사의 포맷 수출이 활발해진 것은 2013년 MBC의 〈나는 가수다〉와 〈아빠! 어디가?〉가 중국에서 리메이크되면서 본격화되었다. 이후 〈1박 2일〉, 〈불후의 명곡〉, 〈슈퍼맨이 돌아왔다〉, 〈우리 결혼했어요〉, 〈런닝 맨〉 등의 포맷이 중국 방송사에 판매되었다. 〈꽃보다 할배〉와 〈복면가왕〉의 포맷은 미국 방송사가 SBS의 〈판타스틱 듀오〉의 포맷은 스페인의 방송사가 수입하였다. 특히 〈복면가왕〉의 포맷을 수입한 미국 FOX는 2018년 이후 현재까지 8개 시즌에 걸쳐 프로그램을 제작·방영하면서 큰 인기를 끌고 있다. 한국의 드라마가 해외에서 리메이크된 사례는 별로 없지만, SBS의 드라마 〈신의 선물－14일〉과 KBS의 드라마 〈굿 닥터〉가 미국의 ABC가 포맷을 수입하여 리메이크하였다.

일반적으로 시리즈 영화에서 작품 간의 연속성을 유지하기 위해서 연속적인 스토리(스타워즈, 해리포터, 반지의 제왕 등)를 강조하거나. 독립적인 에피소드지만 같은 캐릭터(배트맨, 스파이더맨 등)를 강조한다든지, 같은 포맷을 반복(007시리즈, 다이하드, 미션 임파서블 등)한다든지, 전편이나 속편의 형식으로 주요 캐릭터를 모으는 크로스오버(어벤져스, 에일리언 대 프레데터 등)나 분리하는 스핀오프(도망자 2, 캣우먼, 울버린 등)를 시도한다. 동시에 차별성을 드러내는 요소들은 서사적인 연속성에 기반한 앞이거나 뒷이야기일 수 있고, 새롭게 투입되는 상대일 수 있고(조커, 본드걸 등), 무기나 능력일 수 있고(배트맨, 미션 임파서블, 해리포터 등), 새로운 캐릭터 간의 조합(어벤져스 등)일 수도 있다.[2]

2) 동영상의 플랫폼 변환

동영상의 플랫폼을 바꾸는 유형을 구분하면 해외에서 리메이크하는 경우, OTT로 유통하는 경우 그리고 TV 프로그램을 영화로 제작하는 경우가 있다. 해외에서 리메이크하는 경우와 TV 프로그램을 영화로 제작하는 경우는 위 표에서 제시된 사례로 가름하고, 아래에서는 넷플릭스로 유통하는 경우를 집중적으로 살펴본다. 2010년대 후반부로 접어들면서 드라마 유통 채널로 OTT 등 스트리밍 플랫폼을 활용하는 빈도가 증가하였다(〈그림 1〉 참조).

넷플릭스는 OTT 산업의 선두 주자로 가장 많은 유료 가입자 수를 보유하고 있으며 한국 OTT 시장 역시 넷플릭스가 주도하고 있다. 넷플릭스에서 공개된 한국 콘텐츠들이 해외에서 좋은 반응을 얻으면서 K-콘텐츠에 관한 관심도 커지고 있다. 2018년 tvN 드라마 〈미스터 선샤인〉은 한국 드라마 최초로 넷플릭스를 통해 전 세계 190여 개국에 동시 방송되었다. 이후 넷플릭스는 한국 오리지널 작품을 꾸준히 제작하고 있는데 〈좋아하면 울리는〉, 〈스위트홈〉, 〈D.P〉 등 웹툰 원작 작품이 많다.[3]

영화 〈승리호〉와 장편 애니메이션 〈라바 아일랜드 무비〉는 영화관이 아닌 넷플릭스를 플랫폼으로 선택했다. 〈킹덤〉, 〈좋아하면 울리는〉, 〈스위트홈〉 등 오리지널 시리즈는 글로벌 TOP10 리스트에 오르며 해외에도 큰 인기를 얻었다. 넷플릭스는 성인용 드라마뿐 아니라 어린이 콘텐츠도 오리지널 시리즈로 제작하고 있다. TV애니메이션 〈유후와 친구들〉의 리부트 작인 〈출동! 유후 구조대〉는 넷플릭스 오리지널 시리즈로 제작된 최초의 아시아 애니메이션이다.[4]

넷플릭스 누적 시청 순위[5]에서 상위 100에 포함된 한국 동영상으로는 15개로, 〈오징어 게임〉(1위), 〈이상한 변호사 우영우〉(8위), 〈지금 우리 학교는〉(9위), 〈갯마을 차차차〉(28위), 〈사내맞선〉(34위), 〈환혼: 파트

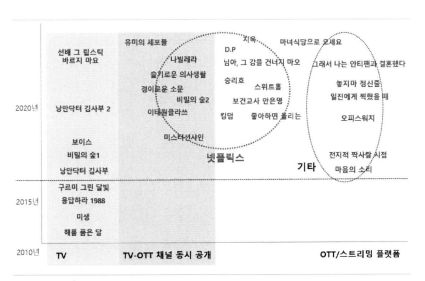

출처: 한국콘텐츠진흥원(2021, 100쪽)

〈그림 1〉 방송 프로그램의 플랫폼: TV와 OTT

1〉(38위), 〈마이 네임〉(51위), 〈스물다섯 스물하나〉(62위), 〈작은 아씨들〉(65위), 〈지옥〉(81위), 〈연모〉(86위), 〈소년심판〉(89위), 〈종이의 집: 공동경제구역〉(91위), 〈수리남〉(93위), 〈그 해 우리는〉(95위) 등이다.

2. 방송 프로그램 지식재산권을 확장하는 방법과 사례

1) 방송 프로그램의 활용과 타 장르 콘텐츠를 이용한 방송 프로그램

방송 프로그램의 경우 드라마가 가장 많이 활용하고, 다음으로 오락 프로그램이 많이 활용된다. 드라마는 시리즈의 형태로 활용되는 경우가 많다. 드라마를 시리즈로 제작할 경우에 두 가지의 유형이 있는데, 하나는 전편의 인물과 배경이 연결되는 속편의 형태이고, 다른 하나는 전편의 핵심 콘셉을 공유하면서 새로운 이야기로 확장되는 형태로 구분할 수 있다. 〈신의 퀴즈〉, 〈보이스〉, 〈비밀의 숲〉 등은 전자에 해당하며 〈응답하라〉와 〈나쁜 녀석들〉은 후자에 해당한다. 〈응답하라〉 시리즈는 7080세대의 복고 감성을 자극하는 소재와 여주인공의 남편 찾기라는 콘셉을 공통 요소로 한다. 드라마 〈나쁜 녀석들〉의 시즌1과 시즌2는 범죄 이야기를 다룬다는 점 외에 소재나 등장인물에서 공통점은 없다.[6]

방송 프로그램을 타 장르로 활용하는 사례를 보면, 소설로 활용한 경우가 가장 많고, 그리고 웹툰, 영화, 뮤지컬 등으로도 활용된다. 예를 들면 방송 프로그램인 〈그 남자 그 여자〉, 〈위대한 밥상〉, 〈스펀지〉 등은 책으로 출간된 후 베스트셀러가 되기도 했다. 드라마 〈나쁜 녀석들〉 시즌1은 영화화되었으며, 2016년 방송된 tvN 드라마 〈또 오해영〉은 주크박스 뮤지컬로 제작되었고, 드라마 〈W〉는 웹툰화되었다.

강신용(2015)은 2011~2015년간 한국인이 좋아하는 예능프로그램인 〈1박 2일〉, 〈런닝맨〉, 〈무한도전〉, 〈무릎팍도사〉, 〈해피투게더〉을 분석하여 예능프로그램의 OSMU 가능성을 분석한 결과를 다음과 같이 요약하였다. 첫째로, 스토리나 캐릭터가 풍부한 예능프로그램일수록 OSMU가 가능하다. 둘째로, 프로그램 브랜드의 디자인 아이덴티티를 OSMU에 활용하여 출판, 공연, 게임 등으로 활용하거나 캐릭터 상품이나 액세서리 등으로 제작하면 수익도 창출되고 설득력이 높아질 것이다. 셋째로, 예능프로그램의 스토리 속에 한국 고유의 문화를 이용하여 기획하면 오랫동안 장수할 콘텐츠가 될 수 있다. 또한 시청자의 참여를 유도하는 프로그램일수록 브랜드 문화를 체험하고 확산시켜 장수할 수 있다.

〈표 2〉 원작 드라마의 활용 현황

| 연번 | 원작 | | 활용 현황 | |
	제목	연도	타 장르	동일 장르
1	신의 퀴즈	2010~2019		시리즈화 속편(시퀄)
2	낭만닥터 김사부	2016, 2020		시리즈화 속편(시퀄)
3	보이스	2017~2021	출판	시리즈화 속편(시퀄)
4	비밀의 숲	2017,2020		시리즈화 속편(시퀄)
5	펜트 하우스	2020~2021	출판	시리즈화 속편(시퀄)
6	응답하라 1997	2013~2015	출판	시리즈화 하이 컨셉트 활용
7	슬기로운 감빵생활	2017~2021		시리즈화 하이 컨셉트 활용 및 속편
8	나쁜 녀석들	2014, 2017	영화(2019)	시리즈화 하이 컨셉트 활용
9	W	2016	만화(2021)	
10	도깨비	2016	출판	
11	품위있는 그녀	2017	출판	
12	미스터션샤인	2018	출판	
13	사이코지만 괜찮아	2020	출판	
14	또 오해영	2016	공연(2020)	

출처: 한국콘텐츠진흥원(2021, 59쪽)

웹드라마의 IP도 확장되고 있다. 웹드라마 〈전지적 짝사랑 시점〉은 짝사랑 이야기를 주제로 4편의 시리즈가 제작되었고 핵심 콘셉과 본편 시리즈의 캐릭터를 활용해 특별편 형태의 브랜디드 콘텐츠 광고로도 제작되었다. 2021년 공개된 〈킹덤: 아신전〉은 넷플릭스 오리지널 〈킹덤〉의 3번째 시리즈이며 본편 이야기의 프리퀄에 해당한다.

〈표 3〉 웹드라마 IP의 활용 현황

연번	원작			활용 현황	
	구분	제목	연도	타 장르	동일 장르
1	드라마	전지적 짝사랑 시점	2016~2017	출판	시리즈화 시퀄, 프리퀄, 스핀오프
2	드라마	오피스워치	2017~2019		시리즈화 시퀄
3	드라마	킹덤	2019~2021		시리즈화 속편(시퀄), 프리퀄(스핀오프)
4	영화	승리호	2021	만화(2021)	

출처: 한국콘텐츠진흥원(2021, 64쪽)

이차적 저작물이 방송 프로그램으로 제작되는 경우에 원천 저작물은 만화(출판만화+웹툰), 방송, 출판의 비중이 높게 나타났다(〈표 4〉 참조). 웹툰을 원작으로 하는 드라마 중에서는 〈이태원 클라쓰〉가 가장 시청률이 높았고 〈경이로운 소문〉은 역대 OCN 드라마 중 최고 시청률을 기록했다. 소설 원작 드라마 〈해를 품은 달〉과 〈구르미 그린 달빛〉은 모두 로맨스 사극이며 지상파 채널에서 방송되었다.

장르	원천 콘텐츠 제목	방송 플랫폼	장르	원천 콘텐츠 제목	방송 플랫폼
만화 (출판 만화 + 웹툰)	미생	TV	방송	응답하라 1997	TV
	치즈인더트랩	TV		신의 퀴즈	TV
	이태원 클라쓰	TV		낭만닥터 김사부	TV
	경이로운 소문	TV		비밀의 숲	TV
	나빌레라	TV		펜트하우스	TV
	유미의 세포들	TV		보이스	TV
	마법 천자문	TV		슬기로운 감빵생활	TV
	좋아하면 울리는	넷플릭스		나쁜 녀석들	TV
	스위트홈 넷플릭스	넷플릭스		킹덤: 아신전	넷플릭스
	D.P. 개의 날	넷플릭스		전지적 짝사랑 시점	네이버TV, 유튜브, 페이스북
	마음의 소리	네이버TV(시즌1), 넷플릭스(시즌2)		오피스워치	V LIVE, 네이버TV, 유튜브, 페이스북
	놓지마 정신줄	Seezn, 유튜브, 페이스북	영화	님아, 그 강을 건너지 마오	넷플릭스
출판	성균관 스캔들	TV		써니	TV(홍콩)
	해를 품은 달	TV	애니 메이션	신비아파트	TV
	구르미 그린 달빛	TV		라바	TV
	김비서가 왜 그럴까	TV		다이노코어	유튜브
	선배 그 립스틱 바르지 마요	TV		지옥: 두 개의 삶	넷플릭스
	보건교사 안은영	넷플릭스	게임	일진에게 찍혔을 때	V LIVE, 네이버TV, 유튜브, 페이스북
	마녀 식당으로 오세요	티빙		크로스파이어	텐센트TV
	그래서 나는 안티팬과 결혼했다	네이버TV, V LIVE, iQIYI, VIKI			

출처: 한국콘텐츠진흥원(2021, 78쪽)을 일부 보완

2) 시즌제 드라마

일부 드라마는 시즌제의 형태로 확장된다. 해외에서는 시즌제의 형식을 취하는 드라마가 많지만, 국내에서는 시트콤(예: 〈거침없이 하이킥〉, 〈안녕, 프란체스카〉)이 시즌제로 진행되는 경우가 있었고, 2010년대 이후에 일반 드라마의 시즌제가 늘어나고 있다. 시즌제는 전편의 흥행으로 인지도와 대중성을 확보했다는 장점이 있지만, 전 시즌과 연관성이 있으면서도 시즌마다 새로운 이야기와 재미를 제공할 수 있어야 한다는 과제도 안고 있다.

〈표 5〉 시즌제 드라마의 이야기 확장 유형

연번	원천 콘텐츠		후속 시리즈		이야기 확장 유형
	제목	연도	제목	연도	
1	응답하라 1997	2012	응답하라 1994	2014	하이 콘셉트 활용: 7080 세대 복고 감성, 여주인공의 남편 찾기 등의 콘셉을 공유하나 3편 모두 캐릭터, 배경, 주제가 다름
			응답하라 1988	2015	
2	슬기로운 감빵생활	2017	슬기로운 의사생활 1	2020	하이 콘셉트 활용: 교도소, 병원 등 특정 공간을 중심으로 이야기 전개
			슬기로운 의사생활 2	2021	시퀄: 슬기로운 의사생활 1, 2는 캐릭터와 이야기가 연속성을 가짐
3	비밀의 숲	2017	비밀의 숲 2	2020	시퀄: 특정 캐릭터를 중심으로 시리즈마다 새로운 사건이 전개됨
4	보이스	2017	보이스 2	2018	시퀄: 특정 캐릭터를 중심으로 시리즈마다 새로운 사건이 전개됨
			보이스 3	2019	
			보이스 4	2020	
5	낭만닥터 김사부	2016	낭만닥터 김사부 2	2020	시퀄: 핵심 인물과 배경 공유
6	신의 퀴즈	2010	신의 퀴즈 2~4	2011~2014	시퀄/리부트: 핵심 인물과 배경 공유
			신의 퀴즈 리부트	2018	
7	나쁜 녀석들	2014	나쁜 녀석들 : 악의 도시	2017	하이 콘셉트 활용: 범죄 장르물이라는 공통점이 있으며 캐릭터, 주제, 배경은 달라짐

연번	원천 콘텐츠		후속 시리즈		이야기 확장 유형
	제목	연도	제목	연도	
8	펜트 하우스	2020	펜트하우스 2, 3	2021	시퀄
9	킹덤	2019	킹덤 2	2020	시퀄
			킹덤: 아신전	2021	프리퀄 버전의 스핀오프
10	전지적 짝사랑 시점	2016	전지적 짝사랑 시점 2~3	2016	시퀄/프리퀄: 시즌 3.5는 등장 인물의 과거 이야기를 다루는 프리퀄에 해당
			전지적 짝사랑 시점 3.5	2017	
			전지적 짝사랑 시점 특별편	2017	스핀오프: 특별편은 기업과 연계한 브랜디드 콘텐츠 광고
11	오피스 워치	2017	오피스워치2	2017	시퀄
			오피스워치: 하라는 일은 안하고	2019	

출처: 한국콘텐츠진흥원(2021, 79쪽)

시즌제 드라마의 시청률을 보자. 〈낭만닥터 김사부〉는 평균 시청률 20.4%로 2016년 방송된 SBS 드라마 중 가장 시청률이 높았으며 2020년 방송된 시즌 2는 평균 시청률 18%를 기록했다. 〈비밀의 숲〉, 〈나쁜 녀석들〉, 〈슬기로운〉 시리즈, 〈응답하라〉 시리즈는 전편보다 속편의 시청률이 높았다. tvN에서 2012년 방송한 〈응답하라 1997〉의 평균 시청률은 3.2%이며 최종회까지 꾸준히 시청률이 증가했다. 특히, 시즌이 거듭될수록 시청률 상승 폭도 커져 마지막 시리즈인 〈응답하라 1988〉의 평균 시청률은 13%를 기록했다.[7]

〈표 6〉 시즌제 드라마의 평균 시청률

드라마	평균 시청률(%)	드라마	평균 시청률(%)
낭만닥터 김사부	20.4	슬기로운 감빵생활	7.6
낭만닥터 김사부 2	18.3	슬기로운 의사 생활	10.9
		슬기로운 의사 생활 2	15.0

드라마	평균 시청률(%)	드라마	평균 시청률(%)
응답하라 1997 응답하라 1994 응답하라 1998	3.2 6.5 13.0	나쁜 녀석들 1 나쁜 녀석들 2	3.1 4.8
비밀의 숲 비밀의 숲 2	4.6 7.3	보이스 보이스 2 보이스 3 보이스 4	4.7 4.9 4.3 3.6

출처: 한국콘텐츠진흥원(2021, 103쪽)

3) 방송 프로그램의 활용: 국내 사례

(1) 2015년 이전 드라마 OSMU[8)]

방송 프로그램을 확장하는 방식을 보면 세 가지로 구분할 수 있다. 먼저 인기 IP를 다양한 장르의 콘텐츠나 상품으로 바로 확장하는 단순 발전 방식이다. 둘째로, 인기 IP를 방송이나 영화 등 거점 콘텐츠로 제작하여, 거점 콘텐츠도 인기를 얻은 경우에 본격적으로 OSMU를 하는 점진적 발전 방식이다. 셋째로, 원천 콘텐츠의 기획 단계부터 OSMU를 염두에 두고 제작하는 동반 발전 방식이다. 여기에서는 단순 발전 방식의 사례로 드라마 〈대장금〉, 점진적 발전 방식의 사례로 〈식객〉을, 동반 발전 방식으로 〈주몽〉을 살펴본다.

2004년 이전에 많은 영화, 드라마, 출판물 등이 성공을 거둔 이후 OSMU를 시도하였지만 〈둘리〉 제외하고는 성공하지 못하였다. 국내시장에서 OSMU를 기획하는 능력과 경험이 부족하였다. OSMU의 노하우가 일천한 환경에서 〈대장금〉은 단순 발전 방식의 OSMU를 진행하였다. 2004년에 최고의 시청률을 기록한 〈대장금〉은 대만과 홍콩을 비롯한 동남아시아 각지에 한국의 음식문화와 한국문화와 역사에 관한 관심을

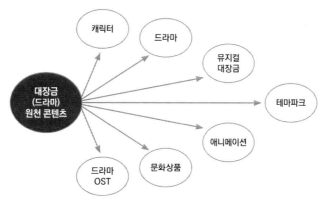

출처: 이창욱(2008)

〈그림 2〉 〈대장금〉 OSMU의 단순 발전 방식

높이는 계기가 되었다. 〈대장금〉의 원천 콘텐츠의 성공 이후 다양한 부가 콘텐츠가 제작되었다.

OSMU의 기획이 없는 상태에서 1차 원천 콘텐츠에 성공으로 인하여 2차 콘텐츠가 나오는 단순 발전 방식을 취할 수밖에 없었던 〈대장금〉은 1차 콘텐츠의 성공 후 뮤지컬, 테마파크, 문화상품, 모바일 상품, 애니메이션 등이 개발되었고, 국내뿐만 아니라 중국, 대만 등에서 테마파크, 여행상품 등이 만들어져 51억 원가량의 부가 수익을 일으켰다. 이후 영화 〈왕의 남자〉, 〈괴물〉, 드라마 〈궁〉 등 많은 드라마나 영화가 다양한 OSMU의 기획과 시도로써 성공을 거두었다.

허영만 화백의 만화인 〈식객〉은 54만여 권의 단행본을 판매하였고, 이후 2007년에 개봉되어 300만 관객을 동원하여 한국 영화 흥행순위 4위에 올랐으며, 2008년에 방영된 드라마는 첫 회에 드라마 시청률 1위, 10회 시청률 20.7%를 보여 인기를 누렸다. 거점 장르인 영화와 드라마에서 성공을 거둔 다음에 게임, 드라마 OST, 캐릭터, 요리책 등을 개발·판매하는 점진적 발전 방식의 형태를 취했다. 게임에서는 만화 원작에서

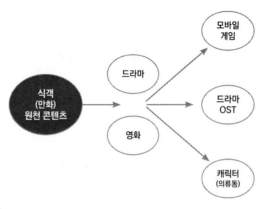

출처: 이창욱(2008)

〈그림 3〉〈식객〉 OSMU의 점진적 발전 방식

볼 수 있는 감동적인 스토리와 캐릭터의 개성을 잘 살려 사용자의 홍미를 끌기 위해 원 버튼 방식의 게임을 구성하고, 미션 시스템 등으로 제작되었다.

드라마나 영화가 히트한 후 출판이 이루어지던 것에 비해 소설 〈주몽〉은 기획 단계부터 철저히 드라마와 소설의 동시 발표를 염두에 두고 진행되었다. OSMU 전략에 출판을 포함하여, 작품성과 대중성의 양면을 모두 염두에 두고 기획하였다. 〈주몽〉의 경우는 대장금의 OSMU의 경우를 참고하여 동반 발전 방식으로 다양한 미디어 개발에 접근성을 두고 제작되었다. 2006년 5월부터 81부작으로 방송된 드라마 〈주몽〉의 흥행 성공과 함께 애니메이션, 출판만화, 완구, 캐릭터, 테마파크, 〈주몽〉 DVD, 〈주몽〉 OST 등으로 확장하였고, 모바일 게임 〈주몽〉은 중국 등에 수출하였다. 모바일 게임 〈주몽〉은 주몽이 고구려를 건국하기까지 과정 중에서 여러 적군과의 조우와 대결 부분만을 소재로 하는 대전 액션 게임이다. 이 게임은 기존의 역사 드라마를 소재로 하는 게임인 RPG 게임으로 제작되어 짧은 시간에 쉽게 플레이할 수 있는 장점이 있다.

〈그림 4〉〈주몽〉 OSMU의 동반 발전 방식

드라마의 주요 인물, 복장 등의 특징을 최대한 살려 드라마의 분위기를 유사하게 표현했으며, 액션과 타격감 등을 효과적으로 사용해 게이머들은 게임에 대한 몰입감을 느낄 수 있다.

〈성균관 스캔들〉은 2010년에 KBS2로 방영된 드라마로, 정은궐 작가의 인기 소설 〈성균관 유생들의 나날〉이 원작이다. 이 드라마의 판권은 제작사인 래몽래인이 100% 소유하여 방영권 유통, 부가 사업, 리메이크 등으로 IP를 확장하였다(〈표 7〉 참조). 특히 드라마 방영권은 10여 년이

〈표 7〉〈성균관 스캔들〉 IP 활용 사례

방영권 유통	부가 사업	리메이크
• KBS 및 QTV 등 국내 방영권 판매 • 일본, 대만, 싱가포르 등 해외 17개국 이상 수출 • 국내외 꾸준한 방영권 갱신: 넷플릭스 등 새로운 매체 계약으로 2022년 현재에도 수익 창출	• 제작 발표회를 한복 패션쇼로 꾸며 다음이 독점 생중계 • DVD, OST, 메이킹DVD 등 복제 전송물 판매 • 화보집, 프로그램북 등 출판물 발간 • 제과회사와 콜라보해 초콜릿 출시, 극중 캐릭터 착용 액세서리 출시, 다이어리, 달력, 볼펜 등 다양한 물품 판매 • 촬영지 투어, 드라마 팬미팅 등 여행상품 개발	• 2시간 분량으로 멜로 위주 재편집하여 KBS가 재판매 • 일본 극장 개봉 및 DVD 출시 • 그 외 뮤지컬, 연극, 해외 리메이크 등은 제의 거절

지난 2022년에도 넷플릭스 등으로 판매되었다.

(2) 2015년 이후 방송콘텐츠의 OSMU[9]

2010년대 중반 이후 문화콘텐츠 업계에서는 콘텐츠 IP의 확장이 중요한 화두로 떠오르면서 방송콘텐츠 IP를 확장하기 위한 다양한 시도가 이루어지고 있다. 최선영(2020)은 방송프로그램 IP를 성장시키는 방안으로 세 가지를 제안하였다. 첫째로, 팬덤과의 소통 즉 참여와 경험을 확장하는 것이 중요하다. 주기적으로 소식을 전하고 공유하며, 콘텐츠의 진정한 가치는 팬과 시청자에게서 나오는 것임을 표현해야 한다. 둘째로, 스핀오프(spin-off), 제휴 등을 통해 스핀오프를 개발하되 거부감 없도록 제작해야 한다. 협찬이나 브랜디드 콘텐츠일 경우 시청층이 이해할 수준에서 제작하되 세계관이 확장되는 포맷이면 프랜차이즈로서 성장할 가능성이 크다. 셋째로, 콘텐츠 IP의 개발과 관리에는 데이터를 분석해야 한다. 데이터에는 콘텐츠 공개 시간, 공개주기를 비롯해 콘텐츠 개발 방향과 팬덤 형성의 근거가 기록되어 있기 때문이다. 최선영(2020)은 방송콘텐츠 IP의 확장 사례를 제시하였는데, 아래에서 일부만 정리하여 소개한다.

① EBS 〈자이언트 펭TV〉

EBS의 〈자이언트 펭TV〉는 플랫폼을 통해 팬덤을 만들고 EBS의 기존 콘텐츠 IP와 협업을 통해 스핀오프해 성장하고 있는 사례이다. 남극에서 온 열 살 펭귄 캐릭터와 세계관은 갑자기 만들어지지 않았다. EBS는 2018년 1월 디지털 모바일 스튜디오 개념의 모모(MOMOe) 유튜브 채널을 개설하여, 자사 지식 콘텐츠나 콘텐츠 IP를 스핀오프하여 실험적 콘텐츠를 제작했다. 〈자이언트 펭TV〉가 주목받게 된 에피소드는 추석 특집 〈아육대－EBS 육상대회〉로 EBS는 캐릭터 IP가 익숙한 세대를 자극했다. 이 영상이 인터넷에서 공유되면서 회자하기 시작했는데, 유튜브 이용자의 댓글은 중요한 역할을 하였다. 펭수는 자사 프로그램에 등장하고, 캐릭터와 협업하며 다양한 스핀오프를 시도하고 있으며, 여러 기관과 제휴한 콘텐츠 기획을 선보이고 있다. 펭수 달력과 펭수 다이어리 등 굿즈도 큰 인기를 얻고 있다. EBS는 이 프로그램을 어린이 교양 예능으로 기획했지만, 어린이들이 편하게 본방송을 즐길 수 있도록 채널 편성 시간과 유튜브 업로드 시간을 변경하기도 했다.

② JTBC '룰루랄라 스튜디오'

JTBC '룰루랄라 스튜디오'는 방송 프로그램을 유튜브에 맞게 스핀오프하여 캐릭터 콘텐츠 IP를 성장시킨 사례다. 박준형이라는 캐릭터가 〈사서 고생_왓써맨〉이라는 방송 프로그램에 출연자였던 사례를 살려 유튜브 채널 〈와썹 맨〉을 만들었고, 제작자로서 이야기하는 트랜스미디어 스토리텔링으로 성공적인 스핀오프를 했다. 〈와썹 맨－Wassup Man〉 채널에는 '와썹 맨 VLOG', '모르고 와썹', '까봐썹', '만나러와썹', '학교와썹', '핫플레이스' 등 방송 프로그램 코너와 비슷한 개념의 기획 전략을 써서 콘텐츠 IP 확장을 실험해 보고 반응을 살피는 기획을 시도한 점이 특징이다. 〈와썹 맨〉을 발판으로 〈워크맨〉 유튜브 채널을 런칭하여 단기간에 수백만 명이 구독을 신청하는 등 인기를 얻고 있다. 장성규라는 캐릭터의 긴장과 편집을 통해 그 긴장의 완급을 조절하는 제작 능력, 〈와썹 맨〉이라는 기존 콘텐츠와의 상승 작용이 주효한 경우다. 이 두 채널은 공감과 소통을 기반으로 하는 팬 콘텐츠라 할 수 있다.

③ MBC 〈같이 펀딩〉

MBC 〈같이 펀딩〉은 "가치 있는 아이디어를 같이 만들어가는" 방송 프로그램으로 타 채널과 플랫폼에 맞게 콘텐츠를 각색하여 스핀오프한 사례다. 방송 프로그램 제작 과정에서 나온 공익적 아이디어를 네이버 해피빈에서 크라우드 펀딩을 통해 구체화하고, 홈쇼핑 방송 채널에서 기획 상품을 판매하는 등 새로운 제휴를 시도했다는 점에서 방송영상콘텐츠 IP의 새로운 가능성을 보여줬다. 특히 유준상의 '태극기 함'은 사회적으로도 큰 반향을 일으켰고 홈쇼핑 판매에서 완판을 기록하는 등 화제가 되기도 했다. 〈같이 펀딩〉 역시 시청자라는 팬이 참여를 통해 만들어가는 트랜스미디어 스토리텔링이라고 할 수 있다.

④ 방송콘텐츠 IP를 활용한 유튜브 채널의 성공

지상파 방송사들은 과거 인기를 끌었던 방송콘텐츠를 유튜브에서 적극적으로 활용하고 있다. 각 방송사는 콘텐츠를 단순 재가공하는 리퍼포징(repurposing)으로 유튜브 채널을 운영해 수익을 내고 있다. MBC의 '옛드: MBC Classic 옛날 드라마'나 옛날 예능과 음악프로그램 채널인 '옛능티비', '옛송티비', 인기 있었던 영상 클립을 보여주는 '오분순삭'과, KBS '옛날티비', '크큭티비', '어게인 가요톱10', SBS '스브스캐치', 'SBS KPOP PLAY', 'SBS ENTER PLAY' 등이 그것이다. 과거 영상물을 활용한 콘텐츠 2차 유통 수익은 광고 수익 저하로 고전하는 방송사에 도움이 되겠지만, 대안이 될지는 의문이다.

4) 방송 프로그램 IP의 활용: 해외 사례[10]

〈워킹 데드〉와 〈왕좌의 게임〉은 미국 만화와 소설을 원작으로 하는 드라마로, 방송 드라마의 시즌이 거듭되면서 다양한 버전의 게임도 함께 출시되어 시청자들의 IP 소비를 확대하는 전략을 수행했다. 최근에는 스핀오프 드라마 제작을 통해 IP의 트랜스미디어 세계관을 형성하고 이야기를 확장해 가고 있다. 이러한 트랜스미디어 스토리텔링 전략은 스토리에 새로운 국면과 확대된 지평을 제공함으로써 IP 지속 기간을 연장하는 효과를 가져올 수 있다.

〈워킹 데드〉는 본편 드라마 시즌 11이 방영된 후 2023년에 새로운 스핀오프 드라마가 방영될 예정이다. AMC가 제작한 드라마 〈워킹 데드〉는 시즌 5에서 미국 내 역대 최고 평균 시청률을 기록한 후 꾸준히 내림세를 보였다. 따라서 제작사는 본편을 시즌 11로 종결하고 본편에서 대중들로부터 높은 인기를 얻은 '대릴과 캐롤' 캐릭터를 기반으로 한 스핀오프 스토리를 드라마로 제작·방영할 예정이다. 또한 AMC는 2015년부터 로스앤젤레스를 배경으로 하는 스핀오프 버전 〈피어 더 워킹 데드〉를 제작해 현재 시즌 7까지 방영 중이다.

〈얼음과 불의 노래〉는 1996년 원작 소설이 출판된 후 2005년에 이차적 저작물로 스핀오프 소설이 먼저 출간됐다. 이후 2011년부터 HBO에서 드라마 〈왕좌의 게임〉으로 제작되었고, 이후 총 8개 시즌 프로그램이 제작·방영되었다. 최근 작품인 시즌8이 미국에서 최고의 평균 시청률을 기록하면서 지속적인 상승세를 보인다. 2022년에 스토리 전개상 〈왕좌의 게임〉 프리퀄인 〈하우스 오브 드래곤〉이 방송되어 높은 시청률을 기록하였다.

넷플릭스와 같이 단일 플랫폼으로 전 세계적 유통망을 확보한 OTT 플랫폼은 작품의 글로벌 인지도를 확대하고, 이를 통해 IP 확장을 쉽게 할 수 있는 장점이 있다. 프랑스 만화를 원작으로 하는 〈설국열차〉와 대만 게임을 원작으로 하는 〈반교: 디텐션〉은 처음 영화화되었을 때 세계적으로 큰 반향을 일으키지는 못했다. 2019년에 개봉한 영화 〈반교: 디텐션〉은 홍콩과 한국에 개봉해 총 박스오피스 매출 169만 달러를 기록했으나, 넷플릭스 드라마로 제작되어 공개되면서 전 세계적으로 인지도를 높였다.

봉준호 감독의 영화 〈설국열차〉는 2013년에 한국, 프랑스, 태국, 홍콩에만 개봉했다. 〈설국열차〉는 2013년 한국 개봉에 맞춰 프리퀄 웹툰 〈열차에 오르는 사람들〉이 공개되어 4일 만에 조회 수 300만 회를 초과했고, 이후 2014년에 아시아, 미국, 유럽, 2015년에 남미에서 개봉을 확대하여 박스오피스 총매출액 8,676만 달러를 기록했다. 그러나 〈설국열차〉가 전 세계적으로 큰 인기를 얻게 된 것은 미국 TNT에서 드라마로 제작·방영한 이후 넷플릭스를 통해 전 세계에 방영되면서이다. 드라마 〈설국열차〉는 2020년에 시즌1, 2021년에 시즌2, 2022년에 시즌3가 공개되었다.

IP 지속 기간이 60년이 넘는 영국 소설 〈주홍색 연구〉와 〈반지의 제왕〉은 OTT 플랫폼을 통해 새로운 IP 확장 기회를 얻었다. 넷플릭스 오리지널 〈이레귤러스〉는 런던 베이커가 221번지 B라는 〈주홍색 연구〉의 공간적 배경과 왓슨 박사와 셜록 홈스 캐릭터를 빌려와, 초자연적 미스터리 장르의 새로운 스토리를 다루었다. 한편, 영화 〈반지의 제왕〉 시리즈는 첫 3부작이 2001~2003년, 프리퀄 영화 〈호빗〉 3부작이 2012~2014년에 개봉된 이후 약 7년간 핵심 콘텐츠에 해당하는 이차적 저작물이 제작되지 않았다. 그러나 아마존 프라임 비디오에서 넷플릭스를 견제할 만한 콘텐츠를 확보하기 위해 〈반지의 제왕〉에 2~2.5억 달러의 판권비를 지급하고 총 5개 시즌의 드라마 제작을 기획했다. 시즌 1은 총 20부작으로 구성되며 2022년 9월에 공개하였다.

3. 영화 지식재산권을 확장하는 방법과 사례

1) 영화 IP의 활용

영화 IP는 대부분 해외 리메이크나 시리즈화와 같이 동일 장르 안에서 이차적 저작물이 제작되었다. 해외에서 리메이크된 한국 영화는 〈수상한 그녀〉, 〈써니〉, 〈과속스캔들〉 등이 있고, 〈써니〉는 드라마로도 리메이크되었다. 〈조선 명탐정〉과 〈신의 한 수〉는 시리즈 영화인데, 전자는 핵심 인물을 공유하면서 시리즈마다 새로운 사건이 전개되지만, 후자는 바둑이라는 콘셉만 공유하고 주인공과 배경은 다르다. 넷플릭스 오리지널 〈님아: 여섯 나라에서 만난 노부부 이야기〉는 오랜 시간 인생을 함께 해 온 노부부의 이야기를 다룬 원작 영화 〈님아, 그 강을 건너지 마오〉의 콘셉과 주제를 공유하면서 각국의 노인 문제와 사회 현실을 담아냈다.

한국에서 2015년에 개봉되어 국내 박스오피스 1위를 차지한 영화 〈베테랑〉은 중국에서 리메이크되어 2019년에 개봉되었다. 2018년에 개봉한 〈너의 결혼식〉은 중국에서 2021년에 리메이크 작품이 개봉되었다. 〈너의 결혼식〉을 리메이크한 〈여름날 우리(你的婚礼)〉는 중국에서 1억 달러 이상의 매출을 올려 중국에서 리메이크된 한국 영화 중 최고 흥행 수입을 기록했다. 트랜스미디어 스토리텔링이 구사된 〈부산행〉은 관객 수 1,156만 명으로 2016년 국내 박스오피스 1위를 기록했으며, 〈서울역〉 → 〈부산행〉 → 〈반도〉 시리즈의 총매출액은 1,272억 원이다. 영화를 원작으로 한 소설 및 만화가 창작되기도 했다. 예를 들면, 임태형 감독의 〈안녕, 형아〉가 만화와 소설로 각색되었고 허진호 감독의 〈외출〉은 소설가 김형경에 의해 동명 소설로 각색되었다.

〈표 8〉 원작 영화의 활용 현황

연번	제목	연도	활용 현황	활용 연도
1	과속스캔들	2008	리메이크	2015~2018/ 중국 등 3개국
2	블라인드	2011	리메이크	2015, 2019/ 중국, 일본
3	써니	2011	리메이크	2018~2021/ 중국 등 4개국
4	숨바꼭질	2013	리메이크	중국(2016), 미국(제작 중)
5	수상한 그녀	2014	리메이크	2018~2021/ 중국 등 7개국
6	베테랑	2015	리메이크	2020/ 중국
7	너의 결혼식	2018	리메이크	2021/ 중국
8	조선명탐정 : 각시투구꽃의 비밀	2011	시리즈화 속편(시퀄)	2015, 2018
9	관상	2013	시리즈화 하이 콘텐츠 활용	2018
10	신의 한수: 사활 편	2014	시리즈화 하이 콘텐츠 활용	2019
11	님아, 그 강의 건너지 마요	2014	넷플릭스 오리지널	2021

출처: 한국콘텐츠진흥원(2021, 61쪽)

2) 영화의 원천 콘텐츠와 리메이크: 국내 사례

이차적 저작물이 영화의 형태로 제작되는 원천 저작물은 영화가 가장 많고 만화(출판만화+웹툰), 공연, 출판 등이다. 원천 콘텐츠로 영화의 비중이 높은 것은 전작의 후속편, 리메이크 등으로 이차적 저작물을 제작하는 경우가 많기 때문인데, 영화는 드라마와는 달리 시리즈보다는 리메이크가 많다. 2010년 이전에도 한국 영화의 해외 리메이크 사례를 종종 찾아볼 수 있는데 주로 일본과 미국에서 리메이크되었다. 〈조용한 가족〉, 〈8월의 크리스마스〉는 일본에서, 〈엽기적인 그녀〉, 〈시월애〉, 〈장화 홍련〉은 미국에서 현지 영화로 제작되었다.

〈표 9〉 영화의 원천 콘텐츠 장르

원천 콘텐츠 장르	원천 콘텐츠 제목	원천 콘텐츠 장르	원천 콘텐츠 제목
만화(출판만화＋웹툰)	은밀하게 위대하게	영화	과속스캔들
	스틸레인		숨바꼭질
	신과 함께		써니
	치즈인더트랩		베테랑
	미생		관상
출판	완득이		신의 한 수
	터널－우리는 얼굴 없는 살인자였다		너의 결혼식
	살인자의 기억법	애니메이션	서울역
	그래서 나는 안티팬과 결혼했다		김종욱 찾기
방송	나쁜 녀석들		로기수
영화	수상한 그녀	공연	형제는 용감했다
	조선 명탐정: 각시투구꽃의 비밀		영웅
	블라인드		

출처: 한국콘텐츠진흥원(2021, 81쪽)

2000년대에 한국 영화의 해외 리메이크가 시작되었다. 당시 국내 영화 산업의 성장과 박찬욱, 이창동, 봉준호, 김기덕, 홍상수 감독들의 영화가 해외영화제에서 러브콜을 받으면서, 한국 영화의 판권이 해외에 판매되었다. 미국과 일본과 같이 전통적인 한국 영화 수출국에 소수의 영화 판권이 판매되었고, 리메이크된 영화가 흥행에 성공한 사례가 없었다. 2000년대 중반부터 중국과 합작 영화가 제작되었으나 흥행에 성공한 작품은 별로 없었다. 2010년 이후에는 한국 영화는 스타나 원천 시나리오를 바탕으로 한 공동제작보다는 기존에 검증된 국산 영화의 IP를 활용한 공동제작을 추진하게 되었다.[11]

제목	국내 개봉 연도	리메이크 국가	현지 작품명	리메이크 개봉 연도
과속스캔들	2008	러시아	Дабл трабл	2015
		중국	스캔들 메이커(外公芳齡)	2016
		베트남	할아버지는 서른살	2018
써니	2011	베트남	Go Go Sisters	2018
		일본	SUNNY: 强い氣いぢ 强い愛	2018
		인도네시아	Bebas	2019
		중국	영광저매도(陽光姐姐淘)	2021
블라인드	2011	중국	나는 증인이다(我是證人)	2015
		일본	보이지 않는 목격자(目獲ない目擊者)	2019
숨바꼭질	2013	중국	착미장(捉迷藏)	2016
수상한 그녀	2014	베트남	Sweet 20	2015
		중국	20세기여 다시 한 번(重返20岁)	2015
		태국	Suddenly 20	2016
		일본	あゃしい彼女(Sing My Life)	2016
		인도네시아	Sweet 20	2017
		필리핀	Miss Granny	2018
		인도	Oh Baby	2019
베테랑	2015	중국	대인물(大人物)	2019
너의 결혼식	2018	중국	여름날 우리(你的婚礼)	2021

출처: 한국콘텐츠진흥원(2021, 82쪽)

2010년 이후의 한국 영화 리메이크의 특징은 OSMT(One Source Multi Territory) 전략이라고 할 수 있다. OSMT 전략은 완성작의 기본 콘셉트를 토대로 여러 지역에서 현지 제작사와 공동 혹은 자체적으로 리메이크를 진행하는 제작 방식을 일컫는 용어로써, 주로 CJ ENM을 중심으로 활발히 이루어지고 있다. CJ ENM은 미국, 중국, 일본, 베트남, 태국, 터키 등에 법인을 설립하여 현지 영화 제작 및 투자에 참여하고 있고, CJ CGV 역시 중국, 미국, 터키, 베트남, 인도네시아 등지의 극장 사업에

진출해 있어, 양질의 로컬영화를 제작해야 할 필요가 있었다.[12]

2010년대 한국 영화 리메이크의 대표적인 성공 사례로는 〈선물〉이 있다. 〈선물〉은 중국에서 리메이크되어 〈이별 계약〉(2013)으로 개봉되었고, 〈수상한 그녀〉를 합작 제작한 〈20세여 다시 한번〉(2015)은 중국에서 흥행에 성공하여 베트남(2015년 12월), 일본(2016년 4월), 태국(2016년 11월), 인도네시아(2017년 6월) 등에서 공동제작 혹은 현지 영화로 다시 제작되었다. 〈블라인드〉가 공동 제작되어 〈나는 증인이다〉(2015)로 중국에서 개봉되었고, 〈베테랑〉(2015)도 공동 제작되어 〈대인물〉(2019)로 중국에서 개봉되었다. 로맨스 영화가 강세인 대만에서 〈슬픔보다 더 슬픈 이야기〉(2009)가 〈모어 댄 블루〉(2018)로 리메이크되었고, 이후 중국에서도 개봉되었다. 베트남에서는 〈미녀는 괴로워〉와 〈엽기적인 그녀〉가 리메이크되었고, 〈몽타주〉는 인도에서 리메이크되었다. 영화 〈악녀〉(2017)는 미국 제작사와 리메이크 제작 계약을 체결하여, 〈빌러니스〉라는 드라마로 만들어질 예정이다.[13]

〈표 11〉 시리즈 영화의 이야기 확장 유형

연번	원천 콘텐츠		후속 시리즈		이야기 확장 유형
	제목	연도	제목	연도	
1	조선명탐정 : 각시투구꽃의 비밀	2011	조선명탐정 : 사라진 놉의 딸	2015	속편(시퀄): 핵심 캐릭터는 유지하고 시리즈마다 새로운 사건으로 이야기 전개
			조선명탐정 : 흡혈괴마의 비밀	2018	
2	관상	2013	궁합	2018	하이 콘셉트 활용: '역술'이라는 콘셉트만 공유하고 캐릭터, 배경, 주제는 다름
			명당	2018	
3	신의 한 수	2014	신의 한 수 : 귀수편	2019	하이 콘셉트 활용 '바둑'을 공동 콘셉트로 하며 주인공과 배경은 달라짐

출처: 한국콘텐츠진흥원(2021, 83쪽)

시리즈로 제작된 영화는 〈조선 명탐정〉, 〈관상〉, 〈신의 한 수〉 등이 있다. 〈조선 명탐정〉 시리즈는 2011년 1편 이후, 2018년까지 총 3편이 제작되었고 〈신의 한 수〉는 2편까지 개봉했다. 〈관상〉에서 〈궁합〉, 〈명당〉으로 이어지는 역학 3부작은 이야기나 등장인물 간 연관성은 없고 역학을 소재로 한다는 공통점이 있다. 동명의 웹툰을 원작으로 하는 영화 〈신과 함께〉는 2부작 영화 시리즈로 1, 2부가 동시 제작되었다.

하나의 IP가 매체 전환을 통해 새로운 저작물로 제작될 때는 매체 특성에 맞게 원천 콘텐츠를 각색해야 한다. 웹툰을 영화로 전환할 때, 서사 구조의 압축은 불가피하며 그 과정에서 세계관의 축소나 변형, 캐릭터의 변화가 일어날 수 있다. 웹툰 〈신과 함께〉는 지옥, 저승사자, 염라대왕 등 보편적으로 알려진 신화적 요소를 활용해 이야기를 만들어 독자들의 공감대를 형성했다. 영화 〈신과 함께〉는 긴 흐름의 원작을 핵심 사건 중심으로 압축하고 그에게 맞게 원작의 이야기와 인물을 변형하거나 새롭게 구성했다. 또한, 지옥이라는 가상의 세계를 CG와 시각효과 기술로 생생하게 구현해 성공적인 결과를 얻었다.[14]

3) 영화의 원천 콘텐츠와 리메이크: 해외 사례

영화는 방송 드라마와 함께 가장 파급력이 큰 콘텐츠이므로, 인기 있는 IP는 대부분 영화로 제작된다. 해외에서 영화의 원천 콘텐츠로 만화가 가장 비중이 크다. 개봉한 영화가 인기가 있으면 시리즈로 제작하는 경우가 많고, 국가별로 영화 IP 당 제작하는 시리즈 영화의 수에 차이가 난다. 영화 IP 당 평균 시리즈 수는 미국 영화가 약 10개로 타 국가들보다 많은 시리즈를 제작한다. 영국은 IP 한 개에 평균 3개의 시리즈를 제작해 프랑스, 일본, 중국보다 많은 시리즈를 제작한다. IP 당 매출은 미국영화가 평균 81.5억 달러로 영국보다 약 4배가 많았고, 프랑스나 일본보다는 30배 이상 많다.

영화 한 편당 평균 매출은 미국영화가 8.1억 달러, 영국영화가 6.8억 달러, 일본 영화가 1.3억 달러였다. 이는 미국영화가 할리우드라는 세계적인 영화 제작·배급시스템을 갖추고 있어 대부분 전 세계 50개국 내외에서 개봉하기 때문에 박스오피스 매출도 타 국가 영화들에 비해 월등히 높다. 또한 각 국가에서 성공한 IP는 영화화되는 과정에서 라이선싱 형태로 미국에 수출되어 할리우드 스튜디오가 영화로 개발하거나 리메이크하는 사례가 많다. 영국 소설 〈반지의 제왕〉, 프랑스 소설 〈레미제라블〉, 일본 게임 IP 〈소닉 더 헤지혹〉, 〈포켓몬스터〉, 일본 만화 〈공각기동대〉 등은 모두 원천 콘텐츠가 자국을 넘어 세계적인 성공을 거둔 후에 라이선싱 수출을 통해 할리우드에서 영화로 제작되었다.[15]

영화가 이차적 저작물인 사례 중에서, 〈어벤져스〉 시리즈가 총 234억 달러의 매출을 기록해 가장 큰 성과를 거두었고, 〈저스티스 리그〉 시리즈가 총매출 58억 달러로 2위이다. 이 두 작품은 모두 60년 가까이 IP가 지속된 만화를 원작으로 하고 있으며, 2010년 이후 리부트를 통해 여러 슈퍼히어로 캐릭터들을 연결하는 새로운 세계관을 형성했다. 다음으로는 소설이 원작인 〈헝거 게임〉과 〈반지의 제왕〉이 각각 30억 달러에 가까운 매출을 기록했다.[16]

4) 영화의 트랜스미디어 스토리텔링[17]

영화는 상징성, 문화적 파급력, 산업의 규모 등을 보면 영화가 트랜스미디어 스토리텔링의 거점 콘텐츠로 활용되기 유용한 조건이다. 하지만 한국 영화와 트랜스미디어 스토리텔링은 자본과 기획력의 한계에 직면하고 있다. 트랜스미디어 스토리텔링이 구현되기 위해서는 몇 가지 조건이 필요하다. 이야기 내적으로는 미디어를 넓혀가며 진행될 수 있는 확장성이 강한 스토리와 세계관이 필요하다. 제작의 측면에서는 여러 미디어를 횡단하며 진행되면서도 각각의 미디어가 균일한 수준의 완성도와 이야기의 독립성을 갖추게끔 만드는 총체적 기획 능력이 요구된다. 산업적으로는 다수의 미디어 플랫폼을 소유한 거대 엔터테인먼트 기업이 필요하다. 미디어를 옮겨 다니며 능동적으로 스토리텔링에 참여하는 적극적 향유자인 팬덤(fandom) 또한 필수적이다.

이 조건들을 디즈니 〈마블〉에 적용해 보자. 〈마블〉은 슈퍼히어로라는 명확한 세계관과 장르를 지니고 있다. 영화 내에서 〈어벤져스(Avengers)〉 시리즈와 같은 '캐릭터 어셈블(character assemble)'이 일어나고, 실존 공간(〈아이언맨〉)과 신화(〈토르〉), 우주(〈가디언즈 오브 갤럭시〉), 과거(〈캡틴 아메리카〉), 초자연적 시공간(〈닥터 스트레인지〉)으로까지 확장성이 강한 이야기 성격을 지니고 있다. 〈마블 디펜더스(Marvel's Defenders)〉 시리즈로 대표되는 드라마 시리즈를 넷플릭스를 통해 방영하고, 게임부터 단편 영화까지 다양한 미디어를 독립적 스토리라인으로 활용하는 능력 등 기획도 돋보인다. 마블의 팬덤은 코믹북, 영화, 드라마를 가리지 않고 전 세계적으로 가장 강력한 미디어 팬덤을 구축하고 있다.

하지만 한국 영화 시장에서는 트랜스미디어 스토리텔링의 조건이 갖추어지지 않았다. 특히 거대 엔터테인먼트 기업이 없기에 트랜스미디어 스토리텔링을 목표로 한 기획을 찾아보기 어렵다. 그러나 한국의 웹툰 시장에서는 트랜스미디어 스토리텔링이 가능하다. 웹툰의 제작비용은 영화나 드라마에 비해 저렴하므로 시장성을 테스트할 수 있고, 향유자의 즉각적인 반응을 확인할 수 있다. 웹툰에서는 실험적 장르나 스토리를 시도할 수도 있다. 그러나 웹툰의 팬덤이 웹툰 IP를 이용한 영화의 팬덤으로 전이되지 않는다. 웹툰은 작품에 대한 팬덤이라기보다 웹툰이라는 장르의 팬덤 성격이 강하다.

OCN 드라마 〈나쁜 녀석들〉은 영화 〈나쁜 녀석들: 더 무비〉(2019)로 성공하였다. OCN은 범죄 드라마를 시즌제로 제작하고 있고, 드라마 〈나쁜 녀석들〉은 2014년과 2017년에 두 번 방송되어 팬덤을 보유하고 있었고, 제작사인 OCN도 팬덤을 대상으로 한 시사회를 여는 등 팬덤을 영화로 유입시키기 위해 상당한 공을 들였다.

웹툰 〈신과 함께〉는 방대한 양과 긴 연재를 통해서 작품 자체의 팬덤을 보유하고 있었다. 영화 〈신과 함께〉 시리즈는 원작의 핵심 세계관을 유지하면서 CG와 스펙터클을 이용하여 오락적 요소를 추가하였다. 두 편의 영화 〈신과 함께〉는 원작 웹툰의 이야기를 재생산한 것에 가까우므로 크로스미디어 스토리텔링에 가깝다. 앞으로 〈신과 함께〉 IP로 영화가 제작되면 트랜스미디어 스토리텔링의 형태를 취할 가능성이 크다.

한국 영화의 트랜스미디어 스토리텔링이 가능한 사례로 〈부산행〉(2016)과 〈서울역〉(2016)을 들 수 있다. 영화 〈부산행〉이 트랜스미디어 스토리텔링으로서 가능성을 지니는 이유는 실존 공간으로서의 현대 한국 사회와 좀비라는 세계관이 이야기를 지탱하고 있고, 역설적으로 서사에 공간이 많아서 확장성이 열려 있기 때문이다. 애니메이션 〈서울역〉은 서사적으로 〈부산행〉의 프리퀄(prequel) 역할을 하지만 두 개의 이야기는 '혜선'이라는 캐릭터를 빼면 연결성을 찾기 어렵다. 2020년에 개봉된 영화 〈반도〉는 〈부산행〉과 같은 세계관에서 4년 후를 배경으로 한다. 〈부산행〉과 스토리와 이어지지 않는 별개의 스토리를 가진 시퀄이다. 〈반도〉는 좀비 안전지대였던 부산마저 좀비 바이러스가 퍼져 폐허의 땅이 되어버린 반도에서 탈출하는 이야기이다

〈신과 함께〉나 〈부산행〉의 사례를 보면 한국 영화가 트랜스(또는 크로

스) 미디어 스토리텔링을 활용하는 방식은 성공한 작품의 세계관을 넓혀 가는 것이다. 한국 영화에서 트랜스미디어 스토리텔링은 기획된 스토리 텔링 전략이라기보다 사후 확장형 서사에 가깝다. 영화의 시리즈화는 이어지지만, 영화를 거점 콘텐츠로 하여 다른 미디어로의 확장은 이뤄지 지 않는다.

4. 애니메이션 지식재산권을 확장하는 방법과 사례

1) 애니메이션 IP의 확장

애니메이션은 해당 작품이 유통되는 미디어에 따라 TV애니메이션, 극장판 애니메이션, 극장 개봉 없이 홈비디오로 바로 출시되는 오리지널 비디오 애니메이션(OVA)으로 나눠지며, 작품의 길이에 따라 애니메이션 시리즈, 장편 애니메이션, 단편 애니메이션으로도 나눌 수 있다. TV애니 메이션, 극장판 애니메이션 그리고 OVA는 장편 애니메이션이고, 시리즈 가 없는 짧은 길이의 애니메이션은 단편 애니메이션이다. 이차적 저작물 이 애니메이션으로 제작될 때는 한 가지 유형으로만 제작되기보다 TV애 니메이션, 장편 애니메이션의 순으로 확장되는 경우가 많다. 최근에는 시청자들과 소통하기 어려웠던 단편 애니메이션도 종종 제작되는 것을 볼 수 있는데, 이는 넷플릭스, 유튜브 같은 플랫폼으로 인해 애니메이션 의 소비 패턴이 변화했기 때문이다.

애니메이션의 경우 대부분 어린이 TV애니메이션이 2차 저작물로 확장 되지만, 〈지옥: 두 개의 삶〉, 〈서울역〉, 〈넛잠〉과 같이 어린이 TV애니메 이션이 아닌 애니메이션도 확장되기도 한다. TV 애니메이션은 후속 시리즈를 제작해 방송 매체에서 지속해서 노출되는 동시에, 극장판 애니메이션, 뮤지컬, 게임, 만화 등 다양한 형태의 어린이 콘텐츠로 개발된다.

　TV애니메이션 〈신비아파트〉는 공포물로 어린이 전문 방송 채널 '투니버스'에 처음으로 선보였다. 2021년 9월에 방송된 시즌1이 성공하면서, 계속 제작되어 2022년에 시즌 4가 방송 중이며 장편 애니메이션은 2편이 개봉되었다. 이를 제작한 CJ ENM은 TV 시리즈, 영화, 뮤지컬, 웹드라마, 모바일 게임, 미디어 전시회 등 다양한 영역에 진출하여 큰 성과를 거두며 〈신비아파트〉 브랜드를 확고히 구축하였다. TV애니메이션 〈유후와 친구들〉은 국산 애니메이션으로는 보기 드물게 2020년에 리부트되어 TV애니메이션 〈출동! 유후 구조대〉가 제작·방영되었다. 원작인 〈유후와 친구들〉은 시즌 1이 아랍어권 22개국을 비롯한 세계 각국에 수출되며 2015년까지 총 3개 시즌이 방영되었다. 2020년에는 리부트 작품이 아시아 애니메이션 최초로 넷플릭스 오리지널 시리즈로 제작되었고 2021년 시즌 2도 공개되었다. 2014년 1월에 개봉되었던 장편 애니메이션 〈넛잡: 땅콩 도둑들〉은 2017년에 2편이 개봉되었다. 애니메이션 〈지옥: 두 개의 삶〉의 경우 10분 분량의 Part1이 2003년에 개봉되었고, 20분 분량의 Part2가 2004년에 개봉되었다. 이 작품은 드라마로 제작되어 2021년에 넷플릭스로 개봉되었다.

〈표 12〉 시리즈 영화의 이야기 확장 유형

연번	원작			활용 현황		
	구분	제목	연도	타 장르	동일 장르	활용 연도
1	단편 애니메이션	지옥: 두 개의 삶	2014	만화, 방송	-	2019~2021
2	장편 애니메이션	서울역	2016	만화, 출판, 영화	-	2016~2021

연번	원작			활용 현황		
	구분	제목	연도	타 장르	동일 장르	활용 연도
3	장편 애니메이션	넛잡: 땅콩 도둑들	2014	-	장편 애니메이션	2017
4	TV 애니메이션	유후와 친구들	2009	공연, 게임	TV 애니메이션	2013~2021
5	TV 애니메이션	로보카폴리	2011	공연	TV 애니메이션	2011~2020
6	TV 애니메이션	라바	2011	만화, 방송, 공연, 게임	TV, 장편 애니메이션	2013~2020
7	TV 애니메이션	신비아파트	2014	방송, 공연, 게임	TV, 장편 애니메이션	2016~2021
8	TV 애니메이션	헬로카봇	2014	출판, 공연, 게임	TV, 장편 애니메이션	2015~2021
9	TV 애니메이션	최강전사 미니특공대	2014	공연	TV, 장편 애니메이션	2015~2021
10	TV 애니메이션	터닝메카드	2015	출판, 공연, 게임	TV, 장편 애니메이션	2016~2021
11	TV 애니메이션	레이디버그	2015	만화, 공연	TV, 장편 애니메이션	2016~2021
12	TV 애니메이션	다오노코어	2016	방송, 공연	TV 애니메이션	2017~2018

출처: 한국콘텐츠진흥원(2021, 63쪽)

2) 국내 애니메이션의 원천 IP

2차적 저작물이 애니메이션인 경우에 원천 저작물은 애니메이션이 가장 많고 다음으로 만화(출판만화+웹툰)가 많으며 그 외에 게임, 캐릭터, 출판이 있다. 애니메이션은 길이와 유통 매체에 따라 TV애니메이션, 장편 애니메이션, 단편 애니메이션 등 여러 형식으로 활용될 수 있어 다양한 원천 저작물의 2차적 저작물 장르로 이용되고 있다. 애니메이션 형태로 2차 저작물이 제작된 작품은 대부분 원천 저작물 장르와 다른 콘텐츠 장르에서 또다시 활용되었고, 2개 이상의 장르로 OSMU가 이루어졌다. 특히 TV애니메이션이 원작인 〈라바〉와 〈터닝메카드〉가 다양한 장르로 2차적 저작물이 제작되었는데, 〈라바〉는 장편 애니메이션, 출판 만화, 드라마, 모바일 게임, 뮤지컬 등 5개 장르로, 〈터닝메카드〉는 장편 애니메이션, 동화, AR 게임, 뮤지컬 등 4개 장르로 확장되었다.[18]

〈표 13〉 애니메이션의 원천 콘텐츠 장르

원천 콘텐츠 장르	원천 콘텐츠 제목	원천 콘텐츠 장르	원천 콘텐츠 제목
만화 (출판만화＋웹툰)	안녕 자두야	애니메이션	레이디버그
	반지의 얼렁뚱땅 비밀일기		닛잡: 땅콩 도둑들
	신의 탑		다이노코어
	갓 오브 하이스쿨		헬로카봇
	기기괴괴		유후와 친구들
	노블레스		라바
	마음의 소리		신비아파트
	놓지마 정신줄	게임	블레이드앤소울
	마법 천자문		엘소드
	정글에서 살아남기		던전앤파이터
출판	구름빵		세븐나이츠
	엄마 까투리		서머너즈워: 천공의 아레나
애니메이션	로보카 폴리	캐릭터	캐니멀
	최강전사 미니특공대		몰랑이
	터닝메카드		핑크퐁

출처: 한국콘텐츠진흥원(2021, 84쪽)

이차적 저작물로서의 애니메이션은 원작 장르의 종류에 따라 목표 시청자가 구분되는 특징을 보였다. 만화책, 책, 애니메이션, 캐릭터를 원작으로 하는 애니메이션의 목표 시청자는 영·유아와 아동인 경우가 대부분이지만, 웹툰이나 게임을 원작으로 하는 애니메이션의 목표 시청자는 청소년과 젊은 성인으로 나타났다. 웹툰이나 게임 콘텐츠 이용자는 스마트폰이나 PC 등을 통해 능동적으로 콘텐츠를 소비한다.

유·아동을 대상으로 하는 만화책, 책, 애니메이션, 캐릭터를 원작으로 하는 애니메이션이 TV애니메이션으로 제작된 경우에 시즌 수가 많을 뿐 아니라, TV애니메이션이 스핀오프, 시퀄, 리부트, 특별판 등으로 다양하게 확장된 것을 볼 수 있다. 또한, TV애니메이션을 기반으로 하는 장편 애니메이션도 여러 편 제작되고 게임, 뮤지컬 그리고 캐릭터 상품까지 다양한 형태로 IP 활용이 이루어진다.

예를 들어, 〈헬로카봇〉은 원천 저작물로 볼 수 있는 TV애니메이션의 시즌 수가 총 9개이며, 스핀오프 TV애니메이션도 6개 시즌이 제작되었다. 또한 장편 애니메이션도 3편이 제작되어 애니메이션만 총 18개로 확장되었다. 〈최강전사 미니특공대〉역시 원천 저작물인 TV애니메이션은 시즌 4개와 스핀오프 TV애니메이션 1개, 장편 애니메이션 5개를 포함해 총 10개의 애니메이션이 제작되었다. 이 밖에 〈로보카 폴리〉, 〈핑크퐁〉도 스핀오프 TV애니메이션을 선보이며 콘텐츠의 이야기를 확장했다.[19]

한편, 청소년과 젊은 성인을 대상으로 하는 웹툰이나 게임이 원작인 애니메이션은 원천 저작물의 기존 이용자에게 IP에 대한 새로운 흥미를 느끼게 함으로써, IP에 대한 충성도를 높이는 역할을 한다. 특히 TV애니메이션으로 제작될 때는 TV라는 대중적 매체를 통해 해당 IP의 인지도를 높이고 새로운 이용자를 유입시키는 기회가 될 수 있다. 이처럼 TV애니메이션은 원천 저작물이 새로운 장르의 콘텐츠로 확장되고, 이야기 IP의 세계관을 구축해 브랜드화될 수 있도록 하는 가교 구실을 하기도 한다.

인기 있는 캐릭터 IP는 굿즈나 문화콘텐츠 등으로 다양하게 확장되지만, 캐릭터 IP가 애니메이션으로 확장한 사례는 많지 않다. 〈표 14〉에는 원작이 캐릭터인 〈캐니멀〉, 〈몰랑이〉, 〈핑크퐁〉이 애니메이션과 게임으로 확장된 사례를 보여주고 있다. 이 중에서 〈핑크퐁〉은 다른 두 캐릭터에 비할 수 없을 정도로 크게 성공하였다.

〈표 14〉 원작 캐릭터의 활용 현황

연번	장르	제목	연도	활용 장르	활용 연도
1	캐릭터	캐니멀	2004	애니메이션, 게임	2011~2015
2	캐릭터	몰랑이	2010	출판, 애니메이션, 게임	2017~2021
3	캐릭터	핑크퐁	2010	애니메이션, 공연	2019~2021

출처: 한국콘텐츠진흥원(2021, 85쪽)

3) 해외 애니메이션의 원천 IP

애니메이션은 유명한 콘텐츠 IP를 활용하여 제작되는 콘텐츠 장르 중에서 영화만큼 활발히 이용되는 장르이다. 해외에서는 2차적 저작물로 제작된 애니메이션의 원작 IP의 장르는 애니메이션과 만화가 가장 많다(〈표 15〉 참조).

〈표 15〉 2차 저작물인 애니메이션의 원천 IP

원천 콘텐츠 장르	원천 콘텐츠 제목 (2차적 저작물 제목)	원천 콘텐츠 장르	원천 콘텐츠 제목
만화	드래곤볼, 나루토, 10만 개의 농담, 어벤져스, 저스티스 리그, 공각기동대, 바람의 검심, 빨리 우리 오빠를 데려가	애니메이션	몬스터 주식회사, 니모를 찾아서, 인크레더블, 쿵푸팬드, 드래곤 길들이기, 토이 스토리, 주먹왕 랄프, 슈퍼배드, 못말리는 어린 양 숀 (숀더쉽), 겨울왕국, 크루즈 패밀리
출판	주홍색 연구(셜록 홈스와 위대한 탈출), 반지의 제왕, 레미제라블	게임	소닉 더 헤지혹, 포켓몬스터

출처: 한국콘텐츠진흥원(2021, 81쪽) 보완

일본의 게임회사인 세가는 1990년에 새로운 캐릭터 〈소닉 더 헤지혹〉

을 개발하였고, 1991년 이후 최근까지 수십 개의 게임을 출시하였다. 게임의 흥행을 토대로 미국에서 애니메이션 〈바람돌이 소닉〉이 제작하여 1993년에 방영하였고(한국에서는 1994년 방영), 이후 TV용 애니메이션 〈고슴도치 소닉〉, 비디오용 애니메이션 〈소닉 더 헤지혹〉, 프랑스에서 제작한 TV용 애니메이션 〈Sonic Underground〉을 방영하였다. 2000년 대에 TV용 애니메이션 〈소닉 X〉과 〈소닉 툰〉이 제작하였다. 한편 단편 애니메이션 시리즈 〈소닉 더 헤지혹〉을 2008년, 2019년, 2021년에 각각 제작하여 유튜브를 통해 공개하였다.

〈월레스와 그로밋〉은 영국의 단편 클레이 애니메이션 시리즈로 1989년 〈화려한 외출〉을 시작으로 5개의 에피소드가 발표되었다. 3번째 에피소드인 〈양털 도둑〉에 등장한 숀을 주인공으로 한 스핀오프 애니메이션 〈못말리는 어린 양 숀〉이 2007년부터 TV용 시리즈물로 제작되었고, 2015년에는 극장판 애니메이션으로 제작되어 개봉되었다. 2019년에 극장판 후속작인 애니메이션 〈숀더쉽 더 무비: 꼬마 외계인 룰라〉가 개봉되었고, 2020년에 한국과 넷플릭스에서도 공개되었다. 〈월레스와 그로밋〉은 1995년부터 5개의 게임으로 제작되어 출시되었다.

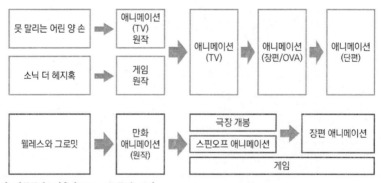

출처: 한국콘텐츠진흥원(2021, 131쪽)을 보완
〈그림 5〉 세 애니메이션의 제작 흐름

애니메이션 시장에서 시리즈물의 제작 즉 원작 애니메이션을 재활용되는 사례가 증가하고 있다. 왜냐하면 세계 애니메이션 시장에서 메이저 제작사 간의 경쟁이 심화하고, 애니메이션 시장과 관련 상품 시장의 규모가 증가하고 동시에 애니메이션의 제작비가 증가하여서, 제작자에게 위험 회피와 OSMU의 중요성이 증가하였기 때문이다. 애니메이션을 시리즈로 제작할 때 기대할 수 있는 효과는 캐릭터의 동일성을 확보하고 노출이 쉬우며, 이에 따라 캐릭터 상품 판매라는 부가적인 효과를 거둘 수 있다. 애니메이션 시리즈에서의 성패는 정서적 유대를 토대로 작품 간의 연속성과 개별 작품의 독립성이라는 이율배반적인 양자의 요구를 얼마나 창조적으로 구현해낼 수 있느냐에 달렸다.[20]

요약

방송, 영화, 애니메이션과 같은 동영상 IP는 같은 장르로 활용되는 경우가 많은데, 시즌제(드라마, 애니메이션)나 시리즈(영화, 애니메이션)로 제작되는 경우가 많고, 예능프로그램과 영화의 경우 리메이크도 자주 된다. 방송, 영화, 애니메이션의 이야기 확장 방식을 보면 속편 제작, 리메이크, 트랜스미디어 스토리텔링이 대표적이다. 속편 제작은 드라마에서 가장 보편적으로 활용되는 이야기 확장 방식이다. 한국에서 성공한 문화콘텐츠는 로맨스 장르가 가장 많은데, 로맨스 이야기가 속편으로 제작되는 사례는 드물다. 로맨스 이야기는 일반적으로 남녀 주인공이 사랑의 결실을 맺으며 해피엔딩으로 끝나는 닫힌 결말 구조를 가지기 때문에 새로운 이야기로 확장되기 어렵다. 동영상의 플랫폼을 바꾸는 방식으로 해외에서 리메이크하는 경우, OTT로 유통하는 경우 그리고 TV 프로그램을 영화로 제작하는 경우가 있다.

방송 프로그램의 경우 드라마가 가장 많이 활용하고, 다음으로 오락 프로그램이 많이 활용된다. 드라마는 주로 시리즈의 형태로 확장되고, 이 경우에 전편의 인물과 배경이 연결되는 속편의 형태와 전편의 핵심 콘셉을 공유하면서 새로운 이야기로 확장되는 형태가 있다. 드라마의 경우 해외에서는 시즌제 형태로 확장되는 경우가 많다. 국내에서는 2010년 이후에 드라마가 시즌제로 제작되는 드라마가 증가하고 있다. 해외에서는 스핀오프 드라마 제작을 통해 IP의 트랜스미디어 세계관을 형성하고 이야기를 확장해 가고 있는 사례도 있다.

영화 IP는 대부분 해외 리메이크나 시리즈화와 같이 동일 장르 안에서 이차적 저작물이 제작되었다. 한편 이차적 저작물이 영화의 형태로 제작되는 원천 저작물은 영화가 가장 많고 만화(출판만화＋웹툰), 공연, 출판 등이다. 원천 콘텐츠로 영화의 비중이 높은 것은 전작의 후속편, 리메이크 등으로 이차적 저작물을 제작하는 경우가 많기 때문인데, 영화는 드라마와는 달리 시리즈보다는 리메이크가 많다.

영화는 상징성, 문화적 파급력, 산업의 규모 등을 보면 영화가 트랜스미디어 스토리텔링의 거점 콘텐츠로 활용되기 유용한 조건이다. 하지만 한국 영화와 트랜스미디어 스토리텔링은 자본과 기획력의 한계에 직면하고 있다. 트랜스미디어 스토리텔링이 구현되기 위해서는 몇 가지 조건이 필요하다. 이야기 내적으로는 미디어를 넓혀가며 진행될 수 있는 확장성이 강한 스토리와 세계관이 필요하다. 제작의 측면에서는 여러 미디어를 횡단하며 진행되면서도 각각의 미디어가 균일한 수준의 완성도와 이야기의 독립성을 갖추게끔 만드는 총체적 기획 능력이 요구된다. 산업적으로는 다수의 미디어 플랫폼을 소유한 거대 엔터테인먼트 기업이 필요하다. 미디어를 옮겨 다니며 능동적으로 스토리텔링에 참여하는 적극적 향유자인 팬덤 또한 필수적이다.

애니메이션의 경우 대부분 어린이 TV애니메이션이 2차 저작물로 확장되지만, 〈지옥: 두 개의 삶〉, 〈서울역〉, 〈낫잠〉과 같이 어린이 TV애니메이션이 아닌 애니메이션도 확장되기도 한다. TV 애니메이션은 후속 시리즈를 제작해 방송 매체에서 지속해서 노출되는 동시에, 극장판 애니메이션, 뮤지컬, 게임, 만화 등 다양한 형태의 어린이 콘텐츠로 개발된다. 2차적 저작물이 애니메이션인 경우에 원천 저작물은 애니메이션이 가장 많고 다음으로 만화(출판만화＋웹툰)가 많으며 그 외에 게임, 캐릭터, 출판이 있다. 이차적 저작물로서의 애니메이션은 원작 장르의 종류에 따라 목표 시청자가 구분된다. 만화책, 책, 애니메이션, 캐릭터를 원작으로 하는 애니메이션의 목표 시청자는 영·유아와 아동인 경우가 대부분이지만, 웹툰이나 게임을 원작으로 하는 애니메이션의 목표 시청자는 청소년과 젊은 성인이다.

註

1) 1989년에 영국 ITV에서 처음 방영된 퀴즈쇼 〈누가 백만장자가 되고 싶은가?(Who Wants to Be a Millionaire?)〉의 포맷은 약 160개국에서 판매되어 리메이크되었다. 이후 예능프로그램의 포맷 판매가 본격화되어 포맷 시장이 빠르게 성장하였다.

2) 박기수(2014)를 재구성하였음

3) 한국콘텐츠진흥원(2021, 79쪽)

4) 한국콘텐츠진흥원(2021, 100쪽)

5) 2021년 6월 28일부터 2022년 12월 23일까지 누적 기준

6) 한국콘텐츠진흥원(2021, 59쪽)

7) 한국콘텐츠진흥원(2021, 102

8) 〈대장금〉, 〈식객〉, 〈주몽〉은 이창욱(2008)을 정리한 것이고, 〈성균관 스캔들〉은 윤희경 래몽래인 이사의 발표 자료(〈이야기 IP 포럼〉 2022년 11월)를 재구성한 것임

9) 최선영(2020)을 정리하면서 일부 내용을 수정함

10) 한국콘텐츠진흥원(2021, 126~128쪽)을 정리하면서 업데이트

11) 김홍천(2019)

12) 김홍천(2019)

13) 김홍천(2019)을 요약함

14) 한국콘텐츠진흥원(2021, 83쪽)

15) 한국콘텐츠진흥원(2021, 129쪽)

16) 한국콘텐츠진흥원(2021, 143쪽)

17) 이현중(2020)을 정리하면서 업데이트함

18) 한국콘텐츠진흥원(2021, 85쪽)

19) 한국콘텐츠진흥원(2021, 85쪽)

20) 박기수(2014)를 재구성하였음

제8장 게임과 음악 지식재산권을 확장하는 방법과 사례

1. 게임 지식재산권을 확장하는 방법과 사례[1]

1) 게임의 특징과 활용 방법

(1) 게임의 확장 방법[2]

게임에 진심인 이용자들이 많을 뿐만 아니라 게임에는 영상, 음악, 이야기 등이 구현되어 있어서, 다른 장르로 많이 활용될 수 있는 장점이 있다. 게임에서 게임 규칙이 가장 중요하지만, 게임 규칙은 저작권법의 보호 대상이 아니다. 하지만 게임에는 저작권 보호의 대상이 되는 이야기, 영상, 음악 등이 포함되어 있다. 게임을 활용하고 확장하는 방안 중에서 세 가지만 살펴본다. 첫째로, 원작 게임 본편의 후속작, 프리퀄, 시퀄 등 세계 자체의 규칙과 IP의 틀을 유지하면서 새로운 게임 타이틀로 연계시키는 시리즈 확장이 있다. 성공한 게임 타이틀의 후속작은 대부분 시리즈 확장의 형태를 취한다. 시리즈를 확장할 때 전편의 성공으로 만들어진 대중의 관심을 이용할 수 있고, 전작에서 완성된 배경 세계를 토대로 더욱 짜임새 있는 후속작을 만들 수 있어 제작비를 절감할 수 있으며 스토리의 강점을 유지할 수 있다. 〈디아블로〉, 〈폴아웃〉, 〈엘더스 크롤〉, 〈울티마〉와 같은 유명한 게임 프랜차이즈의 경우 첫 작품의 성공 이후 지속해서 자신들이 만들어낸 세계관을 후속작에서 확장하였다.

둘째로, 게임 그 자체를 확장하는 것으로, 게임의 플랫폼을 변경하거나 게임의 장르를 변경하여 확장할 수 있다. 한국의 게임회사는 PC 게임을 모바일 게임으로 확장하는 사례가 많다. PC게임을 모바일 게임으로 변경하게 되면 게임이 경량화되어 쉽게 접근할 수 있다. 게임의 장르를 변경하게 되면 게임 규칙이 달라져서 플레이도 달라지고 게임 이용자도 달라진다. 기존의 게임을 기반으로 다른 장르의 게임이 출시되면 원작 게임의 팬덤을 유지하면서 원작 게임에 접근하기 어려웠던 새로운 이용자를 끌어들일 수 있다.

장르 확장은 성공한 게임 IP의 후속 작업으로 시리즈 확장 못지않게 많이 활용되고 있고, 팬덤을 확장하거나 플랫폼을 확장할 때 사용할 수 있다. 게임의 장르를 확장한 대표적인 사례를 보자. RPG로 오랫동안 시리즈를 이어 온 〈드래곤퀘스트〉 시리즈가 건설경영 시뮬레이션 게임인 〈드래곤퀘스트 빌더스〉로 출시되었고, RPG인 〈폴아웃〉 시리즈는 턴제 전략 게임[3] 〈폴아웃 택틱스〉으로 확장되었으며, 전략 시뮬레이션 게임 〈워크래프트〉 시리즈는 카드 배틀 게임 〈하스스톤〉으로 출시되었다.

셋째로, 게임에서 설정된 캐릭터, 스토리텔링, 세계관 등을 게임 이외의 매체로 확장하거나 타 매체의 IP를 게임에 구현하는 방식이 있다.

게임 〈툼 레이더〉이나 게임 〈어쌔신 크리드〉을 배경으로 소설과 영화가 제작되었고, 게임 〈서든어택〉에는 인기 연예인이 캐릭터로 등장하였다.

(2) 게임의 플랫폼 확장

게임회사가 게임 IP를 이용하여 플랫폼을 확장하는 사례가 증가하고 있다. 콘솔 게임을 PC게임으로 제작하거나, 콘솔이나 PC게임을 모바일 게임으로 제작하는 경우가 많다. 이를 통해서 원작 게임 IP의 지명도와 팬덤을 활용하여 새로운 수익원을 확보할 수 있고, 원작 IP의 수명을 유지하거나 연장해서 원작 게임의 수익이 지속되도록 하는 효과를 기대할 수 있으며, 원작 IP의 가치를 높여 영화, 드라마, 애니메이션, 소설, 피규어 등을 제작하기도 하며 그리고 특정 플랫폼을 이용하지 않는 소비자의 접근성을 높일 수 있다. 이러한 장점으로 게임 산업에서는 IP의 플랫폼 확장이 계속 이어질 것이다.

게임 산업 내 IP의 플랫폼 확장 형태는 크게 3가지로[4] 구분할 수 있다. 첫째로, 같은 IP를 이용하면서도 게임의 개발 단계부터 장르와 플랫폼이 독립된 형태로 제작되는 '독립형 멀티 플랫폼 게임'이다. 대표적인 독립형 멀티 플랫폼 게임으로 일본의 '닌텐도'가 1985년 9월에 게임 콘솔 '닌텐도 패미컴'에 탑재한 게임 〈슈퍼 마리오 브라더스〉가 있다. 〈슈퍼 마리오 브라더스〉의 공식 판매량은 4천만 카피를 넘어서, 단일 플랫폼 기준으로 게임 타이틀 판매에서 상위 2위를 기록했다. 이후 다른 게임 콘솔과 모바일로 플랫폼을 확장한 〈슈퍼 마리오 브라더스〉는 리메이크와 다른 플랫폼에 이식한 작품을 제외하고도 30종에 이른다.

둘째로, 다른 플랫폼을 이용하면서도 온라인으로 소비자의 게임 플레이 데이터를 연동하는 '연동형 멀티 플랫폼 게임'이다. 대표 사례로는 미국의 게임 제작사인 '블리자드 엔터테인먼트'가 2014년 3월에 온라인용 PC 게임으로 출시한 〈하스스톤〉을 꼽을 수 있다. 〈하스스톤〉은 PC를 플랫폼으로 하는 MMORPG 게임인 〈월드 오브 워크래프트〉를 이용한 게임이면서도 사전 기획 단계부터 멀티 플랫폼 출시를 염두에 두고 제작됐다. 출시 이후 〈하스스톤〉은 또다시 다른 플랫폼으로 확장하면서 2014년 4월에 아이패드 버전 출시, 2014년 12월에 안드로이드 태블릿 버전 출시, 2015년 4월에 iOS와 안드로이드 모바일 버전 등으로 출시됐다. 이를 통해 하스스톤은 현재 서로 다른 플랫폼에서도 플레이할 수 있다. 모바일과 PC를 이용해 접속한 소비자가 같은 서버에 접속할 수 있기 때문에 〈하스스톤〉과 같은 연동형 멀티 플랫폼 게임은 소비자에게 주어진 환경의 제약을 없애는 등의 다양한 편의성을 제공한다.

셋째로, 더 높은 수준의 그래픽과 추가적인 편의 기능 등을 제공하는 환경으로 플랫폼을 확장하는 '업그레이드 연동형 멀티 플랫폼 게임'이다. 업그레이드 연동형 멀티 플랫폼 게임과 일반 연동형 멀티 플랫폼 게임의 가장 큰 차이는 메인 플랫폼에서 제공하지 않는 기능을 추가 플랫폼에서 이용할 수 있다는 것이다. 업그레이드 연동형 멀티 플랫폼 게임의 대표적인 사례로는 2019년 11월에 엔씨소프트가 모바일 게임으로 출시한 〈리니지 2M〉을 들 수 있다. 〈리지니2M〉는 PC의 전용 솔루션 프로그램인 '퍼플'에서 이용하면 메인 플랫폼인 모바일에 없는 보이스 채팅 등의 추가적인 기능을 쓸 수 있다.

2) 게임 IP의 확장 사례

(1) 한국 게임 IP의 확장

게임 IP는 지속 기간이 문화콘텐츠 중에서 가장 길고, 다음이 캐릭터, 만화(출판만화+웹툰)의 순인데, 이들 장르의 인기 콘텐츠의 IP 지속 기간은 평균 10년 이상이다. 게임 IP를 이용하여 만화(출판만화+웹툰), 웹소설, 출판, 애니메이션, 공연, 드라마 등의 문화콘텐츠로 제작하여 게임 IP의 지속 기간을 연장한다.[5] 게임 IP가 문화콘텐츠로 제작되는 경우에 만화(출판만화+웹툰)와 애니메이션으로 많이 제작되었다.

위메이드가 1998년 11월에 출시한 게임 〈미르의 전설〉은 크게 흥행하지 못했지만, 〈미르의 전설2〉와 〈미르의 전설3〉는 큰 인기를 끌었다. 이후 〈미르의 전설 4〉와 〈미르 M〉이 출시되었다. 위메이드는 2020년 6월에 창립 20주년을 기념해서 자사의 대표 IP인 '미르'의 세계관을 집대성한 책 〈미르 연대기: 용의 대가, 불과 마법의 역사〉를 출간했다. 실제

〈표 1〉 원작 게임의 활용 현황

연번	세부 장르	제목	연도	활용 장르	활용 연도
1	온라인게임	뮤 온라인	2001	만화	2020
2	온라인게임	미르의 전설	2001	만화, 출판	2018~2020
3	온라인게임	던전앤파이터	2005	만화, 애니메이션	2006~2021
4	온라인게임	엘소드	2007	만화, 출판, 애니메이션	2011~2021
5	온라인게임	크로스파이어	2007	방송	2020
6	온라인게임	블레이드앤소울	2012	만화, 애니메이션, 공연	2014~2018
7	모바일게임	서머너즈 워: 천공의 아레나	2014	만화, 애니메이션	2020~2021
8	모바일게임	세븐나이츠	2014	만화, 애니메이션	2019~2021
9	모바일게임	일진에게 찍혔을 때	2016	만화, 출판, 방송	2017~2021

출처: 한국콘텐츠진흥원(2021, 66쪽)

게임 세계에서 일어난 일들을 고전 역사서처럼 서사문학의 형태로 풀어냈다. 그리고 웹툰 〈미르의 전설: 금갑도롱〉을 카카오페이지에 공개하여 액션 무협 장르에서 인기 순위 1위를 기록했다.

(2) 한국 게임의 원천 IP

2차적 저작물이 게임인 경우에 원천 저작물은 만화(출판만화＋웹툰)가 가장 많았다. 온라인 게임이 대세이던 시기에는 〈바람의 나라〉, 〈리니지〉, 〈라그나로크〉 등 판타지 장르 만화를 원작으로 하는 게임이 많았다. 신일숙 작가의 순정만화 〈리니지〉는 20여 년 전 엔씨소프트와 저작권계약을 통해 온라인 게임으로 개발되었다. 게임회사 넥슨의 〈바람의 나라〉도 김진 작가의 만화 IP에서 시작되는 등, 한국 온라인 게임 MMORPG 장르는 초기에 판타지 만화에 많은 도움을 받았다. 〈리니지〉는 온라인 게임 이외에도 현재 모바일 게임과 다양한 IP로 확장되어, 만화 IP보다도 더욱 유명한 게임 IP이다.[6]

2010년대 중반부터는 웹툰을 원작으로 하는 모바일 게임이 증가했다. 웹툰을 게임화한 작품으로는 〈갓 오브 하이스쿨〉, 〈노블레스〉, 〈신의 탑〉, 〈마음의 소리〉, 〈좋아하면 울리는〉, 〈유미의 세포들〉 등이 있다. 어린이 애니메이션 〈신비아파트〉, 〈라바〉, 〈터닝메카드〉, 〈헬로카봇〉, 〈유후와 친구들〉과 TV애니메이션으로 제작된 캐릭터 IP 〈캐니멀〉, 〈몰랑이〉 등도 모바일 게임으로 제작되었다. 만화와 애니메이션은 이야기와 캐릭터가 존재하고 이미 시각화되어 있어 게임화가 쉽다. 또한, 인지도가 있는 IP를 활용하므로 게임 출시할 때 홍보나 마케팅 측면에서도 유리하다.[7] 한편 2020년에는 김용의 소설 〈소요 강호〉가 동명의 모바일 게임으로 발매되었다.

〈표 2〉 게임의 원천 IP 장르

원천 콘텐츠 장르	원천 콘텐츠 제목
만화	리니지, 바람의 나라, 아일랜드, 갓오브하이스쿨, 노블레스, 신의 탑, 좋아하면 울리는, 마음의 소리, 반지의 얼렁뚱땅 비밀일기, 유미의 세포들, 마법 천자문
출판	달빛조각사
OTT	오피스워치, 킹덤
애니메이션	유후와 친구들, 라바, 터닝메카드, 헬로카봇, 신비아파트
캐릭터	몰랑이, 캐니멀

출처: 한국콘텐츠진흥원(2021, 88쪽)을 보완

(3) 한국의 게임사별 IP 활용 사례

넥슨은 〈바람의 나라〉, 〈메이플스토리〉, 〈던전 앤 파이터〉, 〈서든어택〉, 〈마비노기〉 등 인기 있는 게임을 보유하고 있고, 〈바람의 나라 M〉, 〈메이플스토리〉, 〈던전앤파이터 모바일〉처럼 성공한 IP를 모바일용으로 리메이크하여 출시하고 있다. 2003년에 상용 서비스를 시작한 MMORPG 〈메이플스토리〉는 2004년~2012년까지 모바일 〈메이플스토리〉 시리즈를 출시하였고, 스핀오픈 게임인 〈메이플스토리 핸디 월드〉(2008), 〈메이플스토리 히어로즈〉(2012), 〈메이플스토리 빌리지〉(2012), 〈포켓 메이플스토리 FOR KAKAO〉(2012)를 출시하였다. 넥슨은 플랫폼 확장을 제외하고는 게임 IP를 확장하는 데 소홀하다가, 2010년대 후반부터 몇 가지 시도하고 있다. 넥슨은 MBC와 제휴하여 모바일 게임 〈야생의 땅: 듀랑고〉를 기반으로 한 TV 예능프로그램 〈두니아~처음 만난 세계〉를 제작하였는데, 시청률은 저조하였다.

엔씨소프트는 1998년에 MMORPG 게임 〈리니지〉를 공개한 이후 이를 3D로 개선한 〈리니지2〉(2003)를 출시하였다. 〈리지니2〉는 웹툰, 소설, 전시회, 식료품 등 다양한 문화콘텐츠로 재생산되었고, 이를 계기로 게임 IP를 이용한 콘텐츠 창작이 본격화되었다. 모바일 게임이 대세가 되자 엔씨소프트는 모바일 게임 〈리니지 M〉(2017)을 출시하였고 이 게임은 출시 직후 모바일 게임 매출 1위에 올랐다. 모바일 게임인 〈리니지 2M〉(2019)도 〈리니지 M〉과 1, 2위를 다툴 정도로 인기였다. 이후 모바일 게임 순위에서 위 두 게임이 밀리자 〈리니지 W〉(2021)를 출시하여 1위를 되찾았다. 엔씨소프트는 〈리니지〉 IP의 가치를 20년 이상 지켰고, 엔씨소프트는 신작을 마케팅할 때 개선된 내용을 집중적으로 보여주었다. 엔씨소프트는 MMORPG 〈블레이드 & 소울〉을 뮤지컬 〈묵화마녀 진서연〉로 제작하여 2015년 '블소 토너먼트 월드 챔피언십' 현장에서 선보였다. 넷마블도 리니지 IP를 빌려와 〈리니지2 레볼루션〉(2016)을 출시하였다.

스마일게이트는 2020년에 게임 〈크로스파이어〉 IP를 바탕으로 동명의 드라마를 중국 드라마제작사와 협업하여 36부작 드라마를 제작하였다. 이 드라마는 큰 인기를 누려 누적 조회 수 18억 뷰를 달성했고, 드라마의 성공에 힘입어 중국에서 게임 〈크로스파이어〉의 사용자가 급증하였다. 스마일게이트는 드라마를 제작하면서 게임을 체험할 수 있는 공간을 만들었고, 드라마제작사와 협력하여 철저히 현지화하여 드라마의 성공을 이끌어냈다. 스마일게이트는 드라마의 흥행에 힘입어 중국 쑤저우에 '크로스파이어 테마파크'를 개장하였다. 스마일게이트는 〈크로스파이어〉 IP에 기반한 영화를 제작하기로 '오리지널 필름'과 계약을 맺었고, 소니픽처스와 배급을 계약하였다. 2021년에는 한국의 영화제작사인 '리얼라이즈픽쳐스'와 제휴하여 게임 IP를 활용한 영화와 드라마를 제작하기로 했다.[8]

컴투스가 2014년에 출시한 모바일 게임인 〈서머너즈워: 천공의 아레나〉는 해외에서 크게 히트하여 북미와 유럽에서 인기가 있으며 세계

100여 개 국가에 서비스된다. 이 게임으로 인해 컴투스의 매출에서 해외 매출의 비중이 84%나 된다. 컴투스는 2017년부터 글로벌 모바일 e스포츠대회인 '서머너즈워 월드 아레나 챔피언십'(SWC)을 개최하여 매회 큰 흥행을 이어오고 있다. 6년째 개최되는 2022년의 SWC에는 전 세계에서 5만 8천여 명이 참가하였다. 컴투스는 2017년 말부터 미국 콘텐츠기업인 스카이바운드와 함께 〈서머너즈워〉 IP를 기반으로 100년이 넘는 스토리를 아우르는 세계관을 구축했으며, 캐릭터, 도시, 마법과 같은 설정을 구체화한 '서머너즈워 유니버스 바이블'을 확립하고, 단편 애니메이션, 소설, 코믹스 콘텐츠를 선보이기도 하였다. 컴투스는 이벤트성 대회를 정기적으로 개최하며 팬의 충성도를 높이고, 게임 완성도를 높여 더 많은 사람이 게임에 관심을 가지도록 유도했다.[9]

컴투스 자회사 데이세븐(Day7)이 2016년에 연애 시뮬레이션 스토리게임[10] 〈일진에게 찍혔을 때〉를 출시하였다. 후속으로 게임 〈일진에게 반했을 때〉, 〈일진에게 빠졌을 때〉가 출시되었고, 원작을 기반으로 3편의 웹드라마가 제작되었다. 와이낫 미디어가 제작한 15부작 웹드라마 〈일진에게 찍혔을 때〉는 2019년 7월에 공개되어 2019년 하반기에 최고의 인기 웹드라마가 되었다. 이 게임에는 매력적인 인물과 아름다운 삽화가 등장하며 가슴 설레는 청춘 로맨스가 전개되어 여성 팬이 많다. 이런 인기로 웹드라마 시즌2와 시즌3가 제작되었으며 웹툰과 웹소설로도 연재되었다.[11]

크래프톤은 게임 〈배틀그라운드〉를 다큐멘터리, 단편영화, 웹툰으로 확장하였다. 2021년에 〈배틀그라운드〉의 탄생 비화를 담은 다큐멘터리 〈미스터리 언노운: 배틀그라운드의 탄생〉과 배우 마동석이 주연으로 출연한 단편영화 〈그라운드 제로〉를 선보였다. 크래프톤의 〈배틀그라운드〉에 기반하여 와이랩이 제작한 웹툰(〈100〉, 〈침묵의 밤〉, 〈리트리츠〉)

이 2011년에 네이버웹툰으로 공개되었다. 크래프톤은 2022년에 CJ프레시웨이와 제휴하여 게임 〈뉴스테이트 모바일〉 IP에 기반한 '+350 힐박스 도시락'과 '뉴배 팡콘' 팝콘을 출시하였다.

넷마블은 2008년에 오프라인 '넷마블 스토어'를 열어서 〈모두의 마블〉, 〈세븐나이츠〉 등의 게임 IP를 활용한 300여 종의 상품과 '넷마블 프렌즈'의 캐릭터 상품을 판매하고 있고, 2019년에 온라인 '넷마블 스토어'을 오픈하여 '넷마블 프렌즈'를 활용한 피크닉 타올, 폰스트랩 그리고 방탄소년단 매니저 게임 'BTS월드(BTS WORLD)'를 활용해 만든 에코백 등을 판매하고 있다. 넷마블은 게임 〈스톤에이지〉를 활용한 애니메이션 〈스톤에이지: 전설의 펫을 찾아서〉을 아이코닉스와 공동 제작하여 2017년에 KBS 2TV로 방영했다.

넷마블은 2018년에 BTS 소속사 빅히트엔터테인먼트에 약 2,000억 원을 투자해 2대 주주가 되었고, 2019년 6월에는 BTS의 가상 매니저가 되어보는 모바일 게임 〈BTS 월드〉를 출시했다. 이 게임에서 BTS가 직접 부른 OST뿐만 아니라 멤버들의 사진을 감상하면서 플레이할 수 있다. 2020년 9월에는 스토리와 캐릭터 구현을 강화한 샌드박스 게임 〈BTS 유니버스 스토리〉를 출시했다. 이 게임은 방탄소년단 각 멤버를 형상화한 캐릭터들을 주인공으로 이야기를 직접 만들어보는 '스토리 제작 모드'와 다른 이들이 만든 스토리를 감상할 수 있는 '스토리 감상 모드'로 구성됐다. BTS를 소재로 제작한 두 개의 게임이 화재는 되었지만, 흥행 성적은 별로 좋지 않았다. 넷마블은 2021년에 드라마제작사인 '스튜디오드래곤'과 드라마와 게임으로 제작할 수 있는 원천 IP를 공동으로 개발하기로 업무협약을 체결했다. 그리고 2022년에는 내부 IP 개발실을 분사해 '스튜디오그리고'를 설립했다. '스튜디오그리고'는 넷마블이 개발하거나 발매한 한 게임을 활용해 웹툰과 웹소설 등을 제작할 계획이다.

(4) 해외 게임 IP 활용 사례

해외에서도 게임 IP를 이용하여 만화, 영화, 소설, 피규어 등으로 활용하고 있다. 1996년에 발매된 게임 〈툼 레이더〉는 만화, 영화, 소설로 파생되었다. 1996년에 일본에서 게임으로 발매된 〈레지던트 이블(바이오하자드)〉은 이후 16개 버전의 게임이 발매되었고, 게임의 인기에 힘입어 6편의 실사 영화가 제작되었으며, 2022년에는 넷플릭스 드라마로 개봉되었다. 일본의 인기 만화이자 애니메이션인 〈일곱 개의 대죄〉을 이용하여, 2018년 1월에 '반다이 남코'가 PS4용 게임으로 발매하였고, 2019년 6월에는 넷마블이 모바일 게임을 발매하였다. 넷마블의 게임 〈일곱 개의 대죄: GRAND CROSS〉는 국내와 일본에서 모두 흥행에 성공하여 170여 개국에 진출하였고, 2020년 6월에는 북미 앱스토어에서 최고 매출 순위 3위, 프랑스 등 주요 국가에서 1위를 차지하기도 했다.

해외에서도 만화나 소설이 게임으로 발매되었다. 일본에서 연재된 농구 만화 〈슬램덩크〉는 일본에서 여러 장르의 게임으로 발매되었고, 한국 게임회사도 2010년에 모바일 게임을 발매하였다. 김용의 소설 〈소요강호〉를 원작으로 제작된 영화 〈동방불패〉를 한국업체가 2020년에 모바일 게임으로 발매하였다. 1996년에 출판된 소설 〈왕좌의 게임〉을 HBO가 2011년부터 드라마로 제작하였고, 이후 이 드라마를 시즌제로 계속 제작하여 2019년까지 시즌 8을 제작하였다. 이 IP는 2003년과 2011년에 보드게임으로 제작되었으나 게임의 인기는 드라마의 명성에 미치지 못하였다. 미국의 경우 2018년 이전에 게임 IP를 영화로 제작하여 실패가 사례가 많았지만, 2018년 이후에 성공 사례가 많이 등장하면서 게임 IP를 영화로 드라마로 제작하는 사례가 증가하고 있다.[12] 아래에서 주요 게임별로 IP를 확장한 사례를 보자.

① 포켓몬스터: 세계 최고의 IP

〈포켓몬스터〉는 1996년 닌텐도가 휴대용 게임기 '게임보이'로 발매한 게임 〈포켓몬스터 레드·그린〉에서 시작되었다. 〈포켓몬스터〉 원작 게임에서는 '포켓몬스터'라는 가상의 몬스터(요괴)를 길들이고 이 몬스터들이 가진 고유한 능력을 활용해 대결하는 이른바 '포켓몬 마스터'들의 활약을 핵심 내용으로 담고 있다. 출시한 지 27년이 된 〈포켓몬스터〉는 계속해서 많은 사람의 사랑을 받아서, 어린 시절부터 〈포켓몬스터〉를 보면서 성장한 연령층은 30대 이상의 성인들이 많다. 현재에도 포켓몬스터 시리즈가 현역이고 부모 세대들이 즐기는 것을 자식 세대도 옆에서 구경하고 같이 즐기기 때문에 〈포켓몬스터〉의 열혈 팬들은 증식되고 있다. 그 덕분에 〈포켓몬스터〉 IP를 이용한 엄청난 파생 상품이 쏟아지고 매출이 만들어지고 있다.

〈포켓몬스터〉 IP를 이용한 상품은 게임, 애니메이션, 만화가 대표적이다. 〈포켓몬스터〉 게임은 2022년 10월 기준으로 메인 시리즈로 21개의 게임이 발매되었고, 외전 게임은 수십 종이 발매되었다. 나이언틱(Niantic)이 2016년에 AR 기술을 적용해 개발한 〈포켓몬 고〉는 2018년 8월 기준 18억 달러의 매출을 올렸다. TV 애니메이션은 1997년에 처음 방영되기 시작되어 8편의 시리즈가 제작되어 지금까지 계속 제작되어 방송되고 있다. 극장용 애니메이션은 1998년부터 개봉되어 2020년까지 23편이 개봉되었고, 만화는 11편이 출판되었다. 또한 〈포켓몬스터〉 IP를 이용한 다수의 피규어와 캐릭터가 발매되었다. 2000년대 초에 우리나라 어린이들 사이에서 〈포켓몬〉 스티커 수집 열풍이 불면서 스티커가 든 '포켓몬 빵'이 월평균 500만 개 판매된 바 있다. 2022년 2월에 띠부씰이 든 포켓몬 빵이 재출시되어 1주 만에 150만 개, 40일 만에 1천만 개가 팔린 적도 있다.

② 리그 오브 레전드(LOL)

라이엇게임즈가 2009년에 출시한 전략 게임 〈리그 오브 레전드〉는 한국에서 PC방 인기 게임 1위를 13년이 지난 지금까지 유지하고 있다. 게임 장르를 확장하여 2020년에 카드 배틀 게임 〈레전드 오브 룬테라〉를 발매하였고, 콘솔 게임기와 모바일 플랫폼에서 플레이할 수 있는 〈리그 오브 레전드: 와일드 리프트〉를 제작하여 2020년부터 베타 버전을 오픈 하였다. 라이엇게임즈는 LOL의 기획 단계부터 e스포츠를 위해 준비하였는데, LOL에는 초기부터 관전 모드가 포함되어 있었고, 30초 지연 관전을 제공해 관전이 승부에 영향을 주는 것을 막았다. 그리고 북미와 유럽에서 e스포츠팀을 양성하고 국제 대회로 이끌었다. 라이엇게임즈는 한국에서 자생한 LOL 리그의 운영 주체가 되면서, 전 세계 4대 리그(한국, 중국, 북미, 유럽)를 포괄하는 'LOL WORLDS'를 만들었다. 본편 게임과 e스포츠는 상호보완적 관계로 〈LOL〉과 연결되며, 게이머들은 게임 플레이와 함께 프로게이머들의 경기를 관전하며 게임과 방송 두 매체를 통해 〈LOL〉을 접하게 되었다.[13]

2018년에는 'LOL WORLDS'의 한국 개최를 기념하기 위해 가상 K-POP 걸그룹 'K/DA'를 만들었다. 게임 내에서 출시된 스킨(게임 내 캐릭터의 외형을 바꿔주는 아이템)이 K/DA로, 이 '스킨'을 통해 캐릭터들은 가수로 변신한다. 'K/DA' 멤버 4명은 자신만의 스토리와 목소리를 가지고 있고, 현실계에 걸그룹의 음반을 출시하고 가상인터뷰를 진행한 영상을 올리거나 가상현실 무대를 통해 라이브 공연을 하는 등의 활동을 펼쳤으며, 출시 후 유튜브 누적 조회 수가 4억 회를 돌파하는 등 인기를 얻고 있다.[14]

라이엇게임즈는 2021년에 〈LOL〉을 활용하여 9부작 애니메이션 〈아케인〉을 제작하여 넷플릭스에서 2021년 11월에 공개하였다. 공개와 동시에 전 세계 시청 1위를 기록하였고, 〈아케인〉 시즌2를 제작하기로 확정하였다. 라이엇게임즈는 2022년에 〈아케인〉을 제작한 애니메이션 제작사 '포티셰 프로덕션'에 지분을 투자하였다. LOL은 소설과 음악으로 확장되고 있다. 공식 홈페이지를 통해 챔피언의 이야기를 다룬 단편과 웹툰을 주기적으로 연재하고 있다. 게임과 애니메이션에서 풀지 못했던 챔피언들의 관계와 흥미로운 사건들을 단편과 웹툰을 통해 풀고 있다. 라이엇게임즈는 〈LOL〉 세계관을 배경으로 한 장편 소설 〈대몰락〉을 출간하였고, 게임 주제곡 등을 오케스트라가 연주하는 '리그 오브 레전드: 디 오케스트라 MSI' 음악회가 2021년에는 서울, 2022년에는 부산에서 개최하였다.[15] 〈LOL〉의 사례를 보면, 게임 IP가 또 다른 게임, 영화, 음악, 상품 등으로 확장되면서 오락의 중심이 될 수 있음을 알 수 있다.

③ 월드 오브 워크래프트(WOW)

블리자드는 〈워크래프트〉 시리즈의 세계관을 바탕으로 MMORPG 〈월드 오브 워크래프트〉를 개발하여 2004년에 출시하였다. 게임 〈WOW〉를 영화 〈워크래프트: 전쟁의 서막〉으로 제작하여 2016년 6월에 개봉하자 개봉 첫 주에 전 세계 45개국 박스오피스 1위를 하였고, 게임 원작 영화 사상 처음으로 4억 달러 이상의 수입을 거두었다. 그리고 〈WOW〉의 세계관을 확대하여 25편의 소설로 출판하였는데, 미국에서 4권 이상이 뉴욕타임스 베스트셀러 시리즈로 기록되었다. 소설은 〈WOW〉의 대규모 업데이트 사이에서 벌어진 중요한 사건을 다루거나 이야기를 전개하는 과정에서 꼭 필요한 설정 등을 만들어내어, 이 IP의 가치를 높이며 이 게임에 대한 소비자의 관심을 지속시킨다. 〈WOW〉는 만화책 시리즈로 출판되었고, 피규어 시리즈로 발매되었다.

(5) 해외 주요 게임회사의 움직임

① 주요 미디어 사업자의 게임 투자와 IP 확장

마이크로소프트는 2014년에 게임 〈마인크래프트〉 제작사 모장을 25억 달러에 인수했고, 2020년에 게임 〈엘더 스크롤〉, 〈폴아웃〉, 〈둠〉시리즈를 보유한 제니맥스 미디어를 81억 달러에 인수했다. 2022년 초에는 게임 〈스타크래프트〉, 〈워크래프트〉, 〈콜 오브 듀티〉 등을 보유한 '액티비전 블리자드'를 82조 원에 인수하였는데, 마이크로소프트 역사상 가장 큰 인수합병이었다. MS는 확보한 게임 IP를 게임 콘솔인 엑스박스 (Xbox)와 구독형 게임 서비스인 '엑스박스 게임 패스(Xbox Game Pass)' 생태계를 통해 독점으로 제공한다.

〈표 3〉 주요 미디어 산업자의 게임회사의 인수

사업자	국적	주요 인수 기업
마이크로소프트	미국	모장 스튜디오, 제니맥스 미디어, 액티비전 블리자드 인수
소니	일본	번지
텐센트	중국	라이엇게임즈, 슈퍼셀, 에픽게임즈, 그라인딩기어게임즈, 클레이엔터테인먼트 등 인수

소니는 콘솔용 게임만을 제작하다가, 수익을 확대하기 위해서 콘솔용 게임을 PC용을 확장하기 시작하였다. 2017년 2월 플레이스테이션용으로 출시한 〈호라이즌: 제로 던〉을 2020년 8월에 PC용으로 출시하였고, 2019년 4월 플레이스테이션용으로 출시한 〈데이즈 곤〉은 2021년 5월 PC용으로 출시하였다. 소니의 게임 사업 회사인 소니 인터랙티브 엔터테인먼트도 2022년 2월 게임 〈헤일로〉, 〈데스티니〉 시리즈를 만든 개발업체 '번지'를 4조 3,600억 원에 인수하고, 구독형 게임 서비스를 시작했

다. 소니가 '번지'를 인수한 것은 '액티비전 블리자드'를 인수한 마이크로소프트와의 게임 경쟁을 염두에 둔 것으로 해석된다.

소니도 게임 IP를 드라마와 영화로 제작하고 있다. '너티 독'이 2013년 6월 출시한 플레이스테이션 게임 〈더 라스트 오브 어스(The Last of Us)〉를 소니와 HBO가 공동으로 10부작 드라마로 제작하여 2023년 초에 HBO맥스로 공개할 예정이다. 그리고 소니는 '너티 독'이 내놓은 4종의 본편 게임과 2편의 외전 편 게임인 〈언차티드〉 시리즈를 영화로 제작하여 2022년 2월에 개봉하였다.

텐센트는 메신저, 사이버보안, 메일, 광고, 쇼핑, 전자결제, 게임, 엔터사업, 음원서비스 등의 서비스를 제공하는 중국의 3대 IT 회사이자 글로벌 게임회사이다. 2012년에 언리얼 엔진의 제작사이자 〈포트나이트〉의 개발사인 '에픽 게임즈'의 지분 40%를 인수하여 2대 주주가 되었다. 텐센트는 2015년에 '라이엇게임즈'의 주식 100%를 인수하였고, 2016년에 게임 〈클래시 오브 클랜〉, 〈클래시 로얄〉 등으로 유명한 기업 '슈퍼셀'을 소프트뱅크로부터 인수하였다. 2021년에는 캐나다 게임회사인 '클레이 엔터테인먼트'를 인수하였다. 이외에 텐센트가 보유한 게임회사의 지분으로는 그라인딩기어게임즈(80%), 넷마블(17.55%), 크래프톤(13.3%) 등이 있다. 텐센트는 현재 전 세계에서 비디오 게임으로 가장 많은 돈을 버는 회사이다.

② 닌텐도의 독특한 문화로 인한 정체[16]

닌텐도는 온라인, D2C 또는 OTT 배급이나 모바일 배급으로 전환하여 빠르게 성장할 수 있는 여건을 갖추고 있다. 닌텐도의 강점은 오랫동안 사랑받는 IP를 많이 보유하고 있고, 스토리를 창작하는 문화를 가지고 있으며, 기술을 혁신하는 전통을 보유하고 있으며, 크게 공감하는 콘텐츠 브랜드를 보유하고 있다는 것이다. 닌텐도는 세 가지 사업을 가지고 있다. ① 비디오 게임기 제작, ② 모바일 게임, ③ 마리오, 젤다의 전설, 포켓몬과 같은 게임 IP의 확장(예를 들면 마리오 티셔츠, 마리오 시리얼, 닌텐도 스위치).

닌텐도는 자사가 제작한 게임 하드웨어에 자사가 제작한 게임 소프트웨어를 올려서 게임 하드웨어와 소프트웨어를 동시에 판매한다. 닌텐도가 게임 소프트웨어로 수익을 창출하고 게임 하드웨어로 수익을 창출하지 않기 때문에 하드웨어(닌텐도 스위치 등)의 제작을 중단하고 1억 명이 사용하는 플레이스테이션과 엑스박스용 소프트웨어를 판매한다면 더 많은 수익을 올릴 수 있지만, 그렇게 하지 않고 있다.

닌텐도는 가치 있는 게임 IP를 여러 개 소유하고 있고, 닌텐도는 독특하게 IP를 이용하고 있다. 닌텐도는 하나의 콘솔에 하나의 게임만을 배급하고 이를 5~6년간 유지한 결과 30년 동안 6개의 콘솔만 출시했다. 예외적으로 한 개의 콘솔에 두 개의 〈마리오〉 게임을 배급하고, 한 콘솔에 3개의 〈메트로이드〉 게임을 보급한 바 있다. 만약 다른 기업이 닌텐도의 IP를 소유했다면, 〈마리오〉 IP의 스핀오프 게임을 발매할 것이고, 2~3년마다 새로운 〈Zelda의 전설〉 게임을 출시했을 것이다. 닌텐도는 매우 신중하고, 매우 새롭고 야심에 찬 아이디어가 있다고 믿을 때만 신작 게임과 게임 속편을 만든다.

최근에는 스마트폰/태블릿 기반 게임은 게임 시장의 40%를 점유하고, 게임 매출 증가액의 2/3를 차지한다. Nintendo DS와 같은 콘솔 게임은 게임 시장의 30%를 점유하고 있지만, 지난 10년 동안 인플레이션을 감안하면 거의 성장하지 않았다. 닌텐도는 수십 년간 휴대용 게임에 성공하고, 인기 있는 캐주얼 게임을 보유하고 있지만, iPhone이 나온 지 14년간 모바일 분야에서 고전하고 있다. 닌텐도는 모바일 게임을 경시하고, 과거에 온라인 게임을 경시한 사례도 있다.

닌텐도는 2010년대 후반부터 자사의 IP를 활용하여 게임 이외의 오락 사업으로 확장하고 있다. 닌텐도는 테마파크를 만들었고, 거의 30년 만에 처음으로 장편 영화를 제작하고, 양방향 상품화 사업을 진행하고 있다. 닌텐도는 '유니버설 파크 앤드 리조트'와 합작하여 오사카에 '유니버설 스튜디오 재팬'을 만들어 2021년 3월에 개장하였고, 2023년 초에는 할리우드에, 2025년에는 올랜도에 '유니버설 스튜디오 재팬'을 개장할 계획이다. '유니버설 스튜디오 재팬'에 있는 슈퍼 닌텐도 월드에는 〈슈퍼 마리오〉를 활용한 볼거리와 먹거리를 제공하고 있다. 1993년에 〈슈퍼 마리오 브러더스〉의 실사 영화 이후 30년 만에 〈슈퍼 마리오〉 시리즈를 영상화하여 2023년 봄에 개봉할 예정이다. 닌텐도는 일부 게임을 구독 모델을 제공하고 있지만 가입자가 많지 않다. 만약 모든 닌텐도 게임을 이용할 수 있는 권리를 월 10달러에 제공하면 수백만이 가입할 가능성이 크고, 닌텐도의 수입은 거의 두 배 증가할 것이다. 닌텐도는 2020년에 레고 세트인 〈슈퍼 마리오 레고〉를 전 세계에 동시에 발매하였고, 성인을 대상으로 〈NES 조리 키트〉를 판매하고 있다.

2011년에 비디오 게임으로 출시된 〈마인크래프트〉는 2020년 기준으로 가장 많이 팔린 게임(〈Super Mario〉와 〈Tetris〉를 대체)으로 1억 5천만 장 이상 판매되었으며, 2013년에 출시된 엑스박스 게임 〈그랜드 태프트 오토: 5〉는 1억 2,500만 번 다운로드 되어 가장 높은 수익을 올린 게임 타이틀이 되었다. 그리고 이들 게임은 매달 2~30억 시간이 플레이되고 있어, 닌텐도 역사상 모든 게임을 합친 것보다 더 많이 플레이될 가능성이 크다. 닌텐도는 지난 10년 동안 주류 시장에서 틈새시장으로 후퇴하였다. 닌텐도의 인기가 적은 것이 아니라 성장하지 않았기 때문이다. 〈포켓몬〉 IP는 세계에서 가장 강력한 IP이지만, 닌텐도가 일부 지분을 소유하고 있는 '포켓몬 컴퍼니'가 소유하고 독립적으로 운영하고 있다.

3) 게임의 영상화: 2018년 이후 실적 개선

(1) 2018년 이전 저조한 실적

2018년 이전에 해외에서 게임 IP를 활용한 영화는 대부분 흥행에 실패했다. 1993년에 〈슈퍼 마리오 브라더스〉가 영화로 제작된 이후 수십 편 이상의 게임 IP가 영화로 제작되어 개봉되었지만, 〈모탈컴뱃〉, 〈툼 레이더〉, 〈레지던트 이블〉 시리즈 정도를 제외하면 상업적으로도 작품성으로도 대부분 실패했다. 애니메이션 강국인 일본에서도 게임 기반의 애니메이션은 실패하는 경우가 많았다. 할리우드가 제작한 게임 원작 영화인 〈둠〉(2005), 〈맥스 페인〉(2008), 〈페르시아의 왕자〉(2010), 〈히트맨: 에이전트 47〉(2015), 〈어쌔신 크리드〉(2016), 〈워크래프트〉(2020) 등은 모두 적자를 기록하였고, 평론가로부터 낮은 평가를 받았으며, 영화 등급에서도 낮은 평점을 받았다.

게임을 원작으로 한 영화 가운데 비교적 양호한 결과를 기록한 영화도 성공적이지는 않았다. 워너브러더스가 배급하고 2018년에 개봉된 〈툼 레이더〉의 각색 비용은 9,000만~1억 달러로 비교적 적었지만, 후속편을 제작할 정도로 수익을 내거나 사랑받지 못했다. 게임을 각색한 영화 중에 가장 성공적인 작품은 2002년부터 2017년까지 6편이 제작된 〈레지던트 이블〉이다. 〈레지던트 이블〉은 역사상 가장 많은 수익을 올린 공포 영화 프랜차이즈이고, 〈데드풀〉 다음으로 많은 수익을 거둔 R 등급[17] 프랜차이즈다. 〈레지던트 이블〉의 제작비는 3,300만~6,500만 달러였고, 이는 공포 영화의 평균 제작비보다 수배가 많은 금액이다. 그리고 〈데드풀〉은 2편, 〈컨저링〉은 4편이 영화로 제작되었다.

게임 원작 영화 중 가장 많은 수익을 거둔 작품은 〈워크래프트: 전쟁의 서막〉(2016년 개봉)으로 4억여 달러의 수익을 올렸지만, 게임 〈워크래프트〉 시리즈가 인기가 많은 중국에서 영화관 입장료 수입이 많았기 때문에 가능했다. 〈워크래프트〉가 20년 넘게 서비스해 오며 역사상 가장 강력한 게임 IP라는 명성에 비하면, 흥행과 작품성에서 성공적이지 않다는 평가를 받았다. 인기 영화나 드라마를 게임으로 제작한 경우도 실패한 사례가 많다.[18]

게임 원작 영화의 실패로 인해 악순환이 만들어졌다: 관객은 디지털 게임이 원작인 영화가 나쁘다는 것을 알게 되었고, 최고의 게임도 성공하기가 이전에 비해 어려워졌고, 실패가 거듭되면서 일류 배우들이 출연을 꺼렸으며, IP 소유자는 게임 IP를 영화로 각색하기를 꺼렸다. 게임을 영상으로 만들었을 때 두 가지 문제가 있다. 하나는 영상 매체에는 제한된 시간으로 게임의 스토리를 압축적으로 담아야 하는데, 원작을 잘 아는 팬은 게임의 스토리가 훼손됐다고 혹평하고, 줄거리를 억지로 줄이다 보니 일반 관객이 내용을 제대로 이해하지 못하는 경우가 생긴다. 다른 하나는 게임사가 영상을 직접 제작할 수 없고, 영상 제작진은 게임에 대한 이해도가 낮다. 따라서 흥행 공식에 따라 스토리를 바꾸고 게임 내 과장된 의상이나 배경만 원작 그대로 구현해 괴리감과 어색함이 많은 작품이 탄생할 수 있다.

(2) 2018년 이후 양호한 실적[19]

2010년대의 후반에 게임 IP를 영상물로 제작하여 성공한 사례가 다수 등장하였다. 2018년 이후 디지털 배급사, 할리우드, 일반 관객이 게임을 기반으로 제작된 영화와 TV 프로그램을 즐기고 있다. 2018년에 개봉된 영화 〈램페이지〉(동명의 게임이 원작)는 미국 박스오피스 1억 달러, 전 세계적으로 4억 5,000만 달러를 돌파했다. 2019년에 개봉된 영화 〈명탐정 피카추〉는 게임을 원작으로 제작된 영화의 미국 기록을 갱신하였는데, 개봉한 주말에 5,400만 달러와 최종 수입 1억 4,400만 달러(전 세계적 4억 3,300만 달러)를 기록했다. 2020년에는 세가의 게임 〈슈퍼소닉〉을 영화로 제작한 〈슈퍼소닉(Sonic Hedgehog)〉은 3억 1,900만 달러를 벌었고, 2022년 4월에 개봉된 영화 〈슈퍼소닉 2〉는 게임 원작 영화 중 최고의 흥행 기록(개봉 1달 만에 3억 3,100만 달러)을 세우고 있다.

넷플릭스는 2019년 12월에 8부작 드라마 〈위처(The Witcher)〉를 공개하여 큰 성과를 거두었고, 시즌 2를 제작하여 2021년 12월에 공개하였다. 〈더 위처〉는 2007년에 PC·로 발매된 게임으로 유명하다. 이 게임의 원작은 폴란드 작가 '제이 삽코프스키'가 쓴 연작 판타지 소설이다. 드라마 〈위처〉는 소설을 각색한 것이지만, 이 프랜차이즈 인기는 주로 인기를 끈 게임에서 시작되었다. 넷플릭스에서 공개되어 인기를 끈 애니메이션 〈아케인〉의 원작도 게임이다.

마이크로소프트의 게임 〈헤일로〉를 쇼타임(Showtime)이 9부작 드라마로 제작하여, 2022년 3월~5월에 파라마운트＋로 공개하였고, 이 드라마의 시즌2가 제작되고 있다. 일본의 코나미사가 1986년에 출시한 게임 〈악마성 전설(Castlevania)〉이 애니메이션으로 제작되어 넷플릭스에서 2017년~2021년간 방영되었다. 이 애니메이션은 넷플릭스의 가장 인기있는 시리즈로 올랐다. 2017년 7월에 공개된 시즌1은 4부작이었고, 2018년 10월에 공개된 시즌2는 8부작이었고, 이후 시즌3와 시즌4까지 이어졌다. HBO는 PS3 게임 중에서 최고의 걸작으로 평가받는 〈더라스트오브어스(Last of US)〉를 9부작 드라마로 제작하여 2023년 1월부터 순차적으로 HBOMAX(한국에서는 웨이브)로 공개하였는데, 좋은 작품이라는 받았다.

(3) 게임을 영화로 제작하거나 영화를 게임으로 제작하는 사례가 증가하는 이유[20]

매튜 볼(Ball, Matthew, 2020.2)은 2018년 이후에 미국에서 게임을 영화로 제작하거나 영화를 게임으로 제작하려는 움직임이 활발하게 진행되는 이유를 7가지로 설명하였다.

① 인기 IP의 가치는 시간이 지나면서 급증

인기 있는 IP의 가치는 시간이 지남에 따라 선형이 아니라 기하급수적으로 증가한다. 〈헤일로〉 IP의 가치가 2010년에 비해 2020년에 2배로 증가하였고, 뿐만 아니라 2020년에 〈헤일로〉 IP는 세대를 아우르는 IP가 되었다. 〈헤일로〉가 10년 전보다 더 큰 문화적 영향과 더 많은 팬을 갖게 되었다. 그러나 단순히 오래된 것만으로는 IP의 가치를 높일 수 없다. IP가 지속해서 사랑받고 현대적이야 한다. 닌텐도의 〈포켓몬스터〉가 출시된 지 25년이 지난 후, 어린이였던 수백만 명의 소비자가 성인이 된 시점에 최초의 AR 게임인 〈포켓몬 고〉가 출시되자 20년 전의 그 프랜차이즈를 다시 즐기면서 기뻐했다.

② 할리우드에서는 새로운 IP가 필요

최근 20년 동안 할리우드 스튜디오는 〈아서 왕〉, 〈로빈후드〉, 〈그림형제〉, 〈안데르센〉과 같은 수백 년 된 유럽 이야기나 〈오즈의 마법사〉, 〈타잔〉, 〈드라큘라〉와 같은 19세기 초와 20세기의 고전으로부터 프랜차이즈를 만들려고 했지만, 대중들의 관심을 받지 못하였다. 관객들은 위에 제시된 작품과 스토리, 여기에 등장하는 영웅을 알지만, 이를 활용한 영화에 흥미를 보이지 않았다. 학교 교재에 수록되는 문학 작품은 시간이 지나면서 바뀌어 세대별로 다른 문학 작품을 접한다. 〈로보캅〉, 〈터미네이터〉, 〈인디펜던스 데이〉, 〈한니발〉, 〈맨 인 블랙〉과 같이 부모 세대가 사랑하는 영화 프랜차이즈를 젊은 관객들이 사랑하지 않는다. 이 문제는 아시아 국가에서 특히 심각하다. 중국과 일본(영화관 수입이 2위와 3위)은 미국 블록버스터 영화를 즐길 수 있지만, 중국인과 일본인은 빅토리아 시대, 앵글로·색슨 그리고 1900년대 초 미국 문학 작품을 거의 읽지 않는다. 그들은 1980년대와 1990년대 미국의 '컬트 클래식'에 대한 재창작이나 속편에 관심이 별로 없다.

③ 덕후만이 좋아했을 작품이 부상

인터넷 시대에 덕후 문화가 부상하였고, 거의 모든 사람이 특이한 판타지 세계에 집착한다. 과거에 〈반지의 제왕〉, 〈해리포터〉, 〈스파이더맨〉이 흥행했지만, 지금 사람들이 빠진 판타지 세계는 10년 전에 판타지를 좋아하는 것과는 다르다. 관객들이 서사시나 공상 과학 블록버스터를 좋아하지만, 가장 성공적인 IP를 각색한 작품만을 좋아하고, 일 년 내내 이런 작품을 이용하지는 않는다. 〈왕좌의 게임〉, 〈워킹 데드〉, 〈디아블로〉, 〈소닉〉과 같은 영화나 드라마가 성공할 것이라고 믿는 사람은 거의 없었지만 엄청난 흥행 성과를 보여주고 있다.

④ 게임의 문화적 영향이 증가

최근 10년 동안 게임의 문화적 영향력은 상당히 커졌다. 이는 단순히 게임을 이용하는 사람이 증가했기 때문은 아니다. 게임의 영향력이 커진 이유로 충실도(배우의 연기, 모션 캡처 등)가 높아졌고, 몰입형 스토리텔링을 경험할 수 있게 되었으며, 게임 플레이어가 점프에 그치지 않고, 맞고 쏘는 것을 경험할 수 있게 되었다. 그러나 게임의 영향력이 증가한 가장 큰 이유는 마법과 같은 예술을 창조할 수 있는 능력을 게임이 갖게 된 점이다.

⑤ 게임이 IP의 용광로

오늘날 게임이 과거에 만화와 같이 박스오피스를 지배하고 있는 캐릭터, 세계, 줄거리를 제공하고 있다. 게임은 현재 황금기에 있고, 과거에 만화책이 황금기(1938~1970년)를 누렸던 것과 유사하다. 만화책이 가장 풍부한 IP 출처가 된 것은 당연하다. 수십 년 동안 만화는 엄청난 양의 콘텐츠와 캐릭터를 생산했다. 수많은 콘텐츠와 캐릭터 중에 가장 공감하는 캐릭터만 살아남았고, 캐릭터가 지속해서 리믹스 되거나 반복(또는 모방)되었다. 예를 들어 마블(Marvel)이 소유한 캐릭터는 약 6,000개 이상인데, 이들 캐릭터의 대부분은 가치가 없지만, 일부 캐릭터는 현재 수십억 달러의 가치가 있다.

과거의 만화와 같이 2010년 이후 엄청난 양의 게임이 만들어지고 있다. 대부분 게임은 품질이 낮고 비슷하지만, 몇 개의 게임은 우수하다. 게임은 온라인의 형태로 이용되고 라이브 서비스이기 때문에, 게임은 이용자의 반응을 파악하여 빠르게 평가되고 개선된다. 게임에 대한 이용자의 애착은 엄청나고 게임에 소비하는 시간은 비교할 수 없을 정도로 많다. 영상물에 중독되어 규제기관이 경고하는 사례는 없었다. 그러나 게임에 대한 중독은 많이 회자되고 있고 일부 정부는 게임 이용을 규제하고 있다.

⑥ 스토리텔링 방법 배우기

할리우드와 게임 업계가 게임을 영화나 TV프로그램에 적용하거나, 게임 이야기를 영화나 TV 프로그램으로 각색하여 많은 이익을 얻을 수 있다. 그러나 모든 이야기, 장르, 포맷 그리고 스타일에는 고유한 언어가 있다. 2020년의 영화는 1920년대 영화를 고화질과 컬러로 제작한 것이 아니다. 우리가 극본을 쓰고, 영화를 촬영하거나 연출하는 방식도 진화했다.

각색의 본질은 이용자들에게 소구하기 위해서 원작의 어떤 부분을 가져가거나 버릴지, 원작의 어떤 부분을 수정하거나 유지할 것인지를 아는 것이다. 원작을 각색할 때의 본질은 모든 매체에 적용되지만, 게임에서는 특히 어렵다. 책, 만화, TV/영화는 모두 명확한 줄거리를 공유한다. 그러나 게임은 이야기 전개가 가볍고, 모든 게임 이용자가 영웅이자 카메라맨이다. 더구나 지금의 게임은 15~200시간 동안 실행되는 경우가 많아서 2시간짜리 영화로 각색하기가 어렵다. 그리고 게임에서 부캐릭터나 신화를 잘라내었을 때, 부캐릭터나 신화의 팬을 게임을 각색한 영화로 유인하기 어려울 수 있다. 바로 이것 때문에 할리우드는 게임을 영화를 제작하지 않고, 드라마 시리즈로 제작한다. 그래서 OTT용 드라마 시리즈를 제작하면서 게임 IP에 대한 수요가 증가하였다.

⑦ 최고의 게임 IP가 유통되기 시작

최고의 게임 IP들이 시장에서 최근에 유통되기 시작했다. 많은 게임 IP를 보유한 닌텐도는 수십 년간 자사의 IP를 영상물로 제작하자는 많은 제안을 거절하였다. 게이머는 자신이 좋아하는 IP가 판매되거나 현금화되는 데 매우 민감하고, 특히 자신의 팬덤을 난처하게 만드는 영화로 제작될 때 민감하게 반응한다. 또한 대부분의 대형 게임회사의 경우

(영화나 TV로 각색하는) IP 라이선스료는 게임 매출액에 비해서 상대적으로 적은 금액이다. 예를 들면 시가 총액이 1조 4천억 달러인 마이크로소프트에게 게임 〈헤일로〉의 TV 라이선스료 180억 달러는 매우 적은 금액이다.

그러나 영화 업계의 생각이 바뀌고 있는 것처럼, 게임 업계의 태도도 바뀌고 있다. 〈슈퍼 마리오〉는 영화로 제작되어 2023년에 개봉될 예정이다. 닌텐도는 유니버설과 합작하여 테마파크 〈닌텐도 랜드〉를 건설하고 있다. 많은 게임 IP를 보유한 '라이엇게임즈'가 자사 IP를 영화로 제작하고 있다. 모든 IP가 생존하기 위해서는 확장되어야 한다. 게임, 영화, TV, 책의 IP가 양방향으로 교류하면서 IP가 확장되고 있다.

게임은 시간이 지나면서 점점 더 많은 팬이 확보되고, 그 팬들의 게임 플레이 시간이 누적됨에 따라 게임 IP의 가치가 함께 누적되어 간다. 잘 기획되고 만들어진 한 편의 게임이 지속해서 서비스되는 과정에서 IP로서 성공적인 성과를 쌓아나갈 수 있다. 게임 산업 사례에서는 게임 제작사의 비전에 따라, 그리고 게임 플레이어들의 게임 이용 경험이 누적됨에 따라 IP로 진화하고 가치가 커질 수 있다.[21]

2. 대중음악 지식재산권을 확장하는 방법과 사례

전통적으로 대중음악의 확장은 인기 있는 곡이나 인기 가수를 활용하여 공연, 영화, 드라마, 뮤지컬로 확장하는 형태로 이루어졌다. 그러나 K팝 아이돌 그룹은 이전과 달리 세계관을 기반으로 확장한다.[22] 세계관에 기반하여 팬덤을 형성하고, 팬덤을 기반으로 웹툰, 앨범, 굿즈 등으로 수익화하고 있다. 아이돌 그룹은 세계관을 기반으로 고유의 컨셉을 유지하지만, 음반마다 스토리를 상이하게 부여하는 방식으로 확장하고 있다.23) 예를 들면 EXO와 BTS는 해당 아이돌의 IP와 연관된 세계관을 여러 미디어에 쪼개어 제공하며, 한 미디어에 짤막한 조각만을 제시하였다. K팝 아이돌은 티저 사진, 컨셉 필름, 뮤직비디오, 음원, 음반 화보집을 활용하여 스토리텔링을 한다. K팝 아이돌은 공식 홈페이지, 트위터, 티저(teaser), 컨셉 비디오, 뮤직비디오, 콘서트 VCR, 웹툰, 게임, 음원, 앨범 재킷, 굿즈 등을 이용하여 확장한다. 아래에서는 아이돌 그룹이 세계관을 구축하여 팬덤을 형성하고, 이를 기반으로 IP를 확장하면서 수익을 만들고 있음을 서술한다.

1) 세계관을 구축한 K팝 아이돌

SM엔터테인먼트가 처음으로 K팝 아이돌 그룹에 세계관을 부여했다. H.O.T의 멤버들에게 각자 고유 번호와 고유 컬러를 부여해 독특한 캐릭터를 구축하는 시도를 했다. 동방신기는 그룹명에 담긴 것처럼 '동방에서 신이 일어난다'라는 다소 신화적인 의미를 부여했고, 멤버들도 최강창민, 유노윤호 같은 캐릭터의 색깔이 더해진 이름을 붙였다. SM엔터테인먼트는 2012년에 데뷔한 보이그룹 EXO(엑소)에 본격적으로 세계관을 적용하였다.24)

보이그룹 EXO(엑소)는 2012년 '엑소 플래닛'이라는 미지의 행성을 배경으로 한 세계관을 갖고 데뷔했다. 멤버들은 순간 이동이나 물이나 바람을 다스리는 등 초능력을 갖고 미지의 행성에서부터 온 새로운 스타들로 표현됐다. SM은 걸그룹 '에스파(aespa)'의 세계관은 현실 세계에 사는 아티스트 멤버와 가상 세계에 존재하는 아바타 멤버가 현실과 가상 중간 세계인 디지털 세계를 통해 소통하고 교감하며 성장하는 이야기를 배경으로 하고 있다. 에스파가 발매한 곡은 '광야'라는 세계관을 중심으로 펼쳐지고, SM은 SMCU(SM Culture Universe)라는 이름의 세계관을 발표하면서 SM 소속의 다른 가수들도 광야를 중심으로 세계관을 통합하고 있다.

엑소가 데뷔하던 10여 년 건만 해도 세계관을 갖춘 아이돌을 찾아보기 힘들었다. 팬들에게도 굉장히 낯설었던 개념으로 그저 콘셉트 정도로만 치부되기도 했다. 판타지 중심의 설정이 오그라든다거나 형편없다는 반응도 있었다. 이 같은 세계관을 소화해야 하는 아티스트들을 보고 안쓰러워하며 일종의 '공감성 수치'를 느끼기도 했다. 그러나 팬들은 점점 의문투성이인 세계관에 나름의 해석을 덧붙여가며 빠져들기 시작했다. 최근 엔터테인먼트 업계를 살펴보면 오히려 세계관을 갖추지 않은 아이들을 찾는 게 더 어려워졌다. 설정이 탄탄하지는 않더라도 저마다의 독특한 콘셉트를 갖추고 앨범뿐 아니라 영화, 웹툰 등 다양한 콘텐츠로 얼어 나가는 데 집중하고 있다.[25]

방탄소년단은 헤르만 헤세의 성장소설 〈데미안〉을 모티브로, 껍데기를 깨고 나와 조금씩 성장해 가는 과정을 그들의 세계관으로 삼았다. 학교를 배경으로 한 '학교' 3부작, 청춘을 주제로 한 '화양연화' 2부작, 그리고 자신을 사랑하자는 메시지를 담은 '러브 유어셀프' 3부작과 칼 구스타프 융의 이론에서 영감을 얻었다는 '맵 오브 더 소울' 2부작이 그것이다. 방탄소년단의 세계적인 인기는 물론 노래와 칼군무 그리고 SNS를 통한 팬들과의 소통 같은 다양한 요소들이 결합한 결과이지만, 이들의 실제 성장 과정을 녹여낸 세계관의 힘을 빼놓을 수 없다. 방탄소년단의 팬덤 아미(ARMY)는 이 일관된 세계관의 메시지를 공유함으로써 더욱 공고한 연대를 만들어내고 있다.[26]

2) 세계관을 통한 팬덤의 구축과 IP의 확장[27)

오락 업계에서 아이돌이 세계관을 갖게 된 이유 중 하나는 음악과 뮤직비디오만으로는 팬들의 참여를 유도하고 IP를 확장해 나갈 힘이 부족하기 때문이다. 세계관을 구축하게 되면 팬덤을 구축하는 데 유리하다. 그리고 세계관에 기반하여 IP가 폭넓게 확장될 수 있으며, 팬덤 내에서 2차 창작이 촉진될 수 있다. 또한 세계관은 파생된 콘텐츠에 통일성을 부여하여 정체성을 잃지 않게 한다.

아이돌 그룹은 팬들을 세계관에 초대하여 충성도를 강화하고 있다. 아이돌 그룹이 설정한 독특한 가상 세계를 전개하면, 팬들은 다양한 의문을 제기하면서 의문을 해결하기 위해 조사하고 추적한다. 뮤직비디오에 나온 소품의 의미는 무엇인지, 이번 타이틀곡이 이전 곡과 어떤 관계인지, 멤버 중 누가 숨은 악당인지 등 각자가 추리한 내용을 팬 커뮤니티에 공유한다. 자신의 추리가 많은 팬이 공감하면 희열을 느끼고, 과거에 추리했던 내용이 사실로 밝혀지면 팬들이 해당 글을 다시 찾아가 댓글을 다는 '성지순례' 행동을 보인다. 이 같은 참여 과정을 통해 팬들은 더욱 아이돌의 세계관에 빠져들고 팬덤에 대한 소속감과 아티스트에 대한 충성심이 깊어진다.

예를 들면 BTS의 〈LOVE YOURSELF '起承轉結'〉 앨범 시리즈에서는 일기 형식의 리플렛 〈花樣年華 THE NOTES〉를 네 가지 버전으로 랜덤하게 제공하였다. 이때 모든 리플릿을 수집하면 스토리가 완성되기 때문에 완결된 서사를 소비하고자 하는 유저들의 욕망을 자극할 수밖에 없다. 이에 따라 유저들은 모든 리플릿을 구하거나, 혹은 자신이 소유한 버전을 SNS 또는 팬 커뮤니티에 게시하며 다른 버전을 소유한 사용자와 이를 공유하며 전체 스토리를 완성하게 된다.[28)

세계관을 구성하면 웹툰, 게임, 드라마·영화 등 2차 저작물을 쉽게 만들 수 있다. 그리고 세계관으로 인해서 팬들이 자연스럽게 2차적으로 창작하는 경우가 많아지고 2차 창작의 대상도 넓어지게 된다. 과거에는 아이돌 멤버들이 거의 유일한 2차 창작의 대상이었지만 이제는 세계관 내 모든 요소가 2차 창작의 대상이 된다.

방탄소년단은 '성장하는 청춘형 아이돌'이라는 고유의 정체성을 바탕으로 웹툰, 게임 등으로 IP를 다각화시킨 바 있다. BTS는 티저, 뮤직비디오, 음반 등을 통해 파편화되어 전달되어 왔던 스토리들을 웹툰을 통해 통합한 바 있다. 2019년 1월부터 연재되었던 웹툰 〈花樣年華 Pt.0 SAVE ME〉는 다른 미디어에서 반복적으로 다루어왔던 장면들을 연결하는 스토리를 제시한다. 이를 통해 BTS의 세계관을 소비해 왔던 유저들은 복수의 미디어에 실린 스토리와 장면 간 연계성을 파악할 수 있다.

2022년 1월에 하이브는 네이버웹툰과 제휴하여 BTS의 일곱 멤버가 등장하는 판타지 웹툰 〈7FATES: CHAKHO〉를 연재하였고, 동년 8월에 시즌2의 연재를 시작하였으며, 동명의 웹소설을 웹툰과 동시에 연재하고 있다. 하이브 소속으로 2019년에 데뷔한 5인조 보이그룹 투모로우바이투게더(이하 TXT)의 멤버가 등장하는 웹툰과 웹소설도 네이버웹툰과 제휴하여 연재되고 있는데, 웹툰과 웹소설 〈별을 쫓는 소년들〉의 시즌1의 연재가 2022년 3월에 완료되었고, 2022년 9월부터 시즌 2가 연재되고 있다. 네이버웹툰은 이들 웹툰을 국내는 물론이고 해외에서도 제공하고 있다.

K팝 아이돌 팬덤은 아이돌에 대한 정보를 단순히 소비만 하는 것이 아니라, 주도적으로 스토리텔링을 시도하고 이를 타 사용자와 공유함으로써 독자적인 네트워크를 형성하고 있다. K팝 아이돌 팬덤은 온라인 플랫폼을 활용하여 상호작용한다. 이때 트위터나 익명의 커뮤니티처럼

조직적인 관계를 맺지 않아도 개별화된 활동이 가능한 플랫폼을 활용하는 추세다. 아이돌 팬의 경우, 트위터, 블로그, 유튜브 등에 분산되어 있다가 익명의 팬이 올린 게시글을 공유하거나 이에 댓글을 다는 방식으로 일시적으로 결집한다. 그리고 새로운 익명의 게시글이 업로드될 경우, 해당 글에서 새로운 상호작용이 이루어지기 때문에 이전 관계들은 자연스럽게 해체된다. 이처럼 아이돌 팬덤은 유동적으로 결집과 해체를 할 수 있는 소규모의 네트워크들로 구성된다.[29] 팬들의 참여가 매출로 연결되지 않더라도 팬덤은 소중한 자산이다. BTS가 2017년 빌보드 뮤직어워드에서 '톱 소셜 아티스트'를 수상하고, 이후 5년간 연속하여 수상할 수 있었던 것은 팬덤 아미(ARMY)의 공이 크다.

세계관은 IP를 확장할 때 각각의 스토리에 통일성을 부여하는 역할을 한다. 세계관을 구축하기 위해서는 먼저 핵심 메시지를 설정하고, 이와 연관된 키워드들을 도출해 세계관의 기본 재료가 되는 기믹(Gimmick, 관심을 끌기 위한 장치)을 설정한다. 이러한 장치를 효과적으로 표현하기 위해 장르가 선택되면 예술감독이 구체적인 창작물을 만든다.

H.O.T나 젝스키스가 데뷔하여 활동한 1990년대 후반에도 멤버들을 중심으로 한 다양한 콘텐츠가 파생되었다. 이들과 BTS(또는 EXO)와의 가장 큰 차이는 '맥락'이다. 과거에는 큰 맥락 없이 새로운 콘셉트가 전개되었다. 예를 들면, 어제는 학교 선배였던 '우리 오빠'들이 오늘은 뜬금없이 반전을 부르짖는 평화의 수호자 또는 사이버 전사가 되는 식이었다. 그러나, 현세대 아이돌인 BTS는 앨범뿐 아니라 웹툰, 게임(BTS 월드), 드라마(유스) 등 다양한 미디어 장르를 넘나드는 '트랜스미디어(Transmedia)'를 바탕으로 IP를 확장해 나가고 있다. 하지만 과거 아이돌과의 차이점은 그 중심에 세계관이 있다는 점이다.

3) 세계관과 팬덤이 수익으로 연결

아이돌 IP를 확장하는 경우에 세계관과 팬덤이 흥행의 성공을 도와준다. 아이돌의 팬들이 웹툰, 게임, 영화 등 다른 콘텐츠를 좋아하지 않을수 있다. 과거에 아이돌들이 출연한 영화나 뮤지컬에 팬들이 몰린 것은그저 내가 좋아하는 아티스트가 출연했기 때문이다. 그러나 여기에 세계관이 개입되면 팬들이 확장 IP를 적극적으로 누릴 타당한 이유가 하나 더 생기게 된다. 예를 들어 앨범에서는 공개되지 않은 세계관의 핵심스토리가 웹툰이나 영화를 통해서 공개될 때, 이들 콘텐츠가 성공할 가능성이 커진다. 웹툰이나 영화를 좋아하지 않아도 해당 내용이 궁금하거나, 커뮤니티에서 소외되지 않기 위해서 웹툰이나 영화를 보게 될 것이다.

아이돌이 팬덤을 보유한 경우에, 아이돌 팬덤이 2차 시장을 만들기도한다. 팬덤이 만든 시장에서 아이돌 회사가 판매한 굿즈나 앨범이 팬들간에 거래되거나, 팬들이 직접 아티스트나 캐릭터를 활용하여 만든 굿즈가 거래된다. 예를 들면, 앨범에 들어 있는 포토 카드를 팬들끼리 교환하거나 구입하기도 하며, 팬이 SNS에 특정 멤버의 굿즈를 디자인해 시안을올리면 구입하고 싶은 팬들이 모여 돈을 걷고 공동으로 구매한다.

2020년에 코로나19로 인해 음악 산업에서 전통적인 수익원인 실물음반의 수익은 5% 감소하였고, 라이브 공연의 수익은 약 80% 감소하였다. 그런데, K-POP 기획사들은 음반 판매액이 증가하여 이익이 증가하였다. 이유는 유료 온라인 콘서트를 통해 라이브의 공백을 최소화하였기때문이다. CD플레이어가 없는 세상에서 음반 판매량이 성장하고, 아티스트를 두 눈으로 볼 수 없는 온라인 콘서트의 표를 팔 수 있는 원동력은K-POP 기획사가 보유한 팬덤을 수익화하는 역량 때문이다. 음반은 '음악

청취 수단'이 아닌 굿즈이며, 온라인 콘서트는 '공연 영상'이 아닌 '아티스트와 함께하는 경험'이기에 팬덤은 기꺼이 지갑을 연다. 특히, 온라인으로 콘텐츠를 소비하고 소통하는 양이 빠르게 증가하면서 코로나19 이전부터 온라인 채널을 우선으로 콘텐츠를 유통하고, SNS를 통해 팬덤을 육성해 온 K-POP은 글로벌 팬덤을 기반으로 빠르게 성장할 수 있었다.[30]

4) 팬덤 플랫폼

(1) 팬덤 플랫폼의 구성

팬덤 플랫폼은 팬과 아티스트를 연결하며 팬덤이 함께 교류·소통할 수 있는 기반을 제공하는 서비스이다. 팬덤 플랫폼은 팬과 아티스트가 소통할 수 있는 온라인 공간을 제공하고, 아티스트 활동과 관련된 정보를 제공하고, 관련 굿즈와 콘텐츠를 이용하거나 구매할 수 있다. 과거에는 팬과 아티스트는 서로 교류하기 위해 여러 개별 서비스를 이용해야 했다. 팬들은 인터넷 게시판, 포털사이트 카페, 트위터 등의 SNS, 유튜브를 포함한 OTT, 전자상거래 등 다양한 플랫폼을 넘나들어야 했다. 그러나 팬덤 플랫폼은 이 모든 활동을 엔터테인먼트 업체가 자체적으로 제공하는 서비스로 집중시켜 놓은 것이다.[31]

현재 가장 강력한 팬덤 플랫폼은 '하이브'가 운영하는 '위버스'다. 위버스는 포스팅이나 댓글을 통해 아티스트와의 실시간 소통 서비스를 제공하는데, 가입만 하면 누구나 무료로 아티스트와 소통할 수 있다. 다국어를 지원해 글로벌 팬덤이 접근하기 쉽고, 커머스샵을 통해 아티스트 관련 굿즈를 판매하고, 공연을 유료로 제공하고 있다. 2019년 6월에 서비스를 시작한 위버스는 BTS와 블랙핑크뿐만 아니라 국내외 다양한 아티스트가 참여하고 있다. 2022년 3분기에 위버스의 이용자는 5천 여만명이고, 월간 방문자(MAU)는 약 700만 명이며, 누적 포스팅 수는 3.3억 개였다.

SM엔터테인먼트의 자회사 '디어유'는 '디어유 버블'(DearU bubble, 메시지 전문 플랫폼), 에브리싱(스마트 노래방 애플리케이션), KWANGYA CLUB(舊 '리슨' 팬 커뮤니티 플랫폼), '디어유 레터'(아날로그 손편지 서비스) 등의 서비스를 제공하는데, 90% 이상의 매출이 '디어유 버블'에서 발생한다. '디어유 버블'을 구독(4,500원/월)하면, 아티스트가 구독자에게만 보내주는 '프라이빗 메시지'를 볼 수 있다. 단체 카톡의 형태로 운영되어 1:1 소통은 아니지만, 채팅창에는 팬과 아티스트만 들어가 있어 개인적인 대화를 나누는 것 같은 느낌을 준다. 디어유는 유료 구독 서비스를 운영하면서 2021년에 400억 매출에 132억의 영업이익을 남겼고, 2022년에는 540억 매출에 204억의 매출이 예상된다.

엔씨소프트는 2020년에 K팝 팬덤 플랫폼인 '유니버스(UNIVERSE)'를 만들었다. '유니버스'에서 팬과 아티스트가 1대 1 채널 형태로 대화하고, K-POP과 방송 프로그램 등을 이용할 수 있고, 음반과 캐릭터 등을 구매할 수 있다. 그러나 엔씨소프트는 2013년 1월에 '유니버스' 사업을 '디어유'에 매각하였고, '유니버스' 서비스를 종료하였다. 엔씨소프트는 엔터테인먼트 사업에 진입한 지 2년 만에 철수하였다.

(2) 팬덤 플랫폼을 통한 수익 창출

라이브 공연은 음악 산업에서 팬이 구매하는 가장 비싼 상품이자 아티스트 수익의 과반을 차지하는 핵심적인 수익원이다. 코로나19로 인한 라이브의 부재 속에서 팬 플랫폼의 보유 여부에 따라서 K-POP 기획사의 실적이 차별화되었다. 코로나 이전에 이미 자체 팬 플랫폼 '위버스'에 전자상거래 형태의 수익 구조를 구축한 하이브는 음악기업중에서 유일하게 매출이 성장하였다. 메시지 전문 플랫폼 '디어유 버블'이 빠르게 성장함으로써 디어유는 적자에서 흑자로 전환할 수 있었다. 2020년에 하이브와 SM엔터테인먼트는 팬과 아티스트가 온라인에서 더 밀접한 접촉을 할 수 있는 자체 플랫폼(위버스, 디어유버블)을 통해 글로벌 아티스트들과의 격차를 한층 더 벌렸으며, 오프라인의 전유물로 여겨졌던 콘서트를 온라인으로 옮겨왔다.[32]

팬덤 플랫폼인 위버스와 디어유는 국내외 아티스트들을 모으기 위해서 연예 기획사와 제휴하거나 투자하기도 한다. 위버스는 YG와 제휴하여 블랙핑크를 입점시킬 수 있었고, 네이버와 지분을 교환하여 V-LIVE를 위버스에 통합하였으며, '이타카 홀딩스'를 인수하여 저스틴 비버, 아리아나 그란데 등이 입점하였다. 디어유에 JYP가 투자함으로써(2021년 6월에 23.3% 지분 취득), '디어유 버블'에 JYP 아티스트가 입점하게 되었고,

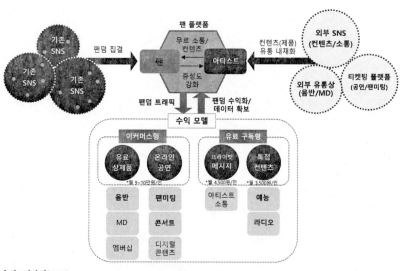

출처: 박다겸(2021)

〈그림 1〉 팬 플랫폼을 통한 팬덤 수익화 구조 도식화

2021년 6월에 일본에서 인기가 있는 니쥬가 버블에 입점하는 등 국내외 아티스트의 입점이 증가하고 있다.

K-POP 팬 플랫폼인 위버스, 디어유 버블 그리고 유니버스는 각각 입점 아티스트의 팬덤을 다양한 수단을 방식으로 수익화하고 있다. 위버스는 소통으로 모은 트래픽을 위버스샵에서 굿즈와 콘텐츠를 판매하여 수익화한다. '디어유 버블'은 아티스트와의 소통 자체를 수익화하고 있다. 2022년 8월에 디어유 버블 플랫폼에 입점한 IP 수는 355명이고, 유료 구독자는 140만이다. 유니버스는 오리지널 콘텐츠와 프라이빗 메시지 서비스 구독하는 모델로, 2022년 6월에 누적 다운로드 2,500만 건, MAU 440만 명이고, 유니버스 제작사인 클랩의 2021년도 매출액은 115억 원이었다.

팬 플랫폼은 팬덤을 수익화한다. 팬 플랫폼이 현재 구축한 전자상거래형과 유료 메시지 구독형 수익 모델 외에도 다양한 수익 모델이 추가될 가능성이 크다. 또한, 팬 플랫폼을 통해 팬덤을 다양한 방식으로 수익화하면서 음악 IP의 가치가 증가할 것이다. 팬 플랫폼은 성장하고 있고, 음악 산업에서 수익의 중심은 '음악을 파는 것'이 아니라 '팬덤을 수익화하는 것'에 있음을 보여주고 있다.

요약

게임에 진심인 이용자들이 많을 뿐만 아니라 게임에는 영상, 음악, 이야기 등이 구현되어 있어서, 다른 장르로 많이 활용될 수 있는 장점이 있다. 게임을 활용하고 확장하는 방법으로 후속작, 프리퀄, 시퀄과 같은 시리즈 확장, 게임의 플랫폼이나 장르의 변경, 게임의 캐릭터, 스토리텔링, 세계관을 타 매체로 확장 등이 있다. 게임 IP는 지속 기간이 문화콘텐츠 중에서 가장 길고 게임 IP는 만화(출판만화+웹툰)와 애니메이션으로 많이 제작되었다. 2차적 저작물이 게임인 경우에 원천 저작물은 만화(출판만화+웹툰)가 가장 많았다.

한국에서 온라인 게임이 대세이던 시기에는 〈바람의 나라〉, 〈리니지〉, 〈라그나로크〉 등 판타지 장르 만화를 원작으로 하는 게임이 많았다. 2010년대 중반부터 한국에서 웹툰을 원작으로 하는 모바일 게임이 증가했다. 웹툰을 게임화한 작품으로는 〈갓 오브 하이스쿨〉, 〈노블레스〉, 〈신의 탑〉, 〈마음의 소리〉, 〈좋아하면 울리는〉, 〈유미의 세포들〉 등이 있다.

해외에서도 게임 IP를 이용하여 만화, 영화, 소설, 피규어 등으로 활용하고 있다. 1996년에 발매된 게임 〈툼 레이더〉는 만화, 영화, 소설로 파생되었다. 일본의 게임〈레지던트 이블(바이오하자드)〉은 이후 16개 버전의 게임, 6편의 실사 영화, 넷플릭스 드라마로 제작되었다. 해외에서도 만화나 소설이 게임으로 발매되었다. 일본의 만화〈슬램덩크〉는 여러 장르의 게임으로 발매되었다. 소설 〈소요 강호〉가 원작인 영화 〈동방불패〉는 모바일 게임으로 발매되었다. 미국에서 2018년 이전에 게임 IP가 영화로 제작되어 실패하는 사례가 많았지만, 2018년 이후에 성공사례가 많이 등장하였고 게임 IP는 영화나 드라마로 제작되는 사례가 많아졌다.

전통적으로 대중음악의 확장은 인기 있는 곡이나 인기 가수를 활용하여 공연, 영화, 드라마, 뮤지컬로 확장하는 형태로 이루어졌다. 그러나 K팝 아이돌 그룹은 이전과 달리 세계관을 기반으로 확장한다. 세계관에 기반하여 팬덤을 형성하고, 팬덤을 기반으로 웹툰, 앨범, 굿즈 등으로 수익화하고 있다. 아이돌 IP를 확장하는 경우에 세계관과 팬덤이 흥행의 성공을 도와준다. 세계관이 개입되면 팬들이 확장 IP를 적극적으로 누릴 타당한 이유가 하나 더 생기게 된다. 예를 들어 앨범에서는 공개되지 않은 세계관의 핵심 스토리가 웹툰이나 영화를 통해서 공개될 때, 이들 콘텐츠가 성공할 가능성이 커진다.

하이브의 '위버스'나 SM엔터테인먼트의 '디어유버블'와 같은 팬덤 플랫폼은 팬과 아티스트를 연결하며 팬덤이 함께 교류·소통할 수 있는 기반을 제공하는 서비스이다. 팬덤 플랫폼은 팬과 아티스트가 소통할 수 있는 온라인 공간을 제공하고, 아티스트 활동과 관련된 정보를 제공하고, 관련 굿즈와 콘텐츠를 이용하거나 구매할 수 있다. 코로나 이전에 이미 자체 팬 플랫폼 '위버스'에 전자상거래 형태의 수익 구조를 구축한 하이브는 코로나 기간에 음악 기업 중에서 유일하게 매출이 성장하였다. 메시지 전문 플랫폼 '디어유 버블'이 빠르게 성장함으로써 디어유는 코로나 기간에 적자에서 흑자로 전환할 수 있었다.

註

1) 이 책에서 게임은 디지털 게임만을 지칭한다.

2) 김규찬 외(2021, 71~75쪽)를 재구성함

3) 턴제 전략 게임(Turn-based Strategy)은 플레이어들이 차례대로 돌아가면서 명령을 수행하는 전략 게임의 한 장르로, 일반적으로 거시적인 전략을 다루는 전쟁 게임들을 일컫는다. 플레이어들이 동시에 게임을 진행하는 실시간 전략 게임과는 달리 한 플레이어가 차례를 끝내면 다음 플레이어의 차례가 돌아오는 식으로 플레이하게 된다. (위키백과)

4) 이현구·김태규(2020)

5) 한국콘텐츠진흥원(2021, 12쪽)

6) 한창완(2021, 406~412쪽) 정리

7) 한국콘텐츠진흥원(2021, 88쪽)

8) 이소연(2022.05.10.) 정리

9) 송세희(2021) 정리

10) 스토리 게임은 플레이어가 게임을 하면서 직접 스토리를 만들어가는 방식의 게임이다.

11) 한국콘텐츠진흥원(2021, 89쪽)을 재구성

12) 자세한 내용은 8장 5절을 참조

13) 김규찬 외(2021, 84쪽) 정리

14) 김규찬 외(2021, 85쪽)

15) 이소연(2022.5.10) 정리와 보완

16) Ball, Matthew(2020.7)

17) 미국 등급 제도에서 R등급(Restricted)은 제한 조건부 허가 등급이다. '17세 미만일 경우는 부모나 성인 보호자 동반 요망'의 경고가 붙어 있다. 폭력, 마약, 섹스, 욕설 등의 강도가 강한 영화류를 말한다. (네이버 지식백과)

18) 송세희(2021)

19) Ball, Matthew(2020.2)

20) 앞에서도 언급했지만, 이 책에서는 게임은 모두 디지털 게임이다.

21) 김규찬 외(2021)를 재구성

22) 조민선(2020)

23) 아이돌이 자신이나 그룹을 홍보하기 위해서 콘텐츠를 제작한 두 개의 사례가 있는데, 이는 일반적인 아이돌 IP의 확장 방식과는 다르다. 첫째로, 프로젝트 걸그룹 아이오아이(I.O.I)의 멤버였던 최유정의 걸그룹 데뷔 과정을 그린 웹툰 〈두근두근! 스테이지〉가

2017년에 연재된 바 있다. 둘째로, FNC 엔터테인먼트는 신인 아이돌 그룹 '피원하모니(PIHarmony)'를 홍보하기 위해서 이 그룹의 세계관을 담은 영화 〈피원 에이치: 새로운 세계의 시작〉을 제작하여 2020년 10월에 개봉하였다.

24) 정덕현(2020)
25) 김동은·이규열(2021)
26) 정덕현(2020)
27) 김동은·이규열(2021)을 재구성하면서 보완함
28) 조민선(2020)
29) 조민선(2020)
30) 박다겸(2021)을 풀어서 작성함
31) 이성민(2021, h)
32) 박다겸(2021)을 다시 씀

96년 전에 출현한 미키마우스가 지금도 않은 수익을 창출하고, 세계에서 가장 큰 오락 기업인 디즈니에서 중요한 비중을 차지하고 있다. 대부분의 문화 상품은 인기가 금방 사라지고 1년 이상 인기가 지속되는 경우가 드물다. 문화 상품 중에서 게임과 캐릭터의 인기가 상대적으로 오래 지속되고, 이들 장르의 인기는 평균 10년간 지속된다. 10년이 아니라 96년간 미키마우스의 인기가 지속되는 데에는 특별한 노하우를 적용하였고, 그 비법은 다음과 같다.

첫째로, 캐릭터를 업그레이드하고 디자인을 관리하였다. 미키마우스는 초창기에 생동감 넘치는 쾌활한 성격이었다. 장난스러운 미키마우스 캐릭터가 어린이들에게 부정적인 영향을 준다는 평가를 받았다. 이에 미키마우스는 얌전하고 온순한 성격으로 변한다. 그리고 디즈니는 미키마우스에 살아있는 캐릭터로서 하나의 인격체처럼 이름, 성격, 여자 친구, 가족을 부여하였다. 둘째로, 디즈니는 모든 사업 부분(디즈니 스튜디오 엔터테인먼트, 소비자 상품, 인터액티브 미디어, 미디어 네트워크(TV), 테마 파크와 리조트)을 동원하여 미키마우스의 성공을 지원하였다. 고객이 사랑스러운 캐릭터와의 접점을 갖고 싶어 하는 필요를 디즈니가 충족시키며 미키마우스의 수익을 확대하였다. 셋째로, 디즈니는 고객이 미키마우스를 체험할 수 있도록 현실화시켰다. 디즈니는 디즈니랜드를 통해 미키마우스를 막연한 꿈과 환상이 아닌 디즈니랜드라는 실제 세계에서 구현하였다. 미키마우스를 활용하여 디즈니랜드의 시설과 상품을 제작하였고, 미키마우스가 등장한 애니메이션의 이야기에 맞추어 놀이 기구를 제작하였다. 디즈니랜드를 방문한 소비자들은 미키마우스를 이용하여 만든 음식부터 모든 상품을 접하면서 살아있는 미키마우스가 움직이는 광경을 통해 미키마우스의 현실감을 느낄 수 있다. 넷째로, 디즈니는 전 세계의 여러 기업과 협업하여 미키마우스 제품을 판매한다. 디즈니는 랩(LAP)과 협업하여 'LAP+MICKY' 시리즈를 출시하였고, 에뛰드(Etude)와 협업하여 미키마우스를 이용한 화장품을 제작하여 수출하였다. 미키마우스의 디자인은 애니메이션과 무관한 다양한 부문에 활용되고 있으며, 협업하는 기업들의 매출 신장에 크게 이바지함으로써 로열티 수익을 창출하고 있다.

미키마우스의 사례에서 볼 수 있듯이 디즈니는 IP 비즈니스를 잘하는 기업이다. 디즈니는 일찌감치 캐릭터와 애니메이션 스토리를 이용한 디즈니 테마파크를 운영하고 있고, 캐릭터 등을 이용한 상품을 생산하고, 타 브랜드와 유통사와 제휴하여 완구, 문구, 책, 홈비디오 엔터테인먼트 등의 상품을 제작하고 유통한다. 디즈니는 보유한 IP를 독점적으로 활용하여 수익을 창출하는데, 디즈니는 '에버그린 전략'(새로운 지식재산권을 추가해 독점 기한을 늘려가는 전략)을 실행하고 있다.

문화 상품의 IP를 활용한 누적 매출액에서 미키마우스보다 포켓몬과 헬로키티가 더 많다. 포켓몬은 1996년에 출시된 게임으로 매출액의 66%가 굿즈이고, 19%가 비디오 게임이 차지한다. 헬로키티는 1974년에 출시된 캐릭터로, 매출액의 99%가 굿즈이다. 두 사례를 보면 IP를 활용한 굿즈가 IP 사업에서 매우 중요함을 알 수 있다. 한편 문화 상품의 IP를 활용한 누적 매출액에서 상위 20위 내에 포함되는 IP의 원천 콘텐츠의 장르를 보면 애니메이션 7개, 책이 7개(만화 3개, 동화 2개, 소설 2개), 게임 3개, 영화 2개, 캐릭터 1개이다. 책 IP는 영화나 애니메이션으로 제작된 다음에 인기가 크게 확산하였다. 문화콘텐츠 IP를 확산하기 위해서는 거점 콘텐츠인 애니메이션, 영화, 게임 등의 콘텐츠를 제작하여 성공하는 것이 필요함을 알 수 있다.

한국에서 진행된 문화콘텐츠 IP를 활용한 사업을 세 가지 범주로 구분할 수 있다. 첫째로, 캐릭터 라인선싱 사업이다. 애니메이션을 먼저 제작하여 방영하고, 애니메이션의 인기를 활용하여 관련 굿즈를 제작하여 판매하는 것이다. 〈둘리〉, 〈뽀로로〉, 〈라바〉, 〈로보카 폴리〉 등의 캐릭터가 애니메이션에서 출발하였다. 2000년 이후에는 캐릭터를 먼저 개발한 다음에 IP 사업을 전개한 사례가 등장하였고, 〈뿌까〉, 〈라인프렌즈〉, 〈카카오프렌즈〉, 〈핑크퐁〉이 대표적이다.

둘째로, 아이돌 가수의 IP를 활용하는 사업이다. 이 사업의 형태는 인기 캐릭터를 이용하여 굿즈를 판매한다는 면에서는 캐릭터 라이선싱과 비슷하지만 두 가지 차이가 있다. 아이돌 가수를 활용하는 IP 사업에서는 세계관을 이용하여 팬덤을 구축하여 IP를 지속하거나 확장하고 있으며, 또한 IP를 이용하여 파생상품인 굿즈뿐만 아니라 원 상품인 음반과 공연 수익의 증대를 꾀한다는 점이다.

셋째로, 원작의 캐릭터나 스토리를 이용하여 다른 문화 상품을 제작하고 있다. 국내에서는 웹툰, 드라마, 소설, 영화, 만화, 게임 등을 이용하여 드라마, 영화, 애니메이션, 게임 등을 제작하고 있다. 드라마, 영화, 애니메이션과 같이 파급력이 높은 거점 콘텐츠는 다른 장르로 제작되는 경우보다는 동일한 장르로 리메이크되거나 시리즈물로 만들어지는 경우가 많다. 국내에서는 웹툰은 2010년을 전후로 젊은 층을 중심으로 인기를 끌면서, 웹툰과 웹소설이 원천 IP로 인기를 끌고 있다. 한편 해외에서는

2018년 이후에 게임을 원작으로 영화와 드라마 등에 많이 제작하여 성과를 거두고 있다.

국내에서는 애니메이션을 이용한 캐릭터 라이선싱 사업, 아이돌 가수의 세계관을 이용한 IP 사업 그리고 인기 있는 스토리나 캐릭터를 이용한 문화콘텐츠 제작이 진행되고 있다. 하지만 문화콘텐츠 IP를 이용하는 사업을 수행하는 기업은 대부분 영세하다. 따라서 IP 확장사업이 체계적이고 전략적으로 진행되기를 기대하기가 어려운 현실이다.

한국의 아이돌 음악은 해외에서 큰 인기를 얻고 있고, 또한 드라마와 영화가 넷플릭스를 통해 전 세계에서 인기를 얻고 있다. 2021년 9월에 넷플릭스로 공개된 〈오징어 게임〉은 세계 시청 1위를 하였고, 이에 힘입어 관련된 굿즈가 인기리에 판매되었다. 그러나 한국의 제작사는 〈오징어 게임〉이 1등 함으로 인한 수익과 굿즈 판매로 인한 수익을 한 푼도 받을 수 없었다. 이 사건으로 인해 한국의 정치권에서 저작권법을 개정하여 저작자가 보상받을 권리를 추가하여야 한다는 움직임도 있었다.

이 사건의 근본적인 원인은 한국의 제작사가 넷플릭스 등 글로벌 OTT에 방영권만 판매하고 저작권을 보유하는 것이 어려운 환경에 직면해 있기 때문이다. 한국의 드라마 제작사는 방송사의 갑질에 휘둘리고 있었다. 제작사는 지상파방송사나 종합편성 채널 등에 드라마를 판매하는 조건을 보면 제작 원가의 대략 70%를 받으면서 저작권 대부분을 양도하고 있었다. 이러한 상황에서 제작 원가에 적정한 이윤을 보장해 주면서 저작권의 100% 양도를 요구하는 넷플릭스의 요구에 한국의 제작사는 흔쾌히 응했다. 둘째로, 드라마 제작사가 저작권을 보유할 경우에 IP를 판매하여 수익을 확보할 수 있는 기회가 별로 없었다. 드라마가 인기를 경우에 가능한 라이선싱으로 인한 기대 수익이 크지 않고, 드라마 IP를 체계적으로 구매하는 사업자가 없었다. IP 사업을 시작한 네이버와 카카오엔터테인먼트는 드라마의 IP에는 별로 관심이 없고, 웹툰과 웹소설 IP에만 집중하고 있다.

앞으로 한국에서 문화콘텐츠 IP를 이용하는 사업이 활기를 띨 것으로 예상된다. 문화콘텐츠 산업에서 IP가 각광을 받은 지 3년여 지나고 있는 현재에 게임이나 책을 포함하여 문화콘텐츠에 등장하는 캐릭터를 개발하고 라이선싱하는 비즈니스가 활기를 띠고 있다. 제작사도 넷플릭스 등 OTT 사업자에게 드라마 등의 방영권만 양도하는 사례가 증가하고 있다. 예를 들면 〈이상한 변호사 우영우〉의 경우 넷플릭스에 방영권에 양도하고, 제작사는 IP를 활용한 2차적 수익을 창출하고 있다. 문화콘텐츠 IP를 이용하려는 기업가가 많아질수록 IP 비즈니스는 발전할 것이다. IP 비즈니스에 필요한 숙련된 노하우는 비즈니스를 진행하면서 쌓일 것이다. 그리고 하나의 IP가 많은 수익을 창출하기까지는 10여 년 이상의 기간이 필요하다. 따라서 자본력이 있는 대기업이 이 시장에 진입하거나, 자본력이 부족한 기업이 금융 지원을 받을 수 있는 시스템이 필요하다. 디즈니, 포켓몬컴퍼니, 산리오와 같이 IP를 이용하는 대형 기업이 한국에서도 출현하기를 바란다.

강보라·장민지(2020), 「웹소설 IP의 확장 및 콘텐츠 프랜차이즈 전략: 국내 웹소설 IP의 확장 경향 및 사례분석을 중심으로」, 『문화콘텐츠 연구』 20, 129~152쪽.

강신용(2015), 「예능프로그램의 OSMU(One Source Multi Use) 사례: 국내 지상파 예능프로그램을 중심으로」, 『일러스트레이션 포럼』 43, 5~14쪽.

강태영(2002), 「국제 방송 프로그램의 유통구조와 한국 방송 프로그램 수출전략」, 『방송연구』 55, 방송위원회, 7~34쪽.

고영리(2009), 「원천 콘텐츠의 OSMU 활용 현황 연구」, 추계예술대학교 석사논문.

고정민(2004), 「애니메이션의 비즈니스 사례와 성공전략」, 『Issue Paper』, 삼성경제연구소.

곽대영·박광철(2000), 「문화산업으로서의 캐릭터 상품의 활성화에 대한 연구」, 『미술교육논총』 10, 275~303쪽.

권단·임수정(2017), 『엔터테인먼트 비즈니스 전략과 IP』, 북크크.

권호영(2020), 『한국 미디어 경제학』, 박영사.

김규찬·이상규 외(2021), 『콘텐츠 지식재산(IP)과 가치사슬 변화 연구』, 문화관광정책연구원, 기초연구 2021-06.

김동은·이규열(2021), 「BU·SMCU … 팬덤 결집하는 아이돌 세계관: 참여와 반응이 생태계 확대의 핵심」, 『동아비즈니스리뷰』 338, 2021년 12월.

김미라(2015), 「크로스미디어 스토리텔링 사례 연구」, 『한국콘텐츠학회논문지』

15(8), 130~140쪽.

김소형·최향미(2018), 「디즈니애니메이션 캐릭터 강화 전략에 관한 탐색적 연구」, 『상품학연구』 36(5), 1~10쪽.

김숙·장민지(2017), 「모두 IP의 시대: 콘텐츠 IP 활용 방법과 전략」, 『*KOCCA FOCUS*』 17(2), 한국콘텐츠진흥원.

김영재(2012), 「브랜드 아이덴티티 기반 문화콘텐츠 OSMU 전략 연구」, 『만화애니메이션연구』 28, 155~180쪽.

김영재(2013), 「브랜드 아이덴티티 기반 OSMU 전략 모델의 타당성 연구: 해리포터를 중심으로」, 『만화애니메이션연구』 32, 289~313쪽.

김영호(2014), 「브랜드 마케팅에 있어서 캐릭터의 영향에 관하여」, 『디지털디자인학연구』 14(2), 533~543쪽.

김은진(2021), 「브랜드 마스코트 캐릭터의 성패」, 『Blossomme』(위클리 인사이트), 2021.01.25.

김일중·손태영·김치호(2020), 「OTT 플랫폼의 한국 드라마 서비스 확대와 드라마제작사의 전략 변화: 동적 역량 관점(Dynamic Capabilities View)을 중심으로」, 『인문콘텐츠』 59, 155~194쪽.

김정경(2021), 「콘텐츠 아이피이 라이선싱」, 한창완 외, 『IP 모든 이야기의 시작』, 커뮤니케이션북스, 145~180쪽.

김정호(2008), 「한국 영화 스타파워 분석」, 『영화연구』 38, 11~38쪽.

김주완(2022.02.07), 「인기 게임 IP 가치 20년 지켜낸 비결」, 한국경제신문.

김주환(2022.05.21), 「한국의 게임 IP, 세계를 이끄는 혁신은 어디에?」, 연합뉴스.

김택규(2017), 「IP 중국 엔터산업 전반에 핵심 가치로 자리 잡아」, 『한중콘텐츠연구소』, 한중콘텐츠연구소.

김홍천(2019), 「한국 영화 IP 수출(해외 리메이크) 역사와 전망」, 『한류나우』 32(2019년 9+10월호), 24~31쪽.

김휘·박성호(2018), 「디즈니 마블의 트랜스미디어 스토리텔링 특성 연구」, 『만화애니메이션연구』 51, 159~179쪽.

김휴종(1998), 「한국 영화스타의 스타파워 분석」, 『문화경제연구』 1(1), 165~200쪽.

김희경(2015), 『트랜스미디어 콘텐츠의 세계』, 커뮤니케이션북스.

김희경(2020), 「트랜스미디어 콘텐츠, 스토리텔링의 개념과 유형」, 『한류나우』 35 (2020년 3+4월호), 9~16쪽.

나윤석·박동미(2022.10.04), 「K-콘텐츠 열풍 속 IP 전문 출판사까지… 책, 영상과 협업하다」, 『문화일보』.

노가영(2022.05.11), 「왜 지금, 빅 플레이어들은 IP 확보에 집착하는가」, 『Cheil magazine』.

노가영·김정현·이정훈(2021), 『콘텐츠가 전부다 2』, 미래의창.

류유희·이종한(2015.03), 「〈아기공룡 둘리〉의 스토리텔링 분석을 통한 캐릭터 비즈니스 연구」, 『만화애니메이션연구』 38, 217~236쪽.

류철균·한혜원(2015), 『트랜스미디어 스토리텔링의 이해』, 이화여자대학교 출판부.

박기수(2008), 「서사를 활용한 문화콘텐츠 간 One Source Multi Use 활성화 방안 연구」, 『한국언어문화』 36, 1~23쪽.

박기수(2010), 「해리포터, 스토리텔링 성공 전략 분석」, 『KOCCA FOCUS』 10(3), 한국콘텐츠진흥원.

박기수(2014), 「디즈니/픽사 프랜차이즈 애니메이션 스토리텔링 전략 연구: 〈토이 스토리〉 시리즈를 중심으로」, 『인문콘텐츠』 34, 79~103쪽.

박기수(2015), 『문화콘텐츠 스토리텔링 구조와 전략』, 논형.

박기수(2016), 「웹툰의 트랜스미디어 스토리텔링 전략 연구」, 『애니메이션연구』 12(3), 97~117쪽.

박기수(2018), 『웹툰, 트랜스미디어 스토리텔링의 구조와 가능성』, 커뮤니케이션북스.

박기수(2020.4.3), 「웹툰 트랜스미디어 스토리텔링 현황과 가능성」, KOFICE, 『문화

소식』.

박기수(2021a), 「트랜스미디어 스토리텔링, 역동적 참여와 융합 그리고 공유의 즐거움: 콘텐츠 IP 비즈니스를 중심으로」, 『인문콘텐츠』 62, 37~55쪽.

박기수(2021b), 「트랜스미디어 스토리텔링」, 한창완 외, 『IP 모든 이야기의 시작』, 커뮤니케이션북스, 209~236쪽.

박다겸(2021.8.25), 「음악 산업, 팬 플랫폼으로 벌크업 중」, 하이투자증권.

박석환(2021), 「콘텐츠 비즈니스 모델의 뉴노멀」, 한창완 외, 『IP 모든 이야기의 시작』, 커뮤니케이션북스, 291~320쪽.

박성호·강재원(2021), 「방송 프로그램 창구화의 패러다임 전환에 대한 탐색적 연구: 융합환경에서 세분화된 창구 유형과 창구화 전략의 특징」, 『사이버커뮤니케이션학보』 38(1), 5~57쪽.

박소연(2003), 『캐릭터 마케팅』, 소담출판사.

박수연·이재균(2017), 「재매개에 따른 뉴미디어 공간의 표현 특성에 관한 연구」, 『한국공간디자인학회 논문집』 46, 105~117쪽.

박인하(2019), 「콘텐츠 IP 시대의 팬덤과 취향 공동체의 생태계」, 『지금 만화』 5, 한국콘텐츠진흥원.

박인하(2021), 「웹툰 생태계의 진화 방향」, 한창완 외, 『아이피: 모든 이야기의 시작』, 81~105쪽.

박정훈(2016.12.11), 「메가 콘텐츠, 그 힘의 원동력 '세계관' 이야기 ③ 반지의 제왕, 포켓몬스터」, 『이코노믹리뷰』.

박정훈(2019), 「디즈니가 실사영화를 만드는 3가지 이유」, 『N콘텐츠』 12, 한국콘텐츠진흥원.

박정훈(2022.02.04), 「콘텐츠 'IP 경쟁력' 확장의 좋은 예, 라인프렌즈」, 『이코노믹리뷰』.

박진옥(2012), 「비즈니스 전략적인 관점에서 디즈니 캐릭터 비즈니스의 성공 요인에 관한 고찰」, 『상품문화디자인학연구』 31, 95~110쪽.

박찬효(2021), 「'몰아보기(binge viewing)'를 위한 OTT 드라마의 스토리텔링 전략 연구: 〈킹덤〉 1, 2를 중심으로」, 『인문콘텐츠』 60, 33~53쪽.

박천일(2002), 『한국의 민속 문화 캐릭터』, 국립민속박물관.

배정아(2006.8), 「출판만화 콘텐츠의 'OSMU' 활성화 방안 연구: 한국과 일본의 사례 비교를 중심으로」, 중앙대학교 석사논문.

백은지(2021), 「웹툰 트랜스미디어 스토리텔링 확장 발전 방안 연구: 노블코믹스 사례를 중심으로」, 『만화애니메이션연구』 65, 285~310쪽.

삼성증권(2022.1.7), 「NAVER」, COMPANY UPDATE.

상영영(2018), 「카카오프렌즈 트랜스브랜딩 사례 연구」, 홍익대학교 석사논문.

서성은(2014), 「매체전환 스토리텔링 연구」, 이화여자대학교 박사논문.

서성은(2018), 『트랜스미디어 스토리텔링』, 커뮤니케이션북스.

서현경(2021), 「캐릭터 중심 스토리텔링에서의 캐릭터 역할 확장과 세계관 대체」, 『한국컴퓨터정보학회논문지』 26(11), 67~74쪽.

성현히(2021.12.30), 「라디오 DJ·NFT 발행까지. 캐릭터 IP 사업 '무궁무진'」, 전자신문.

손영훈·홍원균(2014), 「드라마 미생을 통해 본 콘텐츠 생태계와 비즈니스 기회」, KT경제경영연구소.

송세희(2021), 「IP로 완성하는 종합 콘텐츠 기업: 엔터테인먼트에 주목하는 게임업계」, 『NCONTENT』 18, 2021.1.5.

송요섭(2007), 「원 소스 멀티 유즈(One source multi use)의 개념적 모델 구성을 위한 시론적 연구」, 『인문콘텐츠』 9, 325~349쪽.

송요섭(2012.8), 「웹툰의 현황 및 특성과 웹툰 기반 OSMU 활성화 방안」, 『KOCCA FOCUS』 57(2012-09호), 한국콘텐츠진흥원.

스펜서 해리슨(Spencer Harrison)·안 칼슨(Arne Carlsen)(2019), 「마블의 블록버스

터 머신」, 『하버드비즈니스리뷰』 2019년 7~8월호.

신강호(2013), 『할리우드 영화』, 커뮤니케이션북스.

Somewon Yoon(2021년 9월 28일), 「마블＋디즈니가 엔터테인먼트업계 원탑인 이유」, Facebook.

안기수(2020), 「영웅소설의 흥미 요소와 스토리텔링의 의미」, 『우리문학연구』 68, 175~209쪽.

안창현(2014), 「한국 방송콘텐츠 수출의 문제점과 일본의 현지화 전략 분석」, 『이슈 분석 보고서』(2012-1), 한국콘텐츠진흥원.

엄성필·이동일(2011), 「한국 캐릭터 상품의 본 글로벌 전략」, 『상품학연구』 29(5), 149~171쪽.

여수경·정미선(2019), 「방탄소년단 팬덤의 복합 영향력 분석을 통해 브랜드 활성화 방법 연구」, 『한국과학예술융합학회』 37(3), 295~307쪽.

왕이소·신형덕(2021), 「OSMU의 진화 경로: 한국과 중국의 웹소설과 웹툰을 중심으로」, 『한국산학기술학회논문지』 22(2), 119~126쪽.

원민관·이호건(2004), 「문화콘텐츠의 원소스멀티유즈를 통한 수출 활성화 방안」, 『통상정보연구』 6(3), 297~318쪽.

원민관·이호건(2004), 「문화콘텐츠의 원소스멀티유즈를 통한 수출활성화방안: 게임 애니메이션캐릭터산업을 중심으로」, 『통상정보연구』 6(3), 297~318쪽.

위의전·김성훈(2019), 「뉴미디어 환경에서 트랜스 브랜딩 스토리텔링 전략에 관한 연구」, 『한국디자인문화학회지』 25(1), 307~318쪽.

유지연(2021.01.07), 「'구찌에몽' '토토로에베'…만화 캐릭터와 사랑에 빠진 명품, 왜」, 중앙일보.

유진희(2022.02.04), 「〈플랫폼 전략 탐구생활〉 OTT 전성시대, 출판 시장에 제안하는 3가지 방안」, 브런치.

윤희경(2022), 「콘텐츠 기업의 IP 활용 사례분석」, 『이야기 IP 포럼』 발표 자료

(2022.11.11), 한국콘텐츠진흥원.

윤혜영(2020), 「캐릭터 기반 트랜스미디어 스토리텔링 모델 연구: 노드롭 프라이의 융합환경에서 세분화된 창구 유형과 창구화 전략의 특징」, 『사이버커뮤니케이션학보』 38(1), 5~57쪽.

이기원(2021.12.28), 「공식 11: 하이콘셉트」, 브런치.

이다용·김선영(2012), 「K-pop 아이돌 캐릭터 스토리텔링 사례 연구: BT21을 중심으로」, 『디자인융복합연구』 65, 139~149쪽.

이동배(2019), 「글로벌시대 문화콘텐츠의 스토리텔링 연구: 케이팝 BTS 사례를 중심으로」, 『문화콘텐츠연구』 17, 69~93쪽.

이동은(2017), 「게임 IP를 활용한 트랜스미디어 스토리텔링 전략 연구: 워크래프트를 중심으로」, 『한국게임학회 논문지』 17(5), 143~150쪽.

이문주(2004.8), 「엔터테인먼트 산업의 One Source Multi Use 전략 특성과 유형에 관한 연구」, 홍익대학교 석사논문.

이문행(2003), 「방송콘텐츠의 수익 창출 구조에 대한 연구: 드라마 '올인'을 중심으로」, 『방송연구』 2, 221~243쪽.

이문행(2009), 「미디어 콘텐츠의 장르간 영역이동에 관한 연구: 드라마와 영화 뮤지컬을 중심으로」, 『콘텐츠학회 논문지』 8(10), 104~113쪽.

이문행(2014), 「국내 미디어 콘텐츠의 장르 간 스토리 이동에 관한 연구」, 『방송과 커뮤니케이션』 15(1), 61~81쪽.

이민경·김재범(2015), 「트랜스브랜딩 이론을 통한 디즈니애니메이션 〈겨울왕국〉 분석」, 『디자인융복합연구』 14(3), 61~72쪽.

이민하(2019), 「트랜스미디어 스토리텔링을 활용한 브랜드 마케팅」, 『한국엔터테인먼트산업학회논문지』 13(3), 351~361쪽.

이바닥(2021.9), 「2021년, 엔터테인먼트 업의 본질은 무엇일까요?」, https://ebadak.news/2021/09/27/what-is-an-entertainment-company

이서현(2019.7.16), 「실사 프로젝트 '황금알'… 디즈니 제국의 해는 지지 않는다」, 『동아닷컴』.

이성민(2017), 「글로벌 IP 확보를 위한 국가별 전략」, 『한류나우』 20(2017년 9+10월 호).

이성민(2020), 「팬덤 플랫폼의 성장」, 문화예술지식정보시스템, 『아키스브리핑』 250, 한국문화관광연구원.

이성민(2021a), 「글로벌 OTT 사업자의 콘텐츠 IP 전략과 시사점: 디즈니와 넷플릭스 사례 비교를 중심으로」, 『미디어 이슈&트렌드』 43, 25~39쪽.

이성민(2021b), 「〈오징어 게임〉과 영상 콘텐츠 산업의 변화」, 『한류나우』 45(2021년 11~12월호), 8~12쪽.

이성민(2021c), 「방송콘텐츠의 IP 선도」, 한창완 외, 『IP 모든 이야기의 시작』, 커뮤니케이션북스, 209~236쪽.

이성민(2021d), 「콘텐츠 IP, 산업의 판을 바꾸다: 팬덤과 함께하는 콘텐츠 IP 전략」, 2021 라이선싱 워크숍 발표 자료(2021.10.06).

이성민(2021h), 「왜 웹툰과 웹소설, 게임에 등장할까」, 『신동아』 747, 274~279쪽.

이성민(2021e), 「OTT와 IP 시대를 맞이하는 드라마 산업의 변화」, brunch(2021.11.3).

이성민(2021f), 「웹소설, 웹툰 IP과 글로벌 OTT의 만남을 바라보며」, brunch(2021. 12.18).

이성민(2021g), 「콘텐츠 IP 생태계에서 바라본 출판 산업」, 『아키스브리핑』 280, 2021.12.24.

이성민·이윤경(2016), 『콘텐츠 지식재산 활용산업 활성화 방안 연구』, 한국문화관광연구원.

이소연(2022.05.10), 「게임이 드라마·영화·소설로 재탄생… 엔터 회사로 거듭나는 게임사」, 조선일보.

이수호(2021.02.09), 「韓·日 웹툰 정복한 카카오…콘텐츠 매출 1년 새 200% 점프」,

『Tech M』.

이승연(2021.12.30), 「이모티콘 출시 10주년: 이모티콘 생태계가 바꾼 세상」, 매일경제.

이승영(2017), 「브랜디드 콘텐츠에 있어서 웹 드라마의 스토리텔링에 관한 연구」, 『한국디자인문화학회지』 23(3), 567~580쪽.

이승진·박종빈(2014), 「한국 만화 원작 OSMU 초기모델 연구」, 『애니메이션연구』 10(3), 131~148쪽.

이아름·오현주(2022), 「콘텐츠 IP 확장 유형별 특성과 한계 : 원작자 중심 vs. 플랫폼 중심 사례 비교」, 『*KOCCA FOCUS*』 144, 한국콘텐츠진흥원.

이영수(2014), 「멀티버스에 기반한 마블코믹스의 트랜스미디어 스토리텔링 연구」, 『애니메이션연구』 10(4), 189~209쪽.

이영수(2016), 「문화콘텐츠에서 트랜스미디어가 가지는 현재적 의의」, 『인문콘텐츠』 43, 299~311쪽.

이용설·김공숙(2020), 「글로벌 OTT 플랫폼 경쟁력 강화를 위한 콘텐츠 IP 전략: 게임 플랫폼 사례와 비교를 중심으로」, 『글로벌문화콘텐츠』 43(2020년 5월), 145~164쪽.

이유석·김상훈(2013.03), 「시장 수준에서 영화에 대한 기대 불일치가 흥행에 미치는 영향」, 『한국마케팅학회마케팅연구』 28(1), 45~71쪽.

이유재(2021), 「KENAZ」, KOCCA 라이센싱콘 2021 발제문.

이은아(2010), 「문화콘텐츠 해외시장 진출 전략 연구: 뿌까 성공사례 분석을 중심으로」, 『디지털디자인학연구』 10(2), 286~293쪽.

이재학·김인주(2018), 「유니버스(Universe) 개념을 통해 본 원형콘텐츠의 재평가」, 『만화애니메이션연구』 53, 441~471쪽.

이재현(2006), 「모바일 미디어와 모바일 콘텐츠: 멀티플랫포밍 이론의 구성과 적용」, 『방송문화연구』 18(2), 285~317쪽.

이재현(2013), 『디지털 시대의 읽기 쓰기』, 커뮤니케이션북스.

이창욱(2008), 「OSMU를 중심으로 한 문화콘텐츠의 다목적 활용에 관한 연구」, 『한국 디자인문화학회지』 14(3), 372~381쪽.

이향은(2021.02.08), 「굿즈 열풍, 꼬리가 몸통을 흔든다」, 중앙일보, 27면.

이현구·김태규(2020), 「지식재산권 기반 게임의 융복합 멀티 플랫폼 활용 방안 제안」, 『디지털융복합연구』 18(2), 421~426쪽.

이현중(2020), 「한국 영화와 트랜스미디어 스토리텔링, 그 가능성과 한계」, 『한류나우』 35(2020년 3~4월호), 35~43쪽.

이화진·김숙(2007), 「원작 드라마의 시청 성과와 특성에 관한 연구」, 『한국언론학회 학술대회 발표논문집』, 한국언론학회 2007 봄철 정기학술대회.

임병우(2006), 「애니메이션 캐릭터의 브랜드 개성과 소비자개성 연구」, 『디자인학연구』 19(1), 141~150쪽.

장동련·장대련·권승경(2013), 「미디어 확장과 진화에 따른 트랜스브랜딩」, 『디자인학연구』 26(1), 435~463쪽.

장민지·강보라(2018), 『IP 비즈니스 기반의 웹소설 활성화 방안』, 보고서 KOCCA 17-24, 한국콘텐츠진흥원.

장효진·김영재(2015.6), 「'라인프렌즈' 캐릭터의 트랜스미디어 브랜딩 사례 연구」, 『디지털산업정보학회 논문지』 11(2), 153~166쪽.

전경란(2010), 「트랜스미디어 콘텐츠의 텍스트 및 이용 특징」, 『한국콘텐츠학회논문지』 10(9), 243~250쪽.

전경란·김영철(2021), 「〈마인크래프트: 스토리 모드〉의 트랜스미디어 스토리텔링 전략」, 『한국게임학회 논문지』 21(2), 55~65쪽.

전영재(2021), 「〈오징어 게임〉의 스토리텔링 전략 연구: 데스 게임 장르를 중심으로」, 『만화애니메이션연구』 65, 415~470쪽.

정덕현(2020), 「세계관, 그 전략과 진정성 사이: 아이돌 IP를 활용한 세계관 구축

전략」, 『NCONTENT』 18, 한국콘텐츠진흥원.

정민경(2022.6), 「누가 주인이고 누가 손님인가: 텍스트의 영상화, 주객전도의 현장」, 『*KOCCA NEWS LETTER*』 21.

정윤경(2016), 「웹 드라마의 선택 요인과 소비 집중에 관한 연구」, 『방송문화연구』 28(1), 53~85쪽.

정윤경(2001), 「국내 지상파 텔레비전 프로그램의 후속 시장 진입 성과에 관한 연구」, 이화여자대학교 박사논문.

정희진·박소영(2005), 「우리나라 캐릭터 비즈니스에 대한 연구」, 『한국디자인문화 학회지』 11(4), 194~202쪽.

젠킨스, 헨리(2006), 김정희원·김동신 역(2008), 『컨버전스 컬처』, 비즈앤비즈.

조규명·김경숙(2004), 「디지털 커뮤니케이션 환경에서 감성 기호로서 이모티콘에 관한 연구」, 『디자인학연구』 17(1), 319~328쪽.

조민선(2020), 「K팝 아이돌의 트랜스미디어 스토리텔링」, 『한류나우』 35(2020년 3+4월호).

조성용·김규정(2020), 「아동용 트랜스미디어 콘텐츠 융합 디자인 연구」, 『한국과학 예술융합학회』 38(4), 371~386쪽.

조천천·김덕환(2019), 「스마트폰 이모티콘 캐릭터의 상업성에 관한 고찰」, 『인문사 회 21』 10(5), 17~28쪽.

조희영(2018), 「국내 영상 콘텐츠에 적용된 트랜스미디어 스토리텔링 연구」, 『한국엔 터테인먼트산업학회 논문지』 12(3), 309~322쪽.

최선영(2020.1), 「방송영상콘텐츠 IP의 트랜스미디어 스토리텔링」, 『방송 트렌드 & 인사이트』 21호.

최수영(2021), 「웹툰 IP를 활용한 매체 전환 사례: 〈신과 함께〉를 중심으로」, 『한국디 지털콘텐츠학회 논문지』 22(6), 923~932쪽.

키움증권리서치 센터(2019.3.16), 「IP Value의 확대기」.

한국문화콘텐츠진흥원(2004), 「우리 문화콘텐츠 세계로 미래로」.

한국콘텐츠진흥원(2011), 「日 콘텐츠 기업의 성공전략과 비결」, 『주간 심층이슈』 2011년 3호.

한국콘텐츠진흥원(2020), 『2019 캐릭터 산업백서』.

한국콘텐츠진흥원(2021), 『이야기 성공사례 조사분석 연구 보고서』, KOCCA 21-27.

한국콘텐츠진흥원(2021b), 『2020 캐릭터 산업백서』.

한국콘텐츠진흥원(2021c), 『이야기 IP 거래실태조사 결과 보고서』, KOCCA 21-25.

한국콘텐츠진흥원(2022), 『2021 캐릭터 산업백서』.

한순호(2015), 「영화 〈해리포터〉 시리즈 사례로 살펴본 문화콘텐츠 브랜드 마케팅 전략」, 『문화콘텐츠연구』 5, 71~99쪽.

한정아(2021), 「슈퍼 IP를 찾아라」, 『N콘텐츠』 18, 한국콘텐츠진흥원.

한창완(2013), 「캐릭터산업의 정책 변인 연구」, 『만화애니메이션연구』 33, 597~616쪽.

한창완(2016), 대한민국 캐릭터 변천사 연구 발표, 2016 라이선싱 페어, 7월 14일, 서울 코엑스.

한창완(2021), 「슈퍼 IP의 뾰쪽한 오리지널 콘텐츠」, 한창완 외, 『IP 모든 이야기의 시작』, 커뮤니케이션북스, 397~432쪽.

한창완(2022.07.16), 「캐릭터, 셀럽이 되다: 글로벌로 가는 K 캐릭터, 마블 히어로 같은 확장성 필요」, 중앙선데이.

한창완 외(2021), 『아이피, 모든 이야기의 시작』, 커뮤니케이션북스.

한혜경(2015), 「웹툰 OSMU의 방향성과 전략 연구: 〈와라! 편의점〉 사례를 중심으로」, 『애니메이션연구』 11(3), 151~171쪽.

황순선(2014), 「그림책의 OSMU(One Source Multi Use) 성공사례」, 『일러스트레이션 포럼』 40, (사)한국일러스트레이션학회 학술지, 59~68쪽.

Ball, Matthew(2020.7.26), "Nintendo, Disney, and Cultural Determinism", https://www.matthewball.vc/all/onnintendo/.

Ball, Matthew(2020.2.27), "7 Reasons Why Gaming IP Is Finally Taking Off in Film/TV", https://www.matthewball.vc/.

Ball, Matthew(2021.5), "What Is an Entertainment Company in 2021 and Why Does the Answer Matter?", https://www.matthewball.vc/.

Chang, D. R., & Chang, D. R.(2011), "Transing, living in the age of multi level change", https://han.gl/uwEtk.

Davis, Nicole(2015), *Licensing Agents, License! Global*, Dec 2015, Vol.18(6), NewYork: Advanstar Communications, Inc.

Fisher III, William W.1, Oberholzer-Gee, Felix 2(2013), "Strategic Management of Intellectual Property: AN INTEGRATED APPROACH", *California Management Review*, Summer 2013, Vol. 55 Issue 4, California: California University Press, pp. 157~183.

Jenkins, H.(2006), *Convergence Culture: Where Old and New Media Collide*, New York University Press, New York.

Lee, P.(2019), "Reconceptualizing the role of intellectual property rights in shaping industry structure", *Vanderbilt Law Review*, 72(4), pp. 1197~1283.

Park, Bong-Won, Ahn Jae-Hyeon(2010), "Previous satisfaction and Positive Word-of-Mouth Commuincation as antecidents to purchase intension in transmedia storytelling", *International Journal of Contents*, 6(4), Dec.

Spencer Harrison, Arne Carlsen, and Miha Škerlavaj(2019), "Marvel's Blockbuster Machine", *Harvard Business Review*, July~August 2019 issue, pp. 136~145.

Tenderich, Burghardt(2013), *Design Elements of Transmedia Branding*, USC Annenberg Innovation Lab.

Washington, Kelli and Miller, Richard K.(2013), *Retail Business Market Research*

Handbook, Business Source Complete, EBSCOhost(accessed August 30, 2016).